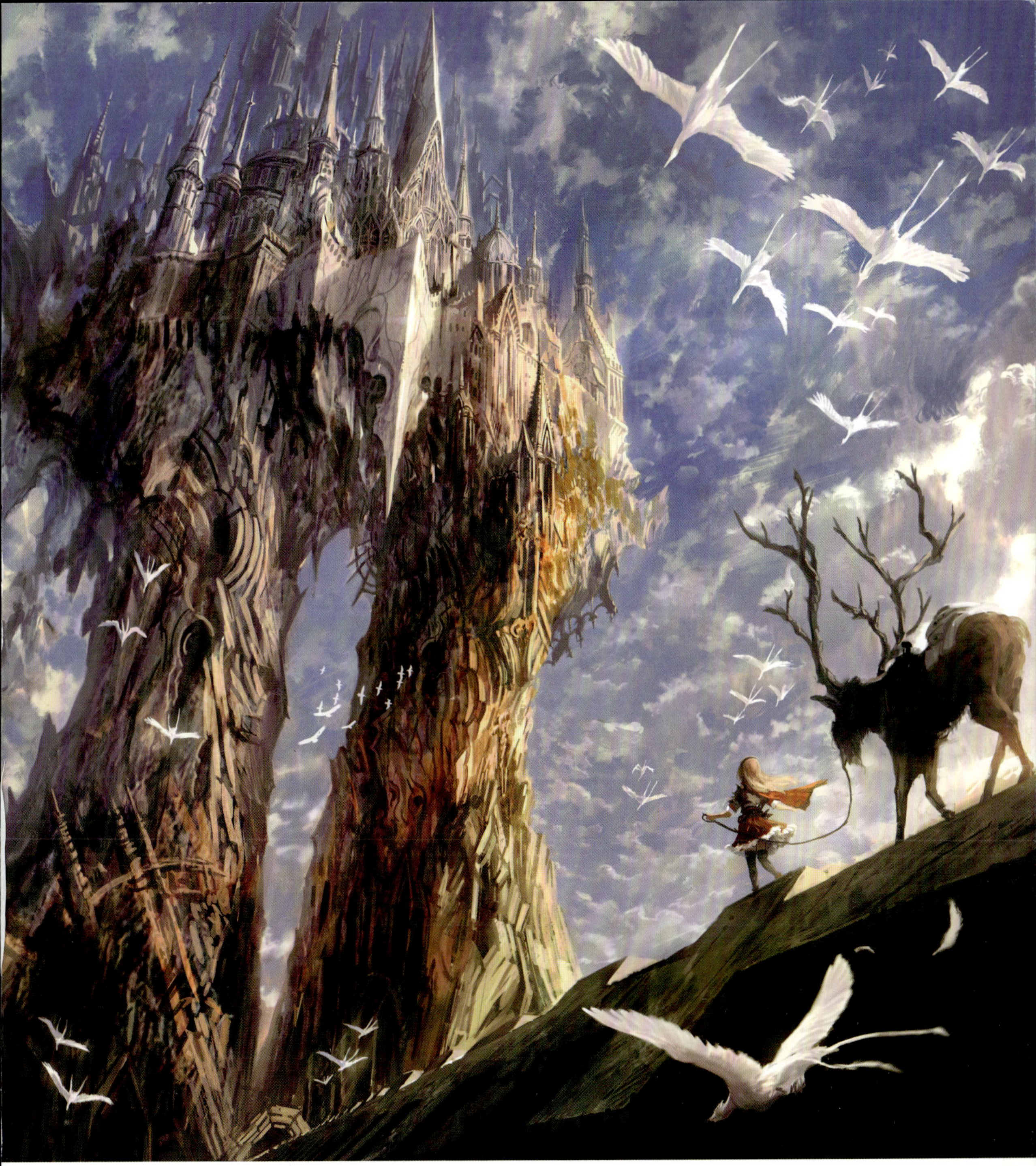

마 음 을 흔 드 는

판타지 배경 일러스트 교실

Photoshop으로 그리는 풍경의 비결

요-시미즈 지음 | 김재훈 옮김

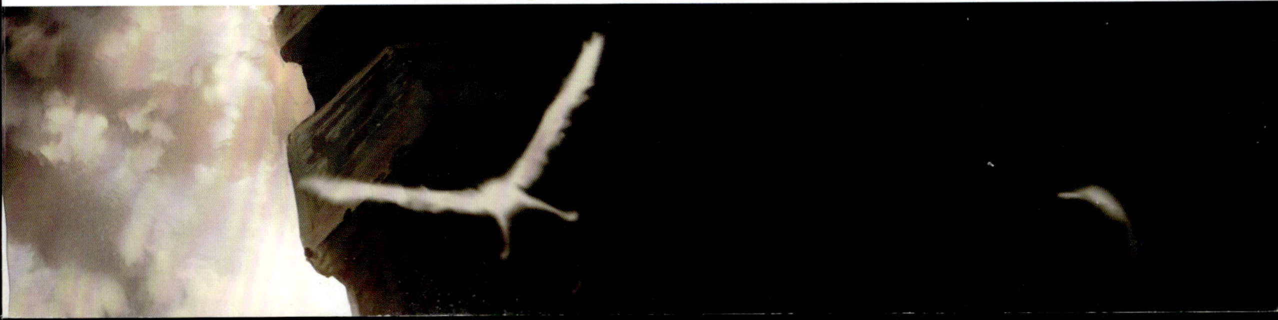

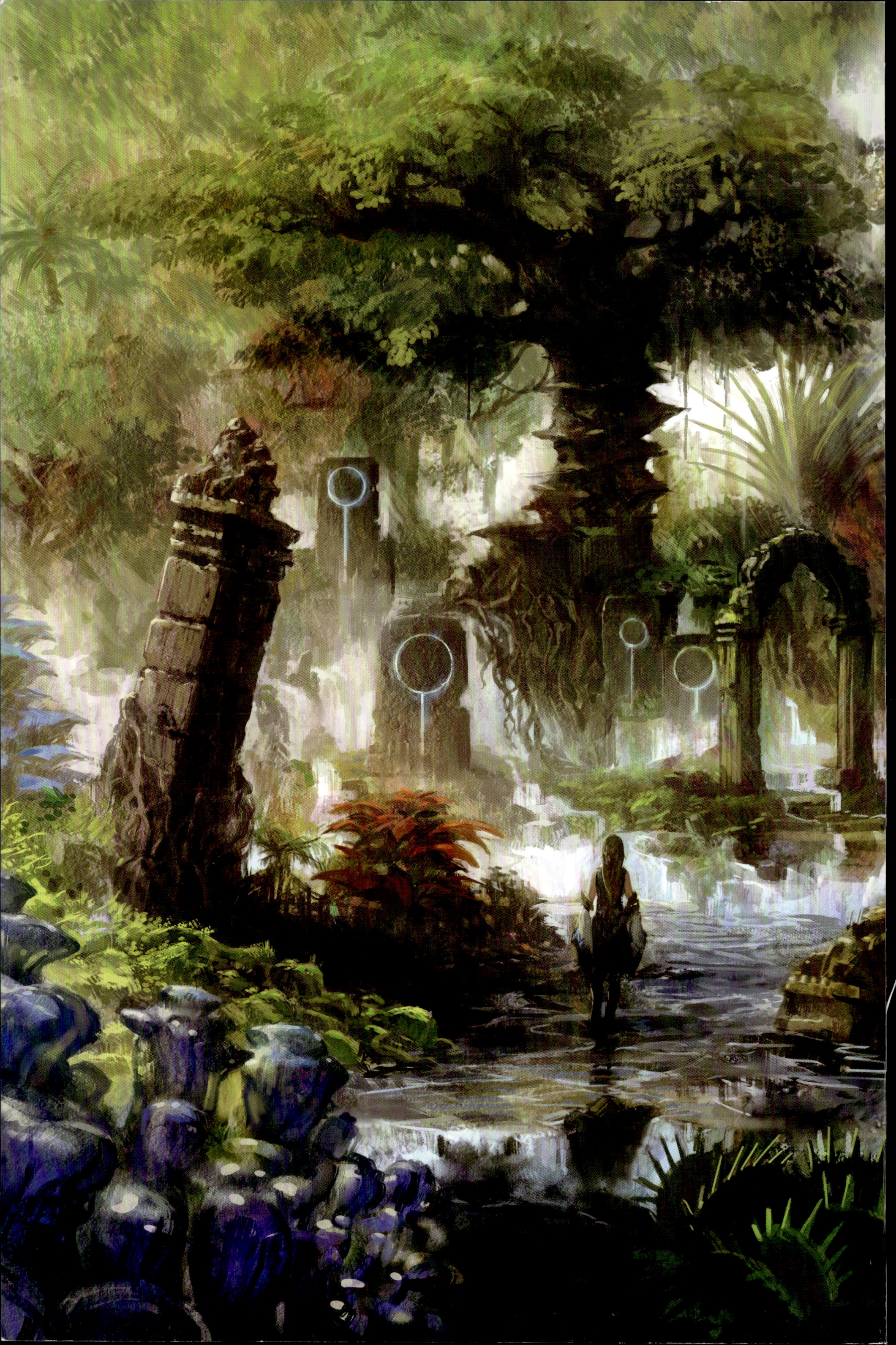

머리말

책을 구매해주신 독자 여러분께 감사의 인사말을 전합니다. 요-시미즈입니다.

이 책은 다양한 장면을 그린 10장의 일러스트 제작 과정과 다양한 요소를 그리는 방법, 표현법을 정리한 테크닉으로 구성했습니다. 배경 일러스트나 컨셉아트를 제작할 때 제가 사용하는 기술, 노하우, 지식, 원리를 빠짐없이 전부 담았습니다. 책의 내용은 PlayStation 4, PlayStation Vita, NINTENDO 3DS, 모바일 게임 제작 현장에서 실제로 쓰이는 실전 기술입니다.

Making(제작 과정)은 단계별로 사용한 브러시, 원리와 노하우를 중점적으로 담았습니다. 다른 책과 달리 '왜 이렇게 되는지?'를 키워드 중심으로 설명합니다.
설명이 과하다고 느낄 수도 있습니다. 하지만 제가 '왜?'라는 물음에 집중하는 이유는 배경 일러스트는 원리가 중요하기 때문입니다. 예를 들면 같은 장소라도 시간이나 날씨에 따라 전혀 다른 환경으로 변합니다. 변화하는 조건이 너무 다양해, '이 장면에서는 이 색을 쓴다!'라는 원칙이 없습니다. 상황의 변화를 머릿속으로 그리려면 원리를 알아야 합니다. 단순한 터치 하나라도 왜 이 터치를 넣는지 의미를 알면 정확성과 효율이 몇 배나 높아지게 됩니다.

Technique(테크닉)은 구체적인 방법이나 요령을 간략하게 정리했습니다. 초보자도 순서대로 똑같이 따라하다 보면 비슷하게 완성할 수 있을 만큼 간단합니다.

이 책은 이론을 바탕으로 한 일러스트 기법서입니다. 단, 오해가 없도록 그림은 이론만으로 그릴 수 없다는 사실을 확실하게 짚고 넘어가겠습니다. 그림의 모든 법칙, 이론, 원리는 '매력적인 그림을 그리기 위해' 선배들이 찾아낸 도구일 뿐입니다.
현실의 사물은 물리 법칙에서 자유롭지 못하지만, 그림은 다릅니다. 그리는 사람의 마음대로 모든 법칙을 무시해도 사실적으로 표현할 수 있습니다. 여러분의 생각대로 자유롭게 그릴 수 있다는 말입니다. 그러나 법칙을 알고 무시하는 것과, 모르고 대충 감으로 그리는 것은 다릅니다. 이론을 알면 무척 정확하게 핀포인트로 법칙을 무시할 수 있게 됩니다. '여기는 투시가이드대로 그리는 편이 좋겠어. 저기는 무시하는 편이 더 멋질 것 같아'라는 선택이 가능해지는 것입니다.

법칙을 뛰어넘어 여러분만이 표현할 수 있는 세계를 그리는 방법을 이 책에서 찾게 되기를 진심으로 바랍니다.

요-시미즈 Y.S

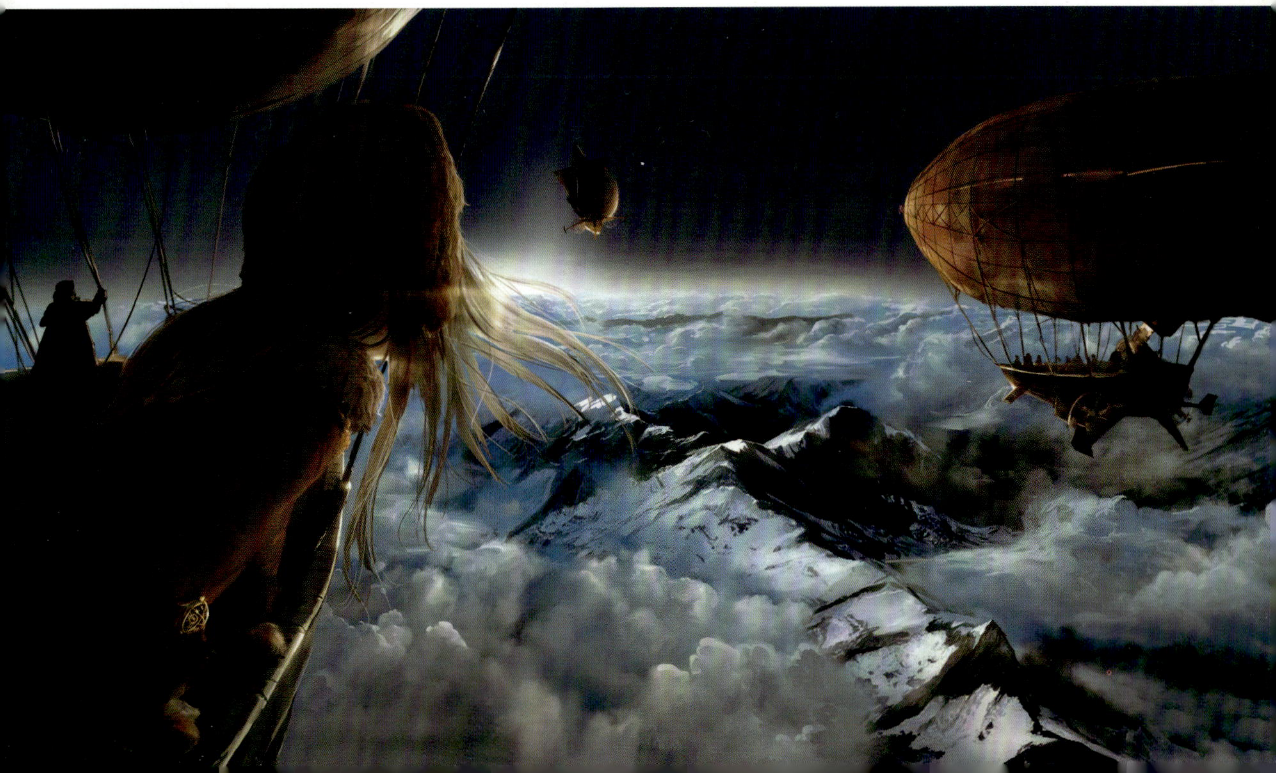

Contents

Introduction

디지털 일러스트 기본 중의 기본

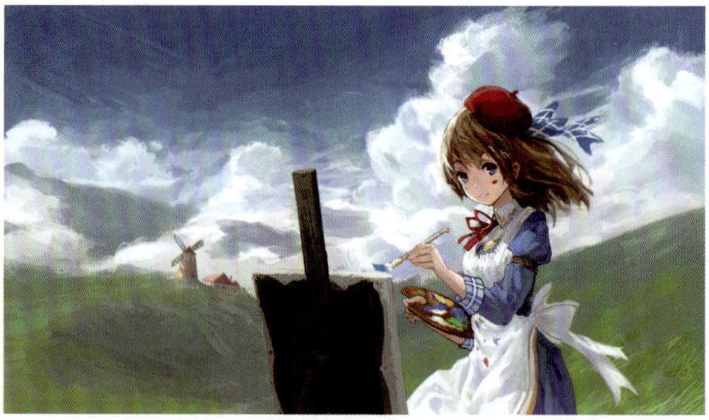

Introduction

Scene 1

초원과 푸른 하늘

짧은 시간에 그리는 방법과
나중에 묘사하는 요령

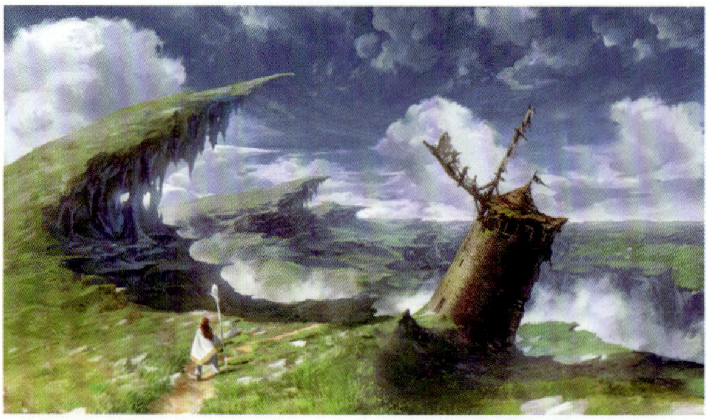

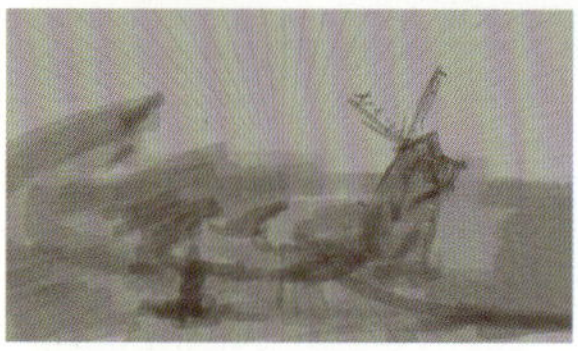

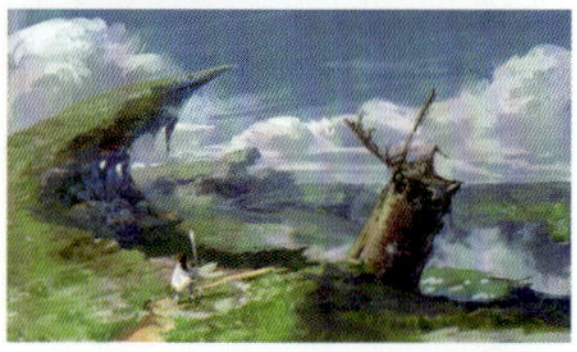

Making

Technique

Scene 2

비밀의 화원

화려하고 따뜻한 세계

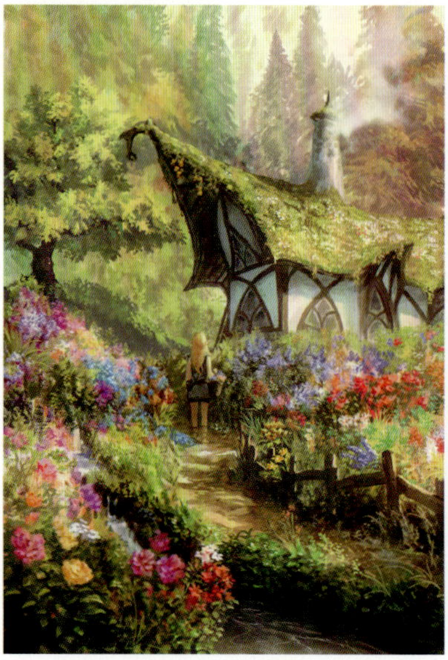

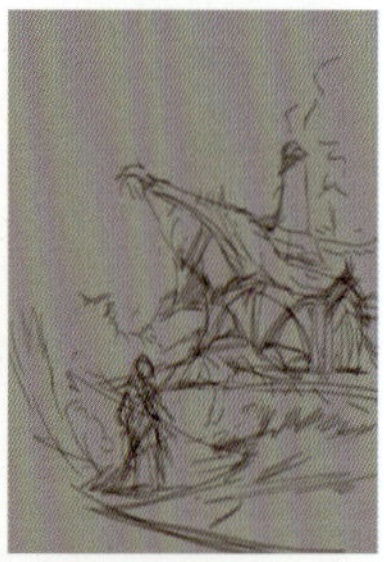

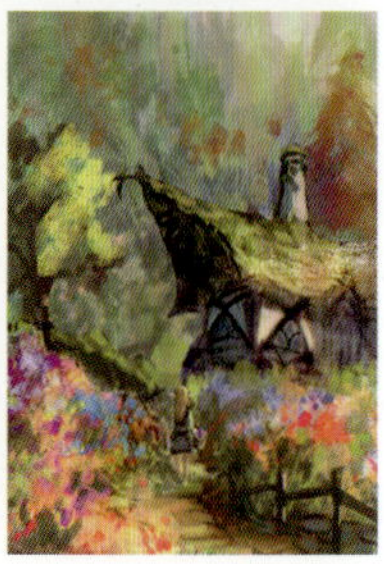

Making

Technique

Scene 3
마법사의 방
내부 구조와 캐릭터와의 조화

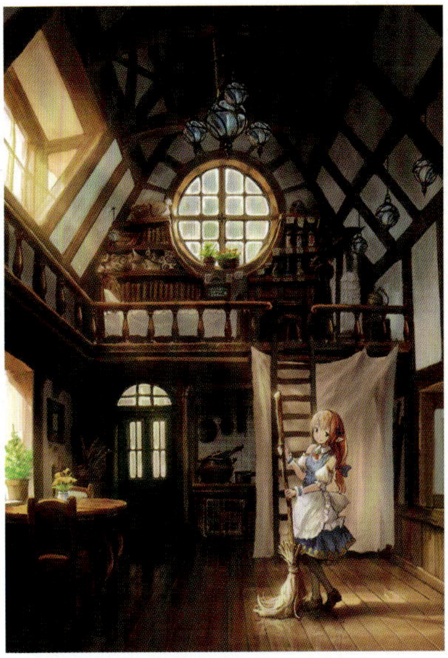
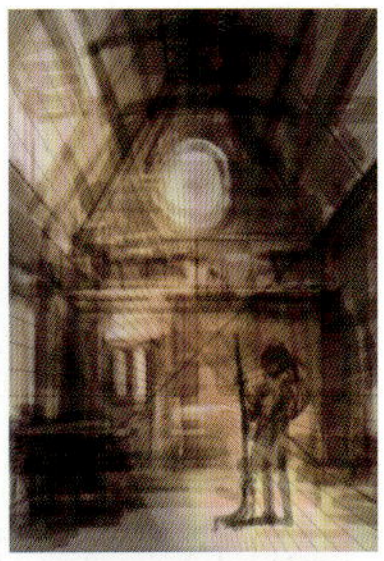
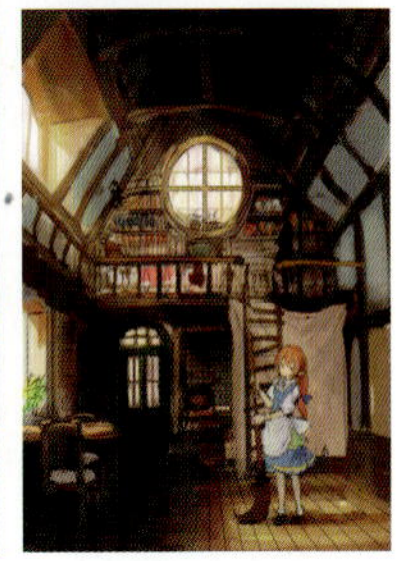

Scene 4
해 질 무렵의 성곽 도시
건물 디자인과 해 질 무렵의 공기감

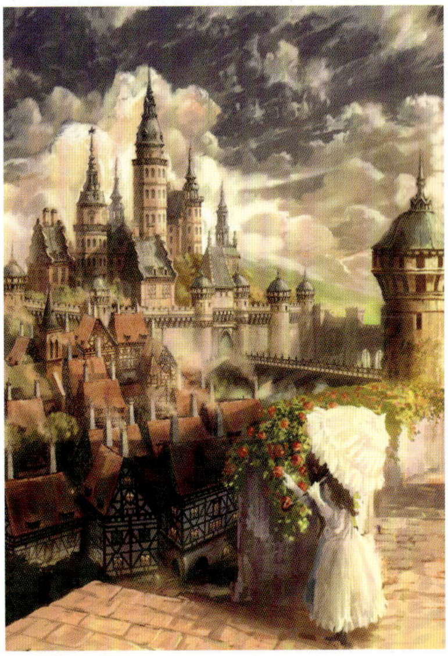
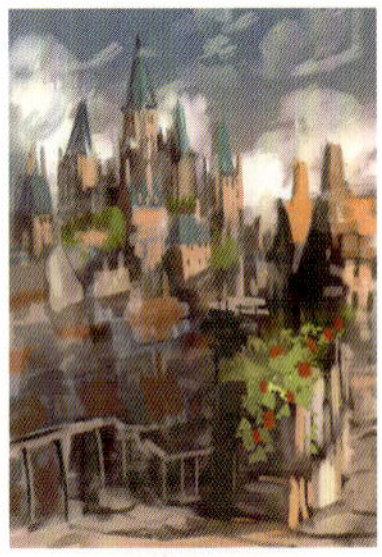
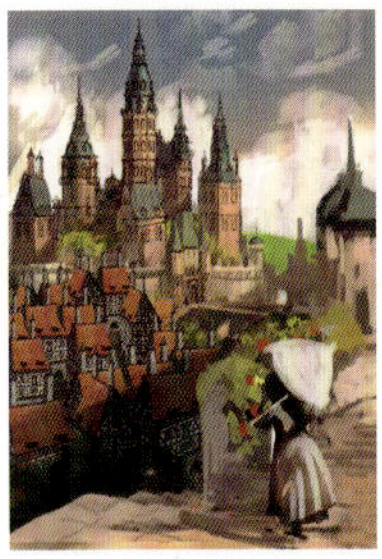

Scene 5
비의 절벽
음침하고 차가운 세계

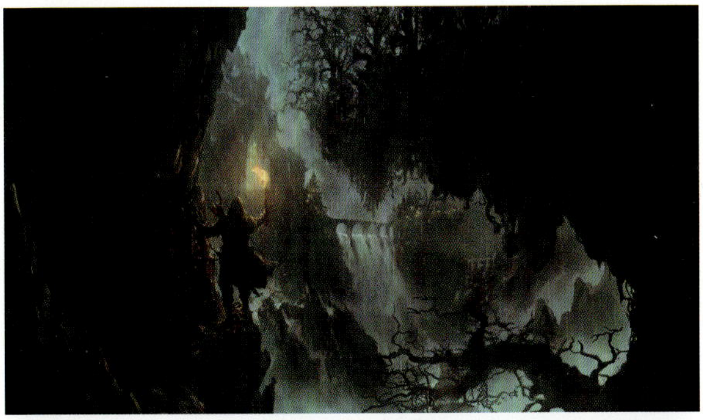
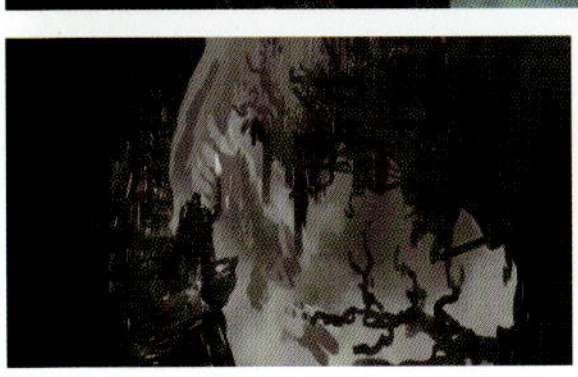
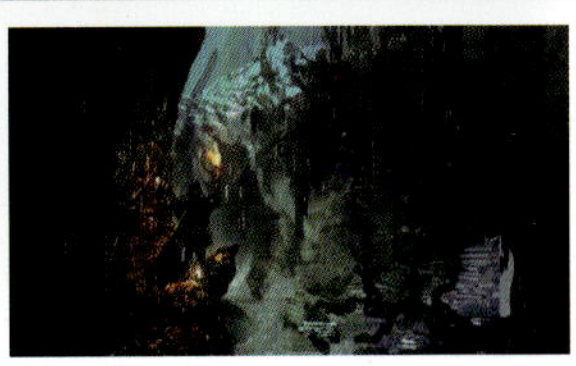

Perspective
투시도법의 기본

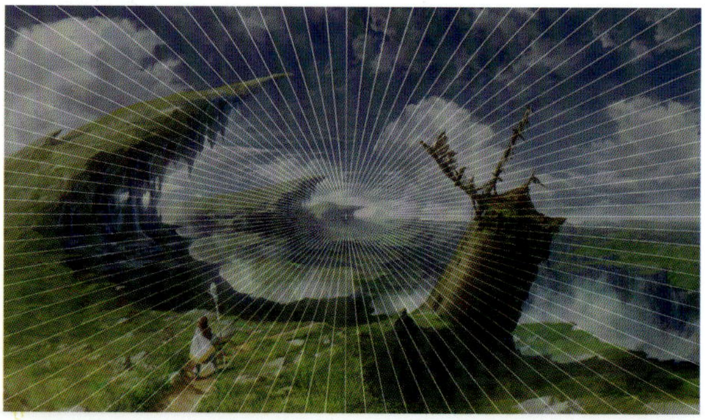

Scene 6
밤의 온천 여관

일본풍 판타지와
밤에 내리는 눈 표현

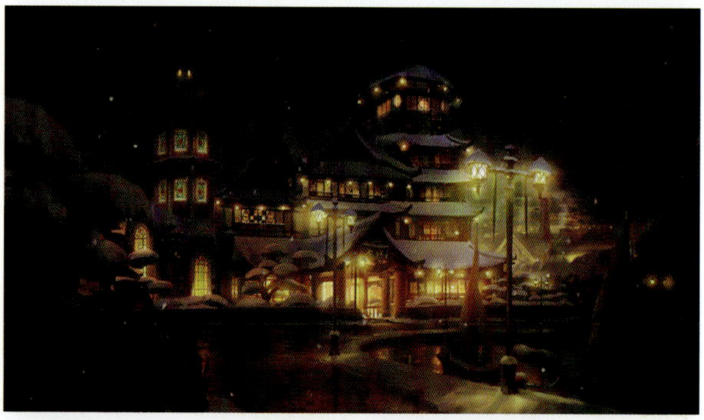

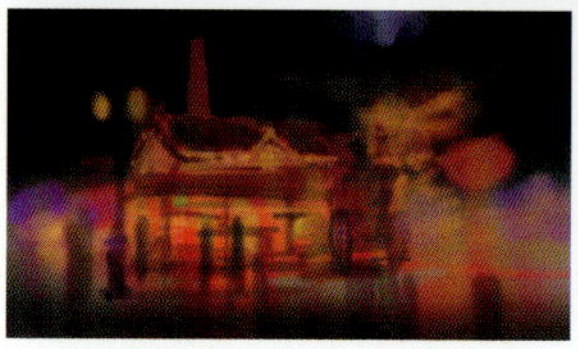

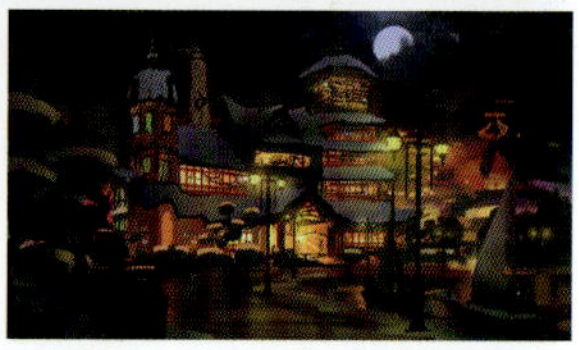

Scene 7
숲속의 유적

황금비 구도와 풍화 표현

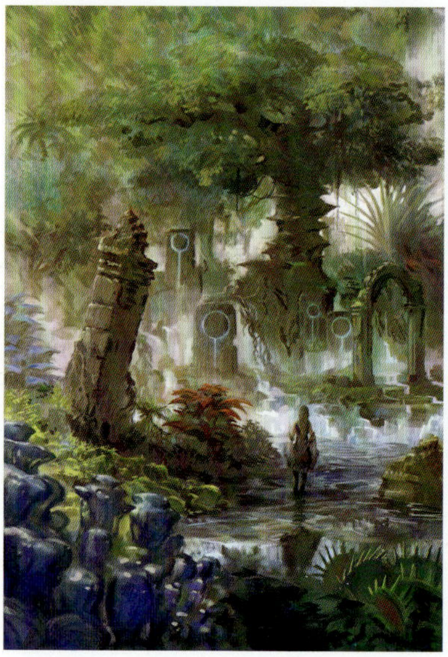

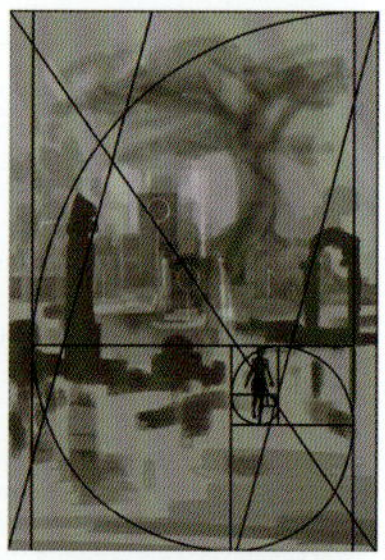

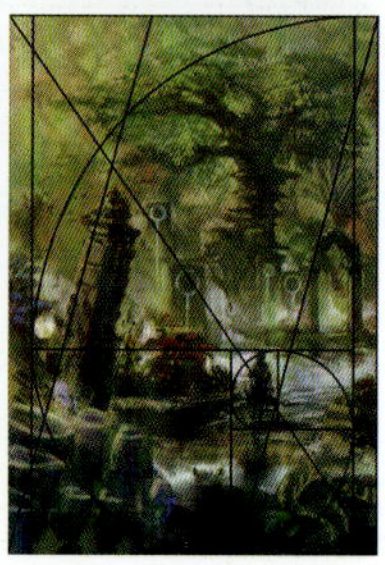

Scene 8

천공의 궁전

장대한 배경 그리기

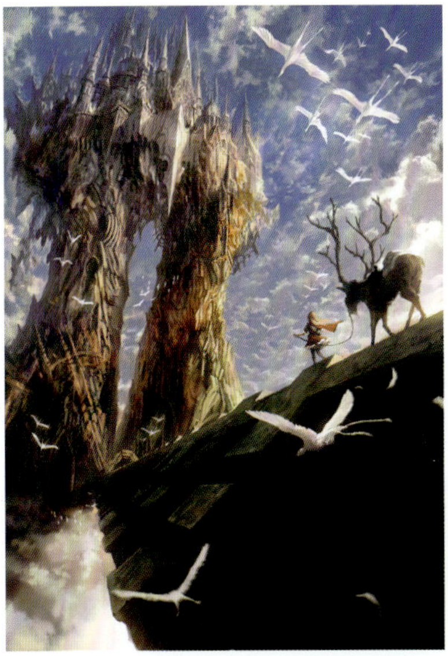
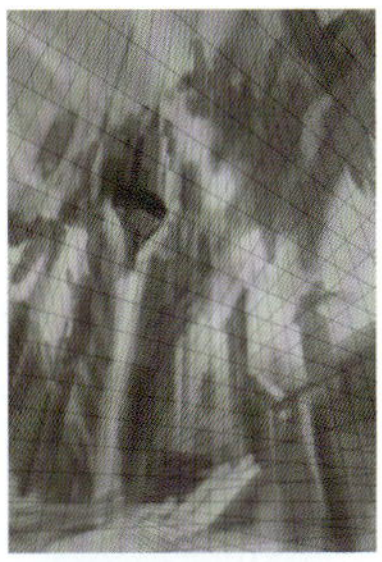
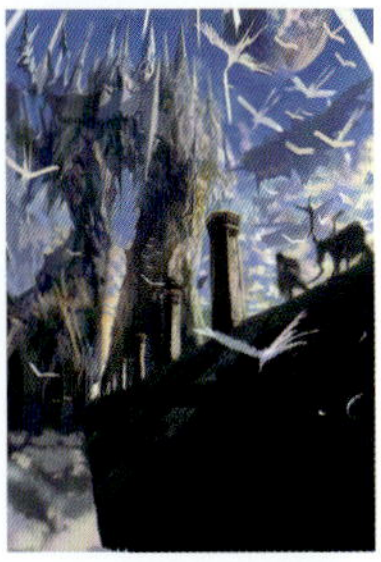

Scene 9

작열하는 폐허 도시

암울한 디자인과 용암 표현

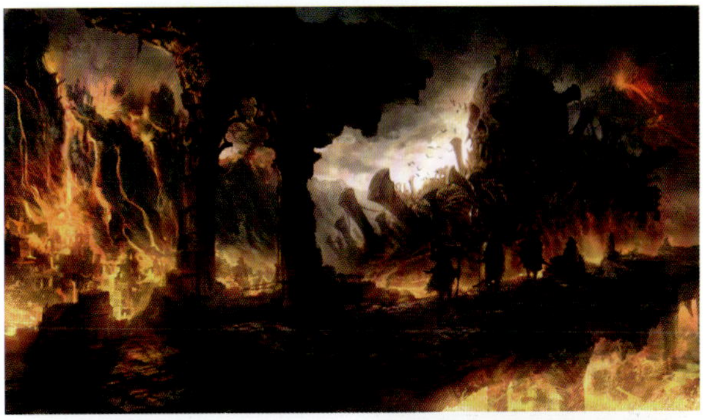
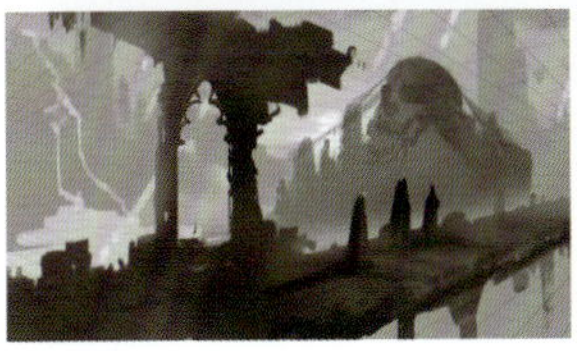
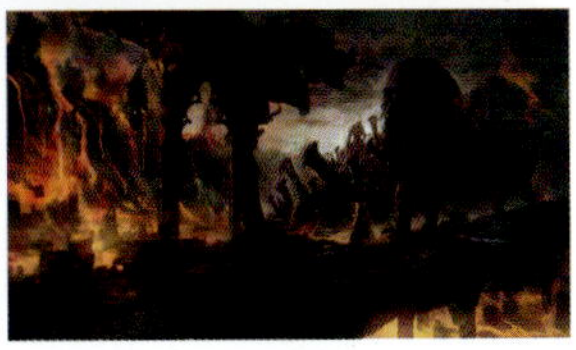

Scene 10

증기와 기계의 도시

스팀펑크의 세계

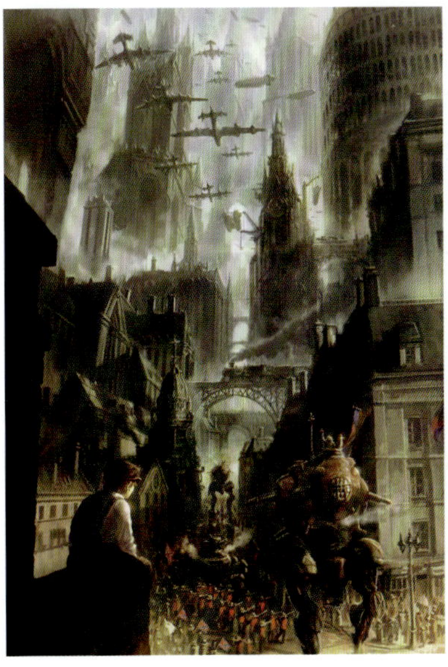
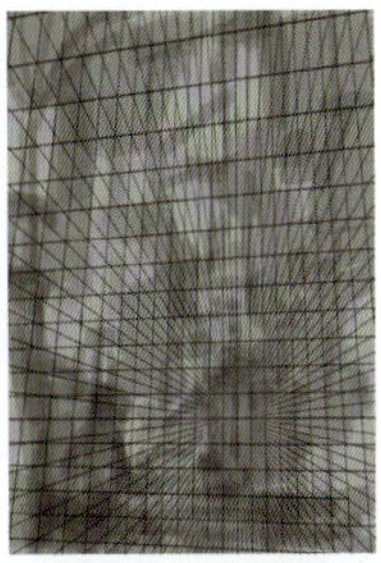
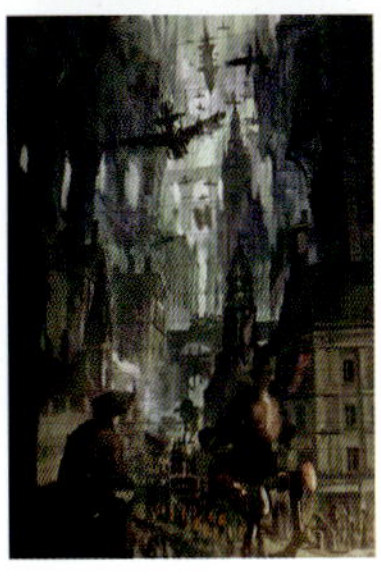

이 책을 읽는 법

책의 내용

10가지의 다채로운 **Scene** 그리는 방법을 제작 과정에 따라 꼼꼼하게 순서대로 설명합니다. 특히 핵심이 되는 중요 기법은 **Technique** 페이지에 상세히 담았습니다.

이 책은 Photoshop CC 2015를 사용해 작업하였습니다. 본문에 게재된 단축키는 Windows 운영 체제의 키입니다. Mac 사용자는 Ctrl→⌘, Alt→option 키로 사용할 수 있습니다.

페이지 구성

● **Scene**: 장면 전체 이미지

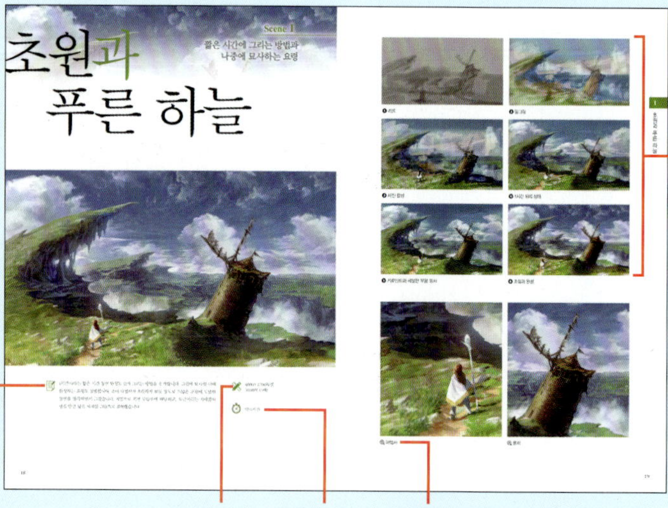

● **Making**: 러프에서 완성까지의 과정

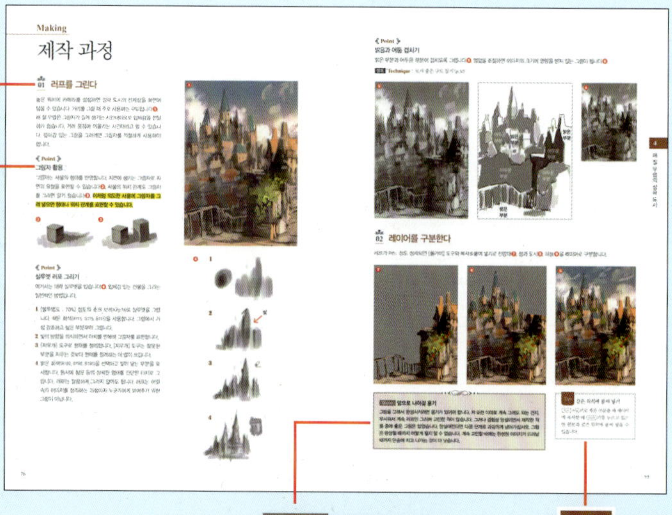

● **Technique**: 모티브 잡는 법이나 이론 해설

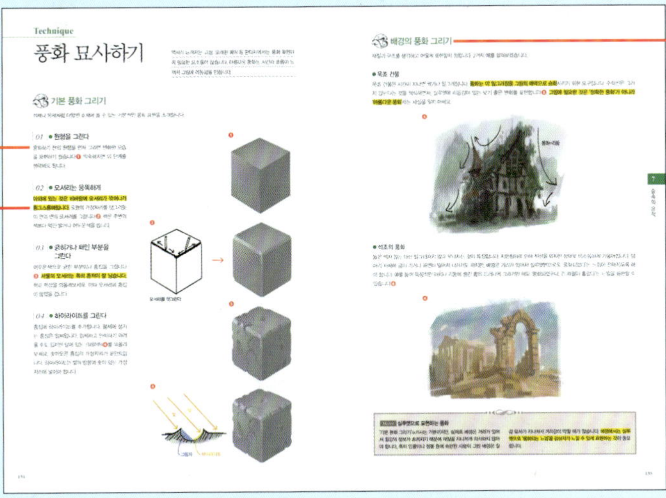

각 과정을 상세하게 설명

키포인트에 노랑 형광펜으로 마킹

이론을 알기 쉽게 설명

특전 파일 다운로드

특전으로 제공하는 PSD 파일, 브러시 파일 등은 이 책의 지원 페이지에서 다운로드할 수 있습니다. 아래 주소로 접속해 파란색 글씨를 클릭하면 다운로드 화면으로 넘어갑니다. 단, 특전 파일을 받으려면 패스워드가 필요한데, **Index**(p.207)에 기재된 'VP(소실점)' 항목의 페이지 숫자를 입력하세요.

이 책의 지원 페이지

www.sbcr.jp/support/13466.html

【ダウンロード】『「ファンタジー背景」描き方教室』購入特典ファイル

このたびは、『「ファンタジー背景」描き方教室』をご購入頂きまして、まことにありがとうございます。
『「ファンタジー背景」描き方教室』の購入特典を、以下のリンクよりダウンロードできます。
これらのファイルは、本書をご購入いただいた方のみご利用になれます。
パスワードは、索引ページ(p.207)の項目「VP」のページ数です。半角数字で入力してください。

【ブラシファイル】
・よー清水作成のブラシファイル(Photoshop CC 2015)
※ p.16、p.17のブラシのうち、著者が作成したもののみを配布しています。

【作例PSDファイル】
完成イラストのPSDファイルです。
※ 各ZIPファイルは100MB以上ありますので、モバイル環境でのダウンロードはおすすめできません。
・Scene 1 草原と青空
・Scene 2 ひみつの花園
・Scene 3 魔法使いの部屋
・Scene 4 夕暮れの城下町
・Scene 5 雨の絶壁
・Scene 6 夜の温泉宿
・Scene 7 森の遺跡
・Scene 8 天空の宮殿
・Scene 9 灼熱の廃都
・Scene 10 蒸気と機械の街

【制作課程JPEGファイル】
制作過程ごとに画面キャプチャしたJPEGファイルをまとめています。
※ 各ZIPファイルは100MB以上のものもありますので、モバイル環境でのダウンロードはおすすめできません。
・Scene 1 草原と青空
・Scene 2 ひみつの花園
・Scene 3 魔法使いの部屋
・Scene 4 夕暮れの城下町
・Scene 5 雨の絶壁
・Scene 6 夜の温泉宿
・Scene 7 森の遺跡
・Scene 8 天空の宮殿
・Scene 9 灼熱の廃都
・Scene 10 蒸気と機械の街

— 使用上のご注意 —
●このコンテンツでダウンロードできる画像ファイル、ブラシファイルはフリー素材ではありません。これらの著作権は各ファイルの著作権者が所有しています。著作権者の詳細や利用上の注意点は本ダウンロードファイル内にあります「はじめにお読みください.txt」を参照してください。
●利用している環境によっては不具合が生じる可能性がありますので、あらかじめご了承ください。なお、運用結果については、著作権者、著者、出版社は一切の責任を負いません。

사용상 주의 사항

- 제공되는 브러시 파일(yoshimizu_brushset.abr)은 구매한 도서의 특전입니다. 이 책을 구매한 분들만 사용할 수 있습니다.
- 브러시 파일은 Photoshop CC 2015에서 사용할 수 있습니다. 하위 버전의 Photoshop에서는 사용이 제한될 수도 있습니다.
- 제공되는 파일의 모든 권리는 각 파일의 저작권자에게 있으며, 무단으로 배포·판매·양도할 수 없습니다.
- 브러시는 일러스트 작품 제작에만 이용할 수 있습니다.

Introduction

디지털 일러스트 기본 중의 기본

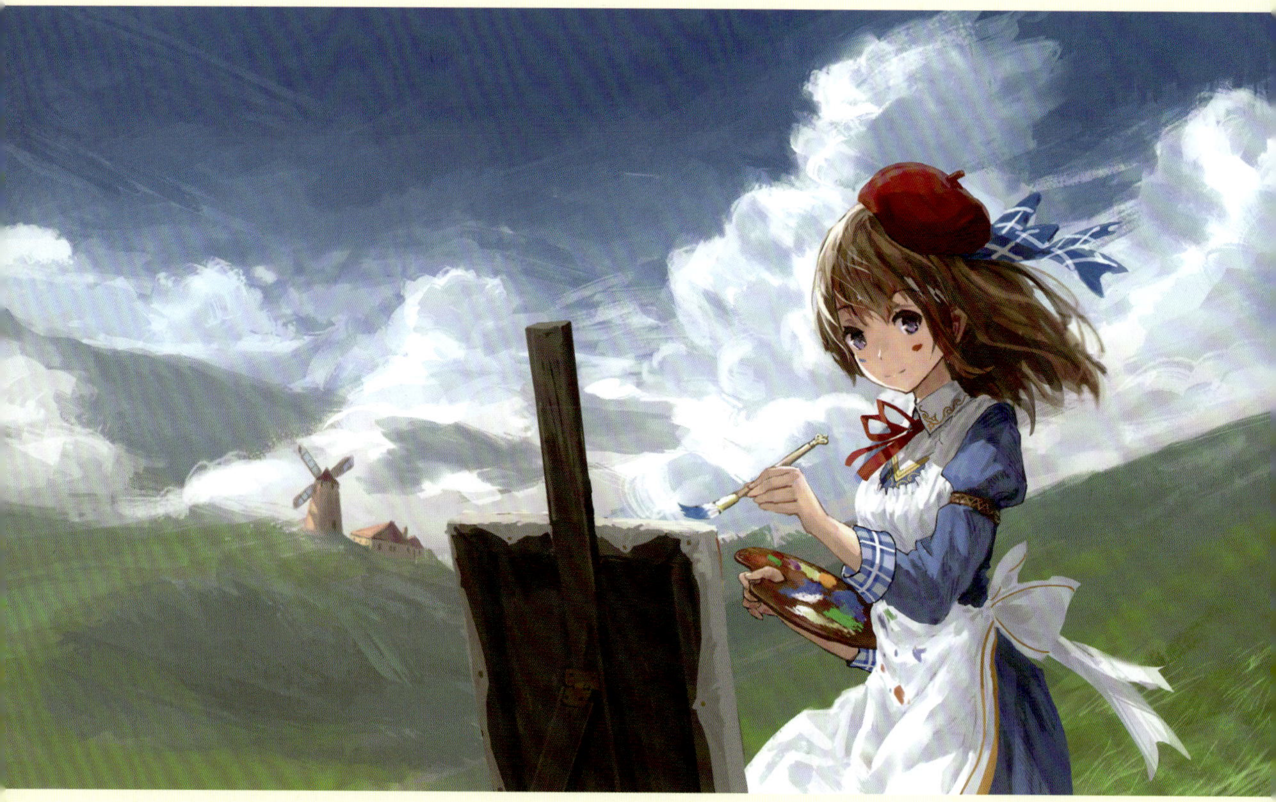

Introduction에서는 책의 내용을 제대로 활용하려면 꼭 알아야 할 디지털 일러스트의 기본 중에 기본을 설명합니다. 디지털 일러스트를 아날로그 일러스트와 전혀 다르게 생각하는 사람이 많을 수도 있는데, 그림을 그리는 힘은 같습니다. 디지털에서 잘 그리는 사람은 조금만 연습하면 아날로그에서도 잘 그리고, 반대로 아날로그에서 잘 그리는 사람은 연습을 거치면 디지털에서도 잘 그립니다. 그저 사용하는 도구가 다를 뿐입니다.

Photoshop은 기능과 도구가 많지만 그림을 그릴 때 사용하는 기능은 무척 제한적입니다. 실제로 작업을 할 때는 최소한의 기능을 응용해 효율적으로 그림을 그립니다.

처음부터 원근법을 상세하게 설명하면 머릿속이 복잡해질 듯해서 책의 중간 부분(p.108)에 배치했습니다. **Scene 5**까지의 배경 그리는 법과 이론을 읽고 상세한 설명을 읽는 것이 효과적입니다.

Introduction에서 소개할 내용

● 면으로 세상을 파악하자(p.12)

'면으로 세상을 파악한다'는 기술은 그림 실력의 근본입니다. 이 기술이 몸에 배면 무엇이든 그릴 수 있습니다. 이 책에서 가장 중요한 내용 중 하나입니다.

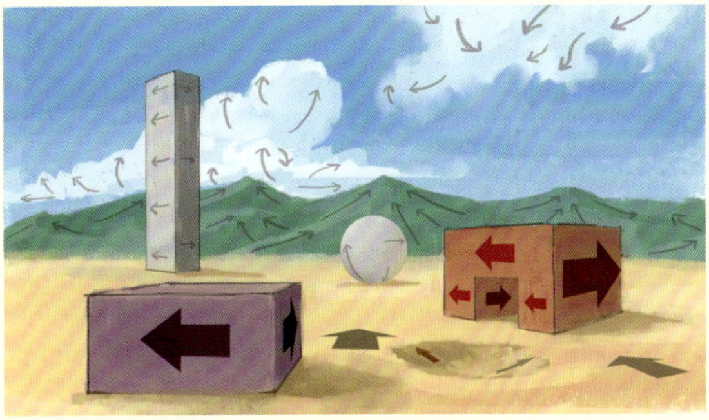

● Photoshop의 주요 기능과 용어(p.14)

Photoshop에서 그림을 그릴 때 주로 사용하는 도구 활용법과 그림의 기본 용어를 설명합니다.
그림을 그릴 때 주로 사용하는 4가지 도구에 익숙해지면 모든 그림을 그릴 수 있습니다.

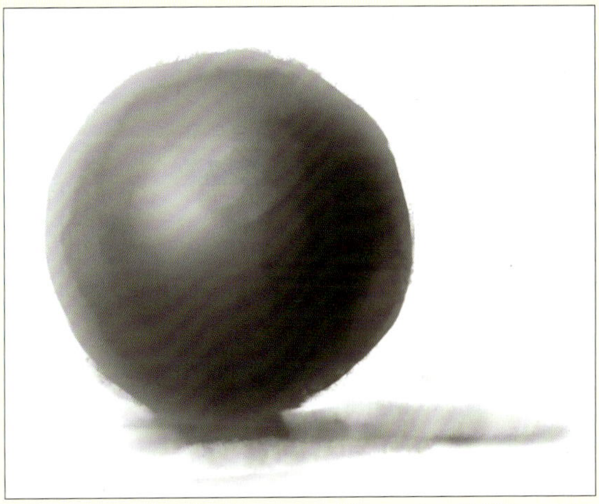

● 이 책에서 사용한 브러시(p.16)

이 책의 작품을 제작하면서 사용한 브러시를 소개합니다. Photoshop의 커스텀브러시는 무척 편리하므로 직접 만들어 사용하거나 배포되는 것을 적극 활용해보세요.

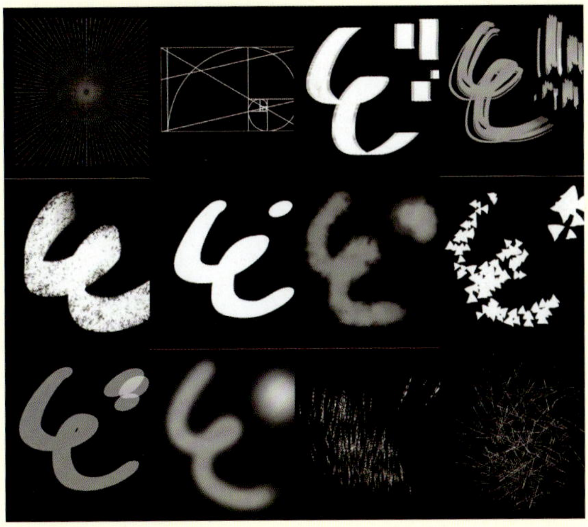

면으로 세상을 파악하자

'면으로 세상을 파악한다'란 그림의 가장 기본이자 중요한 기술입니다. 기본 기술부터 소개하겠습니다.

'면으로 세상을 파악한다'란?

우리가 사는 세상은 3차원 공간입니다. 1차원은 '선', 2차원은 선을 둘러싼 '면', 3차원은 면으로 구성된 입체로 표현할 수 있습니다❶.

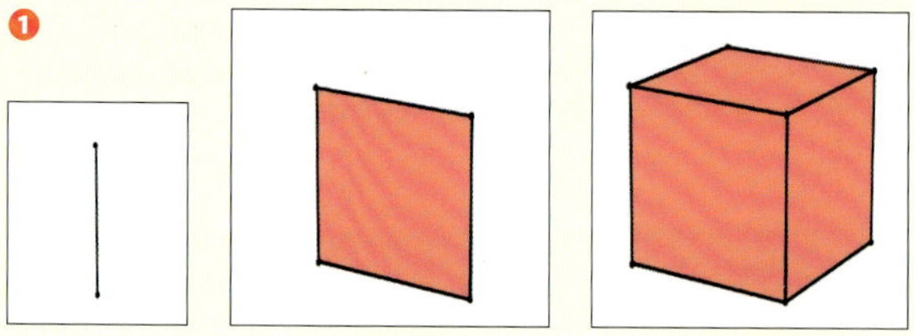
1차원 2차원 3차원

다음은 물체의 형태입니다. 입방체는 6면으로 구성되어 있습니다❷. 구체도 면으로 구성되어 있습니다❸.

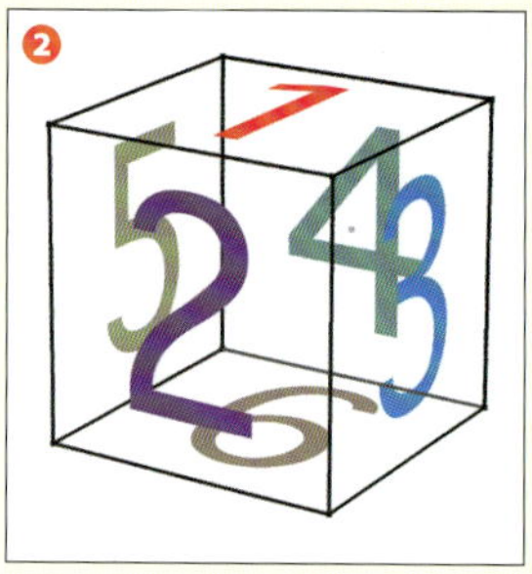
입방체

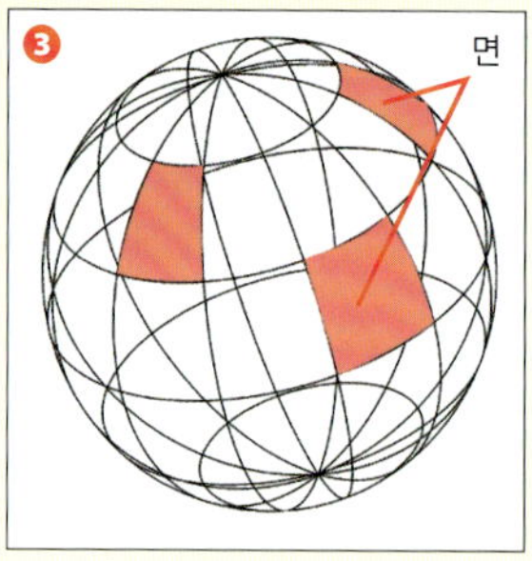

구체

입방체나 구체는 물체의 가장 기본 형태입니다. 즉 우리가 사는 세상은 전부 면으로 이루어져 있습니다. 면을 표현할 수 있다면 인물, 건물, 기계, 식물, 하늘, 구름 등 모든 것을 그릴 수 있게 됩니다.

Memo 면을 파악하자=3DCG

요즘 대부분의 영상과 게임에 사용하는 3DCG는 '면으로 세상을 파악'하는 기술을 컴퓨터가 대신합니다. 그림이 능숙한 사람은 머릿속에 3DCG 소프트웨어가 있어서 사물을 면으로 인식하기 때문에 무엇이든 그릴 수 있다고 생각하면 이해하기 쉽습니다.

Memo 만화·애니메이션의 캐릭터는?

만화·애니메이션의 캐릭터는 면을 그대로 그리지 않고 윤곽선으로 면을 표현합니다. 예를 들면 가슴의 선화는 구체 윤곽선의 일부분이라고 할 수 있습니다. 윤곽선을 그릴 때 면을 파악하려면 당연히 연습이라는 과정을 거쳐야 합니다. 선화를 그리다 보면 아무래도 선을 지나치게 의식하게 되면서 면을 놓치기 쉽습니다. 윤곽선을 그리면서 동시에 면을 파악하려면 연습을 부단히 해야 하며, 캐릭터 연습법으로 데생을 추천하는 이유도 바로 면을 파악할 수 있도록 하기 위해서입니다.

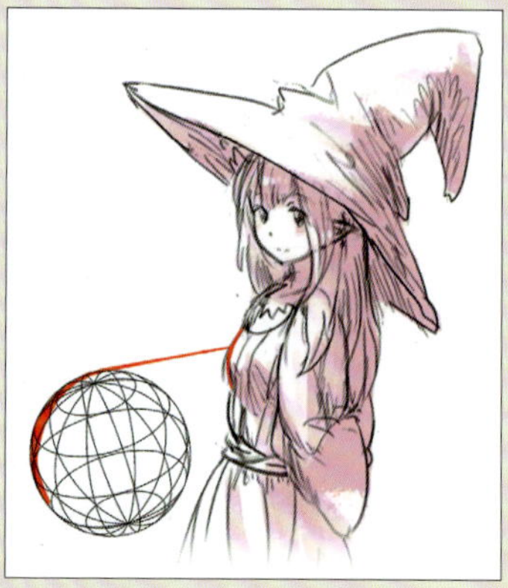

면을 파악하는 연습법

면을 파악하는 기술을 단련하는 가장 효율적인 방법은 '유화 채색(디지털)', '수채화', '목탄 데생' 등으로 그리는 것입니다. 이 방법은 연필이나 브러시를 사용하므로 선이 아니라 면을 직접 그릴 수 있습니다. 면을 쉽게 파악하려면 많이 그려보는 것이 상책입니다❹. 제가 추천하는 방법은 Photoshop 등을 사용한 유화 채색법으로 그리는 연습입니다. 디지털 역시 그림 붓과 같은 도구입니다. 도구 사용법을 익히는 동시에 면을 파악하는 연습도 되니 가장 효율적입니다.

> **Memo 연필 데생**
>
> 그리기 연습법으로 주로 '연필 데생'을 많이 하는데, 연필은 선을 그리는 도구인 만큼 면을 쉽게 그릴 수 있는 목탄을 사용하는 것이 더 편합니다. 비스듬히 기울인 연필로도 면을 표현할 수 있지만 목탄과 비교하면 효율이 떨어집니다.

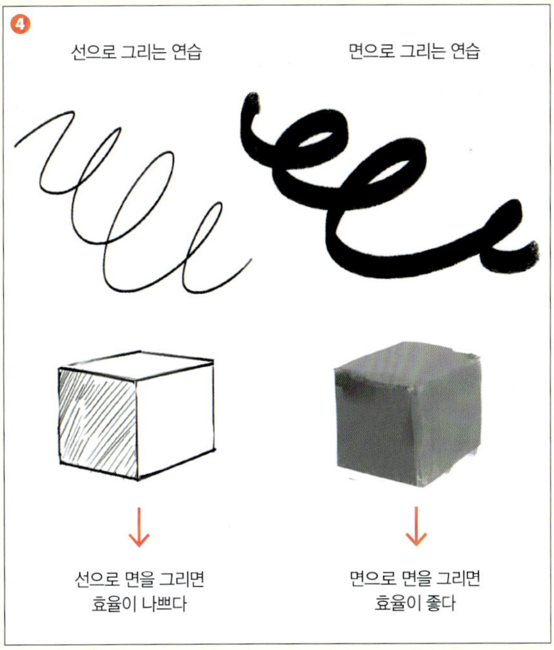

면을 쉽게 파악하는 요령

손으로 모티브를 더듬는 느낌을 상상하면서 그리는 것이 요령입니다. 면을 파악하는 방법을 좀 더 상세하게 설명하면 '면이 어떤 각도로 자신에게서 멀어지는지 의식하는 것'이라고 할 수 있습니다. 멀어지는 이미지를 잡으려면 자신에게서 멀어지는 방향으로 화살표를 표시해보면 좋습니다. ❺처럼 배경에 있는 사물의 면에 화살표로 방향을 그려봅니다.

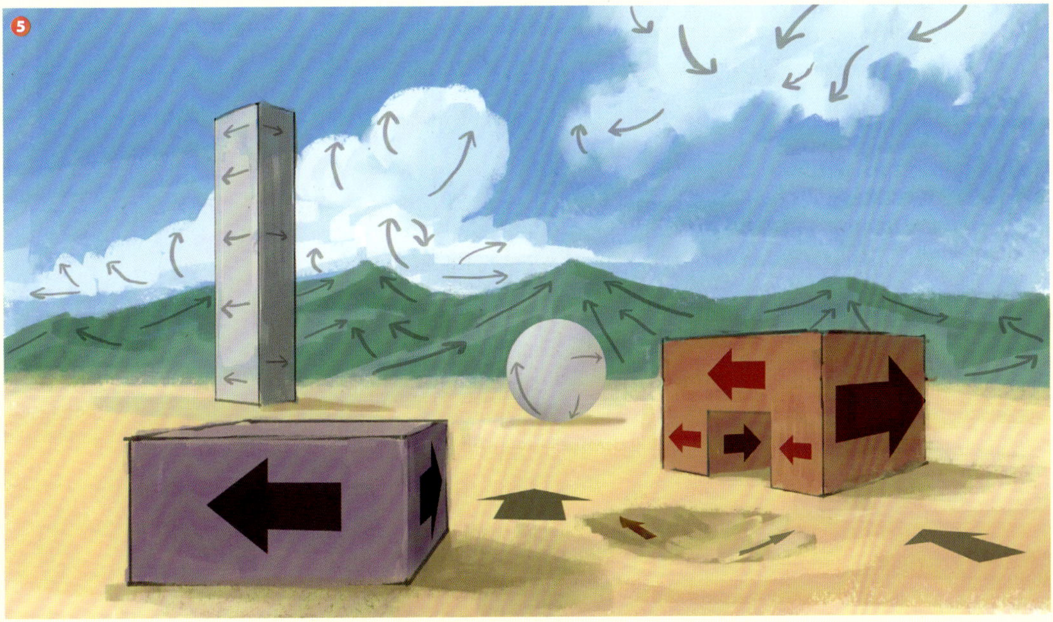

면이 멀어지는 각도를 화살표로 표시

Photoshop의 주요 기능과 용어

Photoshop의 어떤 기능을 어떻게 사용해 그림을 그리는지, 가장 기본이 되는 내용을 살펴보겠습니다.

Photoshop에서 그림을 그릴 때 사용하는 도구

4가지 도구❶ 중에서 어느 도구로든 그림을 그릴 수 있습니다.

❶

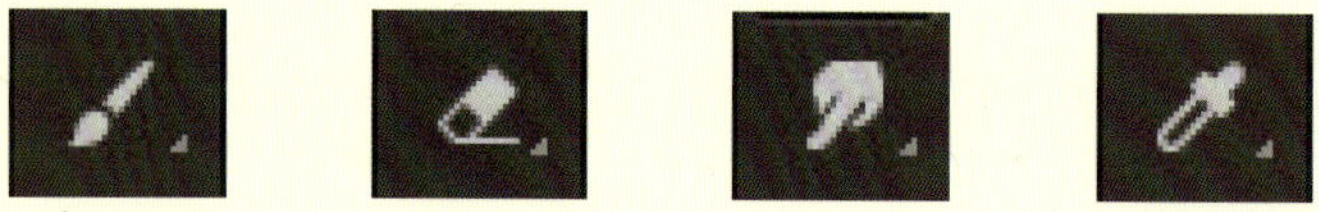

[브러시] 도구　[지우개] 도구　[손가락] 도구　[스포이드] 도구

구체 그리기

예로 구체를 그려보겠습니다.

01 ● 레이어를 만든다

Photoshop을 기동해 새 파일을 만들고, Ctrl+Shift+N키를 누르면 [새 레이어] 창이 열립니다. [확인]을 선택하면 표준 모드 레이어가 1장 추가됩니다.

02 ● 브러시를 사용한다

메뉴에서 [창]→[브러시]로 브러시 목록 창이 열리면 에어브러시(p.16)를 선택하고 그리기 시작합니다. [색상 견본] 창에서 회색(R50, G50, B50)을 선택하고 에어브러시로 적당히 원을 그립니다❷.

03 ● 브러시로 그림자를 넣는다

원에 그림자를 넣습니다. 왼쪽 위에서 광원을 설정했으니 오른쪽 아랫부분을 어둡게 칠합니다❸.

04 ● 하이라이트를 그린다

[브러시] 도구를 사용할 때 Alt키를 누르면, 누르고 있는 동안 [스포이드] 도구로 변합니다. 이 상태로 배경의 흰색을 클릭하면 전경색이 흰색으로 바뀝니다. 그 다음 브러시로 구체의 왼쪽 위에 하이라이트를 넣습니다❹.

05 ● 바닥에 그림자를 넣는다

이번에는 [스포이드] 도구로 구체의 그림자색을 찍어서 바닥에 그림자를 그립니다❺

❷

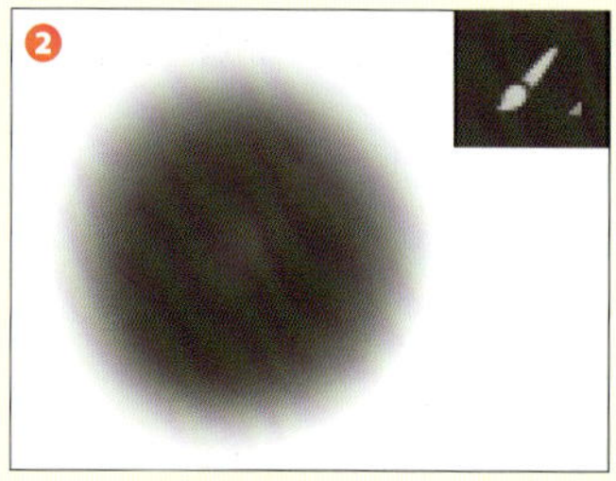

❸

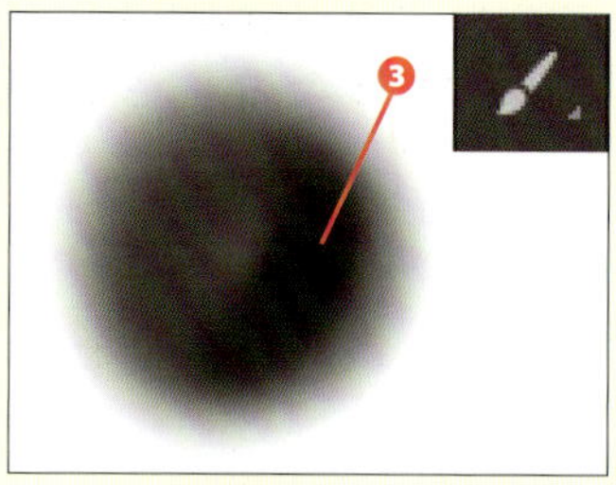

❹

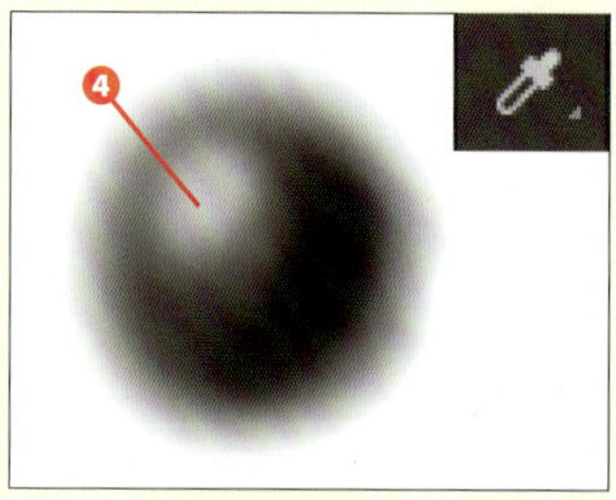

❺

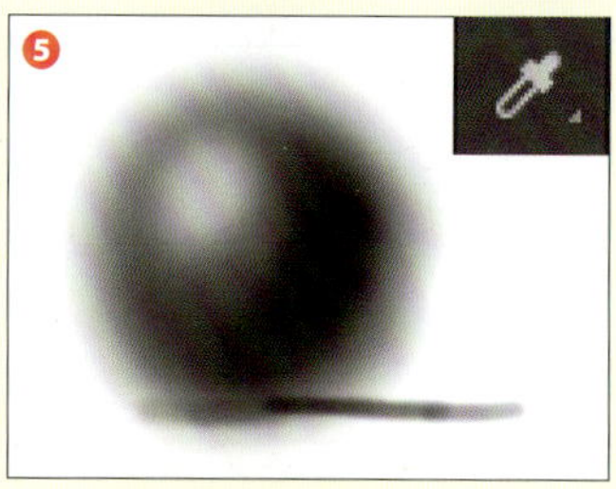

06 ● [지우개] 도구로 형태를 잡는다

이대로는 이미지가 흐리므로 E 키를 눌러서 [지우개] 도구로 변경하고 브러시 목록에서 초크 브러시(p.16)를 선택합니다. 이 상태로 구체의 윤곽을 지워 형태를 잡습니다❻. 잘못 지웠다면 Ctrl+Alt+Z 키로 되돌립니다.

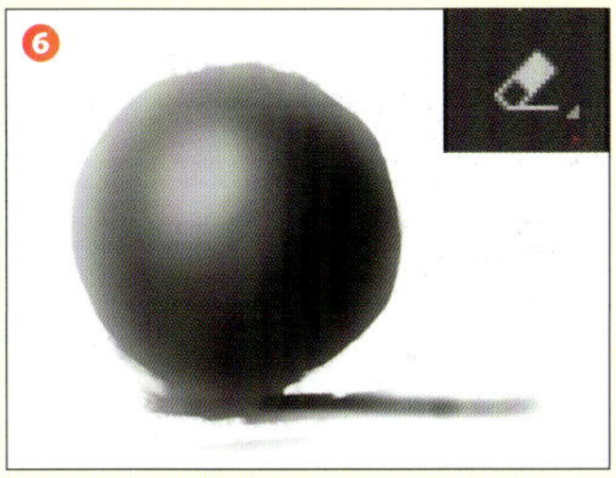

07 ● 전체를 다듬는다

[손가락] 도구를 선택합니다. 이 상태에서 흐리기 브러시(p.17)로 설정하면, [손가락] 도구에 흐리기 브러시가 올라갑니다. 구에 사실감이 부족하므로 그림자나 하이라이트 주변을 다듬어서 자연스럽게 만들고 완성합니다❼.

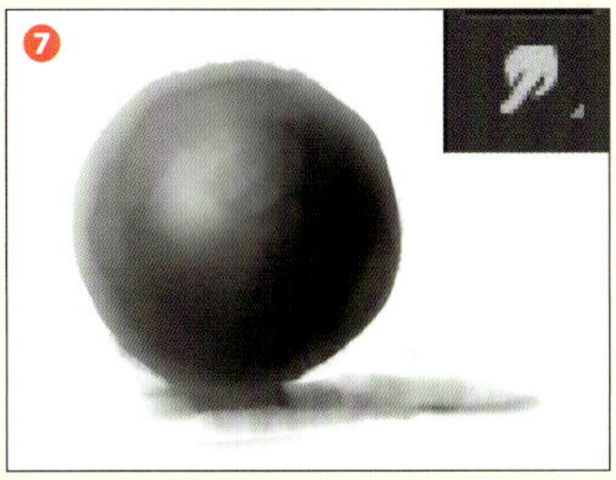

Point

[지우개] 도구와 [손가락] 도구를 반복해서 사용

어떤 그림이든 기본은 구체를 그리는 방법과 같습니다. 브러시로 그린 것을 [지우개] 도구로 형태를 잡고 [손가락] 도구로 다듬어서 그라데이션을 만듭니다. [지우개] 도구는 지우는 역할보다 형태를 다듬는 작업에 사용합니다. [손가락] 도구는 [브러시] 도구와 세트처럼 '그리고 나서 흐리게 다듬기'를 반복합니다. [손가락] 도구와 [지우개] 도구는 보통 같은 브러시를 설정할 수 있으니 다양하게 테스트해보세요.

그림의 기본 용어

구체를 예로 들어 그림의 기본 용어를 설명하겠습니다❽. 이 책은 전문 용어를 많이 사용하지 않지만 기본 용어를 알아두면 이해하기 쉽습니다.

- 하이라이트
  물체의 가장 밝은 부분. 이 부분의 터치로 질감이 정해집니다.
- 하프톤(중간색)
  흰색과 검은색의 중간인 회색처럼 물체에서 중간 정도로 밝은 부분. 그림에서 가장 많이 쓰는 색입니다.
- 그림자(셰이드/섀도우)
  물체에 생기는 그림자는 셰이드. 바닥에 생기는 그림자는 섀도우.
- 주변광
  주변 사물이 반사한 빛의 영향으로 밝아지는 부분. 배경에 주로 파랗게 표현합니다.

색에는 3가지 속성이 있습니다. Photoshop은 기본적으로 아래의 3가지 속성을 이용해 색을 조정합니다.

- 색조
  색깔. 오른쪽 띠❾에서 선택합니다.
- 명도
  색의 밝기. 흰색이 가장 밝은색이고, 검은색이 가장 어두운 색입니다. 상하 위치❿로 조절합니다.
- 채도
  색의 선명함. 좌우 위치⓫로 조절합니다.

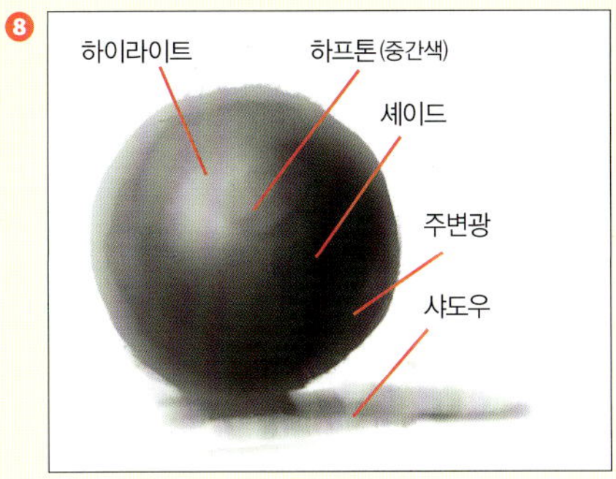

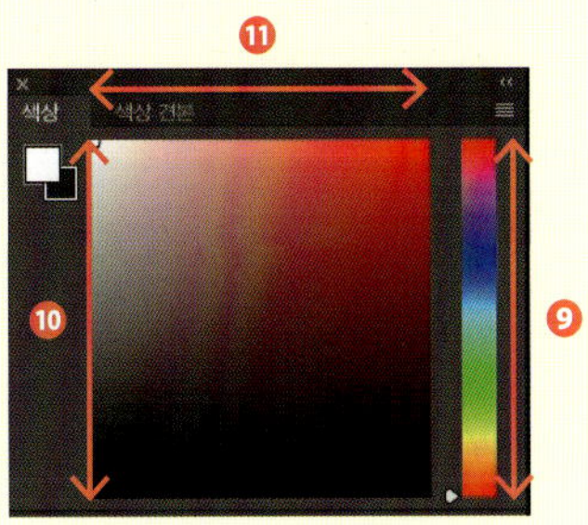

이 책에서 사용한 브러시

이 책에서 사용한 브러시를 브러시 터치 이미지와 함께 소개하겠습니다.

브러시 종류

브러시를 사용할 때 여러 브러시를 구분해서 사용하면 표현이 풍부해지고 효율적입니다. 이 책에서 사용한 브러시의 개요를 브러시 터치 이미지와 함께 소개합니다.

제가 만든 브러시는 이 책의 지원 웹사이트(p.9)에서 다운로드할 수 있습니다.

브러시는 그림붓과 같은 것으로 직접 만들어 써도 되지만 배포되는 브러시를 다운로드 또는 구매해서 사용하는 것을 추천합니다. 책에 게재된 이미지를 참고해 필요한 브러시를 한 번 찾아보세요.

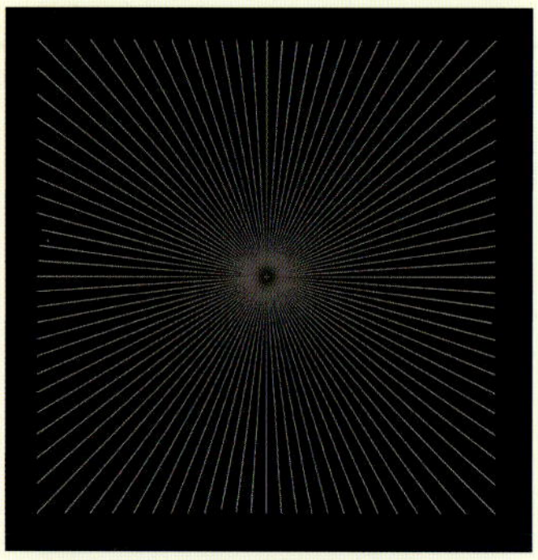

❶ **투시 브러시(パースブラシ)**: 손쉽게 투시가이드를 그릴 수 있어 편리한 집중선 형태의 브러시. 저자 제작(p.116).

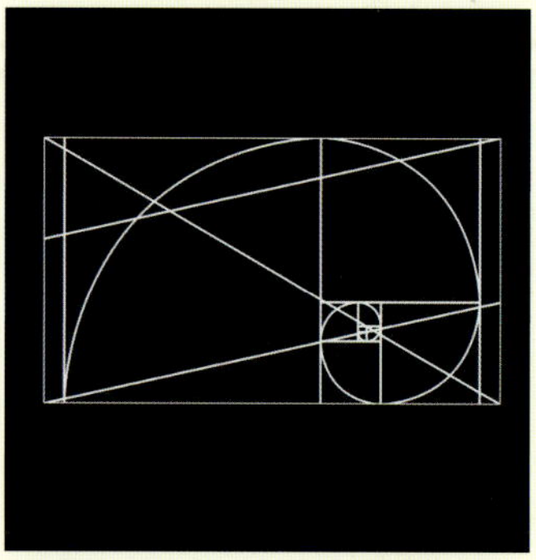

❷ **황금비 브러시(黄金比ブラシ)** : 황금나선 가이드를 그리는 브러시. 브러시 끝 모양이 황금나선 가이드이고, 가로 방향과 세로 방향 브러시가 있다. 저자 제작(p.139).

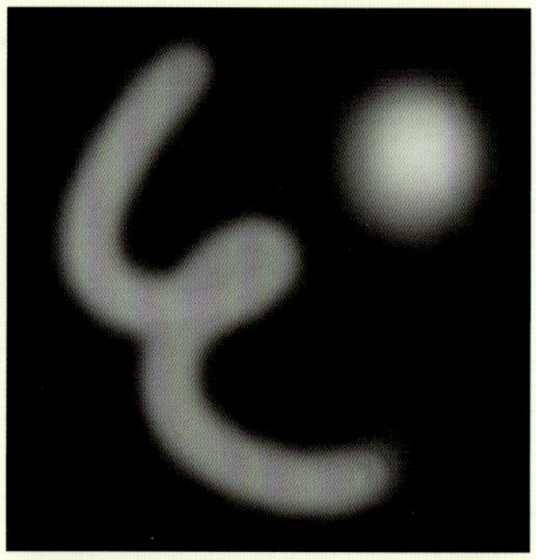

❸ **에어브러시(エアブラシ)** : 부드러운 그라데이션을 그릴 수 있는 브러시로, 모든 그림에 사용. 저자 제작.

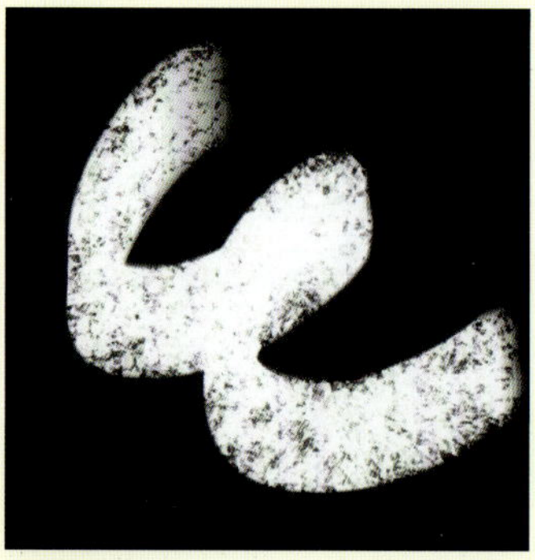

❹ **초크 브러시(チョークブラシ)** : 펜의 압력으로 초크와 같은 질감과 선명함의 정도를 조절할 수 있는 브러시. 모든 그림에 사용하는 기본 브러시.

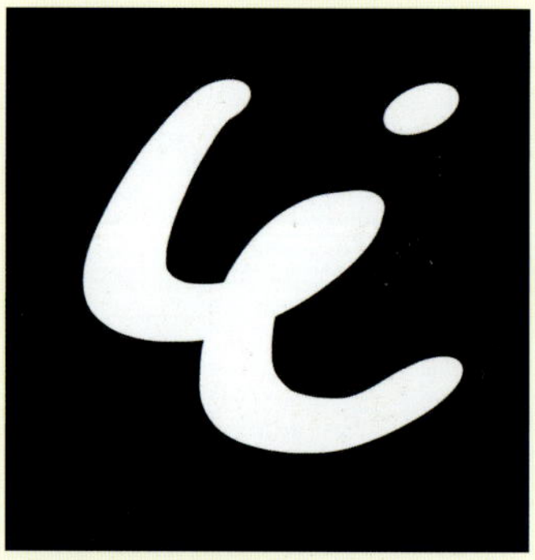

❺ **타원 브러시(楕円ブラシ)** : 깔끔한 윤곽이 특징인 묘사용 브러시로 모든 그림에 사용. 저자 제작.

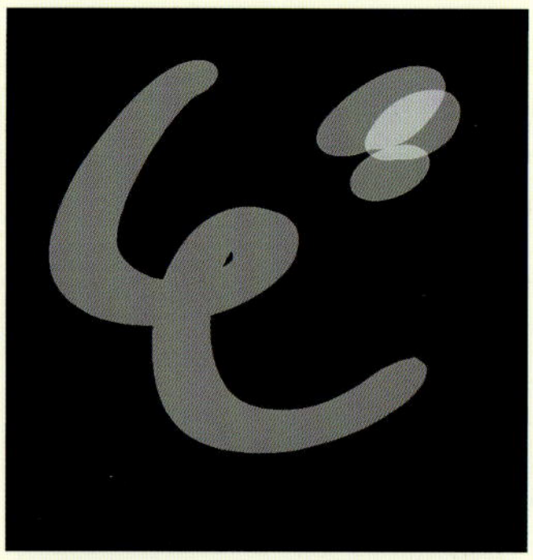

❻ **수채 브러시(水彩ブラシ)** : 타원 브러시에 브러시 설정의 젖은 가장자리 옵션을 설정한 상태로 모든 그림에 사용. 저자 제작.

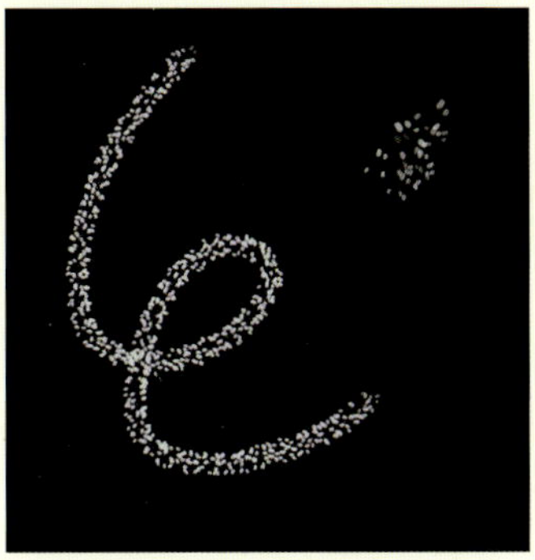

❼입자 브러시(粒子ブラシ) : Scene 5에서 폭포처럼 작은 입자를 표현하는 데 사용.

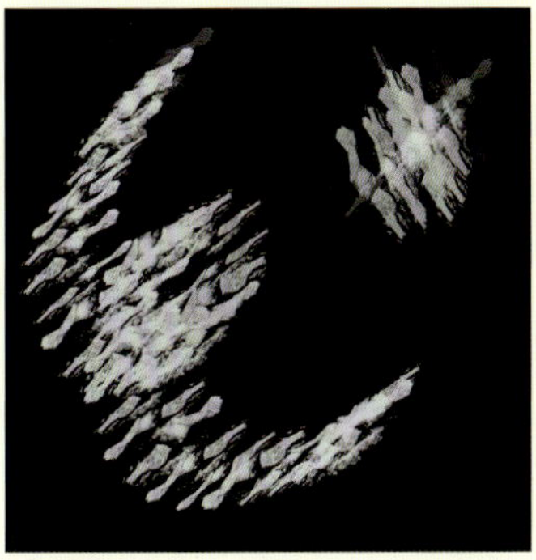

❽텍스처 브러시(テクスチャブラシ) : Scene 5에서 바위나 지면에 사용.

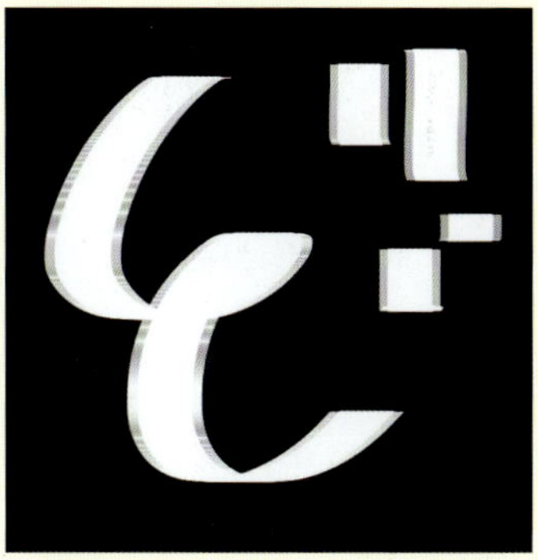

❾수평 브러시(水平ブラシ) : 건물을 그릴 때 주로 썼으며 Scene 5, 6, 8, 9, 10에서 사용. 저자 제작.

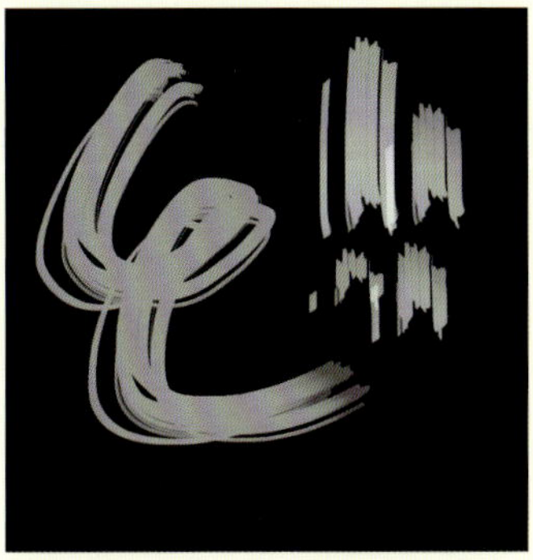

❿ 줄기 브러시(スジブラシ) : 여러 개의 선을 동시에 그릴 수 있는데 식물을 포함해 다양한 사물을 그릴 때 쓴다. 모든 그림에 사용.

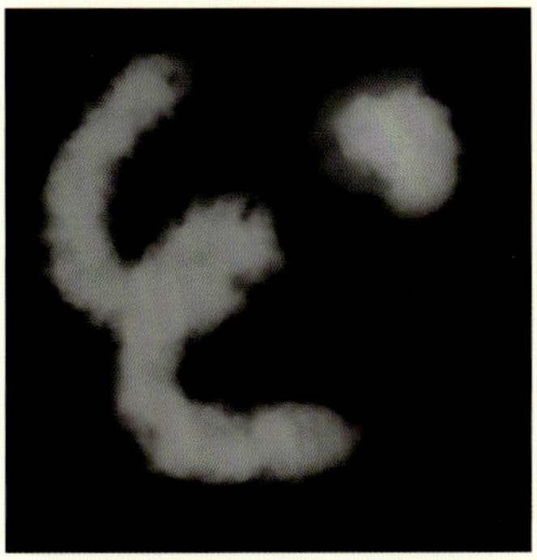

⓫ 구름 브러시(雲ブラシ) : 구름을 간단히 그릴 수 있는 브러시로 Scene 4, 5에서 사용.

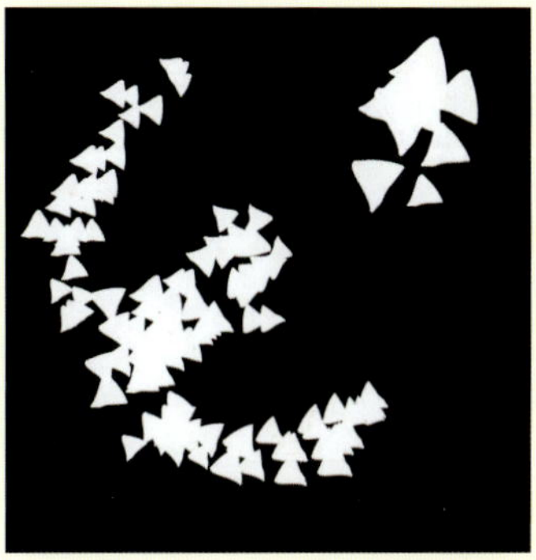

⓬ 잎 브러시(葉ブラシ) : 삼각형을 뭉쳐놓은 브러시로 나뭇잎을 간단히 그릴 수 있다. Scene 4, 7에서 사용.

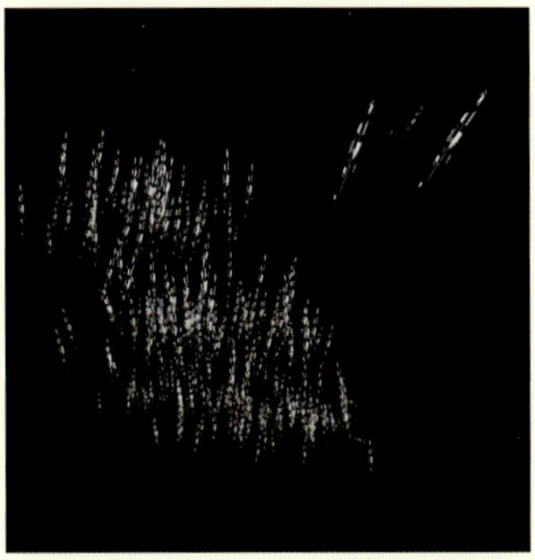

⓭ 풀 브러시(草ブラシ) : 근경의 풀을 간단하게 그릴 수 있는 브러시로 Scene 1, 3, 7에서 사용.

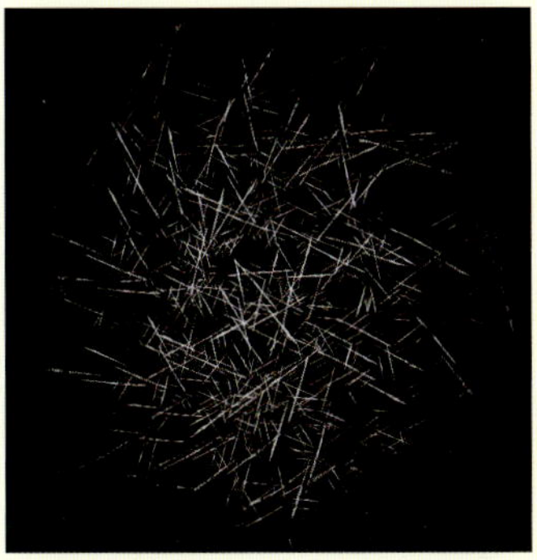

⓮ 용암 브러시(溶岩ブラシ) : 용암의 질감을 간단히 그릴 수 있는 브러시로 Scene 9에서 사용.

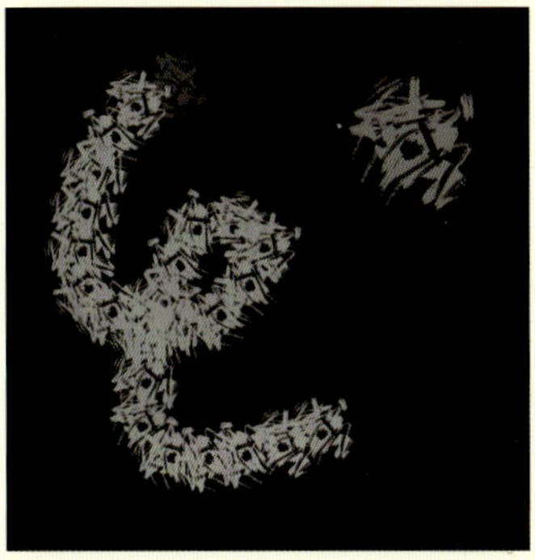

⓯ 흐리기 브러시(ぼかしブラシ) : [손가락] 도구를 주로 활용하며, 모든 그림에 사용. [손가락] 도구를 사용할 때는 이 브러시를 선택한 상태.

Memo 추천 브러시

AaronGriffinArt 님이 만든 브러시가 무척 편리합니다. 아래 사이트에서 무료 배포하고 있습니다.
http://aarongriffinart.deviantart.com/art/BRUSHES-609357781

Scene 1

초원과 푸른 하늘

짧은 시간에 그리는 방법과
나중에 묘사하는 요령

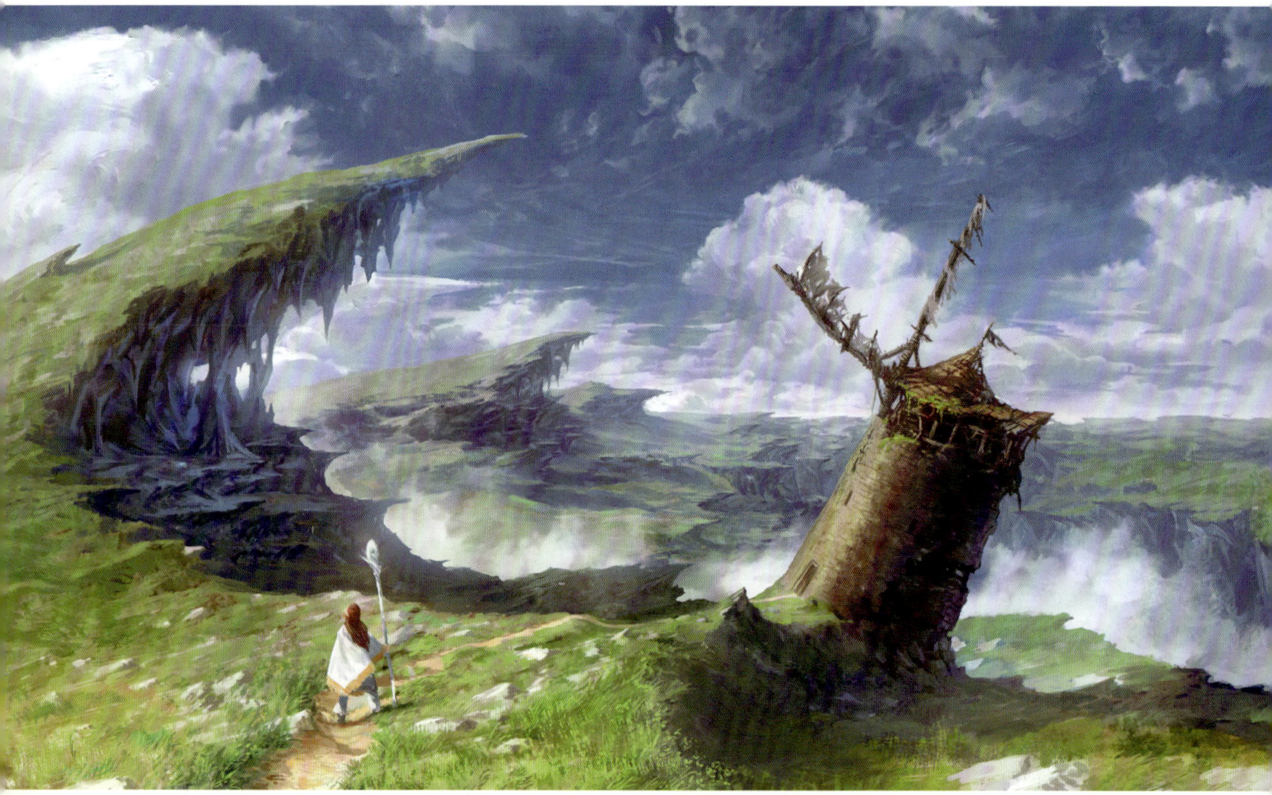

1시간이라는 짧은 시간 동안 완성도 있게 그리는 방법을 소개합니다. 그림에 묘사를 더해 완성하는 요령도 설명합니다. 소녀 마법사가 흐릿하게 보일 정도로 드넓은 초원에 도달한 장면을 생각하면서 그렸습니다. 게임으로 치면 도입부에 해당하고, 두근거리는 기대감이 생길 만큼 넓은 세계를 그림으로 표현했습니다.

4800×2700픽셀
(FHD의 2.5배)

약 6시간

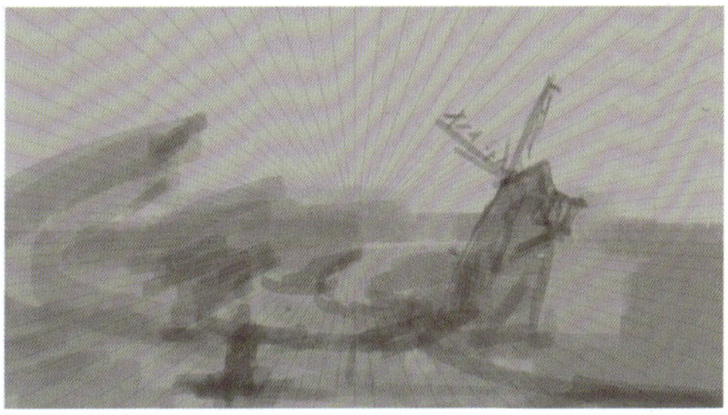

❶ 러프

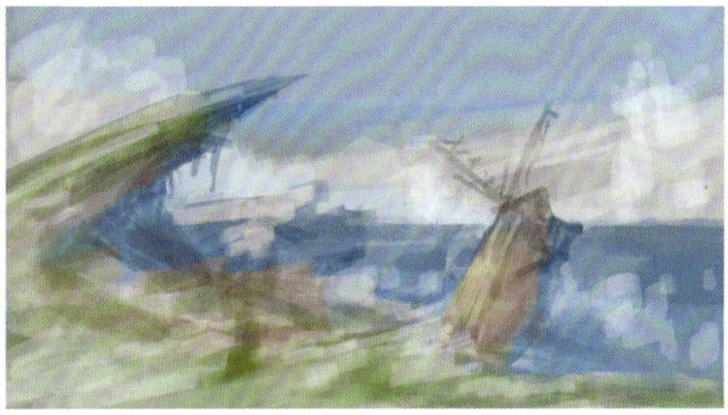

❷ 밑그림

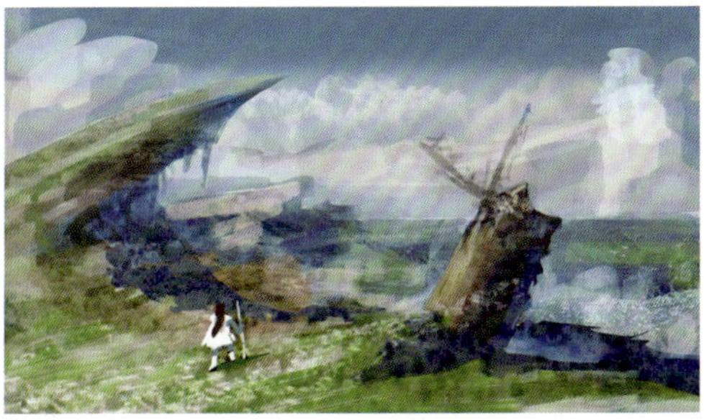

❸ 사진 합성

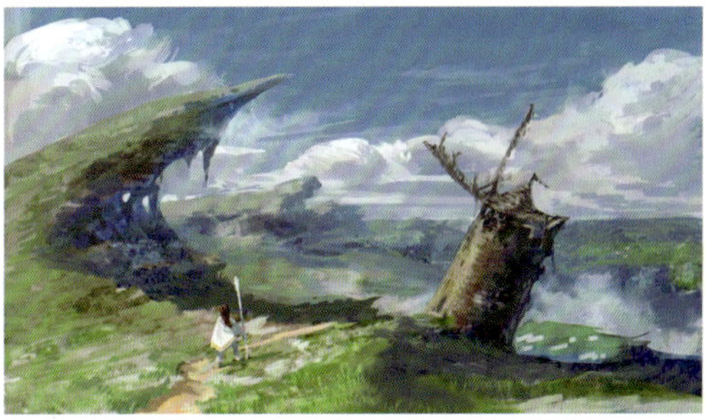

❹ 1시간 뒤의 상태

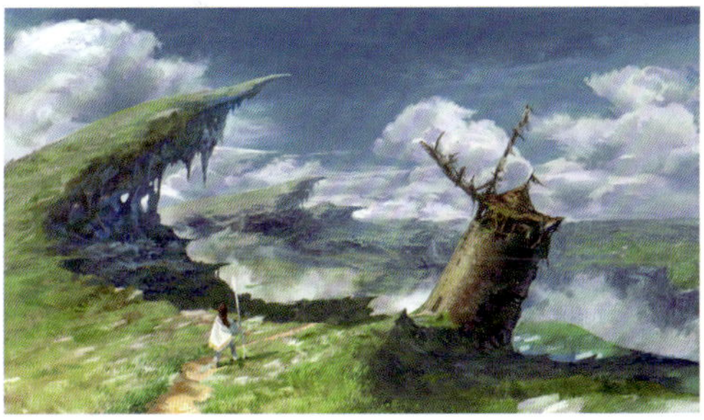

❺ 키포인트와 세밀한 부분 묘사

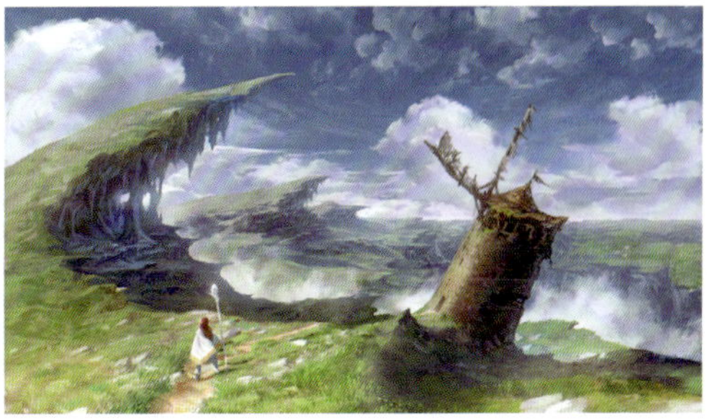

❻ 조절과 완성

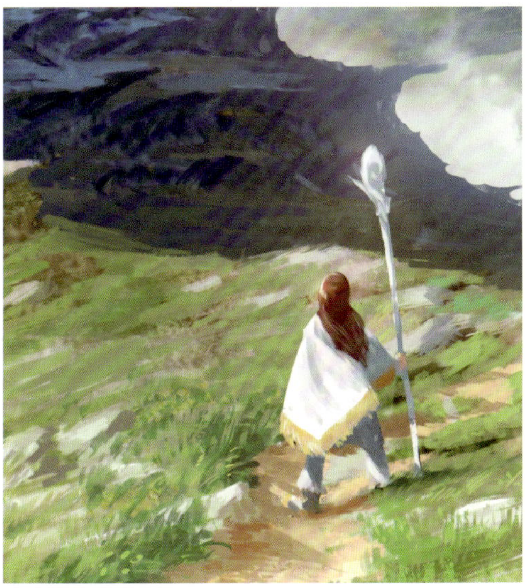

마법사

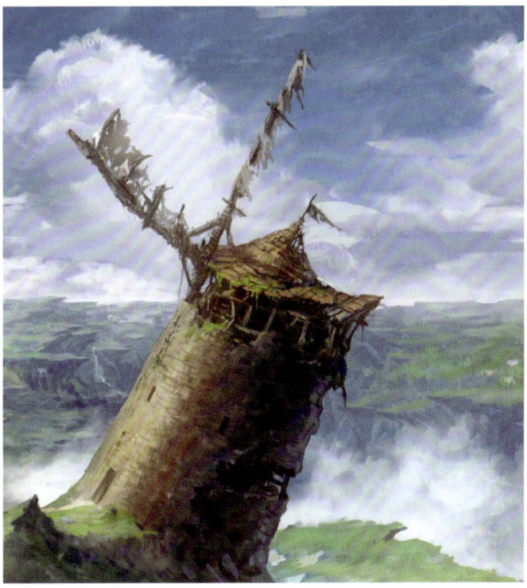

풍차

Making

제작 과정

01 투시가이드를 그린다

투시 브러시(p.16)로 투시가이드를 그립니다. 투시 브러시는 [브러시 모양]이 한 점으로 향하는 집중선 형태인 브러시입니다. 화면 중앙을 원 클릭하고 형태를 수정하면 정확한 투시가이드를 손쉽게 만들 수 있습니다❶. 상세한 설명은 116페이지에서 하겠습니다. 이번에는 중앙보다 약간 아래에 눈높이(시선의 높이)를 설정했습니다.

투시가이드는 러프를 그리기 전후 어느 시점에 설치해도 상관없습니다. 그리기 전에 이미지가 명확한 그림이나 자연물이 많은 그림은 투시가이드 없이 그리기도 합니다. 반대로 건물이 많은 그림은 투시가이드를 먼저 설치해야 작업이 수월합니다.

참조 'Technique : 투시가이드 그리기'(p.116)

❶

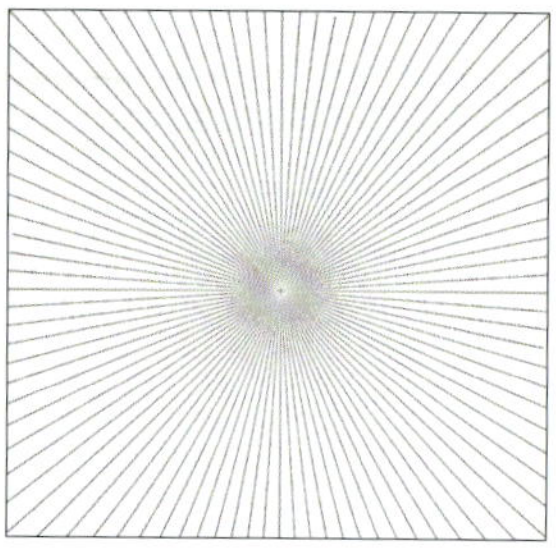

투시 브러시

→

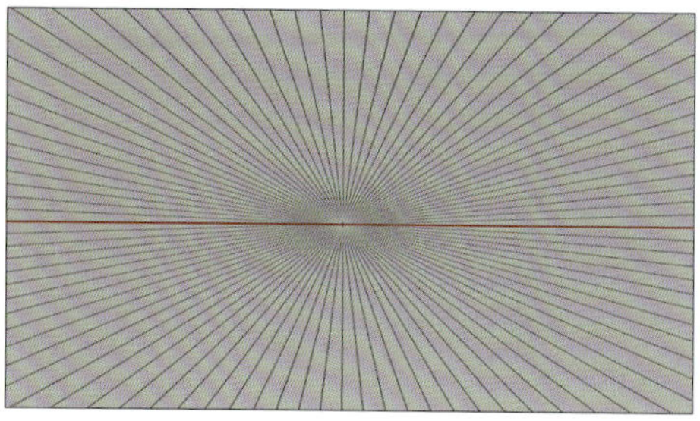

화면에 알맞게 변형

Point

개방감을 느낄 수 있는 눈높이 설정

초원처럼 넓은 지형은 눈높이 설정이 아주 중요합니다. 하늘의 면적이 넓을수록 개방감을 느끼고, 작을수록 폐쇄감을 느낍니다❷. 보통의 그림은 눈높이 위에 하늘을 그립니다. 즉 눈높이가 화면 상단에 가까울수록 폐쇄감이 강해지고, 하단에 가까울수록 개방감이 강해집니다.

지면의 기복이 심하거나 높은 곳에서 내려다보는 등의 상황을 연습하다 보면 갑갑한 느낌이 없는 그림을 그릴 수 있습니다.

❷

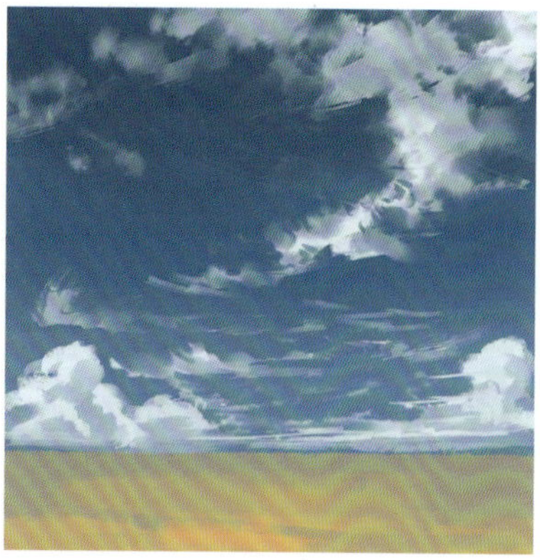

하늘의 면적이 클수록 개방감을 느낀다

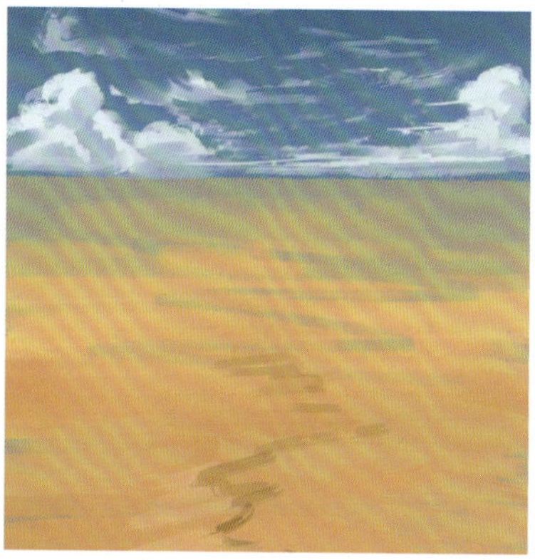

하늘의 면적이 작을수록 폐쇄감을 느낀다

02 구도를 생각하면서 러프를 그린다

투시가이드 위에 초크 브러시(p.16)로 대강 러프를 그립니다. 푸른 하늘과 초원이 핵심 모티브이므로 오른쪽에는 풍차를, 왼쪽에는 독특한 언덕을 배치했습니다③. 처음에는 깊이 고민하지 마세요. 그냥 편하게 그리다 보면 신기하게도 멋진 공간이 완성됩니다. 화면을 구성할 요소가 잘 떠오르지 않는다면 설정이나 스토리를 생각해보세요. 예를 들면 이 풍차는 많은 여행자들이 하룻밤을 묵어가는 장소라서 자연스레 길이 생겼을지도 모릅니다④.

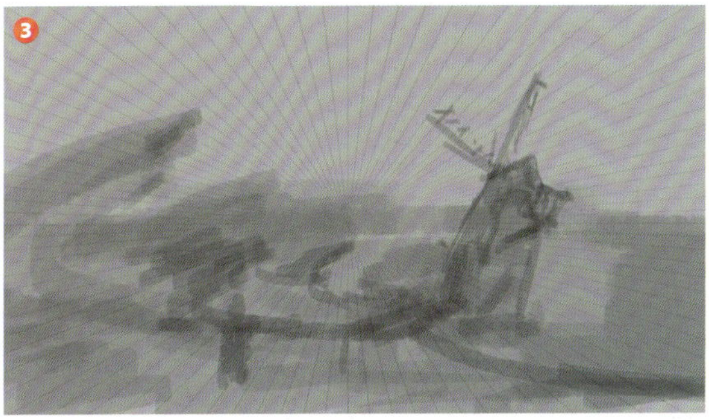

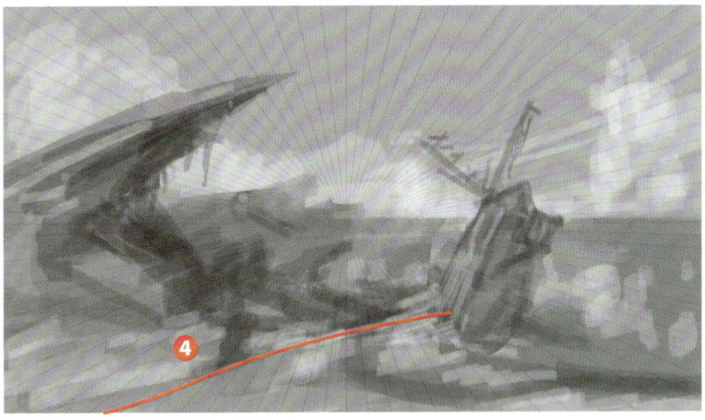

1 초원과 푸른 하늘

Point

좋은 구도를 잡는 포인트

짧은 시간 내에 그림을 그리려면 구도를 빨리 잡아야 합니다. 구도는 Photoshop의 기능을 이용하면 언제든 수정할 수 있습니다. 하지만 작업 시간이 짧아 수정할 여유가 별로 없으니 구도부터 확실하게 정합니다. 좋은 구도를 잡는 3가지 포인트를 알아보겠습니다. 세밀한 묘사를 하지 않아도 그럴듯한 그림을 완성할 수 있는 포인트입니다.

- 축소해도 매력적이어야 한다

  요즘은 많은 사람들이 스마트폰처럼 작은 화면으로 작품을 감상합니다. 게다가 작품이 엄청나게 많아서 섬네일 정도의 크기로 화면에 작게 표시됩니다. 작아도 매력적이지 않으면 아무도 봐주지 않습니다.

- 리듬감이 있다

  리듬감 있는 그림은 보기만 해도 편안하고 마음을 두근거리게 합니다. 나무나 풀의 생태, 구름의 형태, 건물의 일그러짐처럼 모든 사물에는 리듬이 있습니다. 이 리듬감은 판타지에서 특히 중요합니다.

- 시선을 놓치지 않는다

  배경은 구성 요소가 많아서 어느 부분을 보아도 알기 쉽도록 정보를 정리하지 않으면 전달 목적을 알 수 없는 그림이 되고 맙니다. 그러니 보는 사람의 시선을 끄는 사물을 배치해야 합니다.

참조 'Technique : 보기 좋은 구도 잡기'(p.32)

03 광원을 설정한다

러프에서 구성 요소 배치를 끝내고 나면 광원을 설정합니다. 광원은 빛이 닿는 부분과 그림자를 결정하는 작업입니다.

짧은 시간 내에 그려야 한다면 그림자가 최대한 넓게 생기도록 광원을 설정합니다. 사람의 눈은 어두운 부분에 있는 물체의 세부까지 식별할 수 없습니다. 이 특성을 이용해 **그림자의 면적을 넓혀서 묘사를 해야 하는 면적을 줄입니다**❺.

어디에 광원을 배치할지, 그림자는 어떻게 그릴지를 정하면 광원 설정 작업은 끝입니다.

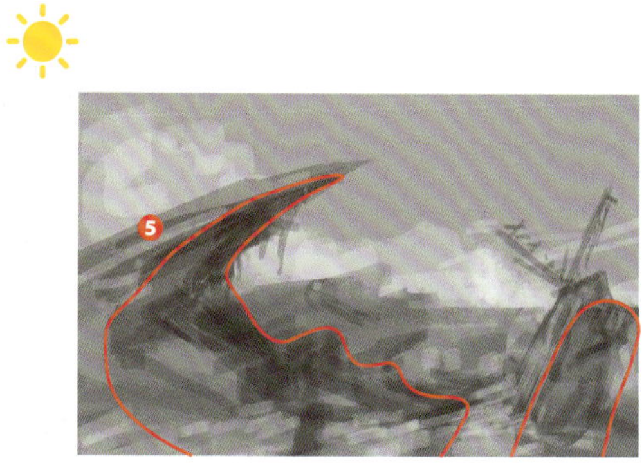

그림자가 있는 부분은 묘사하지 않아도 된다

Point

그림자 면적을 넓히는 요령

그림자 면적을 넓히는 2가지 방법을 소개합니다.

- 광원 위치를 조정한다

  광원 위치에 따라서 그림자의 면적은 달라집니다. 간단히 설명하면 비스듬하게 빛이 들어오면 좋습니다. ❻에서는 왼쪽 위에서 오른쪽 아래로 약간 경사지게 빛이 들어와 그림자의 면적이 넓습니다.

- 그림자를 정리한다

  여기저기 흩어진 **그림자를 정리해서** 크게 묘사하면 그림의 인상이 강해지고 그림자의 면적도 넓어집니다. ❼은 중경의 산과 인물의 그림자를 합친 예시입니다. 사물과 사물의 위치 관계를 강조할 수 있고 상황을 인식하기 쉽습니다.

❻

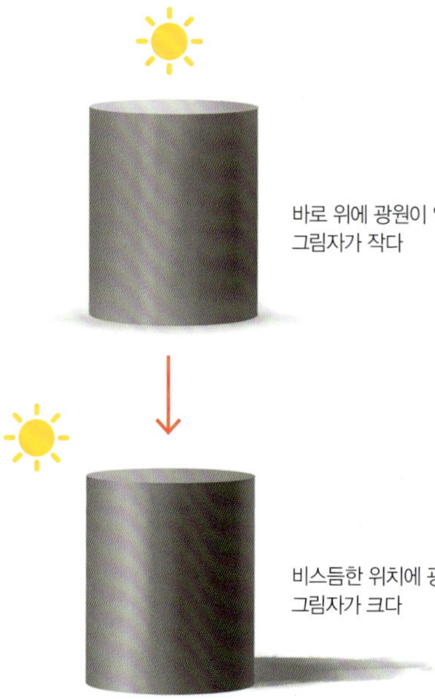

바로 위에 광원이 있으면 그림자가 작다

비스듬한 위치에 광원이 있으면 그림자가 크다

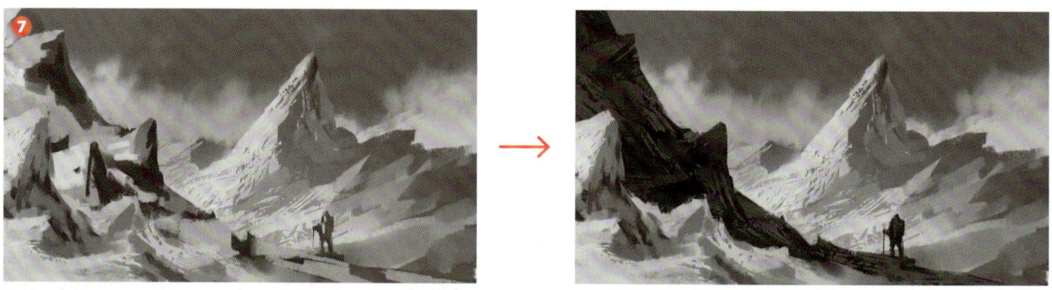

중경의 산과 인물의 그림자를 정리한다

04 밑색을 칠한다

광원을 설정하고 나면 [오버레이] 모드 레이어를 추가하고❽, 그림의 메인이 될 색을 선택해 밑색을 칠합니다. [오버레이] 모드로 설정하면 아래 레이어의 명암을 유지하면서 색을 칠할 수 있습니다. 흑백인 러프에 색을 입히는 기본 방법입니다.

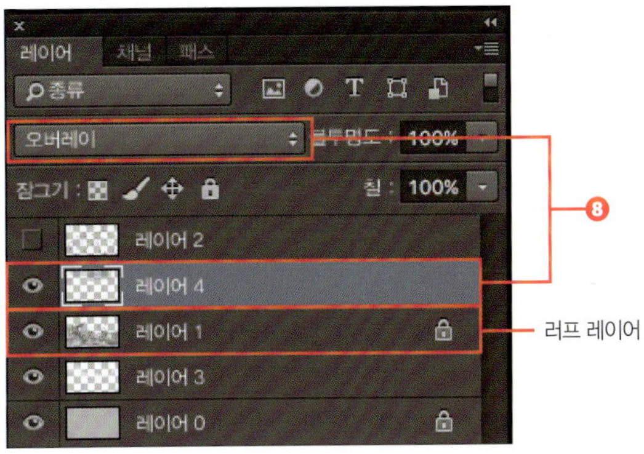

Point

채색법

채색법은 워낙 다양해서 어떤 방법이 정답이라고 딱 잘라 말할 수는 없습니다. 제가 주로 쓰는 방법을 소개하겠습니다. 브러시는 에어브러시(p.16)를 사용합니다. 각각의 구성 요소에 해당하는 고유색을 무시하고, 키 라이트색을 빛이 닿는 부분에 엷게 올립니다❾. 그다음 하늘색을 그림자에 엷게 올립니다❿. 그림자에 하늘색을 올리는 이유는 **그림자는 하늘색을 쉽게 반사하고 공기원근법을 묘사하기 쉽기 때문입니다.** 그림 전체의 공기감을 묘사하고 나서 면적이 넓은 고유색부터 채색합니다⓫.

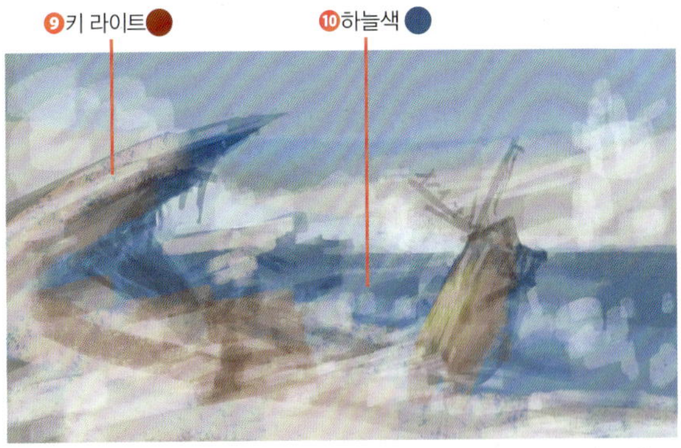

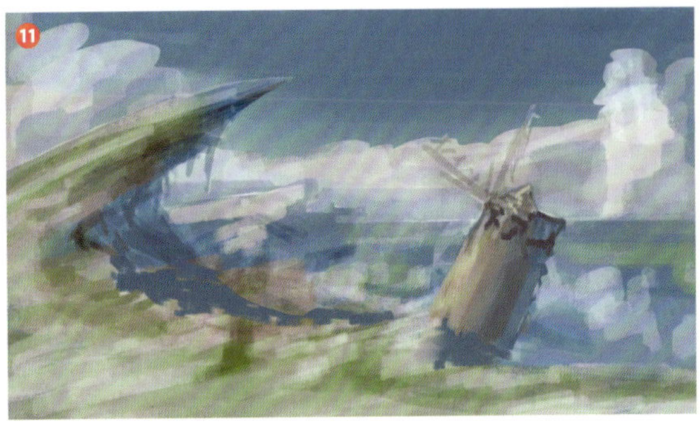

공기감을 만들고 고유색을 올린다

> **Memo 키 라이트**
>
> 그림의 중심 광원. 야외라면 태양광이, 실내라면 조명이 키 라이트입니다.

> **Memo 공기원근법**
>
> 공기의 성질을 묘사해 깊이감이 느껴지도록 하는 기법. 지구상에서는 멀리 있는 사물일수록 윤곽이 흐릿하고 뿌옇게 보입니다. 그러니 하늘색이나 빛의 색 등을 섞어서 묘사합니다. 그림자는 하늘색에 영향을 크게 받는 것이 특징입니다.

Point

오버레이의 핵심

칠하고 싶은 색을 그대로 사용하면 명도나 채도가 너무 높아집니다. 대략 ⓬의 범위에 해당하는 명도가 낮은 색을 선택하는 것이 핵심입니다. [오버레이] 모드 레이어를 사용하면 색을 세밀하게 조절하기 어려우므로 어디까지나 밑색을 칠할 때만 쓰는 방법이라고 생각하세요.

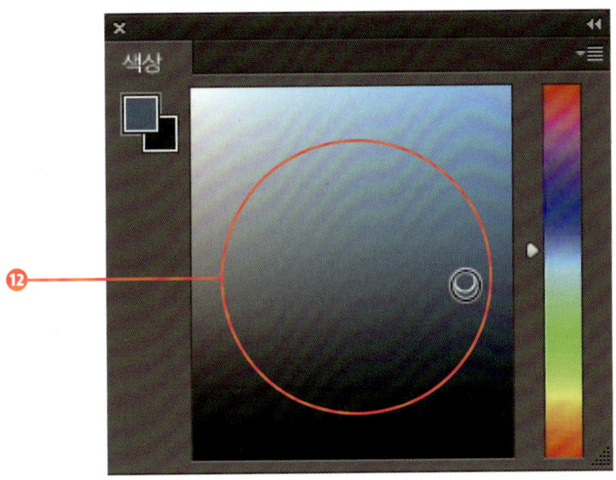

오버레이에서 주로 사용하는 색 범위

05 레이어를 구분한다

밑색 작업이 끝나면 그림의 내용에 알맞게 레이어를 구분합니다. 각종 가공을 하기 쉽도록 이번 단계에서 구분해두면 이후 작업이 수월합니다.

투시 레이어 외의 레이어부터 통합합니다⑬. 지금부터 [올가미] 도구를 사용해 구성 요소별로 복사&붙여 넣기로 분할합니다⑭.

레이어는 사람마다 구분하는 방식이 제각각이지만 레이어 수가 적을수록 관리하기 편합니다. 이번에는 푸른 하늘, 구름, 원경, 중경, 근경으로 레이어를 나누었습니다⑮. 인물 레이어는 나중에 그릴 때 추가합니다.

> **Tips** 선택 범위를 새 레이어에 복사하기
> - Ctrl+C키로 선택 범위 복사
> - Ctrl+Shift+V키로 새 레이어에 붙여 넣기

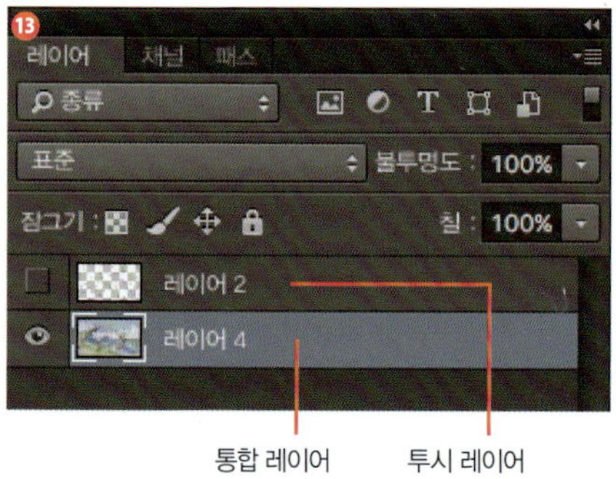

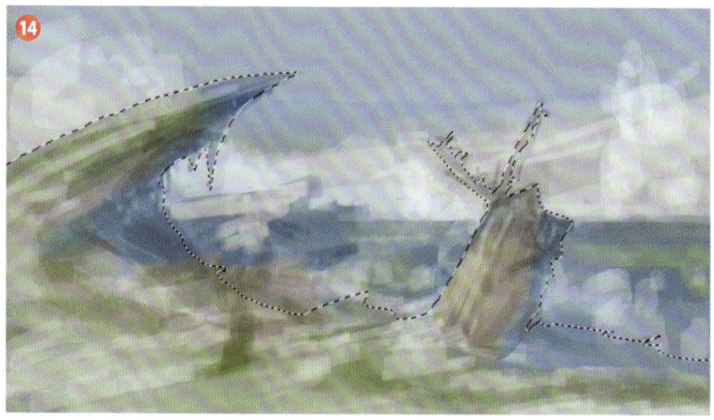

Point
레이어 분할 타이밍

처음부터 원경, 중경, 근경으로 레이어를 분할하는 것이 효율적이라고 생각할 수도 있습니다. 실제로 명확한 이미지가 정해진 그림이나 메인의 실루엣이 선명해야 하는 그림은 처음부터 레이어를 구분해서 그립니다.

그러나 이번처럼 속도가 중요한 작업은 브러시의 터치로 구도를 잡아가는 방법으로 그렸습니다. 브러시의 불투명도를 낮춰서 그리는 방식은 다음 단계인 사진 합성과 상성이 나쁩니다. 사진 합성은 [클리핑 마스크]를 사용하므로 합성할 레이어에 얼룩이 있으면 결과물이 깔끔하지 않습니다. [올가미] 도구로 통합한 레이어에서 깨끗이 잘라낼 수 있으니 레이어를 통합하고 잘라내는 과정을 거치는 것이 효율적입니다.

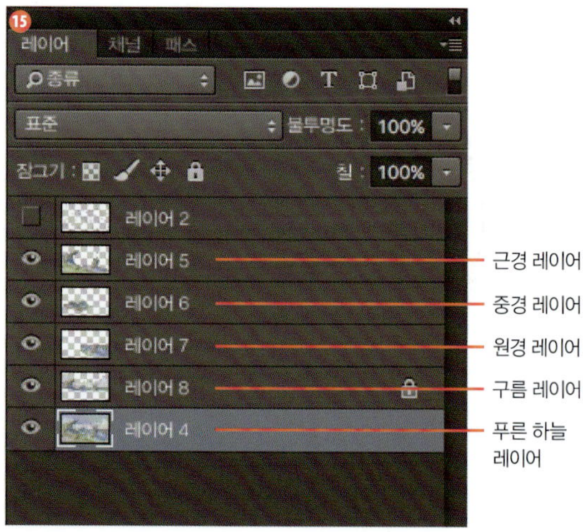

Point

겹침을 의식한 레이어 구분

⑯의 왼쪽 그림은 각 레이어를 하나씩 표시한 모습이며 오른쪽 그림은 잘라낸 부분을 단색으로 채운 모습입니다. 각 레이어를 단색으로 채워 겹쳐놓은 것이 ⑰의 이미지입니다. 푸른 하늘 레이어는 구름~근경 레이어까지 겹친 상태이므로 잘라낼 필요가 없어, ⑬의 통합 레이어를 그대로 사용합니다. 이처럼 [올가미] 도구를 이용한 레이어 구분은 1장의 그림에서 구성 요소를 분리해 위에 겹치는 식으로 구분합니다⑱.

⑯

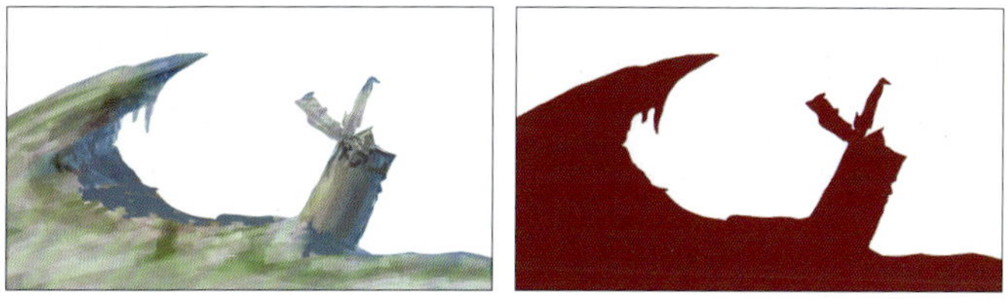

근경 레이어

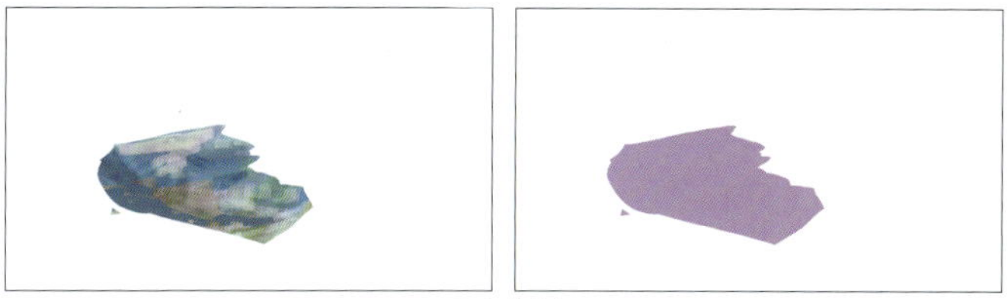

중경 레이어

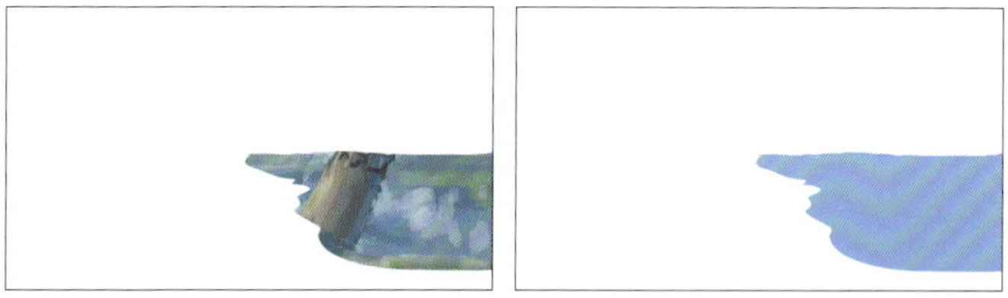

원경 레이어

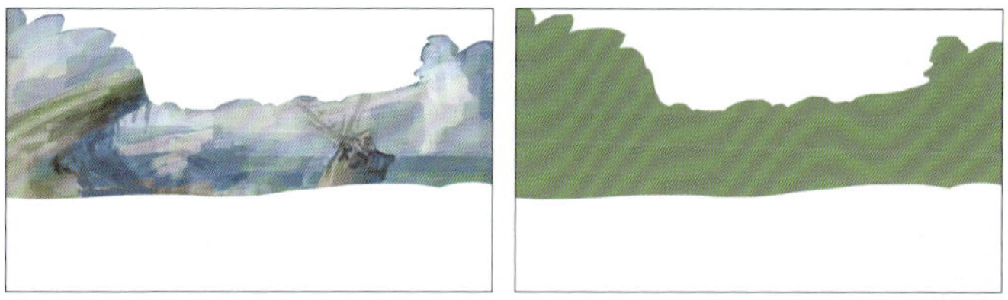

구름 레이어

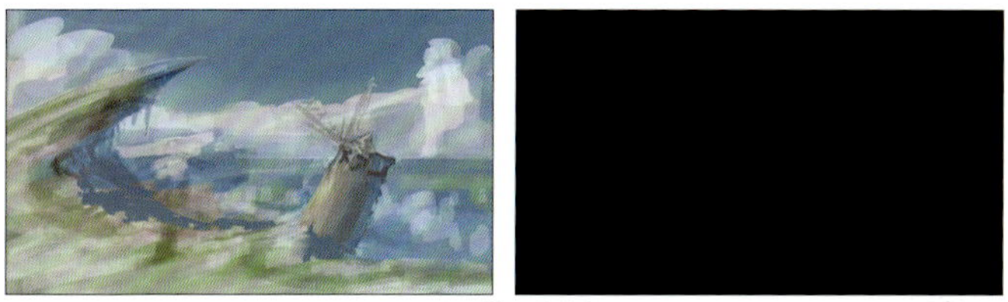

푸른 하늘 레이어

⑰

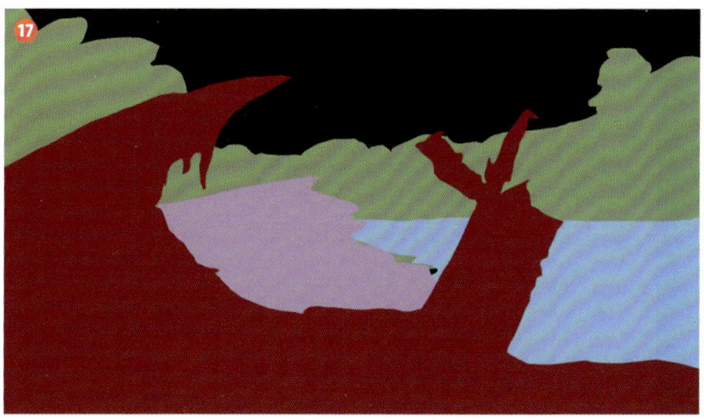

⑱

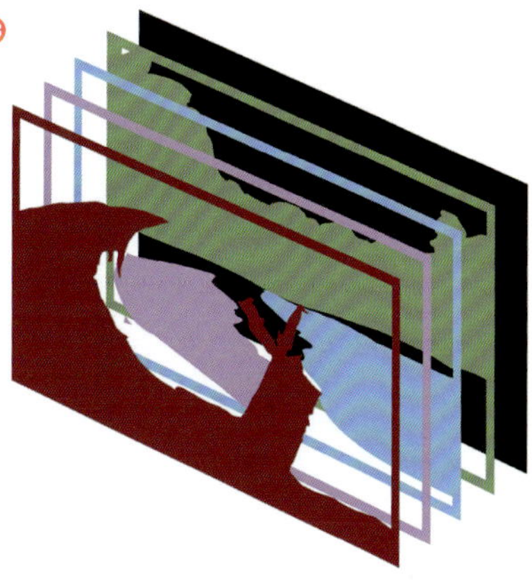

06 사진을 합성한다

그림의 정보량을 늘리기 위해 사진을 합성합니다. 분할한 레이어별로 합성할 사진을 불러와서 [오버레이] 모드로 설정합니다⑲. 합성 순서는 38페이지에서 설명하겠습니다. 하늘에는 구름을, 원경~근경의 초원에는 적당한 초원 사진을 합성합니다. 정보량만 늘리면 되는 작업이므로 각 모티브의 이미지에 가까운 소재를 찾으려고 깊이 고민하지 않아도 됩니다.

참조 'Technique : 사진 합성'(p.38)

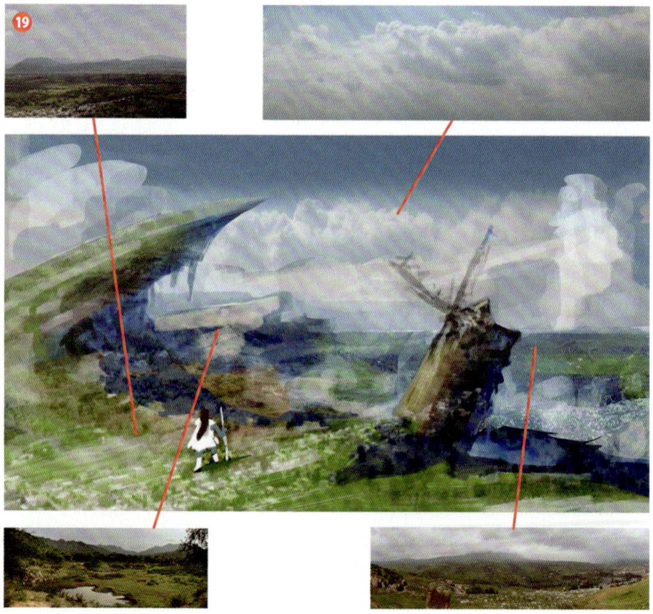

07 인물의 실루엣을 정리한다

초크 브러시와 [지우개] 도구로 인물의 실루엣을 정리합니다⑳. 흰옷을 입은 인물은 단연 돋보입니다. 집중적으로 묘사하는 것이 좋습니다.

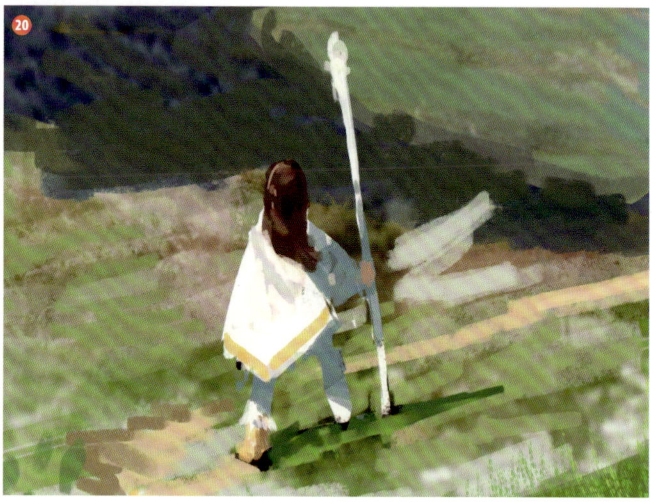

Point
음영과 사물의 그림자 그리기

배경 속의 인물을 그릴 때는 인체의 음영㉑과 지면에 생기는 그림자㉒를 표현하는 것이 요령입니다. 특히 지면에 생기는 그림자는 지형에 영향을 받는 성질을 이용해서, 그림자의 형태로 지형을 표현할 수 있습니다.

참조 'Technique : 초원 그리기'(p.34)

Point
밝음과 어둠 겹치기

인물이 들고 서 있는 지팡이를 의도적으로 왼쪽 언덕의 그림자와 겹치도록 했습니다. 밝은 부분과 어두운 부분을 겹치게 배치해 감상자의 시선을 유도합니다.

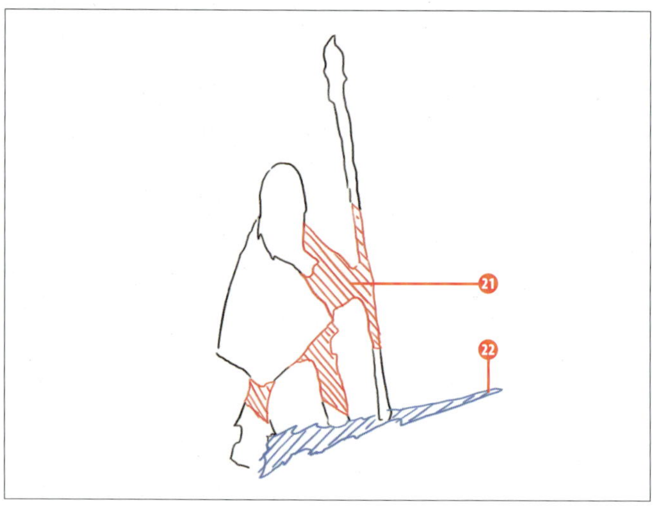

08 시선이 집중되는 포인트를 그려 넣는다

초크 브러시와 줄기 브러시(p.17)로 인물⑳, 언덕㉓, 풍차㉔를 묘사합니다. 그림에서 가장 시선이 집중되는 포인트는 이 3가지입니다. 제한된 시간 안에 그리더라도 완성도는 있어야 합니다. 즉, 나머지 부분은 대강 정리해도 괜찮습니다.
사진 합성을 완료한 단계에서 약 30분이 지났습니다. 남은 30분간 묘사 작업을 합니다.

Memo 1시간 동안 그릴 때 추천하는 시간 배분

- 투시부터 광원 설정까지 : 10분
- 오버레이 채색부터 레이어 분할까지 : 5분
- 사진 합성 : 15분
- 시선이 집중되는 포인트 묘사 : 30분

㉓
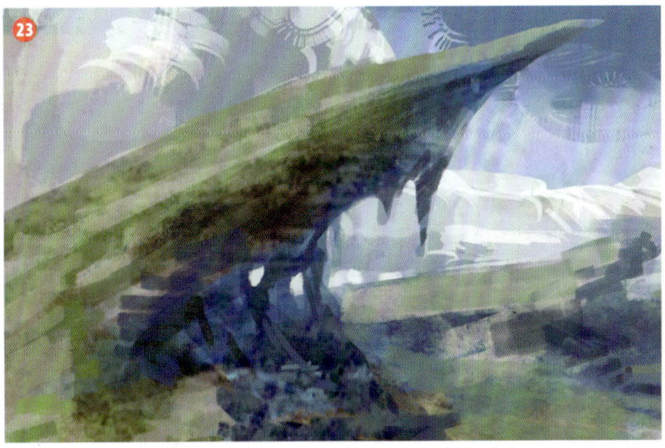

㉔
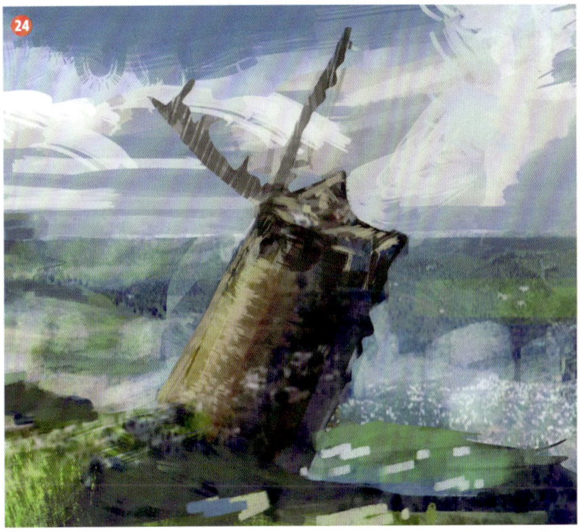

09 1시간이 경과하다

1시간이 지났습니다㉕. 보는 사람의 시선을 의식하면서 핵심만 중점적으로 묘사하면 1시간 정도에도 완성도를 높일 수 있습니다. 다음은 1시간 동안 그릴 때 그림을 꼼꼼하게 다듬어 확실하게 완성시키는 단계입니다.

㉕
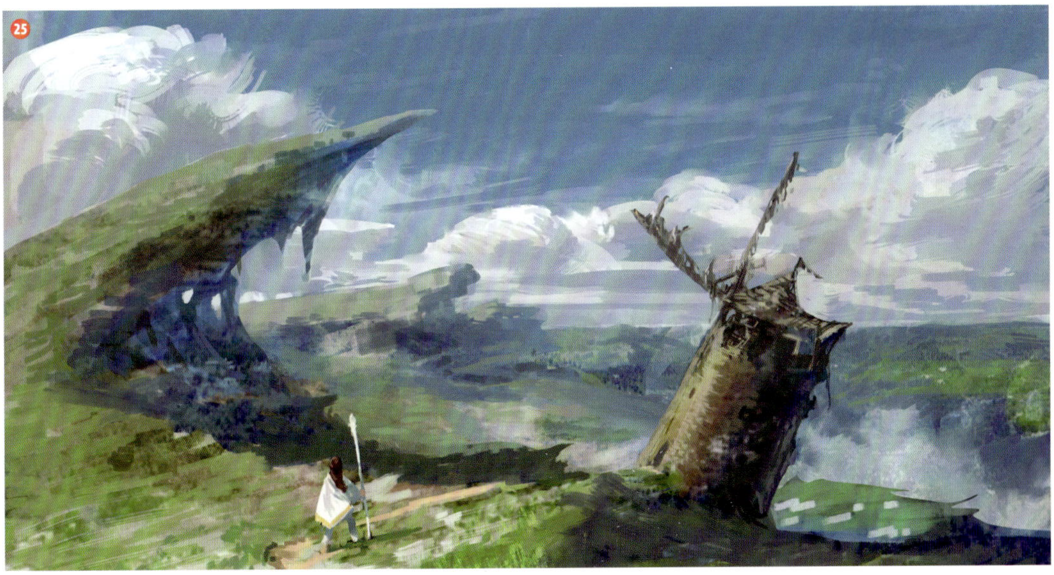

10 초원을 묘사한다

초크 브러시, 줄기 브러시, 풀 브러시를 사용해 초원을 묘사합니다㉖.

Point

그림자를 이용해 지형 그리기

멀리 떨어져 있는 풀은 한 가닥씩 볼 수 없으므로 원경의 초원은 '풀을 그린다'는 생각을 버립니다. 초원을 초원답게 표현하려면 요철을 '만드는 것'이 좋습니다. 평평한 초원은 그리기도 어렵고 재미도 없습니다. 다채로운 판타지 세계를 표현하고 싶다면 치솟은 언덕이나 완만한 기복 등 다양한 지형이 있어야 보는 사람도 드넓은 세계를 느낄 수 있습니다.
지형을 묘사하는 포인트는 그림자입니다. 그림자는 물체의 형태에 좌우되는 성질이 있습니다. 이 성질을 이용해 그림자의 형태를 조절해서 지형을 묘사합니다. 그림을 보는 사람이 그림자를 보고 상상하게 만드는 것입니다㉗. 빠짐없이 그리지 않고 상상할 여지를 남겨서 감상자가 그림에 몰입할 틈을 만드는 것이 좋습니다.
자신의 인지 능력을 활용해 그리는 방법을 이 책에서는 '인식 그리기'라고 합니다. 인식 그리기를 이용하면 사물을 효율적으로 그릴 수 있습니다.

참조 'Technique : 인식 그리기'(p.40)

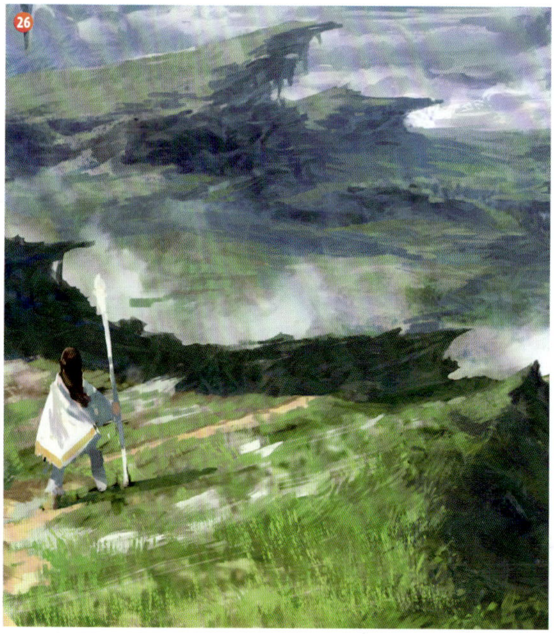

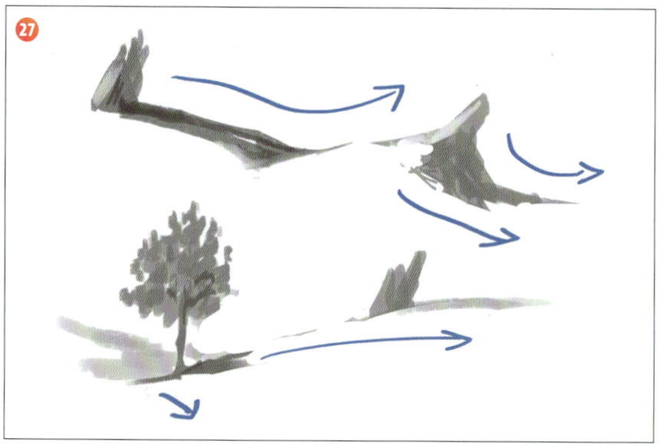

Point

풀 브러시

근경을 그릴 때는 풀 브러시(p.17)를 사용합니다㉘㉙. 풀 브러시는 무척 편리하지만 근경처럼 아주 가까운 부분에만 사용합니다. 웬만큼 가까운 위치가 아니고는 풀을 한 가닥씩 그리는 일은 없습니다. 대신 중경처럼 어느 정도 거리가 있는 부분에 풀 브러시를 쓰면 거리감이 없어질 수도 있으니 주의하세요.

참조 'Technique : 초원 그리기'(p.34)

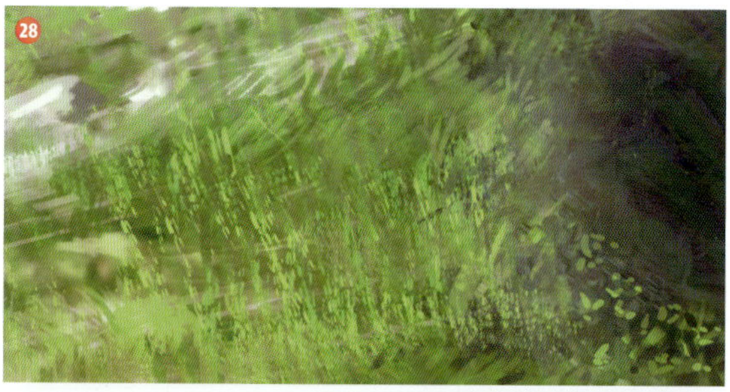

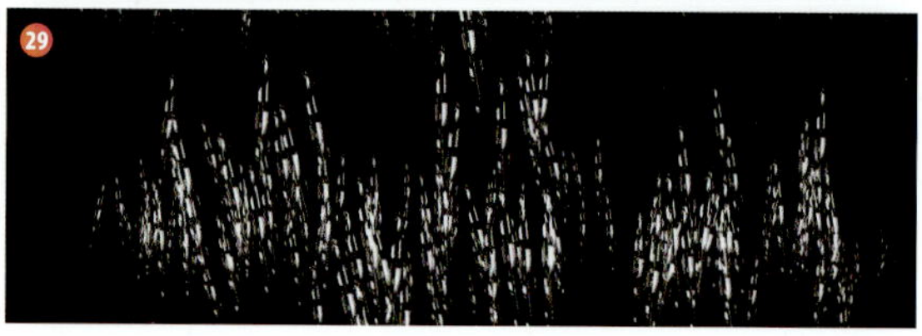

11 색감을 조절한다

새로 [색상 균형] 조정 레이어㉚를 만들고 그림 전체의 색감을 조절합니다㉛. 전체적으로 생동감이 없어서㉜ 중간색부터 하이라이트에 걸쳐 빨간색을 약간 더했습니다㉝.

최종 단계에서는 조정 레이어를 사용해 마무리 작업을 합니다. 여러 개의 레이어 색감을 동시에 조절할 때는 조정 레이어가 효율적입니다. 저는 [색상 균형]과 [레벨]을 자주 사용하며, 대비를 세밀하게 조절할 때는 [곡선]을 사용하기도 합니다.

> **Tips** 조정 레이어 만들기
> - [메뉴]의 [레이어]→[새 조정 레이어]에서 선택
> - [레이어] 창의 버튼에서 선택
> - [조정] 창에서 선택

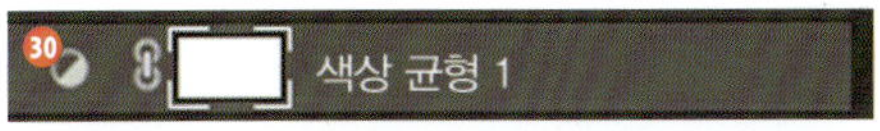

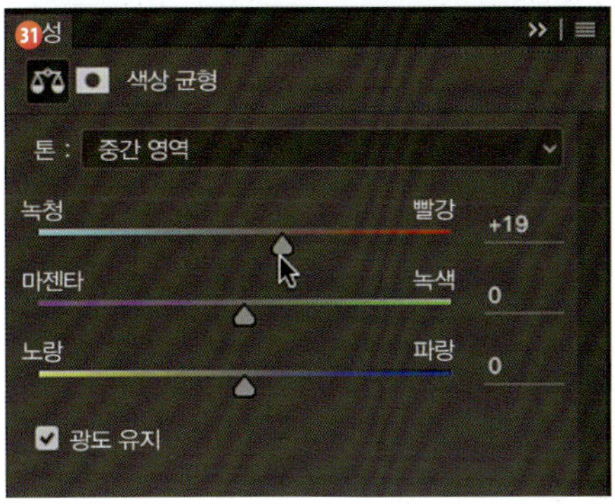

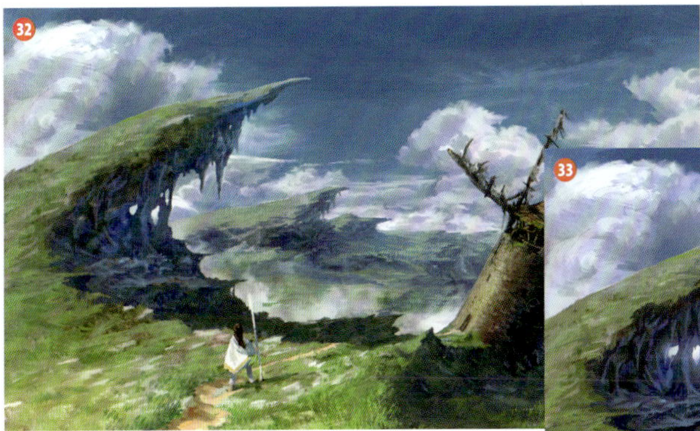

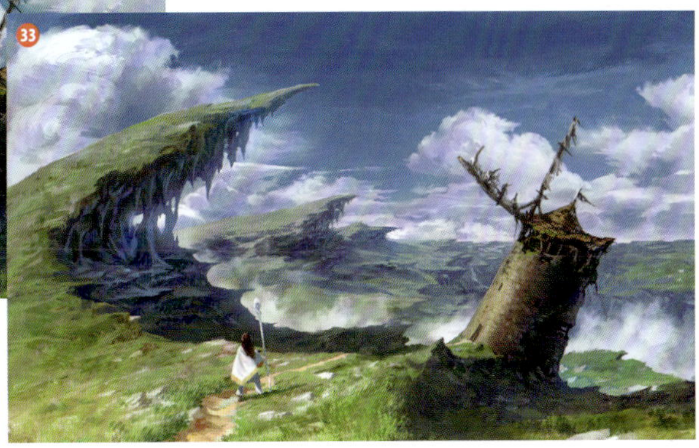

Point
조정 레이어

설정이 끝난 조정 레이어를 각 레이어 수만큼 복사하고 [클리핑 마스크]를 설정해 통합하면, 각 레이어에 같은 효과를 적용하고 조정한 뒤에도 색감을 유지한 상태로 레이어 구조를 유지할 수 있습니다㉞.

좀 번거롭지만 작업 중간 단계에서 전체 색감을 한 번에 조절하거나 조정 레이어로 보정하고 나서 대폭 수정할 때 쓸 수 있습니다.

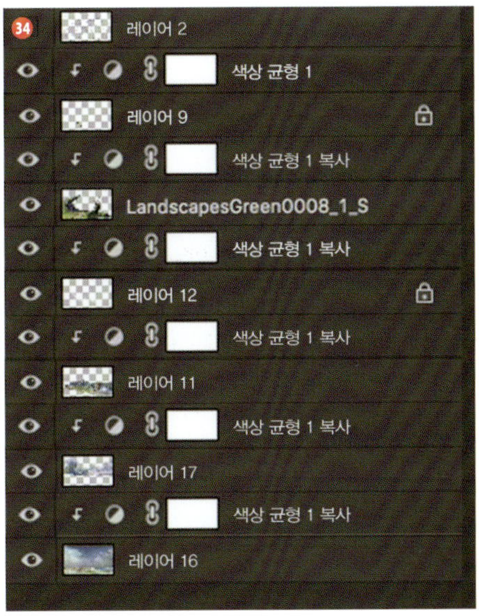

12 하늘을 묘사한다

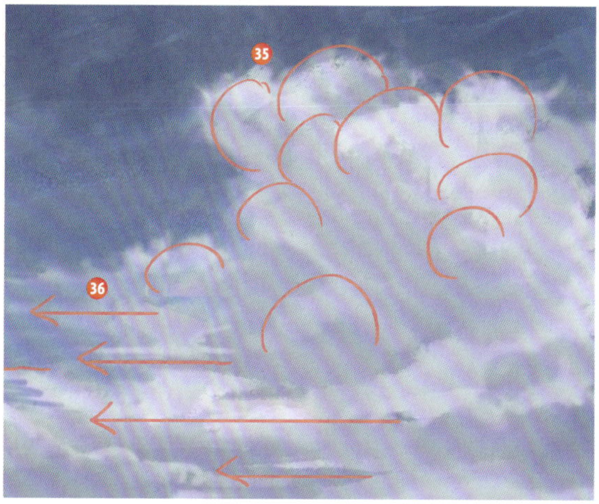

적란운

적란운은 상승 기류로 발생하는 구름으로 위로 갈수록 형태가 둥그스름합니다. 에어브러시와 초크 브러시를 사용해 반원을 그리듯이 적란운에 터치를 넣습니다㉟. 적란운 아래쪽에는 수평선처럼 터치를 넣고 강약을 조절하면 박력이 살아납니다㊱.

보통 구름

적란운과 같은 브러시를 사용합니다. '<' 형태가 기본이지만, 좀 더 발전된 형태인 완만한 S자 커브로 구름을 그렸습니다㊲. S자가 향하는 곳은 처음에 만든 투시가이드의 소실점입니다.

참조 'Technique : 하늘&구름 그리기'(p.36)

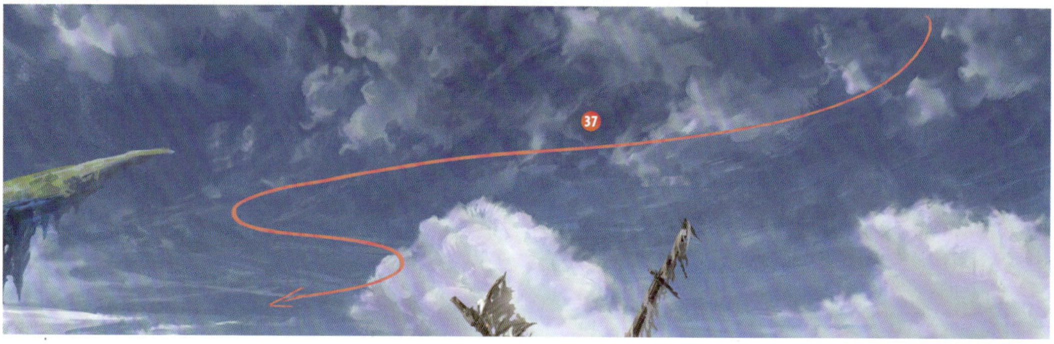

13 건물을 묘사한다

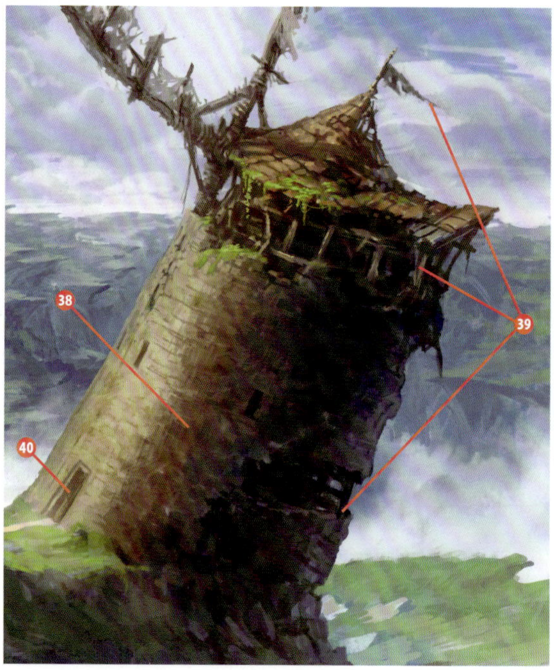

초크 브러시를 사용해 풍차를 묘사합니다. 풍차의 질감이 쉽게 드러나는 부분은 하이라이트와 그림자 중간입니다㊳. 이 부분에 터치를 집중해 석조의 느낌을 표현합니다. 이렇게 풍화된 건물은 기울기를 의식해 직선은 거의 쓰지 않습니다. 낡은 깃발, 무너진 벽 등㊴ 건물이 무너지면 어떻게 되는지 생각하면서 묘사해보세요.

Point

입구로 건물의 크기를 표현

건물 입구는 사람이 드나드는 장소인데 사람의 크기를 기준으로 만듭니다㊵. 입구를 그리면 건물의 크기를 쉽게 가늠할 수 있습니다.

참조 'Technique : 풍화 묘사하기'(p.154)

14 글레어를 그리고 완성한다

[선형 닷지(추가)] 모드 레이어를 만들고 새하얀 지팡이나 구름이 그림자와 맞닿은 부분에 에어브러시로 번지듯이 밝은 빛을 묘사합니다41.

글레어란 눈부신 빛을 말하며, 밤에 차량의 헤드라이트를 보면 순간적으로 눈앞이 흐릿해지듯이 주위와 밝기 차이가 크면 발생합니다. 글레어를 그리고 부족한 부분에 터치를 넣어서 전체를 가다듬습니다42.

이상으로 푸른 하늘과 초원은 완성입니다43.

참조 'Technique : 빛 그리기'(p.56)

41
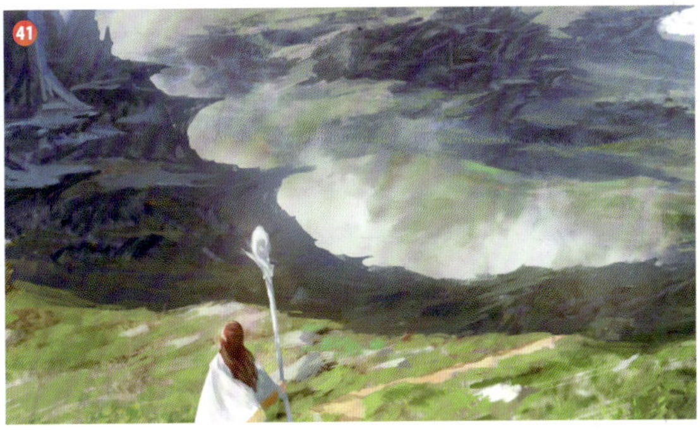

42
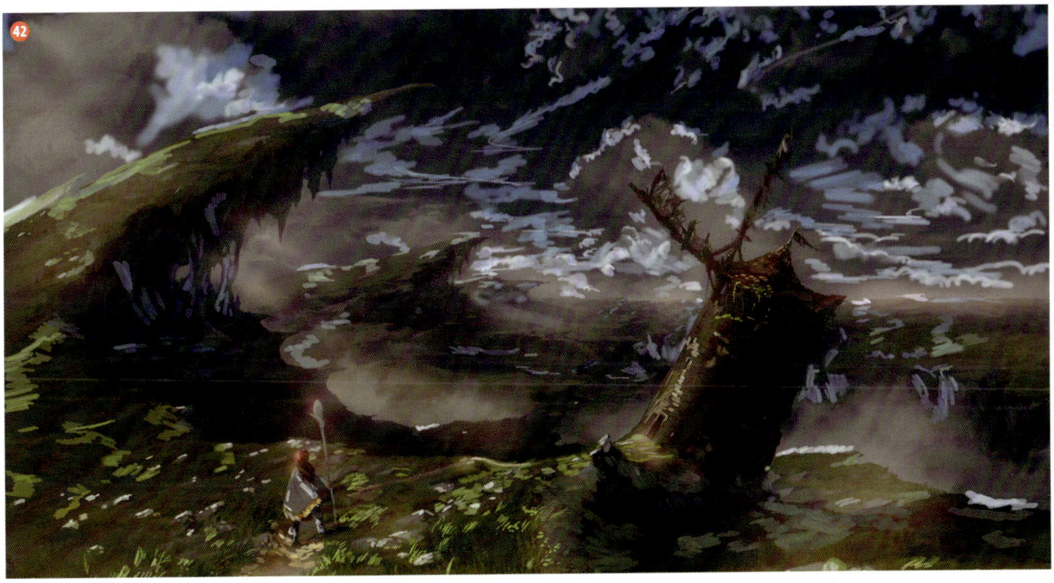

꼭 필요한 터치만

43
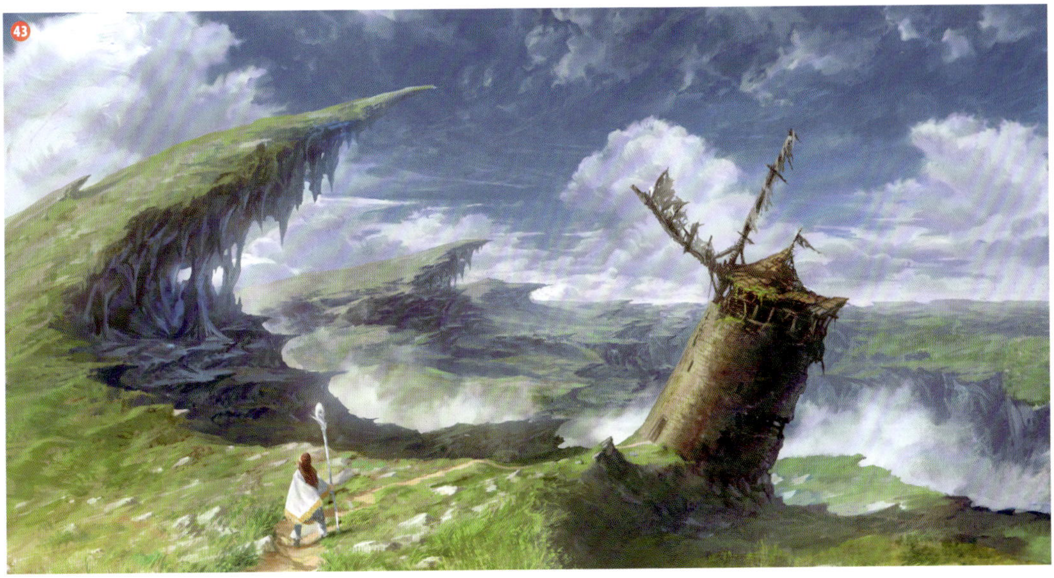

Technique

보기 좋은 구도 잡기

보기 좋은 구도를 잡는 포인트는 '축소해도 매력적이다', '리듬감 있다', '시선을 놓치지 않는다'입니다. 순서대로 설명하겠습니다.

축소해도 매력적인 그림 그리기

● 대비를 강하게

❶의 그림을 보세요. 두 그림 중에 어느 쪽으로 시선이 향합니까? 나란히 나열된 상태라면 왼쪽 그림에 시선이 자연스럽게 갑니다. 이처럼 명암이 선명한 그림은 축소해도 쉽게 눈에 띕니다.

축소하면 세세한 부분은 거의 보이지 않지만 화면 전체의 명암은 그대로 유지됩니다. 흑백으로 그림을 그리면 색에 영향을 받지 않고 전체의 명암을 볼 수 있습니다.

❶

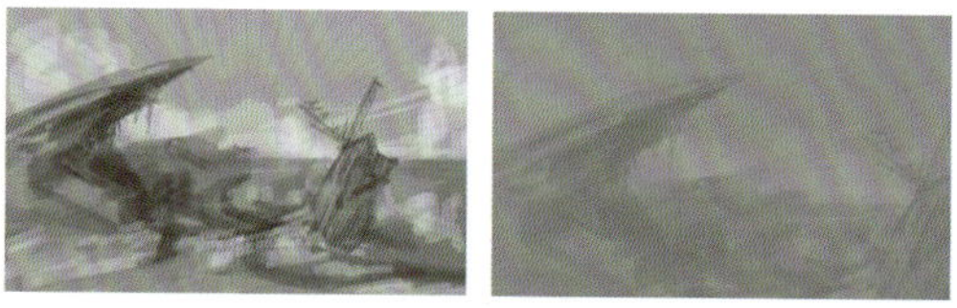

● 실루엣은 알아보기 쉽게

❷의 그림을 보고 무엇을 그렸는지 알 수 있습니까? 오른쪽은 얼핏 봐도 마녀임을 알 수 있습니다. 시선도 오른쪽으로 먼저 향합니다.

실루엣은 축소해도 크게 영향이 없습니다. 그림의 핵심 모티브는 실루엣만으로도 판단할 수 있어야 합니다. 특징을 파악하기 쉬운 실루엣은 모티브의 이해를 돕고 강한 인상을 남길 수 있습니다.

❷

리듬감 있는 그림 그리기

● 크기나 배치에는 변화를

그림에서 리듬이란 변화의 다양함을 뜻합니다. 구름이나 숲을 단순한 선으로 그리면 구별하기 쉽습니다❸. ❸에서처럼 구름이나 숲을 동일하게 배치하거나 크기를 엇비슷하게 하면 지루하지만, 리듬이 적당하면 깊이감을 표현할 수 있습니다. 그림은 모든 부분에서 리듬이 중요합니다. 배경뿐 아니라 인물이나 몬스터, 건물을 포함한 모든 사물, 실루엣, 선에는 리듬이 있습니다. 화면 속의 리듬은 각각 서로 영향을 끼치면서도 조화로워야 합니다.

❸

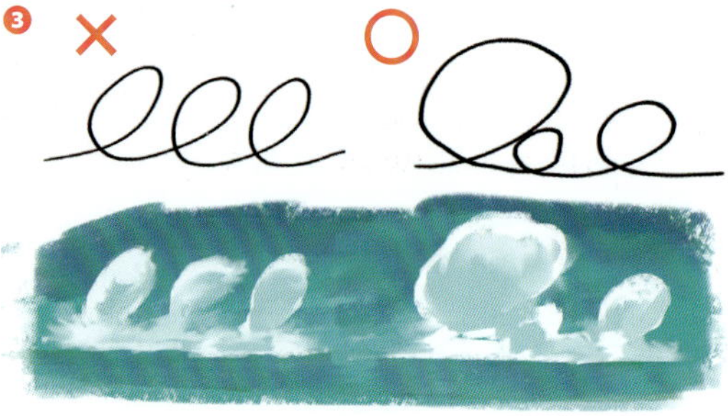

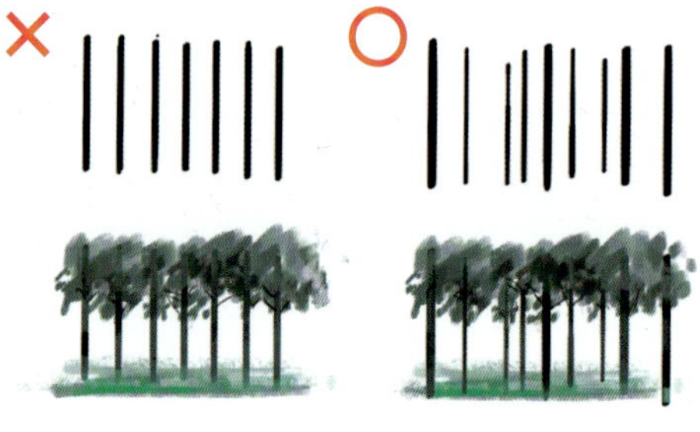

시선을 놓치지 않는 그림 그리기

● 힘의 흐름을 의식한다

구성 요소의 크기나 배치에 변화를 주면 그림 전체에 흐름이 생깁니다. 이 흐름은 보는 사람(감상자)의 시선과 밀접한 관계가 있습니다. ❹에는 흐름을 알기 쉽게 화살표를 그렸습니다. ❺는 화살표만을 표시한 그림입니다. 이처럼 흐름을 소용돌이처럼 각각 엇갈리게 설계하면 시선을 놓치지 않는 그림이 됩니다.

● 시선의 포켓을 만든다

넓은 공간을 느낄 수 있도록 하면서도 시선을 끌어당기는 테크닉입니다. **Scene 1**의 그림을 예로 들어보면 왼쪽 언덕과 오른쪽 풍차 사이의 공간이 시선의 포켓입니다❻. 포켓이란 시선을 잡아둔다는 의미로 그림자나 지형, 리듬 등의 기법을 구사해 감상자의 시선을 유도합니다. ❺의 소용돌이를 그리는 듯한 힘의 흐름이 시선의 포켓일 때가 많습니다.

● 밝음과 어둠을 겹친다

사람은 대비가 높은 쪽으로 자연스럽게 시선이 갑니다. 이런 성질을 이용해 밝은 것 뒤에는 어두운 것을, 어두운 것 뒤에는 밝은 것을 배치하는 식으로 밝음과 어둠을 겹치면 시선이 집중되는 포인트를 만들 수 있습니다.

Scene 1에서는 왼쪽의 언덕, 마법사, 풍차가 시선이 집중되는 포인트입니다. 왼쪽의 언덕 뒤에는 구름을 넓게 배치하고❼, 마법사는 새하얀 옷을 입혀 대비를 높였으며, 지팡이가 언덕의 그림자 영역으로 들어가도록 했습니다❽. 풍차는 실루엣이 잘 드러나도록 구름 앞에 배치해 형태를 강조합니다❾. 이처럼 시선을 집중시키고 싶은 요소의 명암이 대비되도록 적절히 배치하면 감상자의 시점을 유도할 수 있고 시선이 그림 안에서 계속 순환합니다.

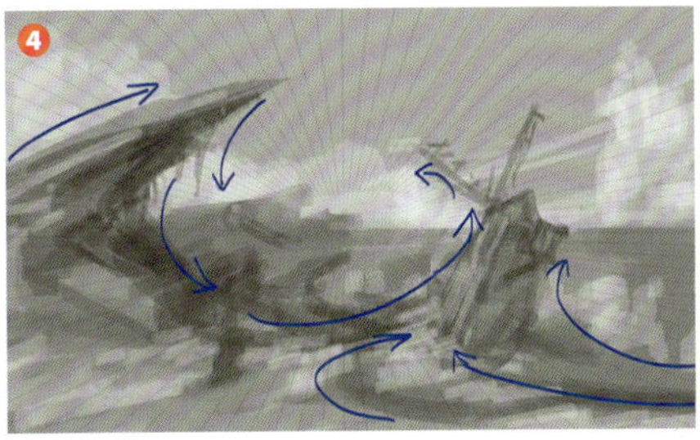

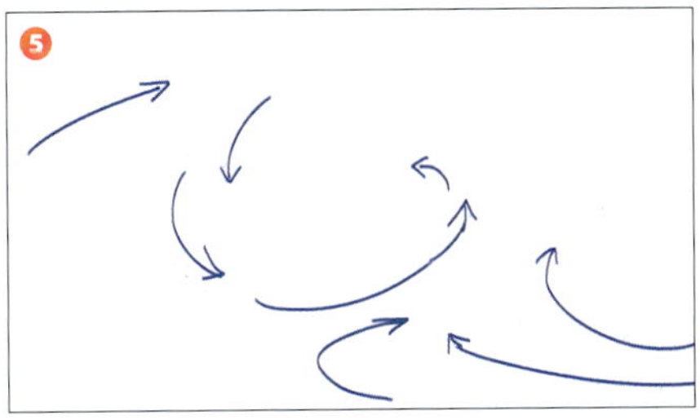

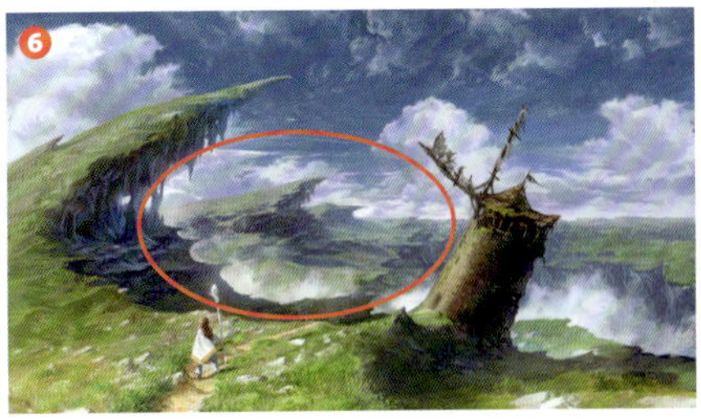

시선의 포켓

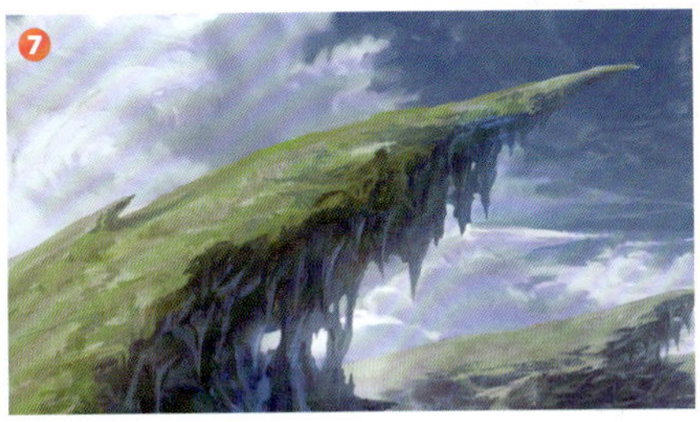

언덕 뒤에는 구름을

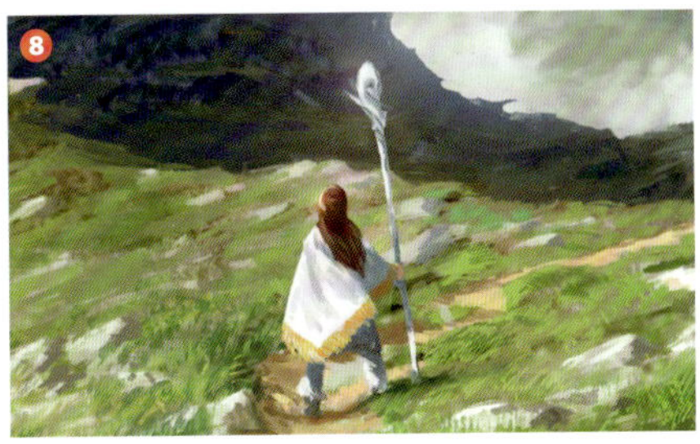

하얀 지팡이가 그림자 영역과 겹치도록

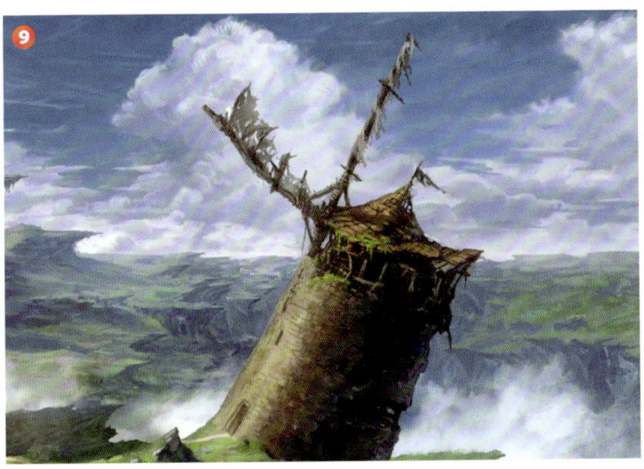

풍차 뒤에는 구름을

Technique

초원 그리기

초원은 거리별로 다른 방법으로 그리는 것이 포인트입니다. 원경, 중경, 근경의 초원 그리는 법을 소개합니다.

원경의 초원 그리기

01 ● 하늘과 풀의 밑바탕을 그린다

초크 브러시로 하늘과 풀의 밑바탕을 그립니다❶. 원경의 초원에는 하늘색+녹색❷을 쓰는 것이 포인트입니다.

02 ● 그림자를 그린다

초원에 잔잔한 파도가 치듯이 그림자를 그려 넣습니다❸. 그림자색은 풀색과 하늘색을 한 번 더 섞은 암녹색❹입니다. 포인트는 그림자를 '〈'❺ 형태로 그리는 것입니다.

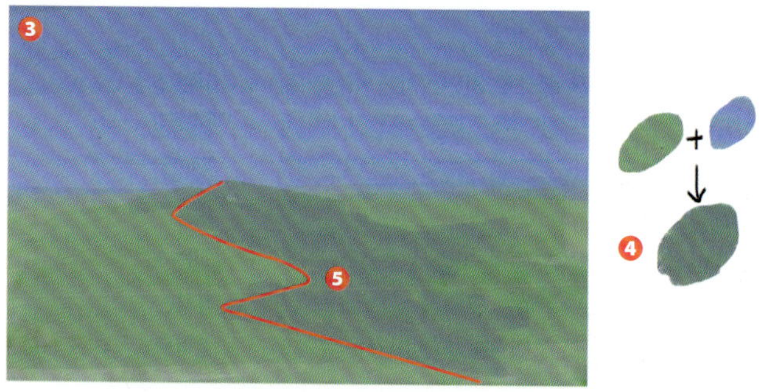

03 ● 하이라이트를 그린다

초크 브러시를 [불투명도 : 20%] 정도로 설정하고, 흰색으로 하이라이트를 그립니다❻. 초원과 하늘의 경계에 흐릿한 구름을 생각하면서 터치를 넣습니다. [손가락] 도구로 적당히 펼칩니다. 같은 브러시로 초원의 하이라이트도 그립니다.

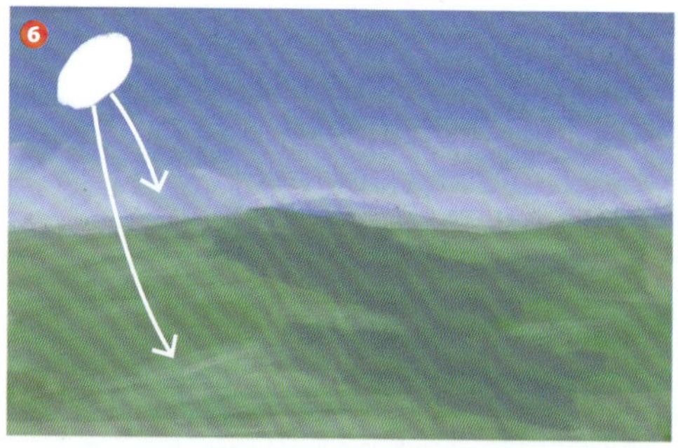

04 ● 그림자의 그림자를 그린다

약간 어두운 하늘색으로 초원의 그림자 영역에 제2의 그림자(더 어두운 그림자)를 그립니다❼. 이 제2의 그림자로 대비를 강조하면 사실감이 살아납니다.

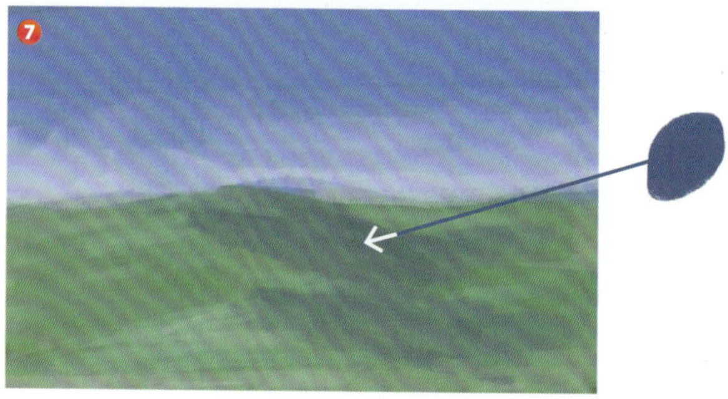

Point

'풀'은 그리지 않는다

원경의 초원은 '풀'을 그린다는 생각을 버리고 '녹색의 요철'을 묘사하듯이 그립니다.

중경과 근경의 초원 그리기

중경과 근경은 원경의 요철을 묘사하는 방식에 마름모 형태를 덧붙여 그립니다. 풀 브러시에만 의지하지 말고 일일이 그려 넣으면 사실감 있는 초원을 묘사할 수 있습니다. 여기서는 풀 그리는 법만 소개하지만, 실제로는 지면이나 바위 등의 단단한 사물을 적당히 배치하는 방법을 많이 씁니다.

01 ● 마름모를 분할한다

마름모를 분할한 형태를 기준으로 그립니다⑧.

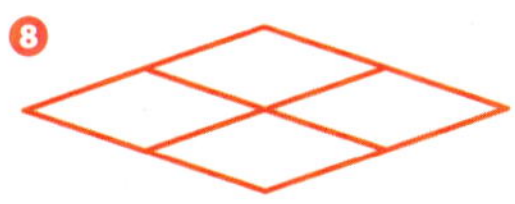

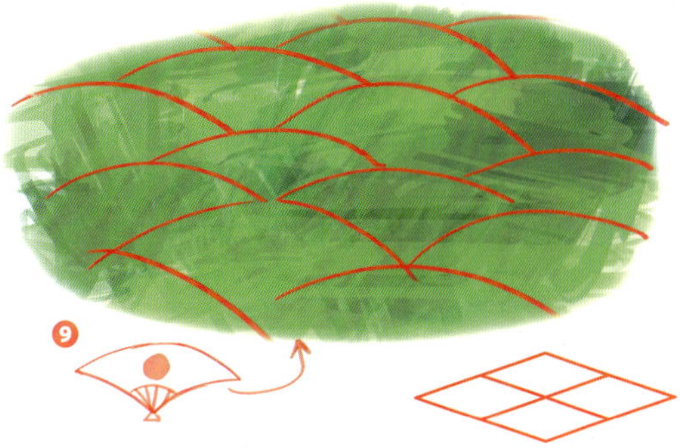

마름모는 공간을 표현하기 쉬운 도형이므로 배경에서는 다양한 장면의 이미지를 잡는 단서로 이용합니다. 풀의 부드러움은 완만한 부채꼴을 적용해 묘사합니다⑨.

02 ● 마름모의 꼭짓점과 주위를 의식하면서 그린다

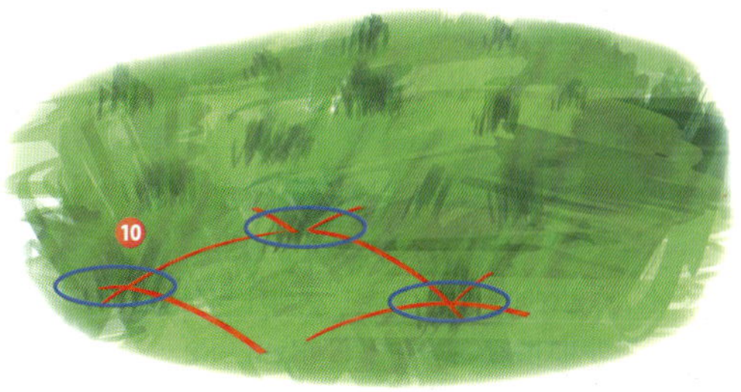

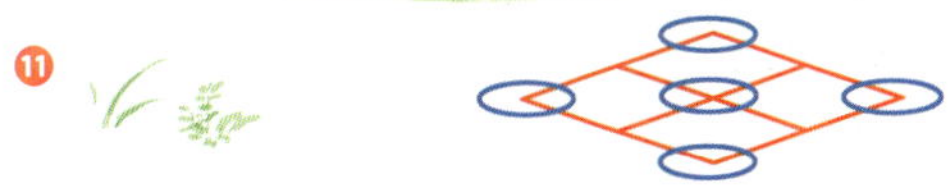

마름모의 꼭짓점에 풀의 그림자가 있다는 생각으로 터치를 넣습니다⑩. 먼저 마름모의 꼭짓점에 그림자를 그려서 깊이감의 거점을 만듭니다.
그다음 마름모 주위를 의식하면서 꼭짓점을 연결하듯이 그림자나 도드라지는 풀의 실루엣을 추가합니다. 풀의 실루엣은 직선이 많지만, 한 종류만 그리지 말고 다른 종류의 잎을 적당히 섞어 그려야 변화가 생기고 밋밋하지 않습니다⑪.

03 ● 하이라이트와 빈틈을 그린다

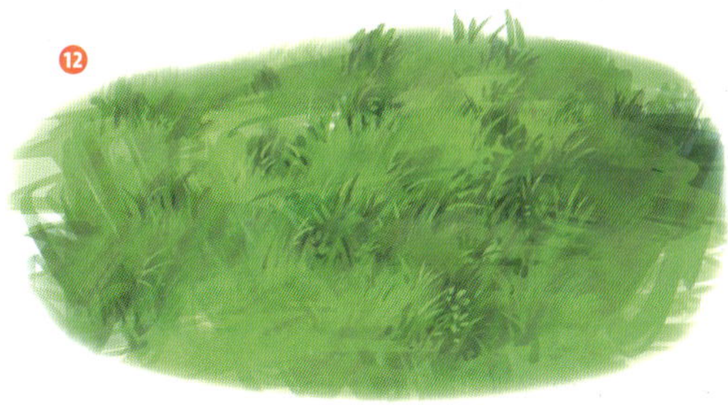

풀의 하이라이트는 표면의 반사로 인해 하얗게 보입니다. 이 점을 생각하면서 포인트별로 하이라이트를 넣습니다⑫.
동시에 풀과 풀 사이의 빈틈⑬을 그려 넣어 정보량을 증가시킵니다. 풀과 풀 사이의 '빈틈'은 의외의 잊기 쉬운 맹점이므로 의식하는 것만으로도 효율적으로 그릴 수 있습니다.

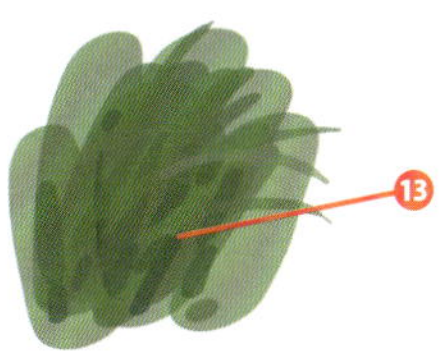

Technique

하늘&구름 그리기

하늘이라고 해도 푸른 하늘, 해 질 무렵의 하늘, 밤하늘, 비가 내리는 하늘 등 다양하지만, 하늘을 그리려면 기본인 푸른 하늘을 그릴 수 있어야 합니다. 여기서는 구름이 떠 있는 푸른 하늘을 그리는 법과 적란운 그리는 법을 소개합니다.

푸른 하늘 그리기

구름 한 점 없는 푸른 하늘은 그림으로 표현하기 어렵습니다. 쉽게 구분되는 핵심 요소가 넓은 영역에 걸쳐 자리잡은 상태라면 모르겠지만, 파란색의 그라데이션만으로는 정보량이 부족해 푸른 하늘이라고 납득시키는 데 한계가 있습니다. 보는 사람이 하늘이라고 인식하게 하려면 구름이 꼭 있어야 합니다. 하늘 그리기=구름 그리기라고 할 수 있습니다.

01 ● 하늘과 구름의 밑바탕을 그린다

에어브러시로 하늘의 그라데이션을 만듭니다. 그라데이션은 **아래로 갈수록 흰색이 섞여 밝아지고, 위로 갈수록 선명한 파란색이 되도록 조절합니다❶**. 그다음 다른 레이어에 초크 브러시로 구름을 그립니다. '<' 형태로 선을 단숨에 긋고, 꺾인 지점 부근에 덩어리를 만듭니다❷. 머리 위에서 원경으로 이어지는 구름은 기본적으로 '<' 형태로 그립니다.
'Technique : 초원 그리기'(p.35)에서 설명한 마름모를 활용하면 효과적입니다. 구름은 마름모보다 간단한 '<' 형태를 기본으로 삼아 수평선에 다다를수록 '<' 형태가 점점 납작해져서 직선에 가까워지도록 표현합니다. 하늘의 넓이가 느껴지게 구름을 배치하는 것입니다.

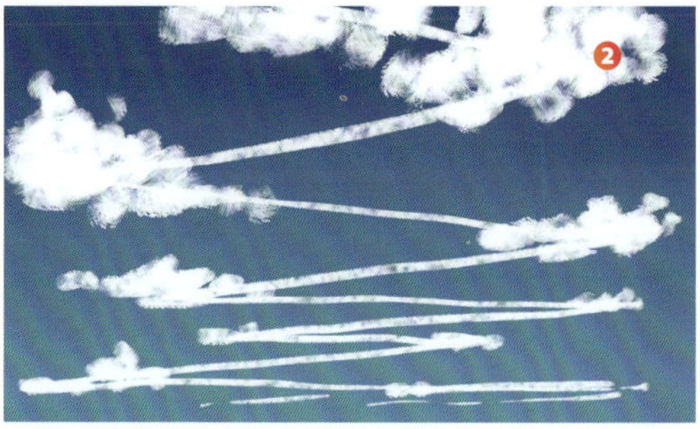

02 ● 구름을 다듬는다

'<' 형태의 꺾인 지점에 그린 덩어리의 윗부분을 [손가락] 도구로 펼치고, '<' 형태를 따라서 군데군데 지운 다음 새털구름으로 만듭니다❸. 가까운 구름에는 터치를 넣고, 먼 구름은 흐릿한 느낌을 강하게 표현해 작은 선을 떠올리면서 그립니다.
맨 앞에 있는 구름의 윗부분을 흐리게 해 공기의 흐름을 묘사하고, 아랫부분을 깔끔하게 그리면 사실감이 드러납니다.

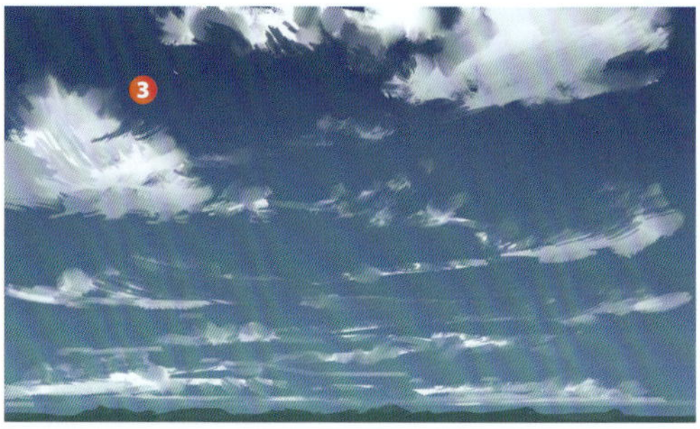

03 ● 색감을 더한다

구름 레이어의 [투명 픽셀 잠그기](p.92)를 설정하고 에어브러시로 구름에 다른 색감을 더합니다❹. 태양광에 해당하는 오렌지색을 올립니다. 구름의 기본색인 흰색은 주위에 있는 다른 색의 영향을 받기 쉽습니다. 예를 들어 아래에 사막이 있다면 노란색, 구름의 고도가 낮고 녹색이 많다면 녹색의 영향을 받는 등 상황에 따라 다양하게 변합니다. 흰색이라는 고정 관념에 얽매이지 말고, 자유롭게 색을 사용해 상황에 알맞은 구름을 그려보세요.

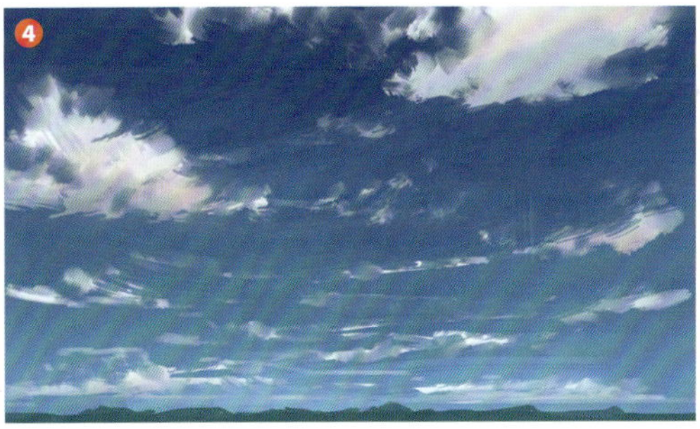

적란운 그리기

적란운은 여름 하늘을 떠올리게도 하지만, 장대한 인상을 표현할 수 있는 구름으로 판타지에서 자주 그립니다. 여기서 소개하는 방법은 다른 종류의 구름을 함께 그려서 운해를 표현하거나 색감을 더해 사악한 구름을 표현하는 등 다양한 구름을 그리는 데 응용할 수 있습니다.

01 ● 하늘과 구름의 밑바탕을 그린다

하늘의 밑바탕이 될 그라데이션을 만들고, 다른 레이어에서 초크 브러시로 구름을 그립니다❺. 흰색으로 구름의 실루엣을 잡아서 [투명 픽셀 잠그기]를 설정하고 대략 그림자를 올립니다. 밝음과 어둠을 겹치는 테크닉(p.33)을 이용해 그림자와 빛이 닿는 부분을 겹쳐서 구름의 층을 표현합니다.

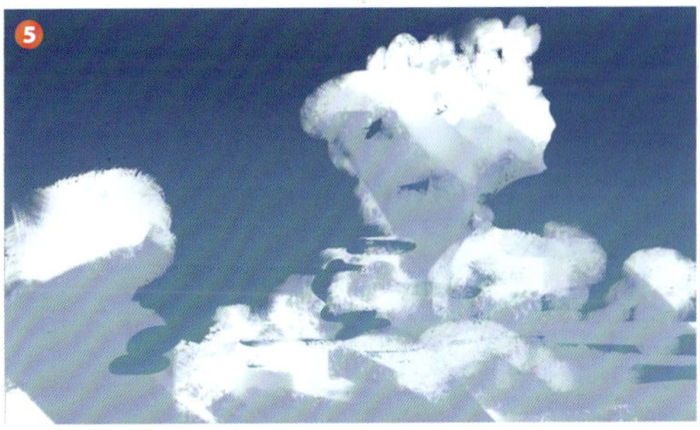

02 ● 구름을 다듬는다

에어브러시처럼 부드러운 브러시로 그림자를 흐릿하게 그립니다❻. 구름은 정해진 색과 형태가 없으니 세세한 명암의 변화는 [스포이드] 도구와 에어브러시를 번갈아 쓰면서 묘사합니다.

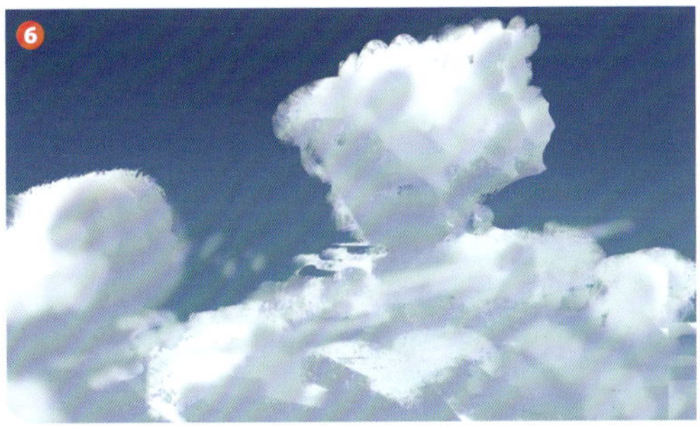

03 ● 색감을 더한다

보통 구름과 마찬가지로 태양광에 해당하는 색을 더합니다❼. 에어브러시뿐 아니라 초크 브러시를 사용해 깔끔하게 정리합니다. 부드럽고 흐릿한 부분과 깔끔한 부분으로 강약을 조절하면 매력적인 구름을 그릴 수 있습니다.

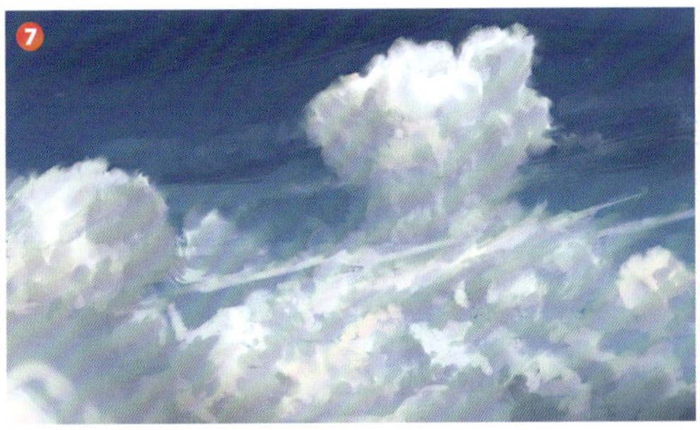

Technique

사진 합성

사진 합성은 그림의 정보량을 손쉽게 늘릴 수 있고, 제작 시간을 크게 단축시키는 테크닉입니다.

사진 합성법

01 ● 합성할 사진을 불러온다

Photoshop 화면으로 사진을 드래그하면 새 레이어로 사진을 불러옵니다. 불러오는 동시에 자동으로 자유 변형 모드가 되고, Enter 키 또는 ❶을 클릭하면 완료됩니다.

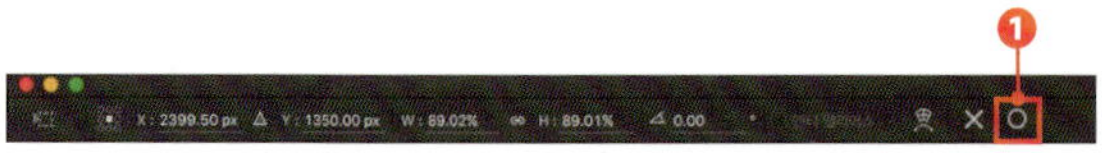

02 ● 레이어 래스터화를 적용한다

사진 레이어를 우클릭하고 [레이어 래스터화]를 선택합니다❷. 브러시 등으로 변경할 수 있는 모드로 만드는 것을 '래스터화'라고 합니다.

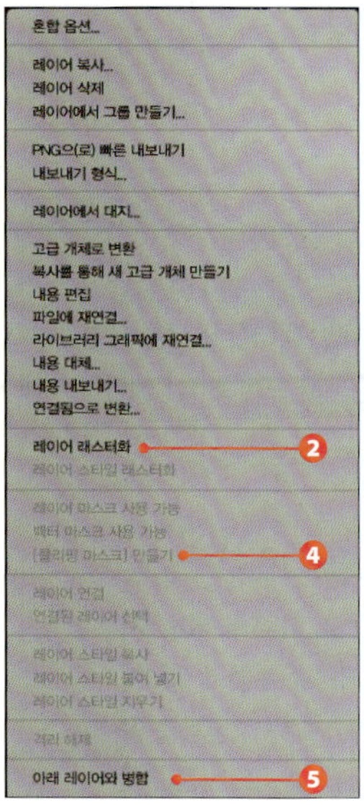

03 ● [오버레이] 모드로 설정한다

사진 레이어를 [오버레이] 모드로 변경합니다❸.

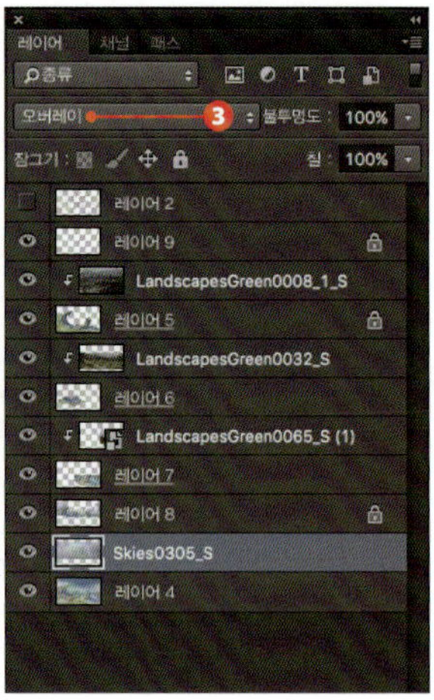

04 ● [클리핑 마스크]를 적용한다

사진 레이어를 합성하고 싶은 레이어 바로 위로 옮기고 우클릭해서 [클리핑 마스크] 만들기를 선택합니다❹.

05 ● 통합한다

사진 레이어를 우클릭하고 [아래 레이어와 병합]을 선택합니다❺. 이것으로 합성 작업은 끝입니다.

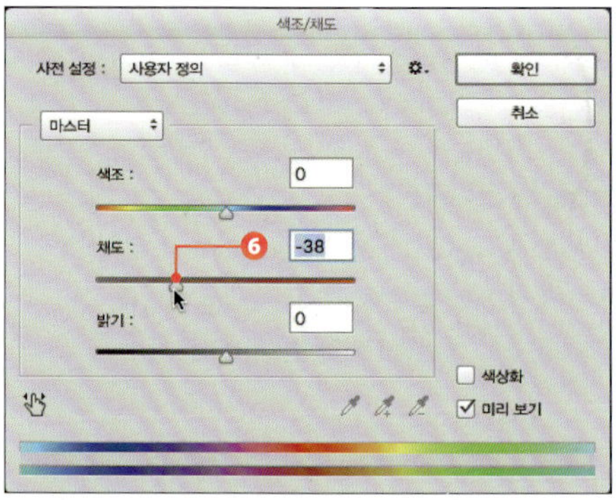

Point

채도와 대비가 높다면 색감을 보정

[오버레이] 모드로 합성하면 대비나 채도가 너무 높을 때가 자주 있습니다. 그때는 메뉴에서 [이미지]→[조정]의 기능을 선택해 사진 레이어를 보정합니다. 채도가 너무 높으면 [색조/채도]로 채도를 낮추고❻, 대비가 너무 강하면 [레벨]의 [출력 레벨]❼을 조절합니다.

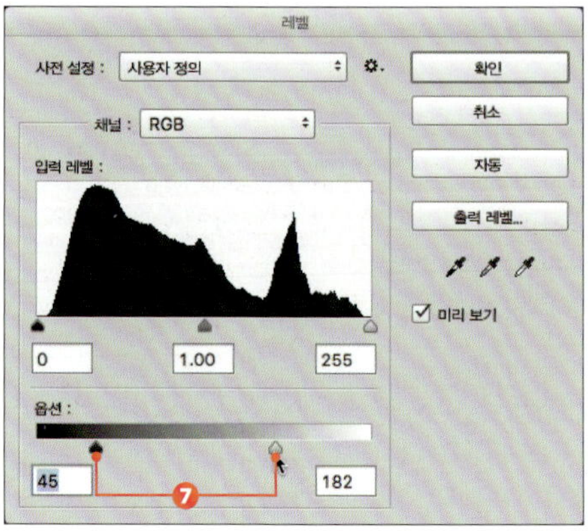

{ Point }

저작권을 지키자

사진을 합성하는 데 사용하는 사진은 직접 찍거나 사진 사이트에서 배포하는 저작권이 명확한 것만 이용합니다. 이미지 검색으로 찾은 사진이나 다른 사람이 찍은 사진을 무단으로 이용해서는 안 됩니다. 저작권 침해는 범죄입니다. 꼭 쓰고 싶은 사진이 있다면 촬영자에게 허락을 얻어야 합니다.

사진 사이트에서 무료로 제공하는 사진이라도 상업적 사용이나 가공을 허용하지 않을 수도 있으므로 사진을 이용할 때는 그림에 합성을 목적으로 써도 되는지 반드시 이용 범위를 확인합니다.

{ Point }

추천하는 사진 소재 사이트

www.textures.com❽은 〈토이 스토리〉를 제작한 픽사(PIXAR)와 〈반지의 제왕〉을 제작한 웨타(weta) 스튜디오도 사용하는 텍스처 전문 사이트입니다. 회원 등록을 해야 하지만 그림에 합성하는 용도라면 무료로 이용할 수 있고, 유료 회원이 되면 고품질의 사진도 다운로드할 수 있습니다. 이 책에서 사용한 사진은 전부 이 사이트의 사진을 이용했습니다❾.

❽

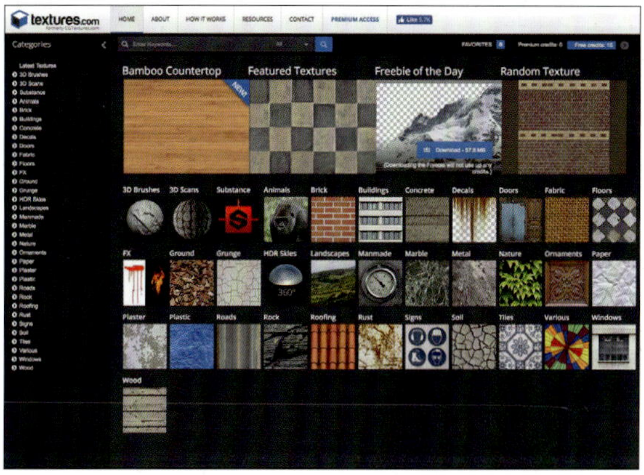

{ Point }

사진 품질

매트페인팅이라는 기법에서는 사진을 그대로 이용해 현실과 같은 그림을 그립니다. 이 작업을 하려면 고품질의 사진이 필요하지만 이 책에서 소개하는 합성법은 사진의 화질, 해상도 등이 낮아도 전혀 상관없습니다.

❾

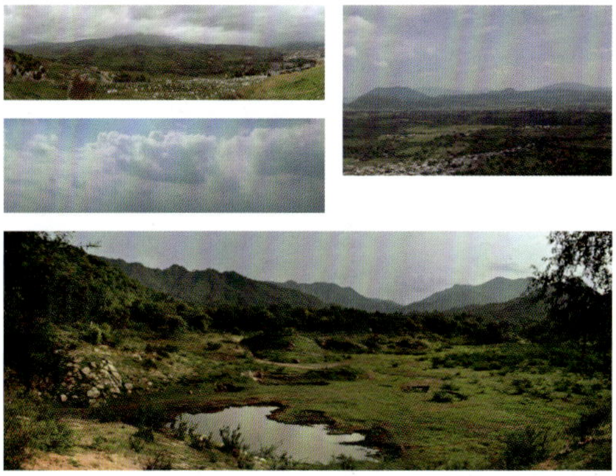

Scene 1에서 사용한 사진 소재

Memo 그림에 사진을 쓰는 것은 치사한 행위?

'그림에 사진을 쓰는 것은 치사한 행위야. 초보자가 해서는 안 되지'라고 생각하는 분도 있을 것입니다. 저도 지금은 작업을 편리하게 하려고 과감하게 사용하고 있지만, 초보 시절에는 치사하다고 생각했습니다. 사진은 무리해서 쓰지 않아도 됩니다. 다만 편리한 작업 방식을 무조건 멀리하지 마세요. 편한 작업 방식을 찾는 과정에서 노하우가 쌓이고 기술도 점점 좋아집니다. 최소한의 노력으로 최고의 완성도를 얻는 것이 이상적입니다. 초보자는 '절대 기초!'라는 경직된 사고 방식을 버리고 응용부터 시작하는 것도 나쁘지 않습니다. 진지하게 그림을 그리다 보면 언젠가 기초의 소중함을 깨닫고 스스로 기초 연습을 하게 됩니다. 누가 뭐라 해도 기초가 없으면 사진을 제대로 활용할 수 없습니다. 중요한 것은 직접 시도해보고 깨닫는 것입니다.

Technique

인식 그리기

자신의 감각을 이용한 '인식 그리기'를 소개하겠습니다. 인식 그리기를 익히면 그림 그리는 속도가 비약적으로 빨라집니다.

인식 그리기란?

인식 그리기는 밑색을 칠한 상태를 보고 연상되는 형태를 최소한의 과정으로 그리는 방법입니다. 간단히 설명하자면 바위가 '보였다'면 바위를, 풀이 '보였다'면 풀을 그리는 것입니다. 예시로 Scene 1의 초원의 밑색을 사용하겠습니다.

01 ● 밑색을 인식한다

밑색을 들여다보고 무엇으로 보이는지 생각합니다. 제 눈에는 녹색 부분은 풀로, 하얀 부분은 바위로 보였습니다❶.

02 ● 바위의 하이라이트를 그린다

❶에서 포착한 바위에 초크 브러시로 하이라이트를 그립니다❷. 여기서부터 모든 묘사에 초크 브러시를 사용합니다. 하이라이트는 밑색의 하얀 부분에 겹치게 넣는 것이 포인트입니다. 색은 [스포이드] 도구로 밑색에서 추출한 것을 사용합니다.

03 ● 바위의 그림자를 그린다

바위의 그림자를 그립니다❸. 오른쪽 위의 어두운 부분의 색을 그대로 이용해, 왼쪽에서 빛이 비스듬하게 들어오는 것을 생각하면서 오른쪽에 그림자를 그립니다.

04 ● 풀을 그린다

밑색에서 녹색을 추출해 바위 아랫부분에 풀의 터치를 넣습니다❹. **풀의 특징이 가장 쉽게 드러나는 부분은 ❺처럼 바위와 풀의 경계**입니다. 그 경계에 터치를 약간 넣으면 충분히 초원처럼 보입니다.

Point

밑색을 최대한 이용

인식 그리기의 포인트는 밑색을 최대한 활용하는 것입니다. 색은 [스포이드] 도구로 밑색에서 추출하고, 터치는 덮는 것이 아니라 **밑색에 이미 존재하는 특징을 강조하듯이** 넣습니다. 이 방법은 굉장히 효율적인데 익숙해지면 이 정도 초원은 5분 만에 그릴 수 있습니다.

❶
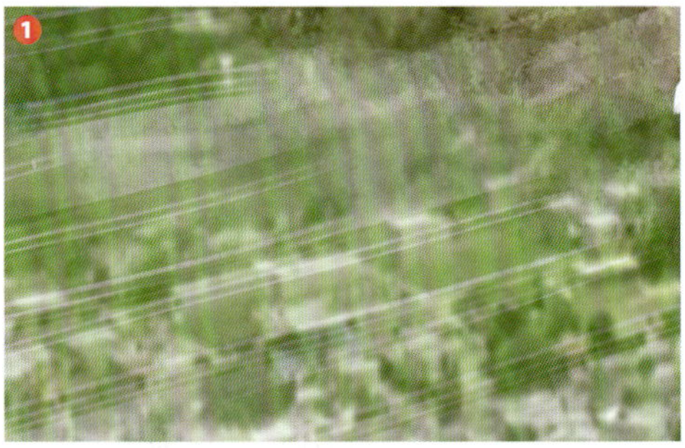

❷
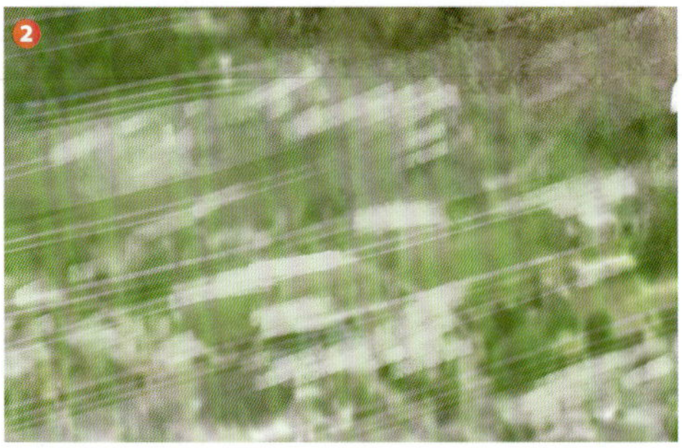

❸
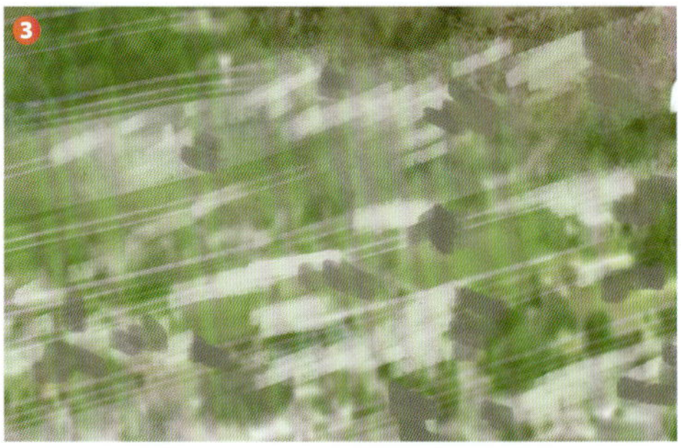

❹
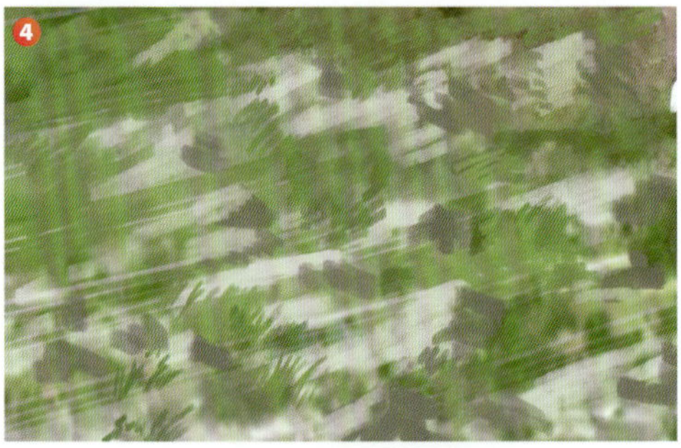

❺
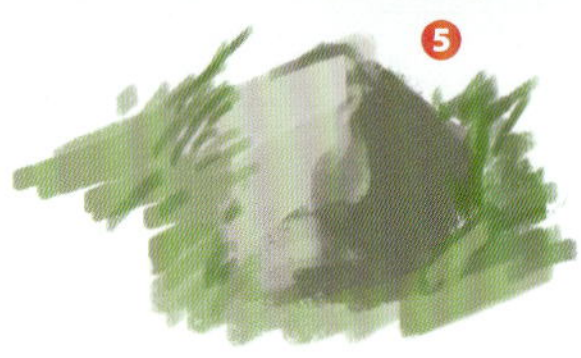

인식 그리기 응용

인식 그리기는 초원, 하늘, 산, 숲, 바위 등의 자연물부터 각종 건물과 디자인에 사용할 수 있습니다. ❻은 'Scene 9 작열하는 폐허 도시'의 용암에 뒤덮인 도시지만, 밑색과 수평 브러시(p.17)를 활용해 최대한 효율적으로 그렸습니다. 'Scene 10 증기와 기계의 도시'의 군중을 그리는 법❼과 메카 디자인 그리는 법❽ 등도 특징을 잡아서 그리는 인식 그리기의 응용입니다.

Memo 감상자의 감각으로 보충

촘촘하게 묘사한 작품보다 붓자국이 남은 미완성의 작품에 대해 더 좋은 평가를 받았던 경험이 있을 것입니다. 이유는 감상자가 거친 부분이나 미완성된 부분을 머릿속에서 직접 보완하기 때문입니다. 저는 완벽을 목표로 하는 것보다 상상할 수 있는 여지를 남기는 것이 좋다고 생각합니다. 화면 전체를 빈틈없이 묘사로 채우지 말고 거친 부분을 만들어 그림에 몰입할 수 있는 여유, 상상할 여지를 남기는 것입니다. 사람은 상상을 즐기는 동물입니다. 작품 속에서 표현할 수 없는 수수께끼가 남겨진 이야기가 강한 인상을 남기는 이유는 '왜 그랬던 걸까', '어째서일까' 같은 상상력을 자극하기 때문입니다. 그림도 마찬가지입니다.

❻

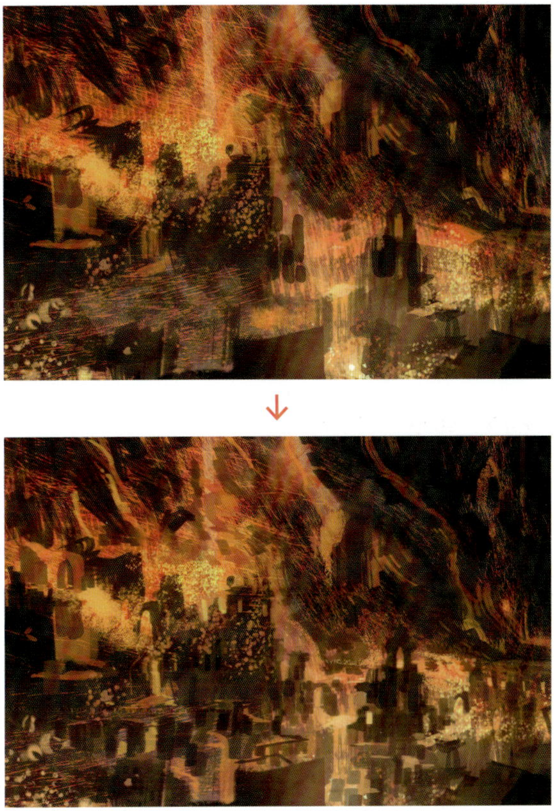

❼

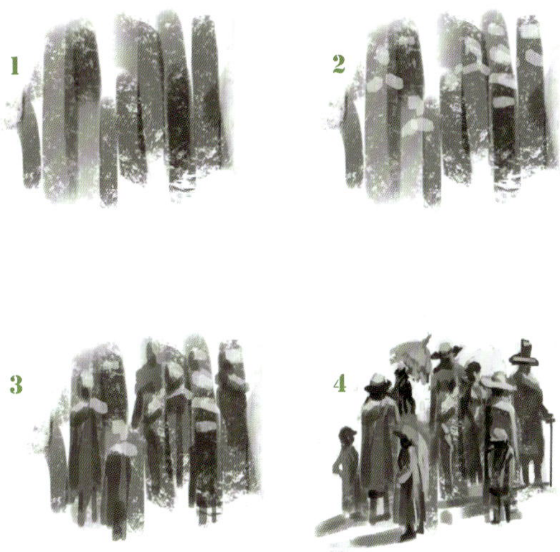

❽

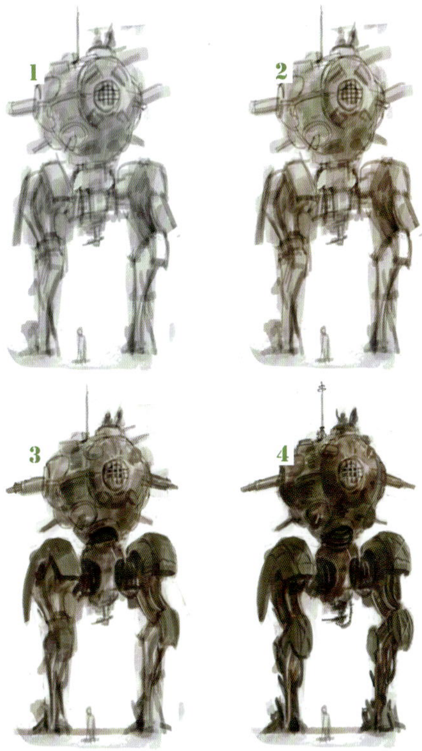

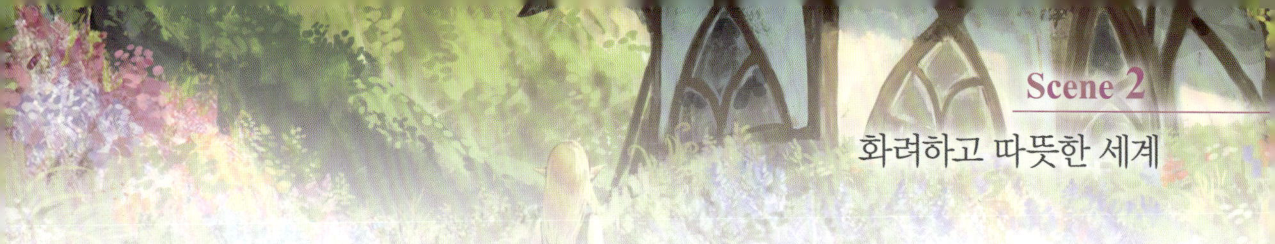

Scene 2

화려하고 따뜻한 세계

비밀의 화원

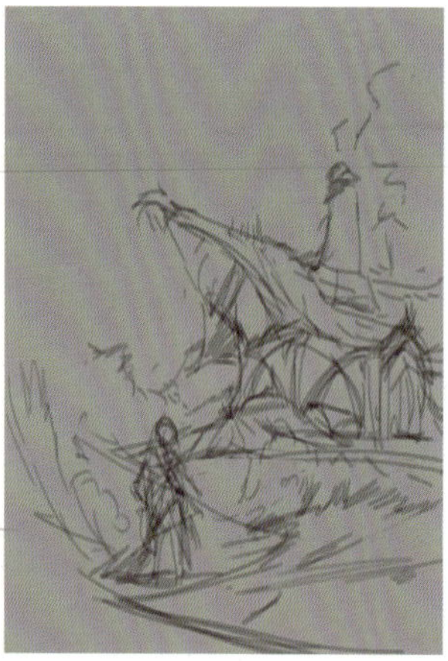

❶ 선화 러프

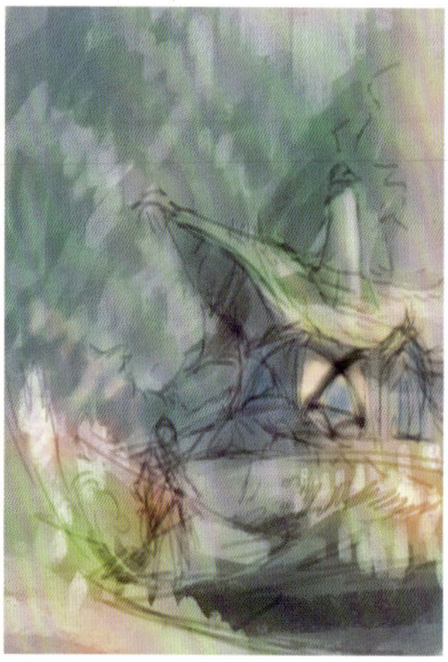

❷ 밑색

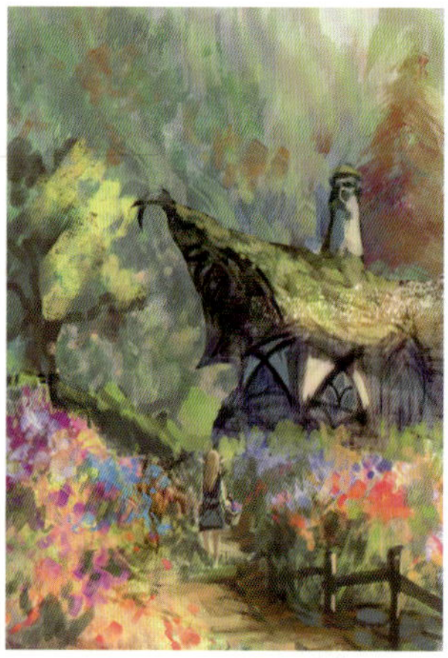

❸ 이미지 결정

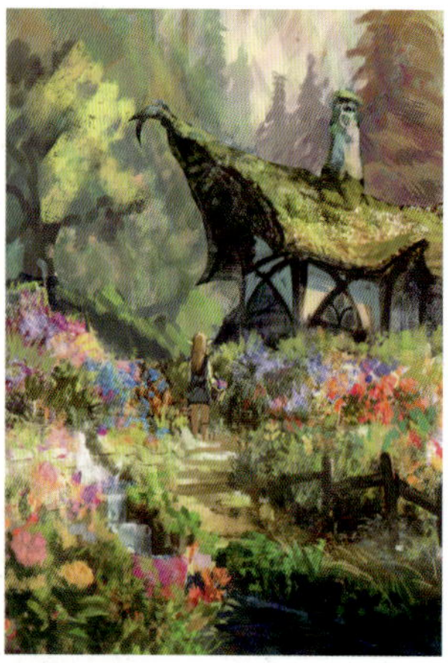

❹ 구도 조절

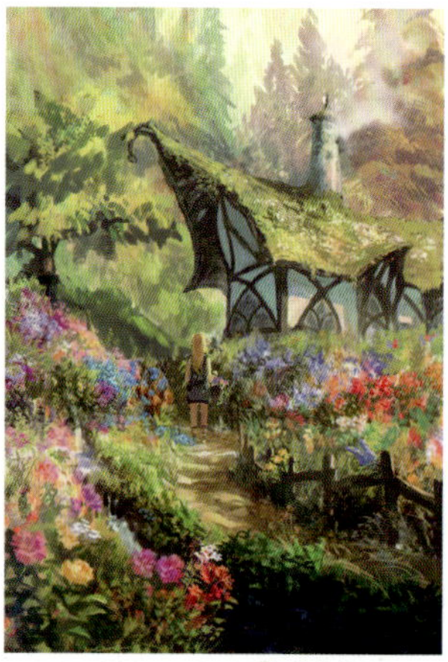

❺ 묘사

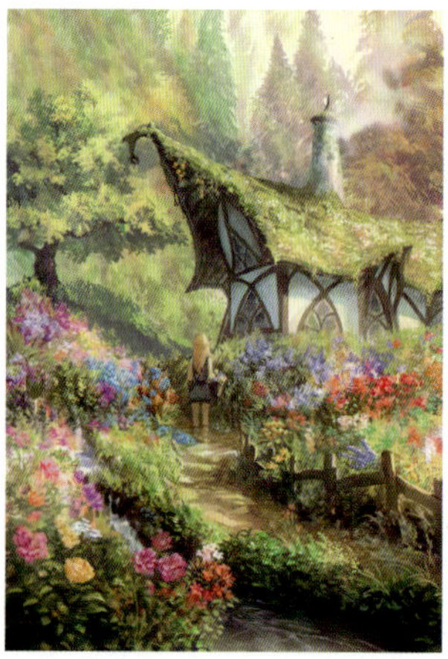

❻ 마무리와 조절

아름다운 꽃과 식물이 있는 세계관의 중요한 요소와 빛의 묘사 등을 설명합니다. 주제가 불명확한 상태로 그리기 시작해, 숲속 깊은 곳에 숨겨진 엘프의 집, 신비한 약초와 꽃이 뒤섞인 이미지로 완성했습니다. 깊은 숲을 지나 이런 장소를 발견한다면 형형색색의 꽃이 빛나는 것처럼 보일지도 모릅니다.

2816×4000픽셀

약 6시간

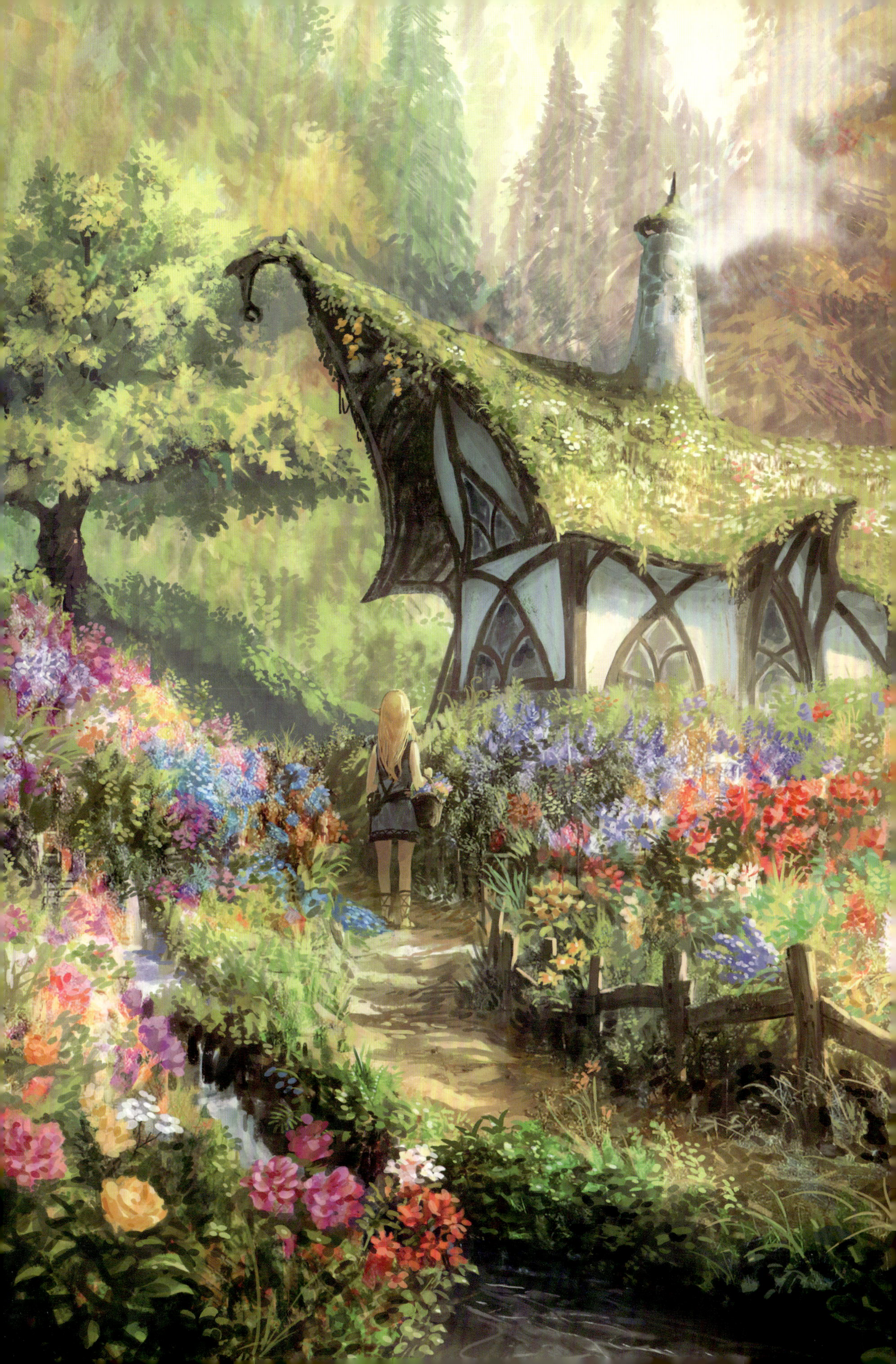

Making

제작 과정

01 무채색의 캔버스를 만든다

새 레이어를 만들어 [색상] 창에서 회색을 선택하고 [전경색 채우기](단축키 Alt+Delete)로 캔버스에 색을 채웁니다. 정확하게 50%의 회색보다 조금 밝은 회색(R148, G148, B148)을 많이 씁니다.
보통 그림 그릴 캔버스의 색으로 새하얀 흰색을 떠올리기 쉬운데 실제로 **캔버스가 회색이면 그리기 쉽습니다.** 흰색은 가장 밝은색인 탓에 반짝임이나 빛을 표현하기 어렵고, 명암의 폭이 좁습니다❶.

❶

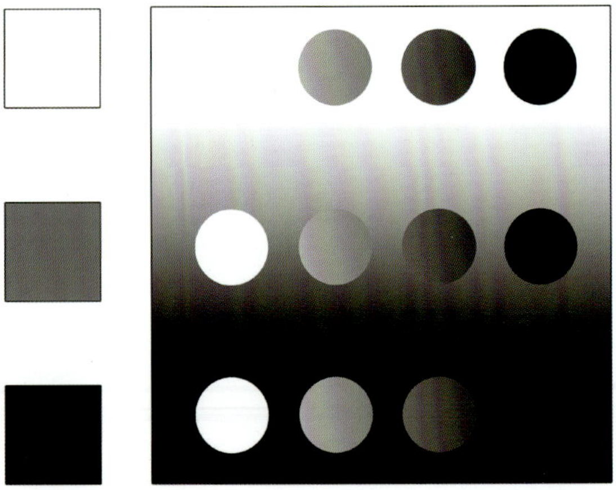

밑색에 따라서 표현할 수 있는 명암의 폭이 달라진다

02 실루엣은 러프하게

펜 압력으로 브러시 자국이 달라지는데 입자가 남는 브러시(초크 브러시, p.16)로 실루엣부터 잡습니다❷. 브러시는 [불투명도 : 30%], [흐름 : 100%]로 설정합니다❸.
이 단계에서는 특별히 어떤 것을 그려야겠다고 정하지 말고, 화려하고 부드러운 빛이라는 테마를 생각하면서 그립니다. 브러시 터치를 적당히 올리며 드러나는 실루엣에서 연상되는 이미지를 확장해나가는 방식을 사용하세요.

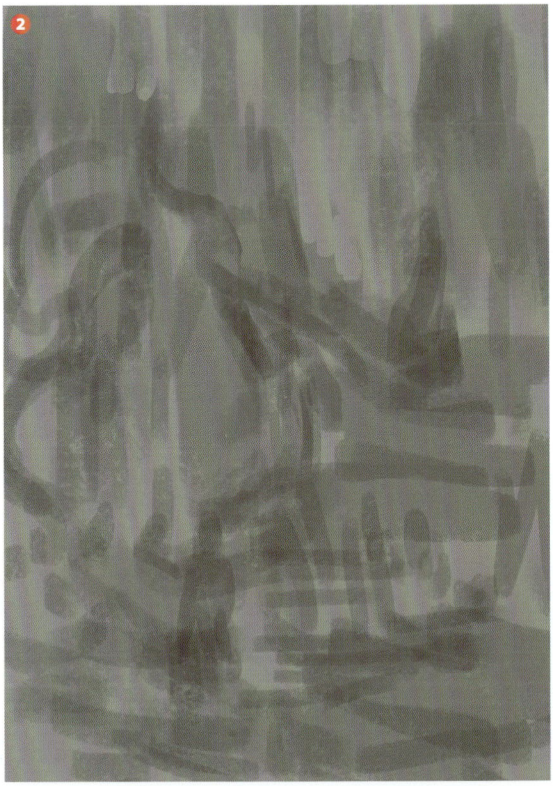

❸

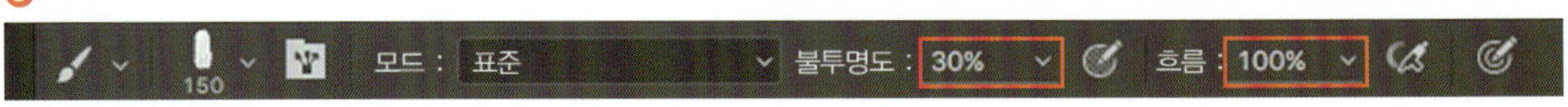

03 선화를 그린다

실루엣 러프에서 모티브에 해당하는 특징을 발견했다면, 새 레이어를 만들고 실루엣을 바탕으로 선화를 그립니다❹. 선화라 해도 선명한 선으로 그리는 것이 아니라 초크 브러시의 크기를 줄여서 대강 그립니다. 그림에 따라서는 선을 마지막까지 남기고 터치로 활용하기도 하는데, 이번에는 필요하지 않으니 러프 위에 부드러운 선으로 그립니다. 인공물과 특징적인 요소를 디자인하거나 형태를 정확하게 그리고 싶다면 선화를 보조로 활용합니다.

Point

'길'을 활용하라!

화면의 맨 앞에서 안쪽에 자리잡은 집으로 이어지는 길을 그렸습니다. 깊이감이 드러나도록 '〈' 형태를 바탕으로 그리는 것이 포인트입니다❺.
길은 무척 편리한 도구입니다. 길이 있다는 것은 사람이나 다른 생명체가 지나다닌다는 증거입니다. **길은 감상자가 주목했으면 하는 요소이며 시선 유도나 지형의 요철, 자연물들 중에 악센트가 되는** 등 다양한 표현을 하는 데 도움이 됩니다.

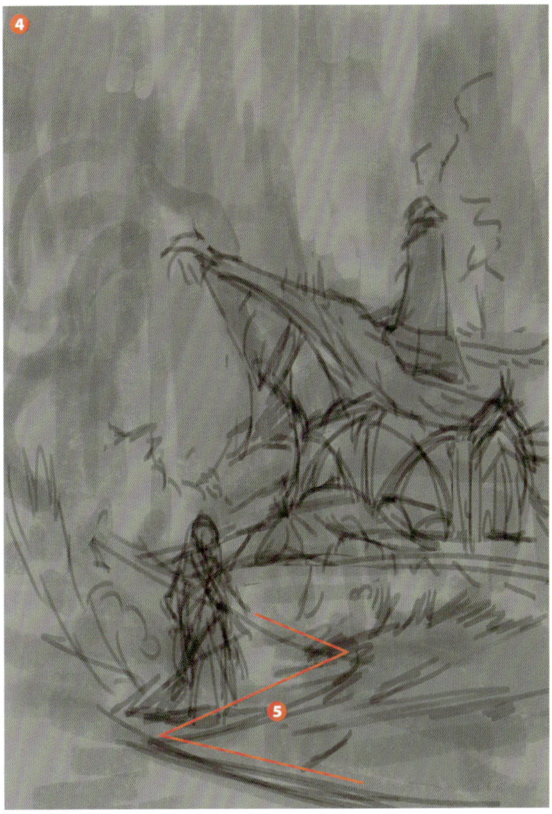

04 광원을 설정하고 빛을 표현한다

초크 브러시로 빛이 닿는 부분 등의 명암을 묘사합니다. 흰색을 선택하고 브러시의 불투명도는 높게 [불투명도 : 50~70%]로 설정합니다.
키 라이트는 오른쪽 위의 태양광입니다. 이 단계에서는 세밀하게 빛의 상태나 디테일은 고려하지 않았습니다. 어느 방향에서 빛이 들어오는지, 구성 요소에 어떤 형태로 그림자가 생기는지 대략 설정합니다❻.

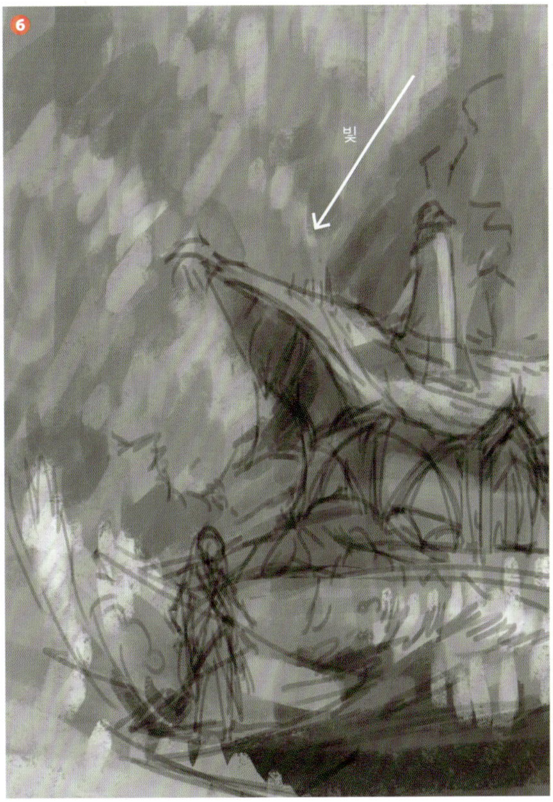

2 비밀의 화원

05 빛의 색을 정하고 밑색을 칠한다

새로 [오버레이] 모드 레이어를 만들고, [불투명도 : 90%]의 부드러운 브러시(에어브러시, p.16)로 색을 칠합니다⑦.

키 라이트는 오렌지색~분홍색⑧, 그림자는 회색⑨으로 설정합니다. 빛의 색감은 그림 전체의 분위기를 좌우하는 중요한 요소입니다. **따뜻한 분위기를 표현하고 싶으면 키 라이트를 난색으로, 차가운 분위기를 표현하고 싶으면 한색으로 설정**합니다.

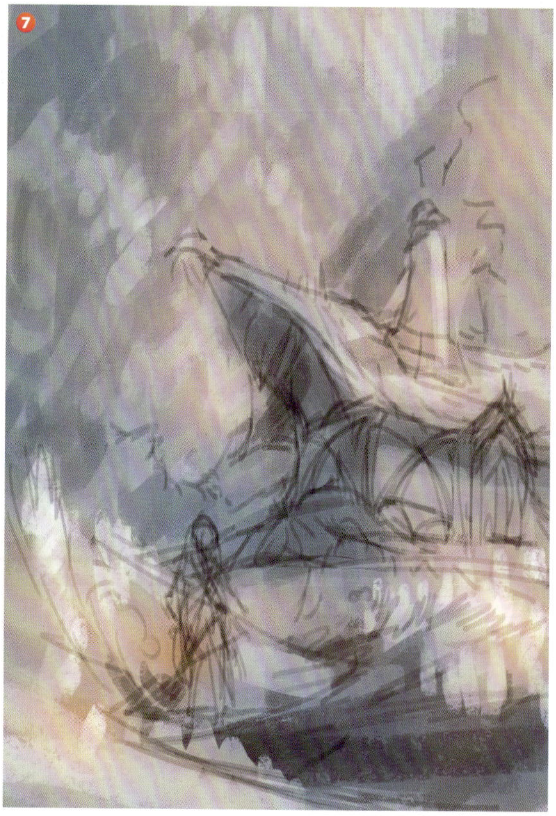

⑧

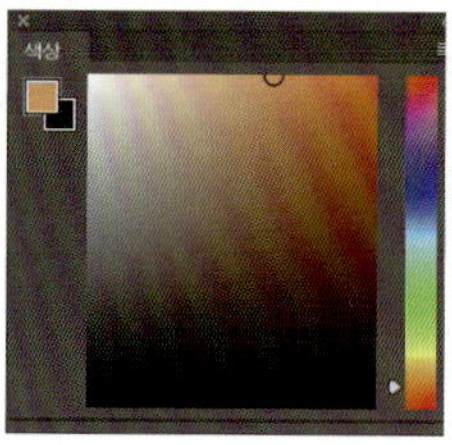

빛의 색

⑨

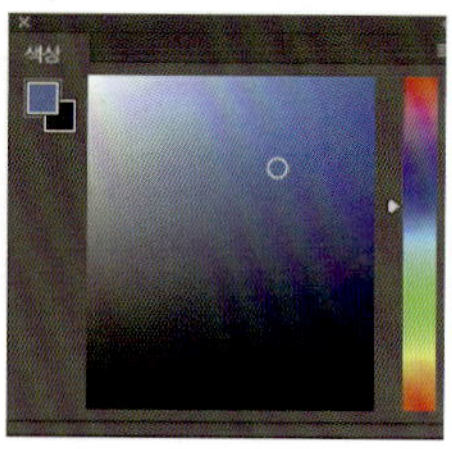

그림자색

06 고유색으로 채색한다

같은 브러시로 고유색을 칠합니다⑩. 빛의 색을 칠하고 고유색을 칠해야 공기감을 표현하기 쉽습니다. 처음부터 선명한 고유색으로 칠하는 것은 숙련된 사람이 하는 작업 방식인데 색에 대한 감각을 단련하지 않으면 제대로 그릴 수 없습니다. 초보자일수록 과정을 밟아서 차근차근 그립니다.

Point

고유색

사물의 색과 빛의 색을 생각하면서 고유색을 정합니다. 약간 멀리 있는 숲은 공기원근법을 적용한 녹색⑪으로 칠했습니다. 건물의 벽은 '회반죽의 흰색+태양광'인 오렌지색⑫, 풀밭은 '선명한 녹색+태양광'인 황녹색⑬, 꽃밭의 색은 '흰색 계열의 꽃+태양광'인 오렌지색⑭ 같은 식으로 연상되는 색을 칠합니다.

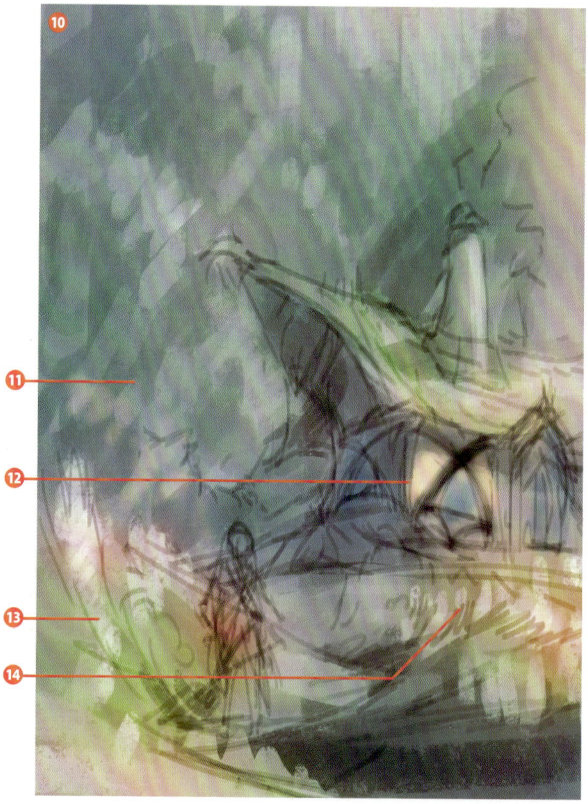

07 레이어로 구분한다

모든 레이어를 일단 병합하고 [올가미] 도구를 이용해 복사&붙여 넣기로 각 요소를 레이어로 구분합니다. 구성 요소가 근경의 꽃밭, 건물, 배후의 숲뿐이므로 근경⑮, 건물⑯, 원경⑰으로 분할했습니다.

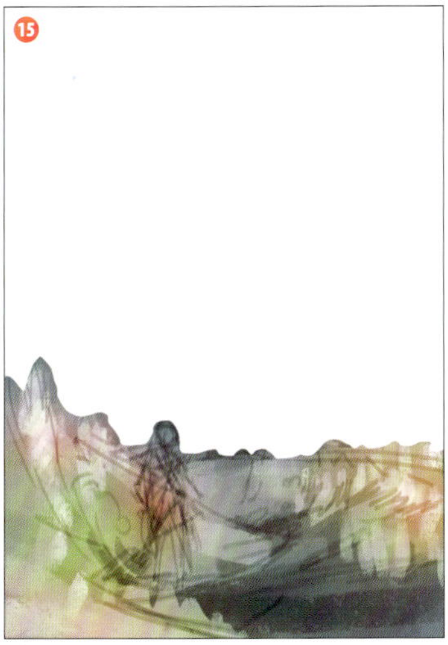

근경

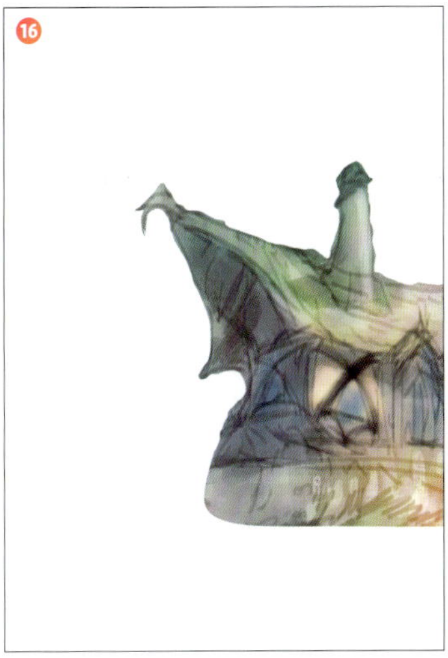

건물

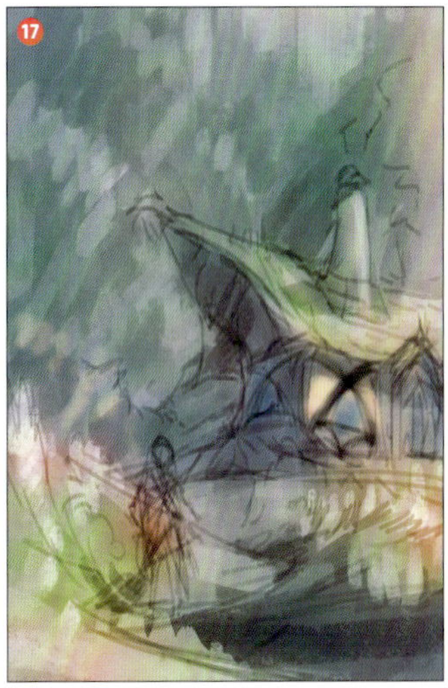

원경

08 사진을 합성한다

밑색에 나무와 초원 특유의 정보가 있으면 이후의 작업이 편해지므로 사진을 합성합니다. 풀과 꽃에 뒤덮인 지붕에는 하얀 점이 있는 초원 사진을 합성했습니다⑱. 이 점은 바위지만 합성하면 꽃처럼 보입니다. 집 뒤의 숲에는 단애절벽⑲을, 앞에는 평범한 초원⑳을 합성했습니다.

참조 'Technique : 사진 합성'(p.38)

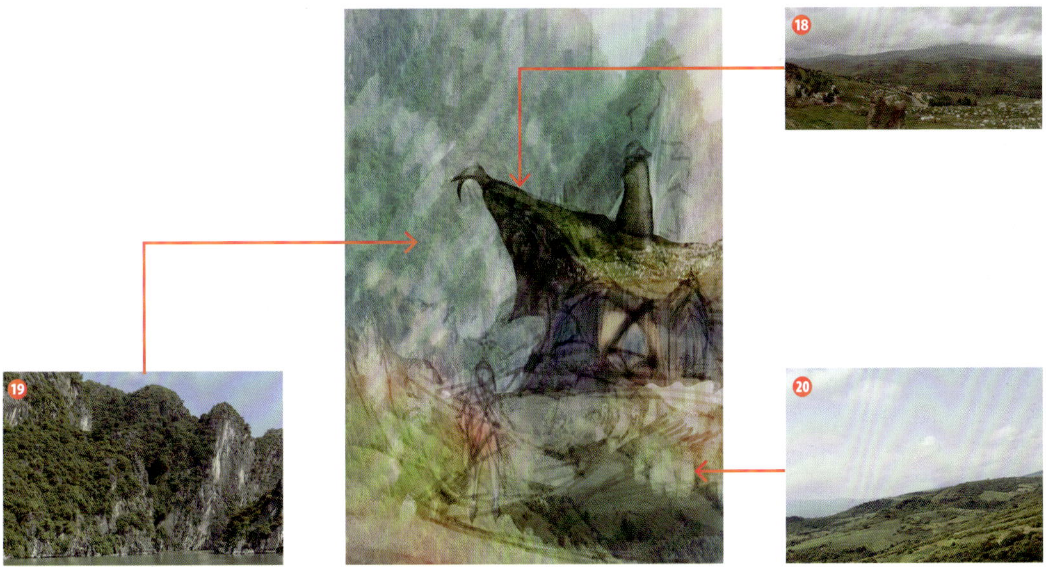

09 방향성을 정하고 구성 요소를 추가한다

이쯤에서 숲속 깊은 곳에 숨겨진 엘프의 집, 신비한 약초, 꽃밭 같은 스토리를 설정하고 그림의 방향성을 결정합니다 21.

정해진 방향성에 어울리는 요소를 추가하고 세계관을 보강합니다. 작은 아이템 하나로도 어떤 장면의 상황이나 스토리를 표현할 수 있습니다. 예를 들면 울타리만 세워도 사람이 관리하는 곳이라는 사실을 전달할 수 있습니다.

Memo 배경과 콘셉트 디자인

실무에서 진행하는 배경 작업은 처음부터 필요한 요소가 이미 정해져 있을 때가 많지만, 게임 등 개발 초기의 콘셉트 디자인은 주로 그리면서 작업합니다. 체크를 반복하면서 구성 요소를 추가하게 됩니다. 이런 작업을 진행하다 보면 용도 변경 등으로 그림의 대부분을 수정해야 할 때도 있습니다. 선화부터 꼼꼼하게 그리는 스타일로 작업하는 사람은 수정 작업에 대응하기 쉬운 유화 채색을 익히면 좋습니다.

21

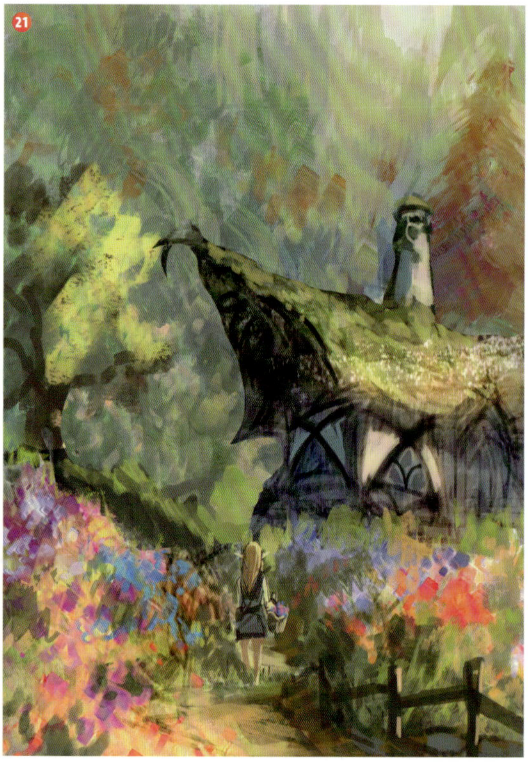

10 전체 레이아웃을 조절한다

원경의 숲을 제외한 나머지 레이어를 화면 위쪽으로 이동시킵니다. 그 결과 근경의 면적이 넓어져서, 변화를 주려고 작은 개울을 추가했습니다 22.

전체적으로 화면 위쪽으로 이동시킨 이유는 이 그림이 표지 후보라는 데 있습니다. 이전의 위치라면 시선이 집중되기 쉬운 인물이 책의 띠지에 가려집니다.

Tips 레이어 이동

Ctrl 키를 누른 상태에서 드래그합니다.

22

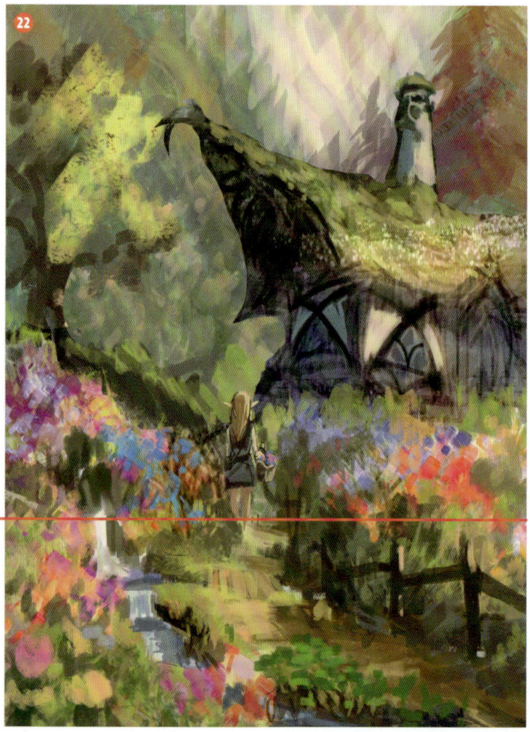

책의 띠지 위치

11 한 번 더 사진을 합성한다

꽃밭과 집의 정보량이 부족하므로 한 번 더 사진을 합성해 정보량을 늘립니다㉓. 사진 합성은 어느 단계에서 하든 상관없으며 최종 마무리 단계에서 할 때도 있습니다. 최종 단계에서는 전혀 관련 없는 사진이 아니라 숲 부분에는 숲을, 벽돌 부분에는 벽돌을 합성하는 식으로 각각의 요소와 같은 종류의 사진을 합성합니다. 이유는 합성한 사진 위에 곧바로 그리거나 가급적 가공하지 않고 활용할 수 있기 때문입니다.

Memo 순서를 무시하고 유연하게

디지털에서 그림을 그릴 때 위화감이 느껴지거나 이렇게 하는 편이 좋겠다는 생각이 떠오르면, 순서를 무시하고 대담하게 수정해도 괜찮습니다. 아날로그에서는 수정이 불가능하지만 디지털에서는 얼마든지 수정할 수 있습니다. 이것이 디지털 일러스트의 최대 특징입니다. 어떤 단계에서나 몇 번이든 수정할 수 있는 디지털의 특성을 최대한 활용해서 작업해보세요.

㉓

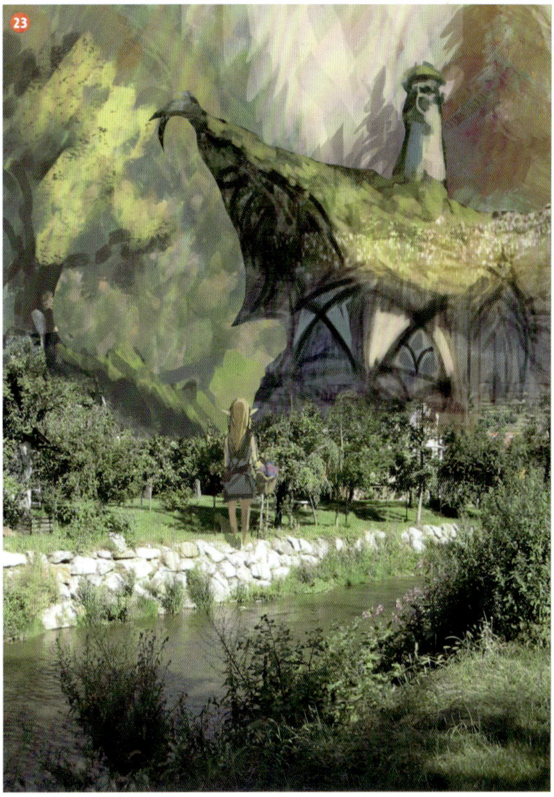

12 구성 요소를 변형하고 레이아웃을 조절한다

집의 깊이감과 크기가 어색하므로 건물 레이어를 [자유 변형]으로 변형합니다. 집의 오른쪽만 축소해 원근감을 강조합니다㉔.

Point

자유 변형 기능으로 수정하기

Photoshop에서 가장 많이 사용하는 기능인데 메뉴의 [편집]→[자유 변형] 또는 단축키 Ctrl+T키로 사용할 수 있습니다. 단순히 도형을 변형하는 기능이 아니라 그림 속의 요소 자체를 변형할 수 있어 무척 편리합니다.

㉔

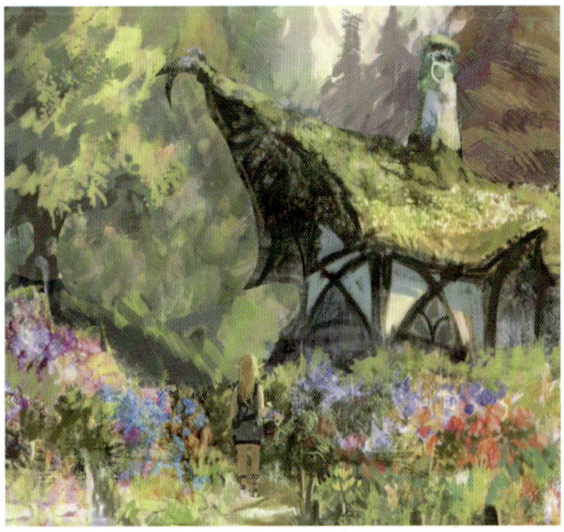

변형 전

↓

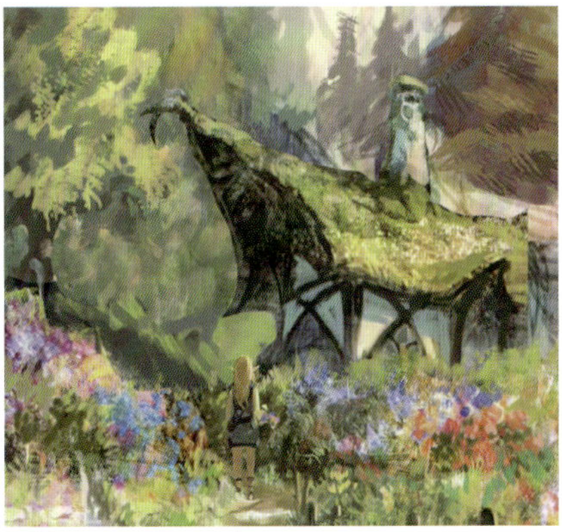

변형 후

2 비밀의 화원

13 식물을 묘사한다

식물을 점묘와 같은 터치로 묘사합니다㉕. 점묘는 식물이 빛을 투과하는 특성을 가장 효과적으로 표현할 수 있는 터치입니다. 이번에는 사진의 정보량을 활용해서 그림자나 풀의 빈틈을 많이 묘사하고 꽃의 실루엣을 정리합니다.

참조 'Technique : 꽃 그리기'(p.52)
참조 'Technique : 나무 그리기'(p.148)

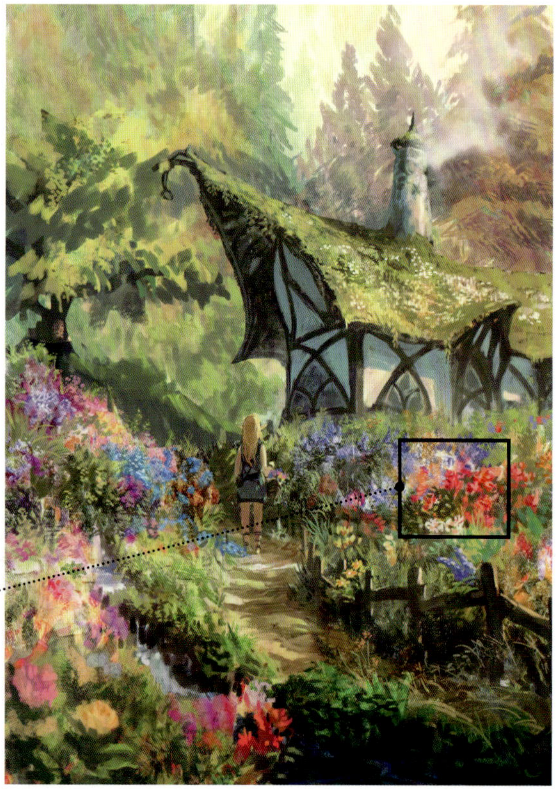

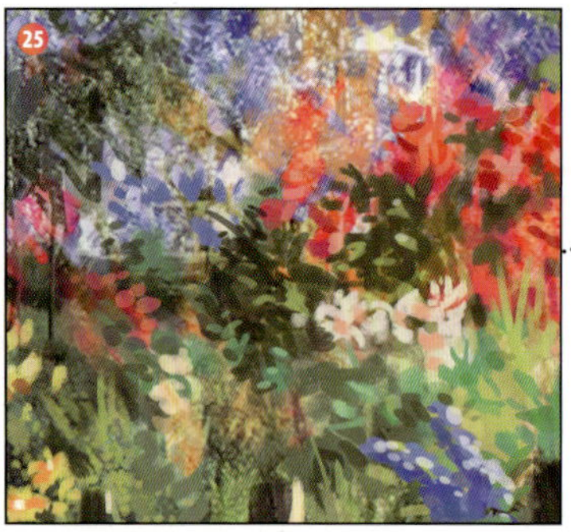

점묘 터치로 그린 식물

14 나무를 묘사한다

초크 브러시와 줄기 브러시(p.17)로 나무를 묘사합니다. 침엽수는 원뿔형㉖, 활엽수는 구의 집합체㉗를 의식하면서 입체를 따라 비스듬하게 터치를 넣는 것이 포인트입니다.

참조 'Technique : 나무줄기 그리기'(p.150)
참조 'Technique : 숲 그리기'(p.152)

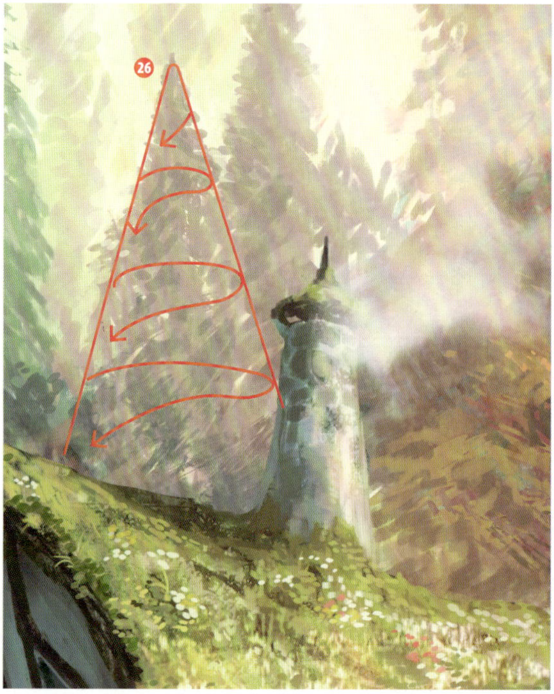

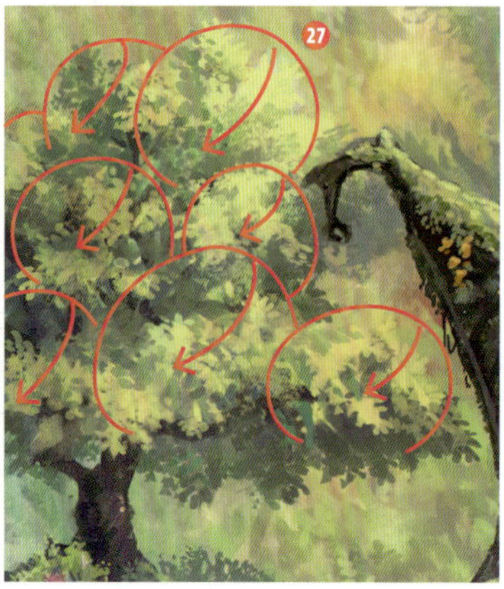

15 글레어를 넣고 완성한다

건물이나 나무 등을 정리하고 글레어(p.57)를 넣어 완성합니다. 빛의 효과를 많이 주면 디지털 특유의 가벼움이 도드라집니다. [불투명도 : 30%]로 설정한 에어브러시로 신중하게 효과를 더합니다. 글레어는 빛을 강하게 반사하는 부분, 대비가 강한 부분에 넣습니다. 구체적인 위치는 꽃잎이 밀집된 부분28, 외벽과 인물의 하이라이트29, 광원에 가까운 오른쪽, 대비가 강한 중앙의 길입니다. 전체적으로 글레어를 더하면 완성입니다.

참조 'Technique : 빛 그리기'(p.56)

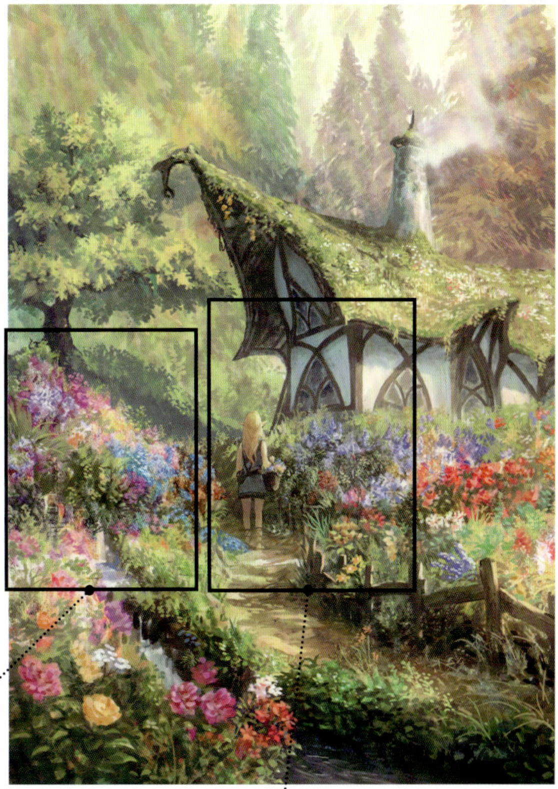

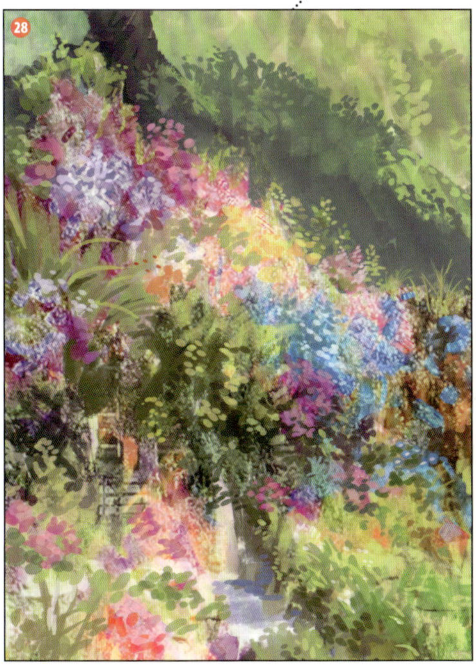

28 꽃잎이 밀집된 부분

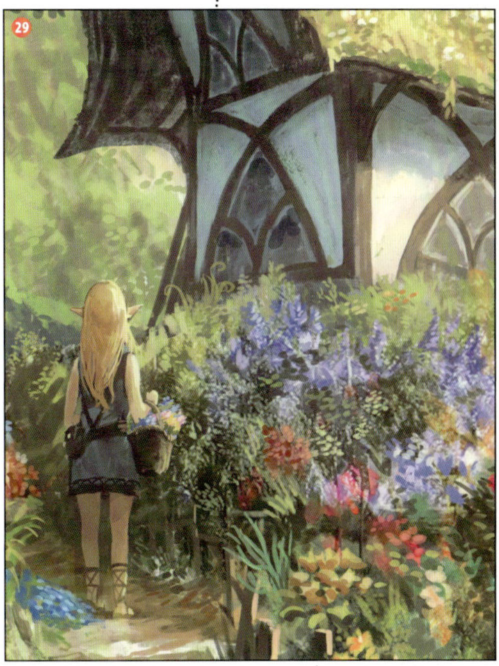

29 외벽과 인물의 하이라이트

Technique

꽃 그리기

꽃 그리는 법을 설명하겠습니다. 판타지라 해도 대부분 현실에 있는 꽃을 바탕으로 그립니다.

무리 지어 피는 꽃 그리기

한 송이가 아니라 특정 위치에 집중되어 피어 있는 꽃을 그리는 방법을 설명합니다. 배경의 꽃을 한 송이만 단독으로 그리지는 않습니다. 꽃꽂이처럼 인공적으로 꾸미는 일도 딱 한 송이뿐인 상황은 드물며, 자연에서 피는 꽃은 대부분 특정 위치에 무리지어 있습니다.

01 밑색을 칠한다

채도와 명도가 높은 색을 선택해 [불투명도 : 30%] 정도의 초크 브러시로 밑색을 칠합니다❶. 이때 브러시의 불투명도를 낮게 설정하는 것이 포인트입니다. 불투명도가 낮은 브러시로 덧칠을 하면 겹친 부분이 어두워집니다. 이 겹친 부분을 그림자로 인식하므로❷, 한 번의 터치로 정보량을 크게 늘릴 수 있습니다.

꽃은 화면 전체의 색감에 따라 차이가 있지만, 채도와 명도가 각각 100%인 굉장히 선명한 색을 선택합니다❸. 자연물을 그릴 때는 면적이 좁을수록 강한 색을 선택해 균형을 잡습니다. 꽃은 면적이 좁으므로 강한 색으로 칠합니다.

❶

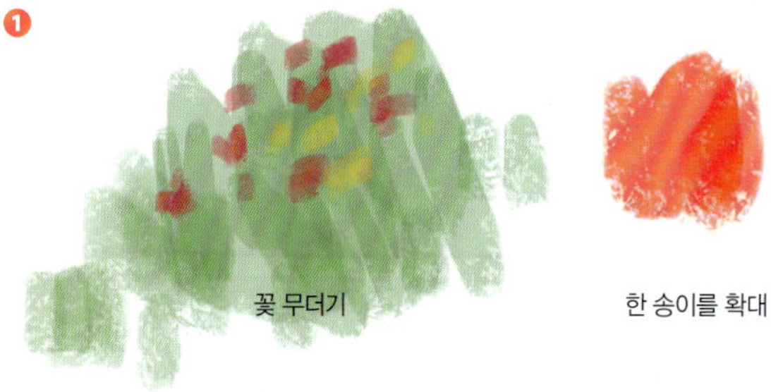

❷

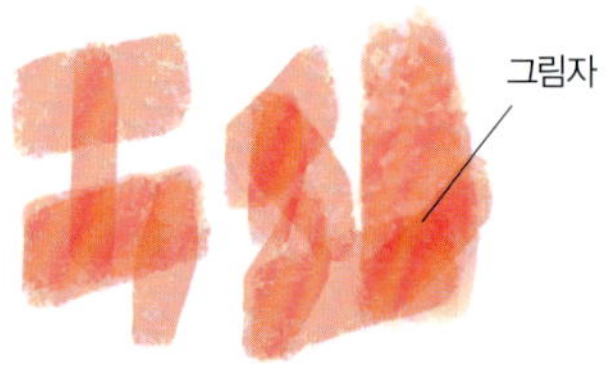

겹친 부분을 그림자로 인식

❸

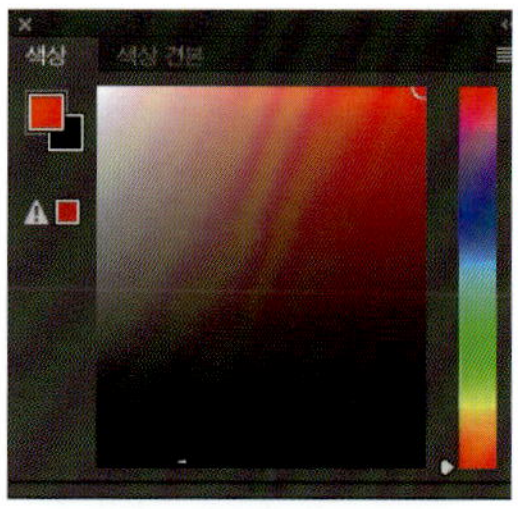

꽃에 어울리는 선명한 색을 선택

02 그림자를 그리고 실루엣을 다듬는다

- 그림자를 그린다

  풀색을 기본으로 하고 약간 어두운색을 선택해 그림자를 칠합니다❹. 꽃과 풀의 그림자와, 풀과 풀 사이의 빈틈을 어둡게 만든다는 느낌으로 그립니다. 식물은 '빈틈'을 묘사한다는 의식이 무척 중요합니다.

- 실루엣을 다듬는다

  꽃의 형태를 정리합니다. '측면에서 본 꽃의 실루엣'도 그리는 것이 요령입니다❺. 자연의 꽃은 정면뿐 아니라 측면의 실루엣과 뒤섞여 있습니다.

❹

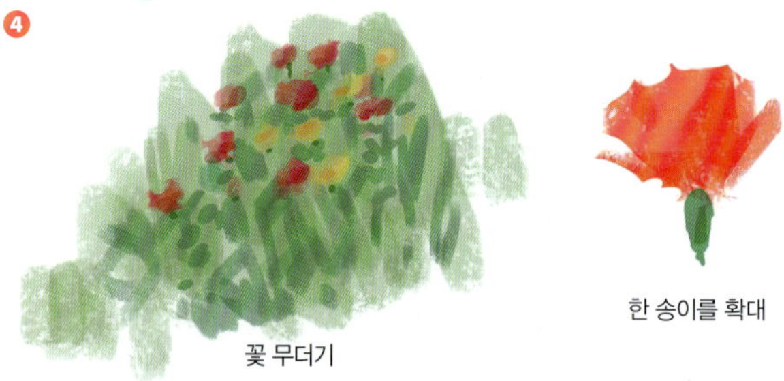

❺

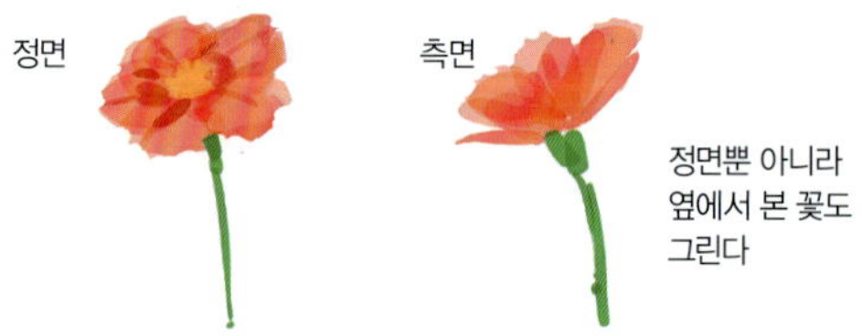

03 ● 잎을 그린다

꽃 외에 다른 식물의 잎을 그립니다❻. 잎의 형태는 기본적으로 2종류입니다. 길고 날카로운 잎과 둥근 잎을 섞어 그리면 풀밭처럼 보입니다. 엄밀하게 종류를 생각해서 그릴 때는 미리 자료를 찾아야 하지만, 특별히 정해져 있지 않다면 이 방법을 추천합니다. 하나씩 일일이 정밀하게 그리는 것이 아니라 전체적으로 그럴듯해 보이도록 그립니다.

Scene 2는 이 단계에서 사진을 합성하고 정보량을 더해 밀도를 높였습니다.

Point

잎 그리는 요령

*01*의 설명대로 불투명도가 낮은 브러시로 잎을 그리면 잎이 빛을 차단해 생기는 그림자나 잎의 빈틈을 간단하고 정확하게 묘사할 수 있습니다. 하나의 터치가 그림자나 빈틈 등 다양한 표현이 되는 일석이조의 이상적인 방법입니다.

04 ● 점묘로 묘사한다

지금부터는 [불투명도 : 70~90%]의 타원 브러시(p.16)로 묘사합니다❼. 주요 묘사 포인트는 꽃줄기와 잎의 하이라이트, 꽃잎의 하이라이트, 꽃잎입니다. 거친 부분이나 실루엣 등 신경 쓰이는 부분도 함께 정리합니다.

Point

점묘 터치

꽃을 묘사하는 요령은 '점'을 찍듯이 그리는 것입니다❽. 점묘에 가까운 방법입니다. 긴 스트로크로 잎이나 꽃을 묘사하는 것이 아니라 점을 찍는 감각으로 묘사합니다. 꽃잎은 가볍고, 부드러우며, 빛을 흐릿하게 투과하는 특성이 있습니다. 한마디로 점묘 터치는 이 특성을 효과적으로 표현하는 기법입니다.

❻

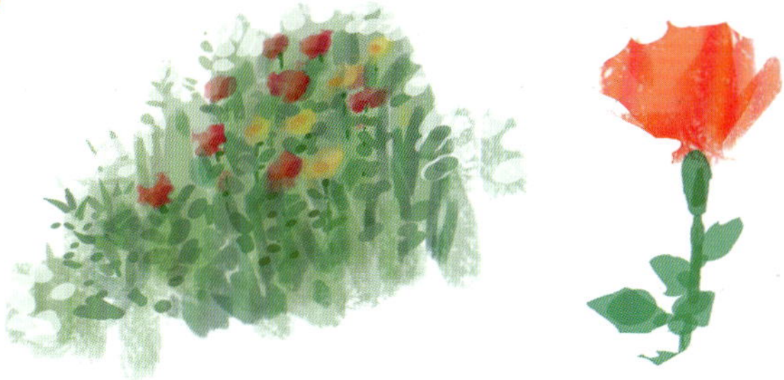

꽃 무더기　　한 송이를 확대

❼

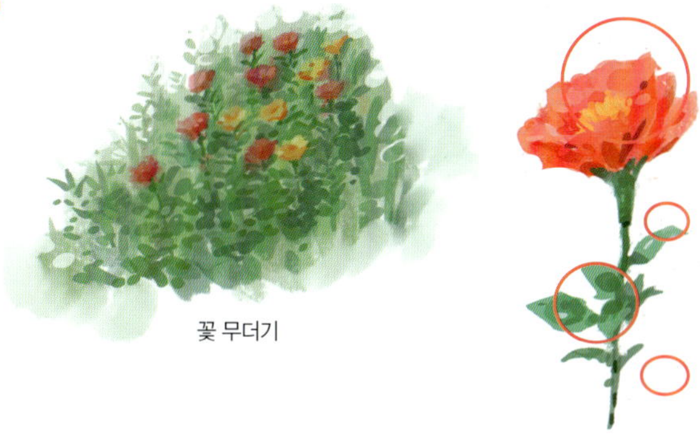

꽃 무더기　　한 송이를 확대

❽

긴 스트로크의 터치　　점으로 찍은 터치

다양한 꽃 그리기

어떤 꽃을 그리든 꽃을 그리는 방법은 같습니다. '밑색 칠하기'→'그림자를 그리고, 실루엣 다듬기'→'잎 그리기'→'점묘로 묘사'라는 과정을 거칩니다. 꽃에는 다양한 형태와 색, 종류가 있지만 이 4가지 과정으로 전부 그릴 수 있습니다.

참조 'Technique : 꽃 그리기'(p.52)

● 수국

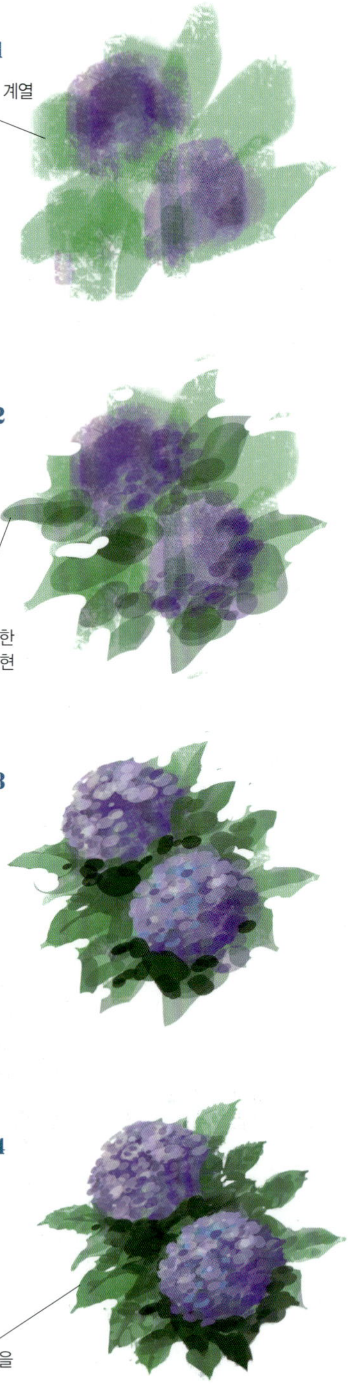

● 히비스커스

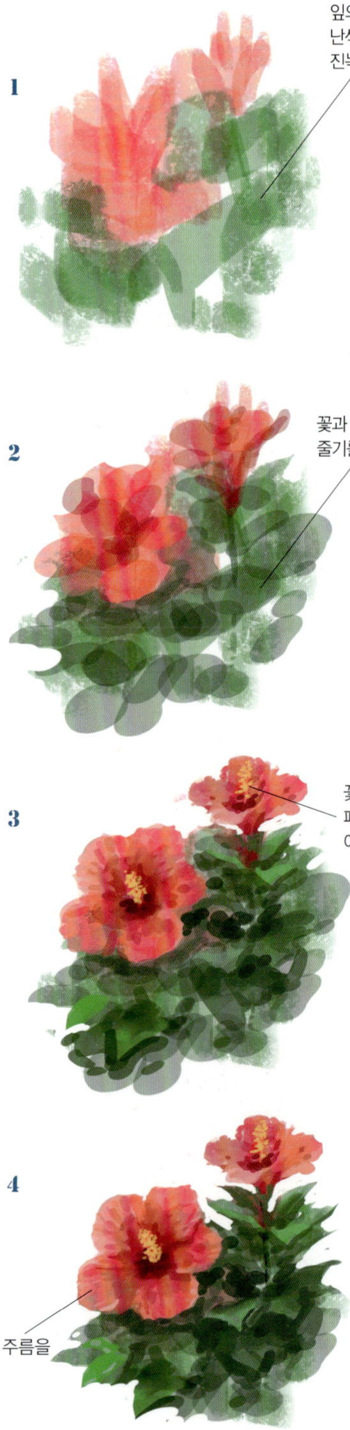

장미

1

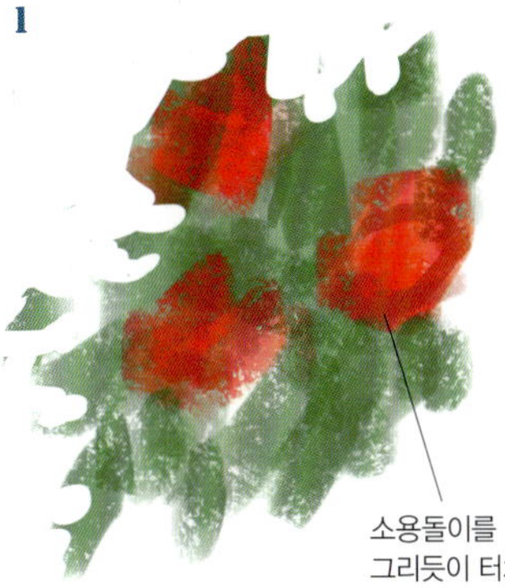

2

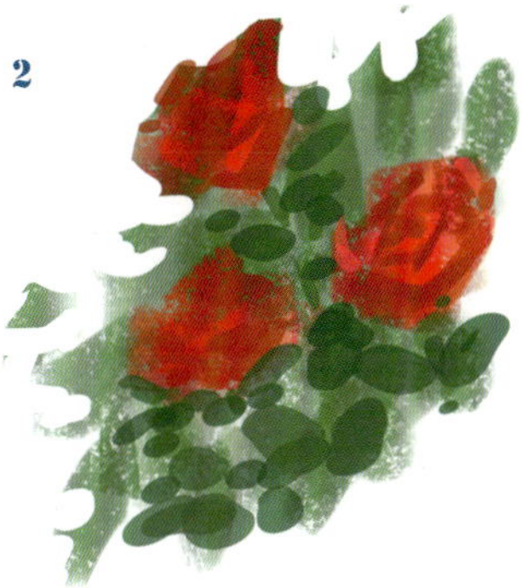

3

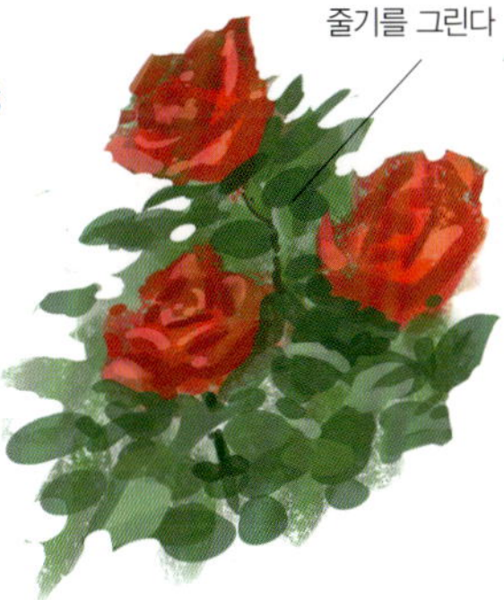

4

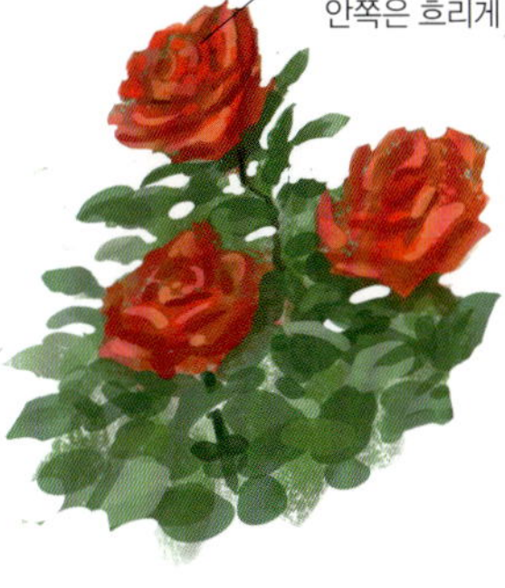

거베라

1

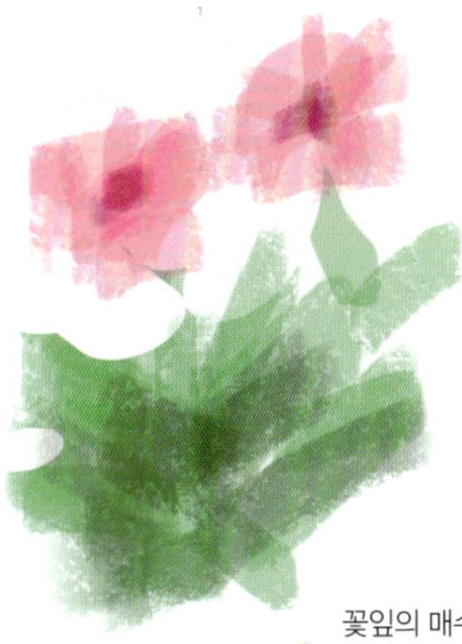

2

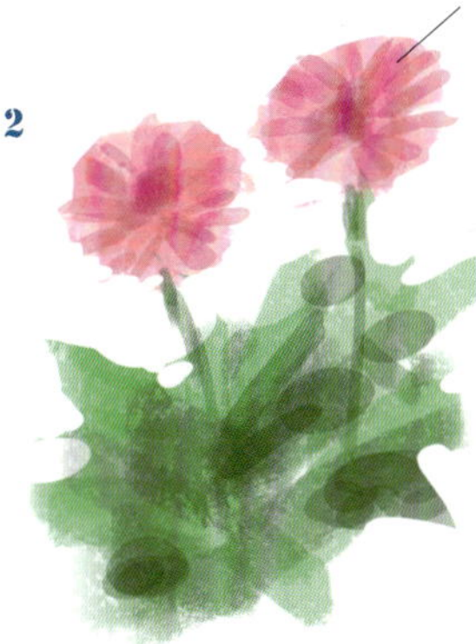

3

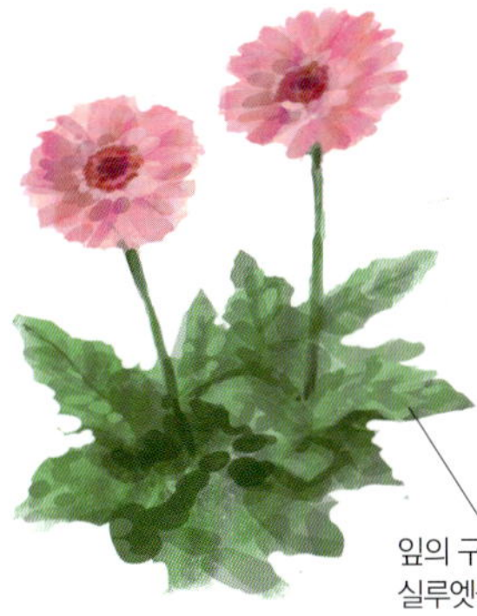

4

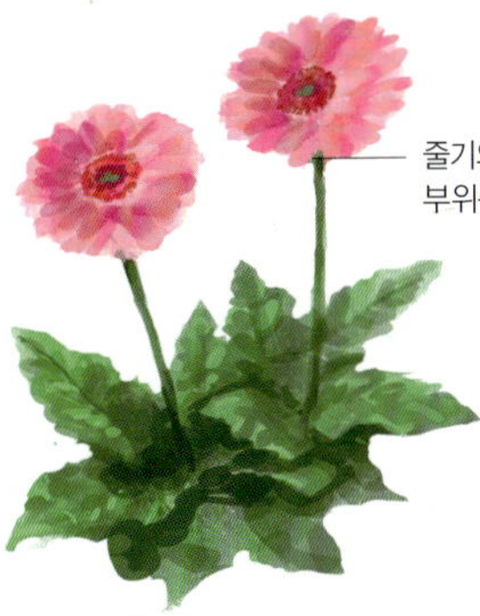

무스카리

1

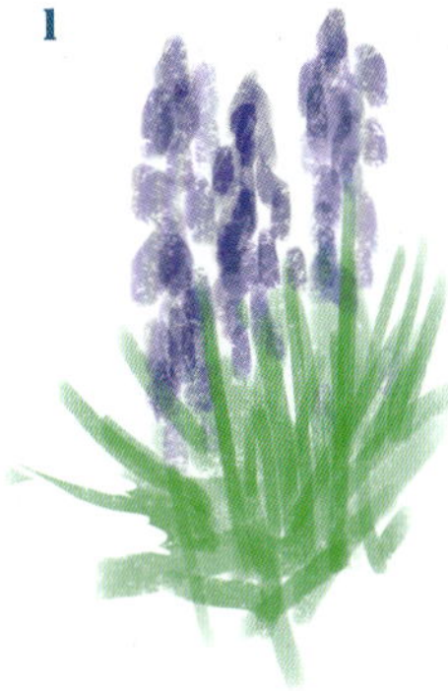

2

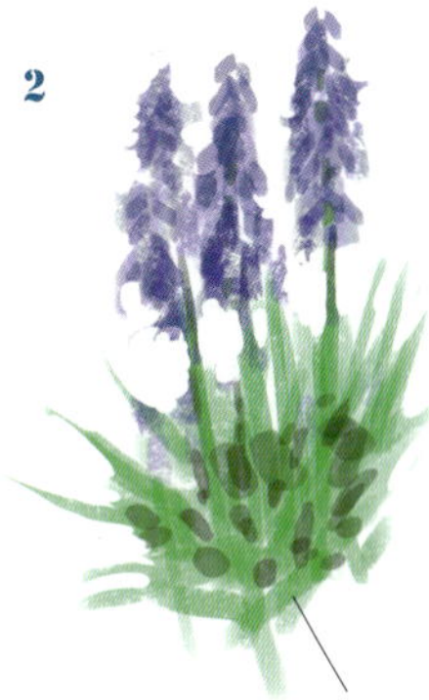

3

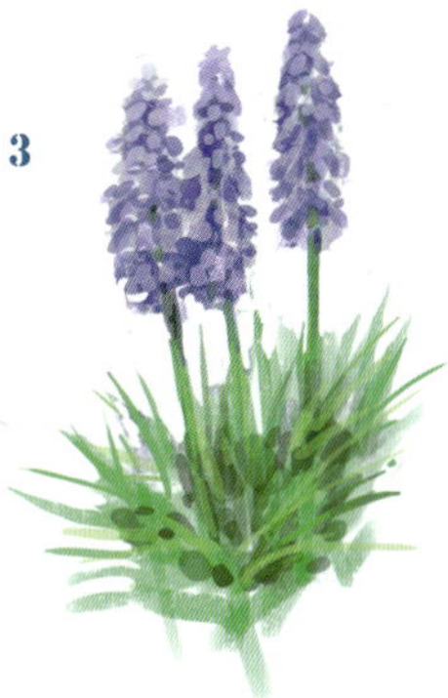

4

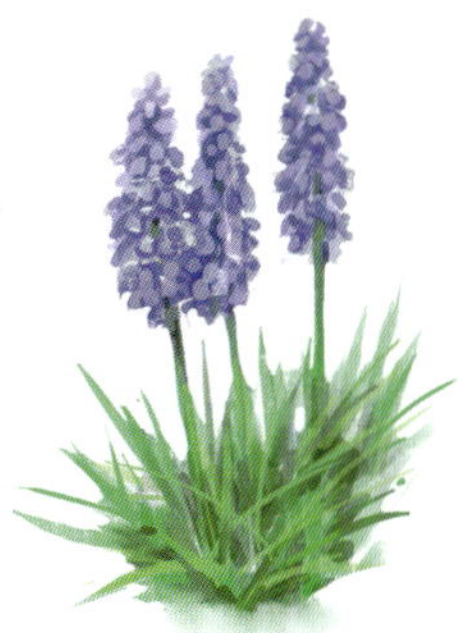

Technique

빛 그리기

빛이 느껴지는 그림은 매력적입니다. 빛이 느껴지게 그리려면 어떻게 표현해야 하는지 설명하겠습니다.

빛이 느껴지는 그림으로 만드는 5가지 표현

빛이 느껴지는 그림이란 '그림자'와 '렌즈에서 발생하는 현상'이 존재하는 그림입니다. 사람의 안구도 렌즈에 포함됩니다. 이런 사실을 바탕으로 빛이 느껴지는 그림을 만들기 위한 5가지 표현을 소개하겠습니다.

● 그림자를 그린다

빛을 표현하려면 강약이 있는 그림자가 있어야 합니다. 밝은 그림에는 밝기를 고려한 그림자를, 어두운 그림에는 어둠을 고려한 그림자를 만듭니다❶. 그림자를 제대로 묘사하면 빛을 표현할 수 있습니다. 아무리 연한 색을 쓰더라도 정확하게 그림자를 그려 넣어 대비를 더하면 빛이 느껴지는 그림이 됩니다. 어둠을 그리는 것은 빛을 그리는 것이고, 빛과 그림자는 표리일체입니다. 빛이 있으면 그림자가 생기고, 그림자가 있으면 당연히 빛이 있습니다.

❶

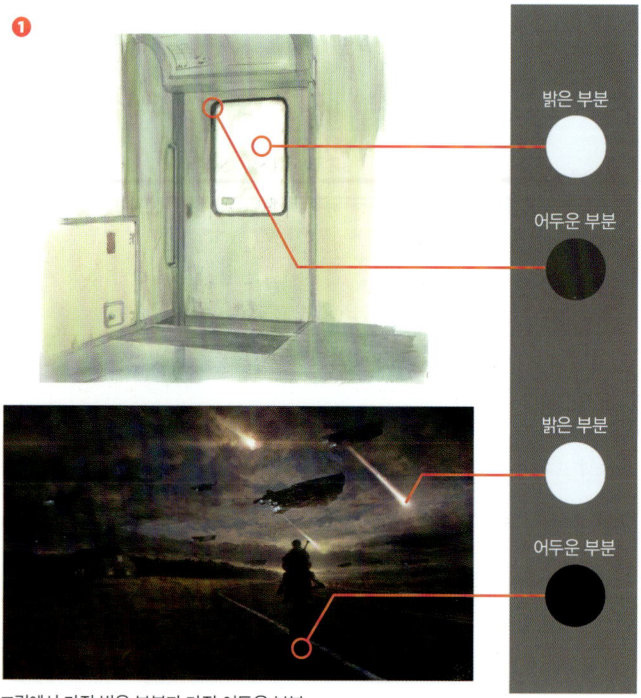

그림에서 가장 밝은 부분과 가장 어두운 부분

● 빛의 색을 표현한다

그림자와 하이라이트 주위에 난색을 섞으면 따뜻한 빛을, 한색을 섞으면 차가운 빛을 표현할 수 있습니다❷. 익숙해지면 밑색 단계에서도 자연스럽게 색을 섞을 수 있지만, [오버레이] 모드 레이어를 사용해 나중에 색감을 더할 수도 있습니다. 빛에 들어 있는 색감은 그림의 매력을 한층 높입니다.

❷

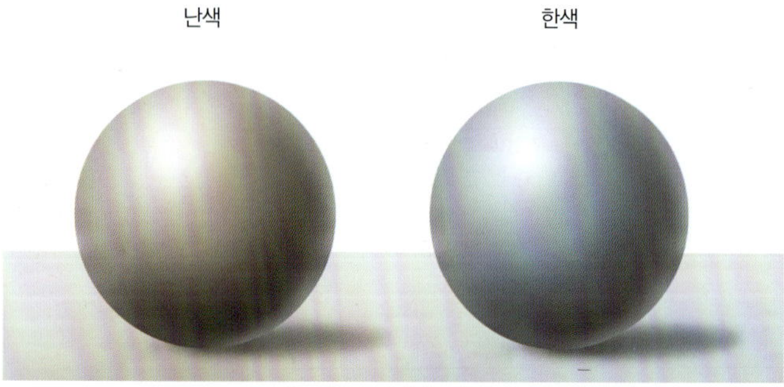

그림자의 색은 빛의 색

● 글레어를 재현한다

글레어(눈부심)란 광원과 가까이 있거나 빛을 강하게 반사해 눈이 부신 상태를 말합니다❸. 글레어를 재현해 빛을 표현합니다. 흔한 예로 밤에 정면에서 오는 자동차 헤드라이트의 빛 등이 있습니다. 그림에서는 주로 마무리 단계에서 사용하는 테크닉입니다. 하얀 부분이나 명도가 높은 부분에 [선형 닷지(추가)] 모드 레이어를 추가하고 중간색을 칠하면 빛이 확산하는 것을 표현할 수 있습니다. 글레어는 이 책의 모든 작품에 사용한 테크닉입니다. [선형 닷지(추가)] 모드 레이어에 너무 밝은색을 칠하면 하얀 점이 찍힌 것처럼 보이니 중간색을 씁니다.

❸

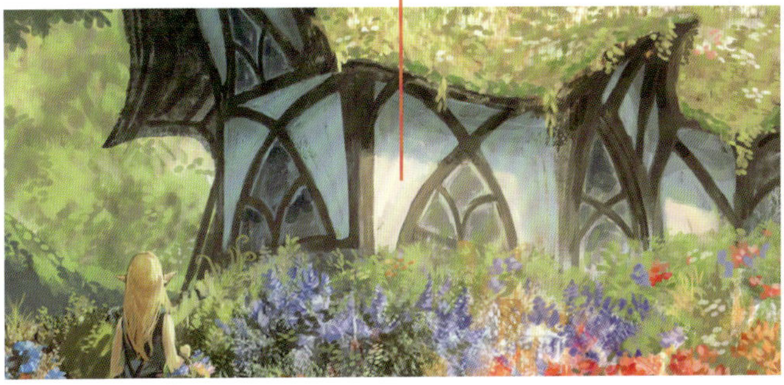

● 렌즈 플레어를 재현한다

렌즈 플레어란 카메라로 촬영할 때 강한 빛이 화면의 어두운 부분까지 번지는 현상을 말합니다❹. SF 영화 등에서 많이 쓰는 효과입니다. 이 효과를 그림에 재현하면 빛을 표현할 수 있습니다. 멋진 작품과 상성이 좋고, 이 책의 표지에도 사용했습니다.

❹

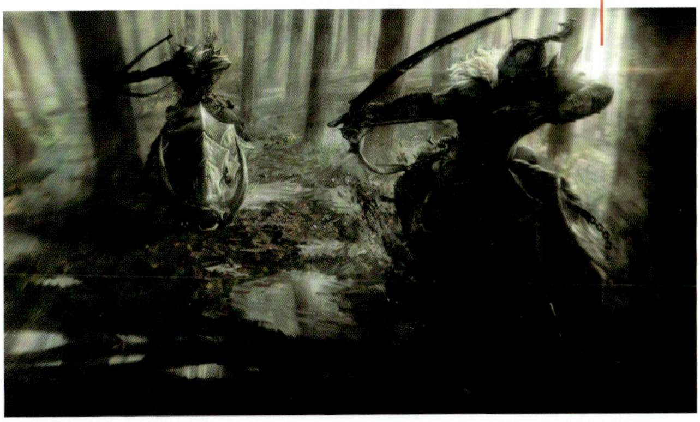

● 빛줄기를 그린다

현실에서 구름 틈 사이로 쏟아지는 햇살, 먼지가 가득한 장소나 대기 중에 먼지나 수분이 많을 때 나타나는데, 그림에서는 자유롭게 쓸 수 있습니다❺. 글레어, 렌즈 플레어와 마찬가지로 [선형 닷지(추가)] 모드 레이어에서 중간색을 선택하고, 에어브러시로 표현할 수 있습니다. 스포트라이트처럼 사용하는 것으로 시선 유도나 거리감 연출 등 다양한 용도로 응용할 수 있는 기법입니다.

❺

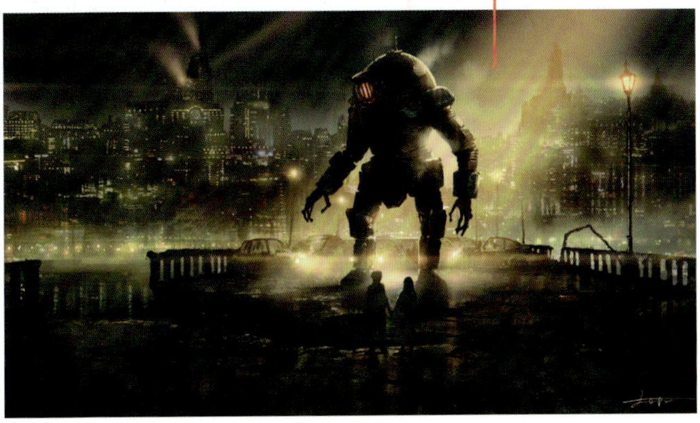

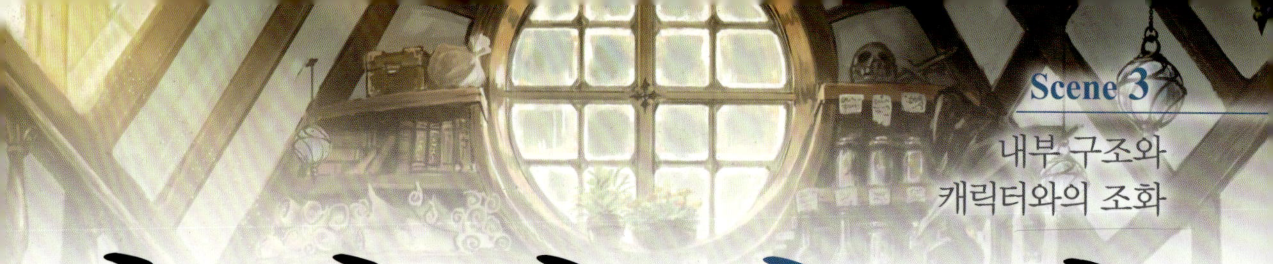

Scene 3

내부 구조와
캐릭터와의 조화

마법사의 방

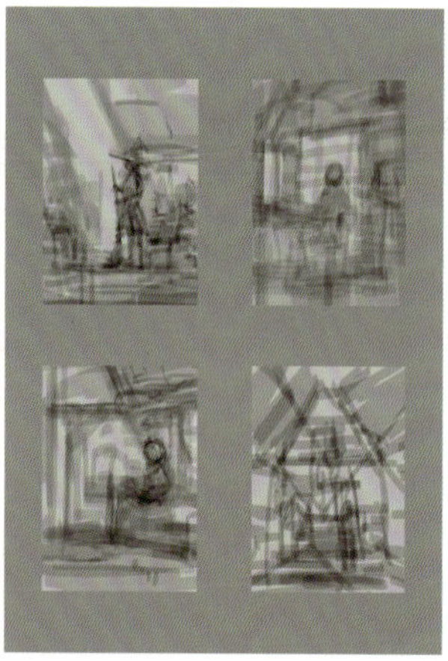

❶ 구도 패턴

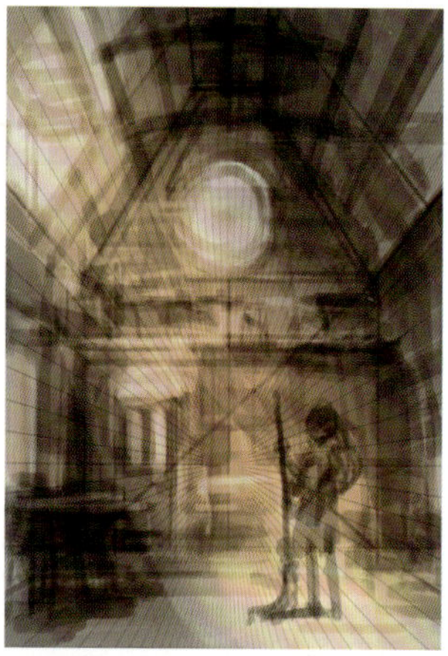

❷ 밑색

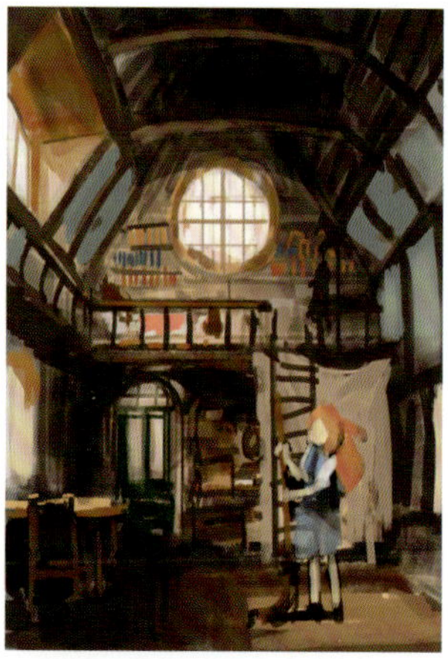

❸ 이미지 결정

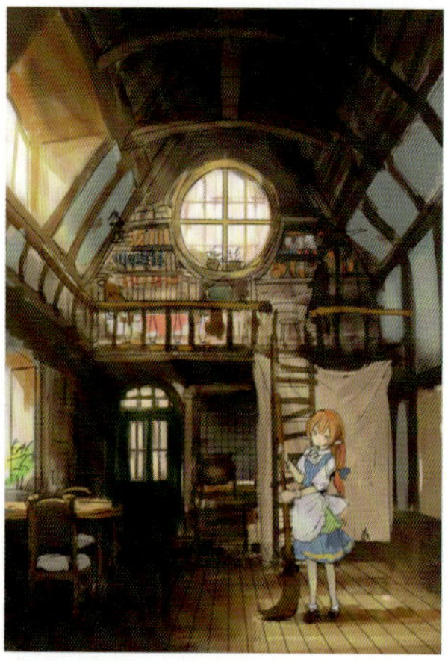

❹ 구도 조절

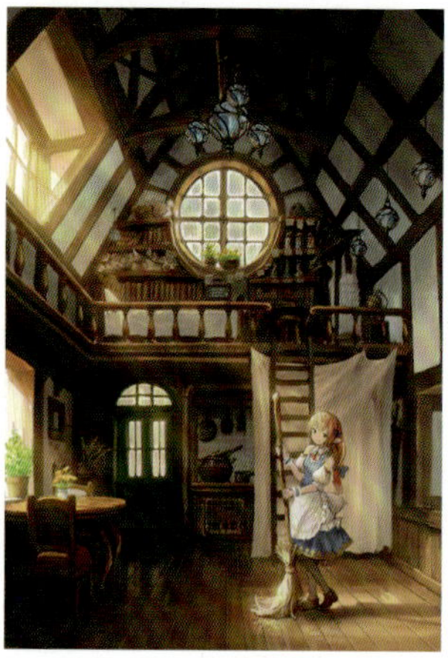

❺ 묘사

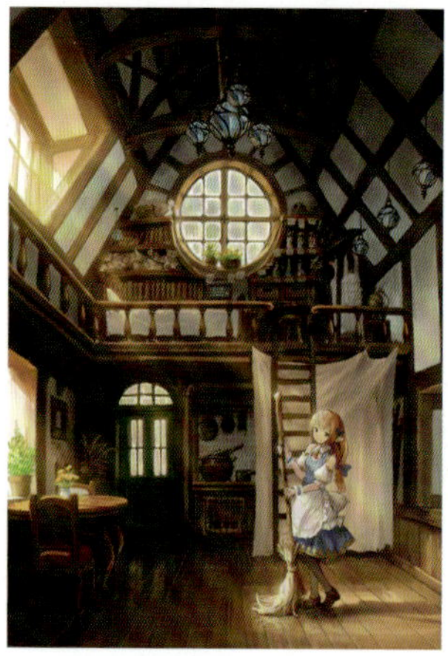

❻ 마무리와 조절

마법사의 방을 예로 내부 구조를 그리는 방법과, 인물이 배경과 잘 어우러지게 하는 요령을 설명하겠습니다. '소녀 마법사가 사는 귀여운 방'을 테마로 그렸습니다. 이번에는 테마에 어울리는 캐릭터를 제대로 묘사합니다. 방 전체에 신비한 아이템이 가득하고 비밀 기지 같은 연구 공간이라니 부럽습니다.

2425×3445픽셀

약 7시간

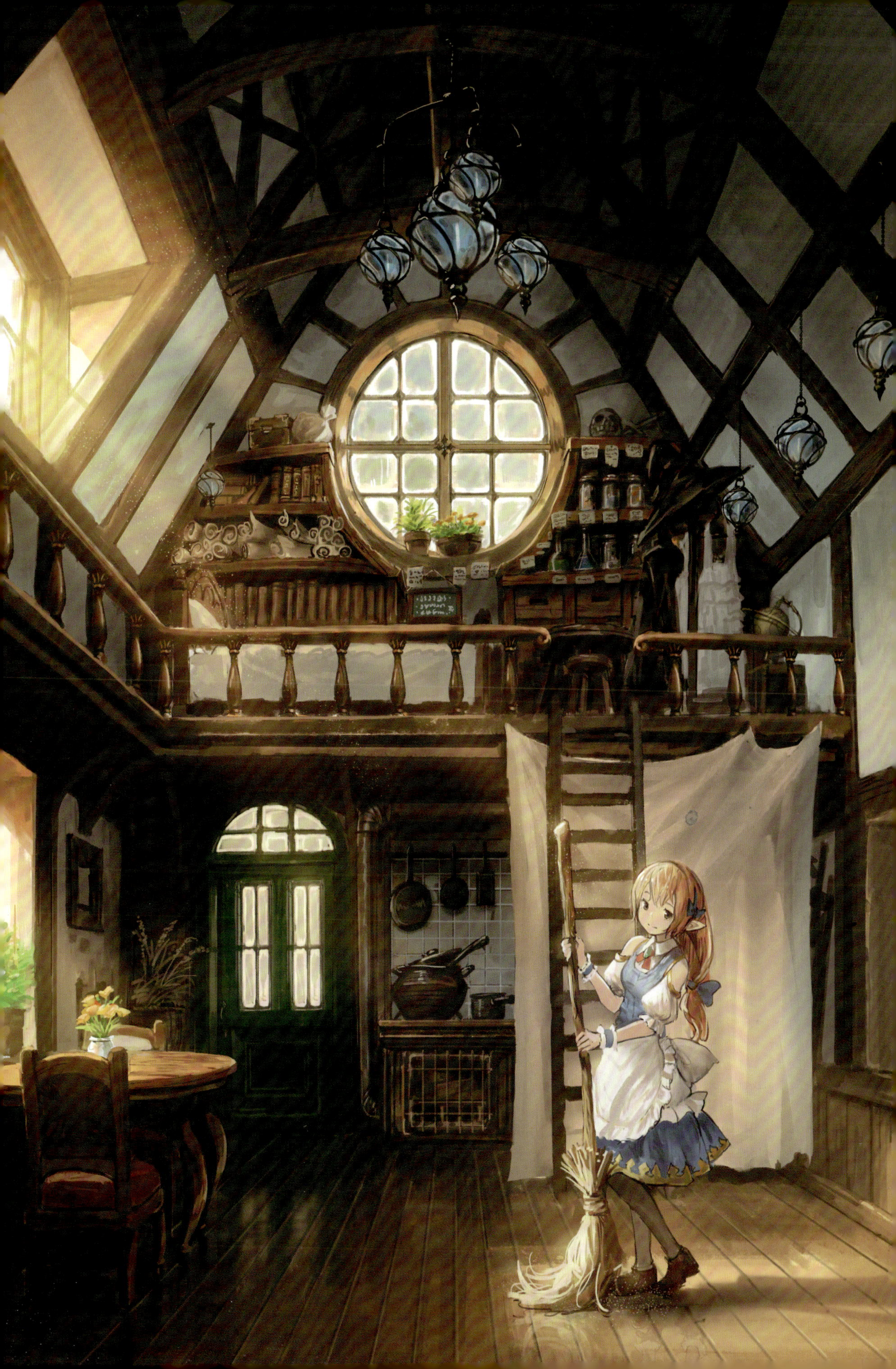

Making

제작 과정

01 섬네일 스케치를 한다

작은 캔버스에 구도를 빠르게 그리는 것이 섬네일 스케치입니다 ❶. 섬네일 스케치는 작은 크기로 빠르게 그리면서 그림의 인상과 축소했을 때의 느낌을 미리 살펴볼 수 있습니다. 인물이 중심인 그림은 배경의 힘으로 인물이 더 매력적으로 보이도록 하는 것이 좋습니다. 인물과 배경의 균형을 잡기 쉬운 것이 섬네일 스케치의 장점입니다. 섬네일 스케치는 단시간에 작게 그리는 것이 포인트입니다.

Point
섬네일 컷을 재빨리 만드는 법

섬네일 컷은 단축키를 활용하면 손쉽게 만들 수 있습니다❷.

1. 새 레이어를 만들어 회색을 선택하고 Alt+Delete키로 색을 채웁니다.
2. Ctrl+T키로 자유 변형을 실행하고 한 컷 크기로 줄입니다.
3. Ctrl+Alt+드래그로 복사해 4컷으로 나열합니다.
4. 4컷이 있는 레이어에 [투명 픽셀 잠그기]를 설정합니다.

❷
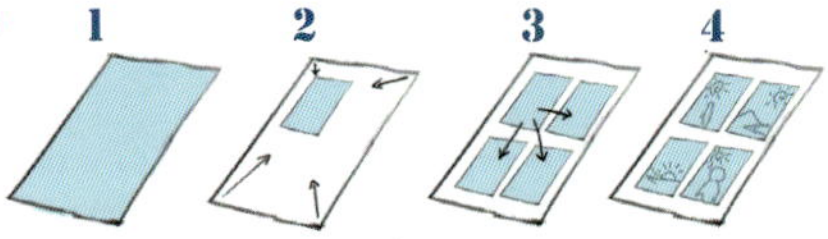

❶
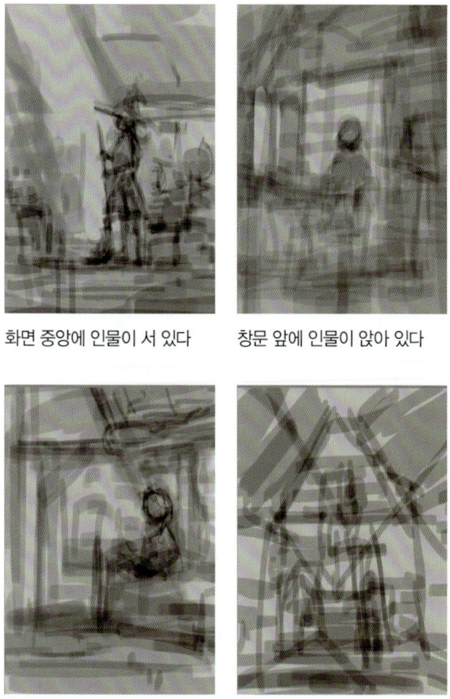

화면 중앙에 인물이 서 있다 / 창문 앞에 인물이 앉아 있다

지붕 아래 작은 방의 침대에 인물이 앉아 있다 / 2층 건물의 방, 인물은 1층에 있다

02 투시가이드를 만들고 캐릭터의 실루엣을 그린다

구도를 정했다면 투시 브러시(p.16)로 1점 투시도법의 투시가이드를 만들고 캐릭터의 실루엣을 그립니다❸. 방은 사람의 크기가 기준이므로 인물을 그려두면 편합니다. 그다음 방의 네 귀퉁이나 문, 창문을 배치합니다.

참조 'Technique : 투시가이드 그리기'(p.116)

Point
대각선으로 건물 형태 잡기

건물은 중심을 알기 쉽게 모서리를 대각선으로 연결합니다❹. 이번에는 방의 모서리를 대각선으로 연결해 벽의 중앙 위치를 확인하고 나서 지붕의 각도를 잡습니다.

❹
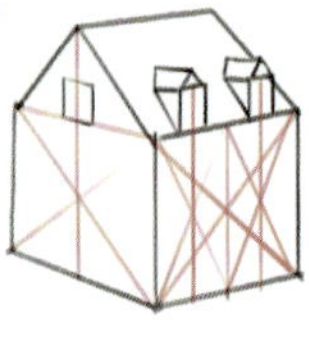

❸
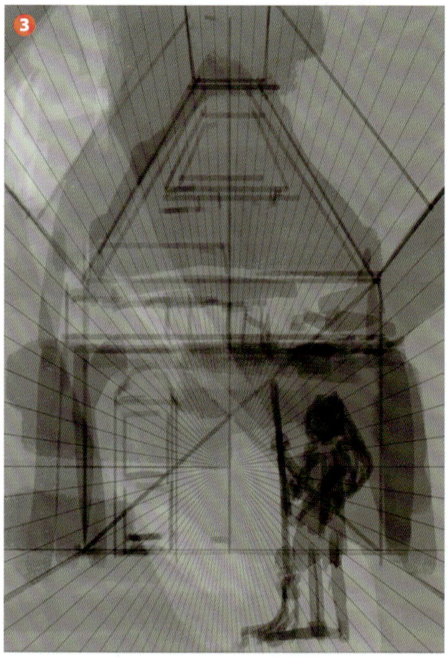

03 방의 레이아웃을 잡는다

가구 배치는 인물의 생활공간이란 점을 생각하면 결정하기 쉽습니다. 비밀 기지다운 느낌을 표현하려고 2층의 로프트 부분을 침실과 연구 공간으로 정했습니다❺.

Point

생활공간 연출법

실내는 부엌이나 침실 등 구역별로 각각의 기능이 있습니다. 초기 단계에서 무엇을 하는 공간인지 정해두면, 가구 배치를 쉽게 할 수 있습니다❻.

❻
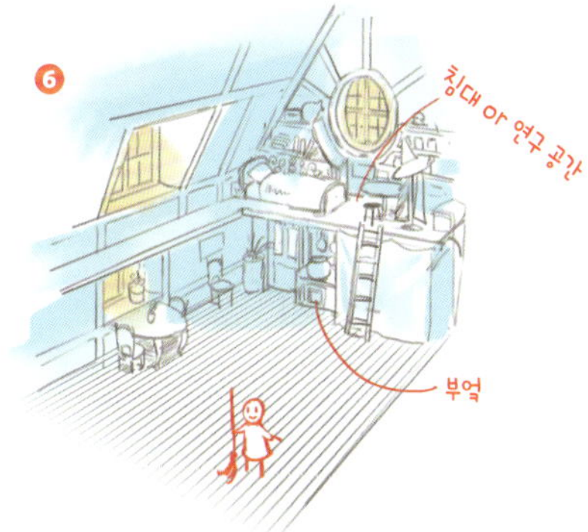

❺
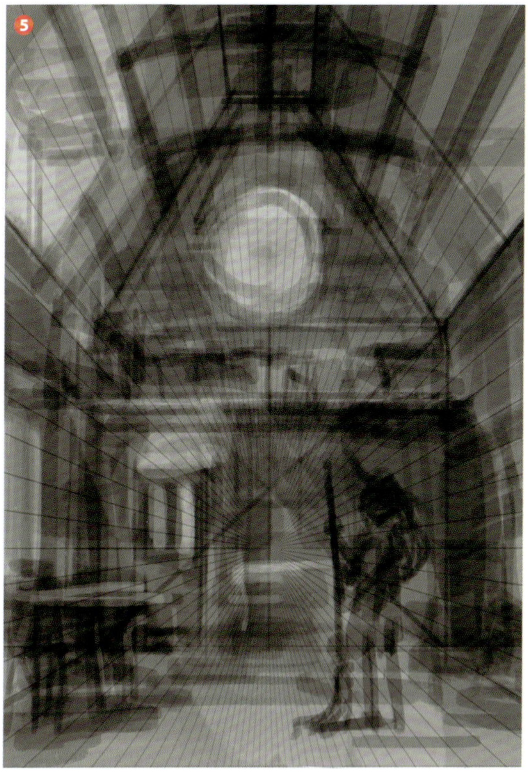

04 광원을 설정한다

새로 [오버레이] 모드 레이어를 만들고 에어브러시(p.16)로 빛을 표현합니다. 밝고 부드러운 느낌을 주기 위해 노란색을 사용했습니다. 창문으로 빛이 들어오는 위치에 인물을 배치합니다❼.

Point

인물과 배경이 잘 어우러지게

배경에 있는 빛(광원)을 인물에 닿도록 하면 배경과 인물이 잘 어우러지게 할 수 있습니다❽.

❽
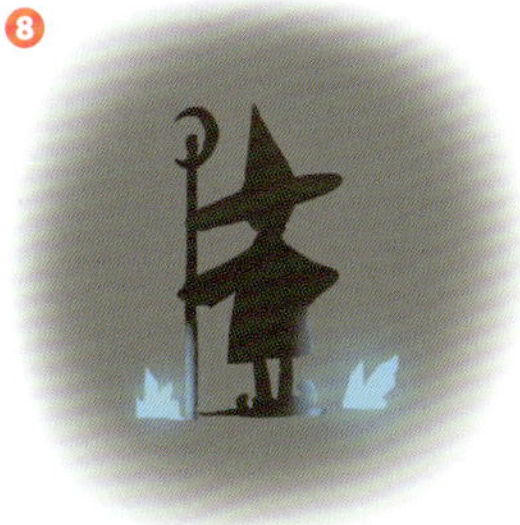

❼
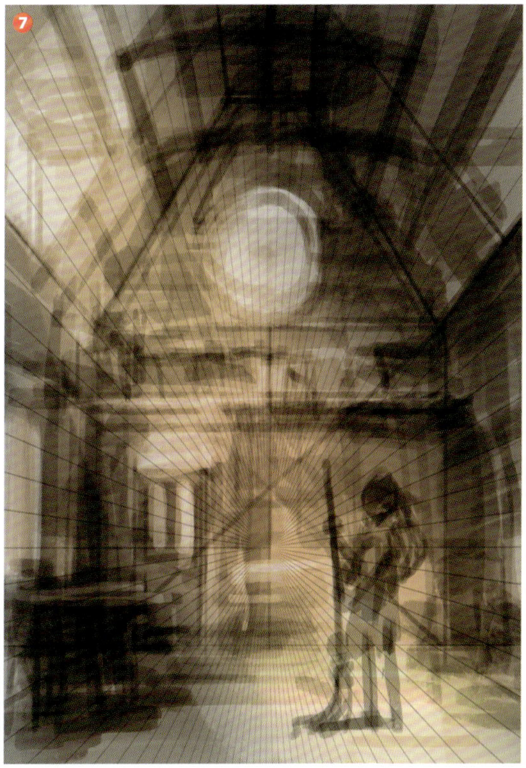

05 팔레트로 그린다

방에 색을 더합니다❾. 여기서는 회색의 러프 레이어 위에 [오버레이] 모드 레이어를 만들고 채색에 들어갑니다. 다양한 색으로 팔레트❿를 만들고 [스포이드] 도구로 색을 찍어서, [불투명도 : 70%] 정도로 설정한 초크 브러시(p.16)를 사용해 대략 그립니다. 그림에 통일감을 주거나 연속해서 그림을 그려야 할 때 팔레트를 사용하면 편리합니다. 그림을 어느 정도 그리면 머릿속에 팔레트가 있는 것처럼 색을 칠할 수 있게 됩니다.

❾
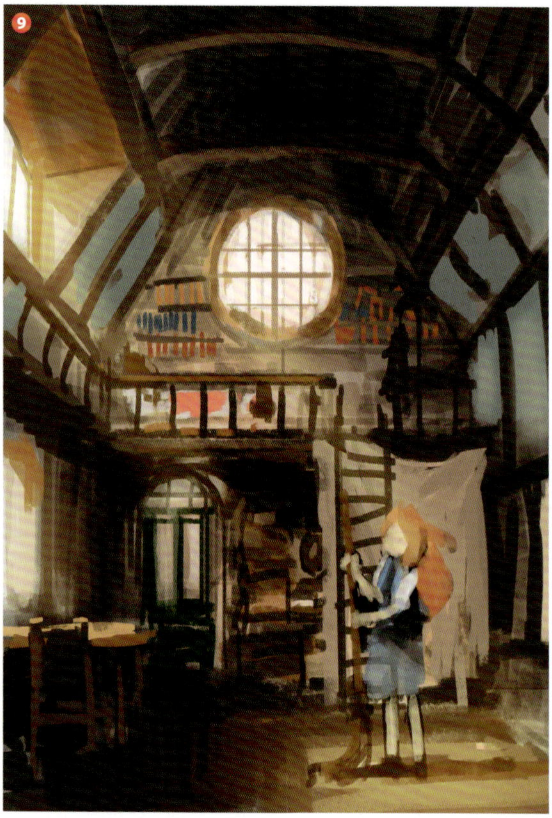

Point
팔레트 만들기

1. 소재를 정한다

방의 소재를 정합니다. 이 방은 회반죽과 목재로 구성한 공간입니다.

2. 소재의 기본색을 정한다

빛과 그림자에 영향을 받지 않은 소재 본래의 색이 기본색입니다. 회반죽은 흰색이지만 그늘진 상태에서는 보기 좋은 회색⓫이고, 목재는 갈색⓬입니다.

3. 소재의 하이라이트를 결정한다

빛에 영향을 받은 상태의 소재를 표현합니다. 방으로 쏟아지는 태양광의 영향으로 연노랑이 섞인 색입니다⓭. 목재도 같습니다.

4. 소재의 그림자색을 정한다

그림자의 영향을 받는 상태의 소재도 표현합니다. 회반죽은 어두운 회색이지만 공기감을 고려해 미세하게 파란색을 더합니다⓮. 목재도 같습니다.

❿
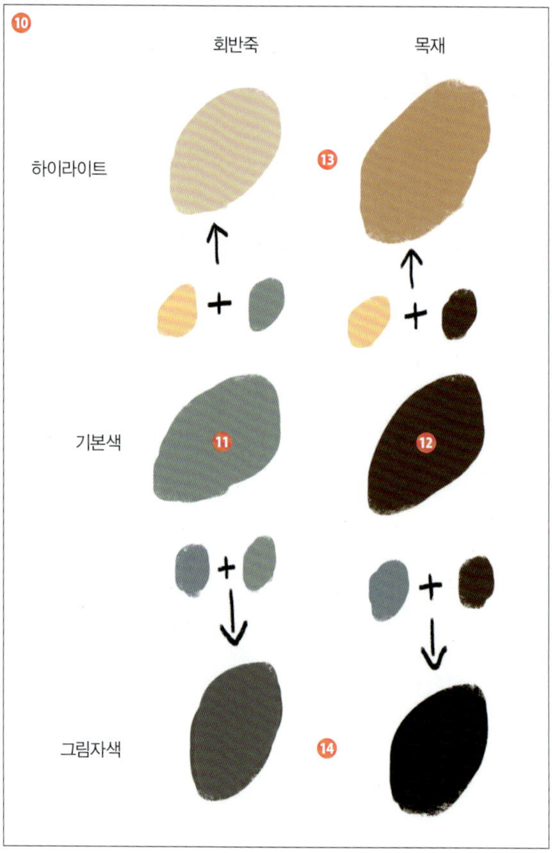

Point
색의 겹침 활용하기

팔레트를 활용하면 제한된 색으로도 그릴 수 있습니다. 이때 유효한 것이 브러시의 불투명도를 낮추고 색을 겹쳐서 칠하는 방법입니다. 예를 들어 4색 팔레트로 푸른 하늘과 구름, 산을 그렸습니다⑮. ⑯은 겹친 색을 [스포이드] 도구로 추출해서 사용했습니다.

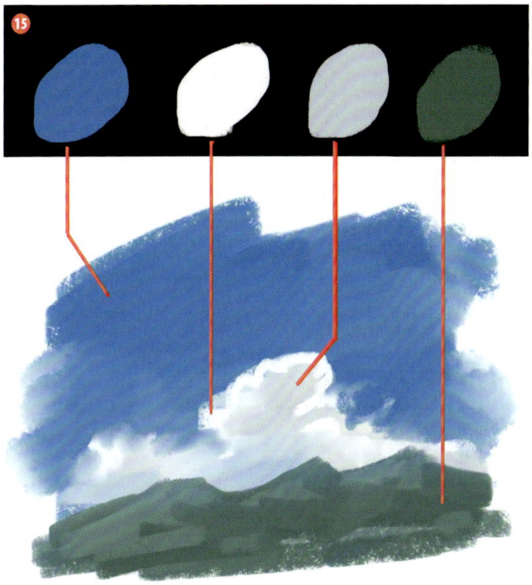

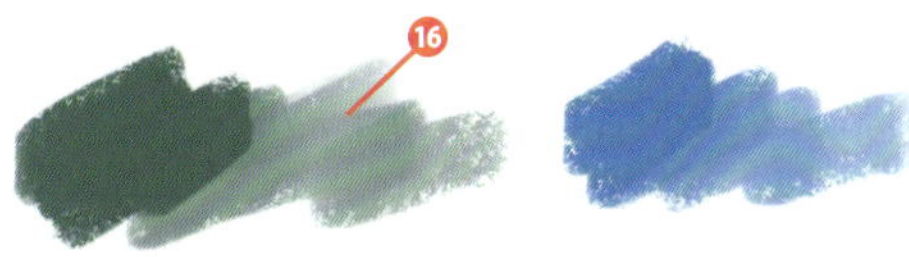

Point
방을 그리는 3가지 요령

- 방의 네 귀퉁이와 천장은 어둡게
  천장이나 구석을 어둡게 하면 방의 입체감을 표현할 수 있습니다⑰.
- 가구 주위는 어둡게
  가구 등을 방에 배치하고 나서 에어브러시로 주위에 흐릿한 그림자를 그립니다⑱. 벽이나 바닥에서 반사된 빛이 사물에 가려져 흐릿한 그림자가 생기기 때문입니다.
- 사물이 주위에 끼치는 영향을 묘사
  바닥의 반사⑲를 묘사하거나 광원 주위의 광원의 색을 옅게 섞어서⑳ 사물의 영향을 표현합니다.

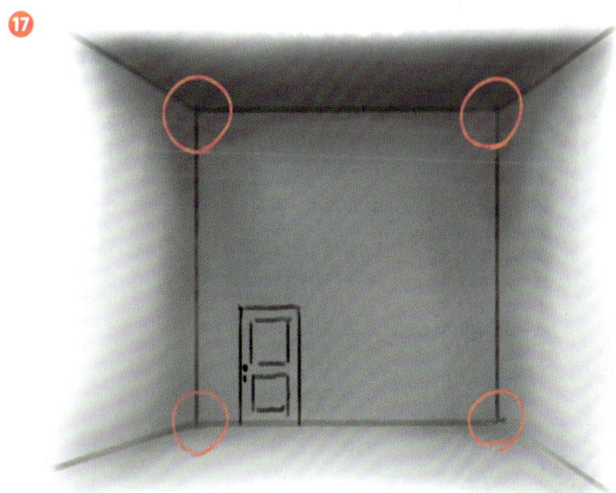

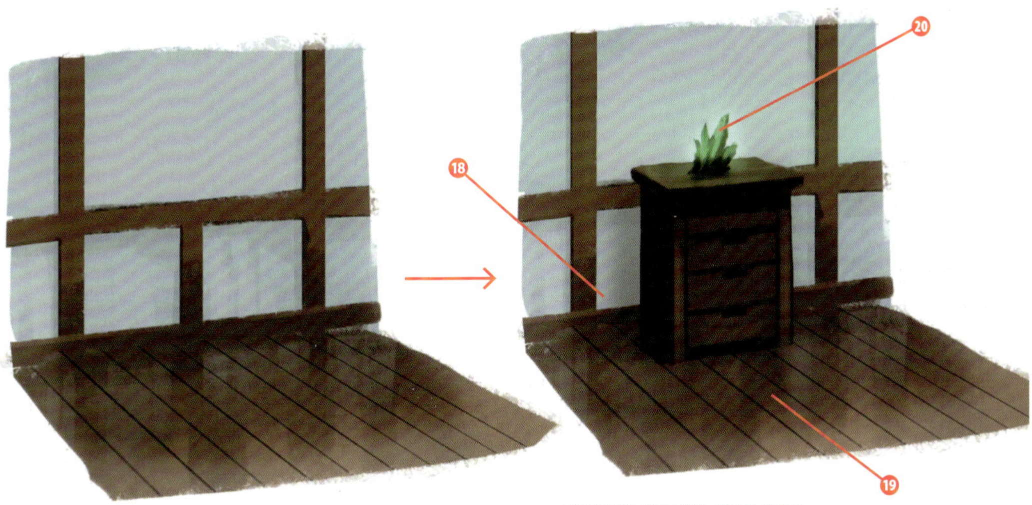

사물이 있으면 주위에 변화가 생긴다

06 인물의 선화를 그린다

실루엣을 바탕으로 인물의 선화를 그립니다. 가사를 잘하는 마법사를 표현하려고 빗자루로 실내 청소를 하는 포즈로 정했습니다㉑. 그냥 서 있기만 하는 것이 아니라 어떤 행동을 하면 이야기를 상상하게 만드는 그림이 됩니다.

Point

배경과 인물이 잘 어우러지게 하는 방법

귀여운 소녀가 입체감이 있는 배경과 잘 섞이도록 **'얼굴은 평면', '인체는 입체'라는 인식을 가져봅시다.** 만화·애니메이션 속의 캐릭터는 만화적인 '선'으로 표현하는 탓에 입체감과 궁합이 좋지 않습니다. 얼굴에 진한 그림자를 넣고, 입체감을 묘사하는 순간 귀여움은 사라집니다. 얼굴의 평면과 어울리게 전신을 평면으로 그리면, 배경과 분리된 것처럼 느껴집니다. 그래서 얼굴은 평면, 인체는 입체로 구분해서 그려야 배경과의 일체감과 귀여움이라는 두 마리 토끼를 잡을 수 있습니다.

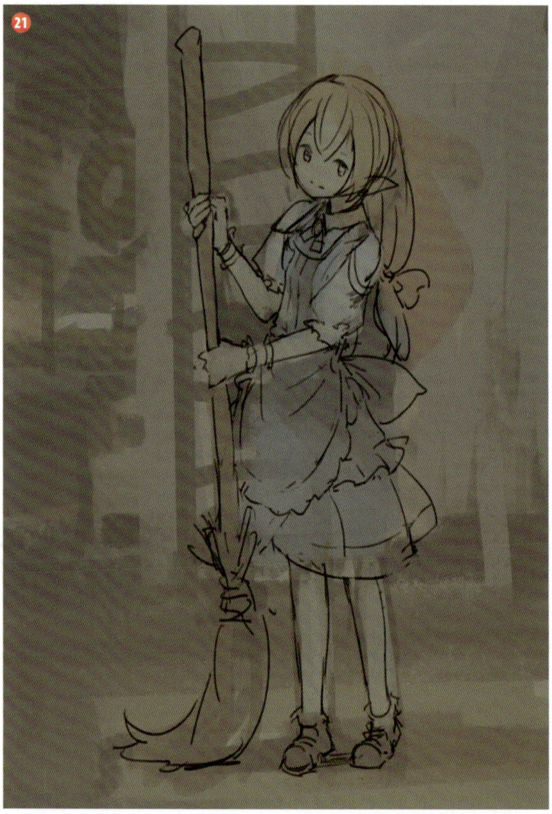

07 배경의 선화를 그린다

소품이 많은 실내는 선화를 보조로 사용합니다㉒. 요소 하나하나의 형태나 크기, 디자인은 선화를 그리면 안정적입니다. 특히 선화는 소품의 위치를 정하고 나서 그려야 선화를 지운 다음에도 위화감이 들지 않습니다.

> **Memo 왜 처음부터 선화를 그리지 않을까?**
>
> 선화 단계에서 느낌이 좋았던 그림이 채색을 하고 나면 그저 그랬던 적이 있을 것입니다.
> 선화는 사물의 윤곽을 그리는 방법인 만큼 아무래도 실루엣이나 면의 의식이 약합니다. 결과적으로 '실루엣 채색'을 하고 나서 '선화'를 그려야 그림이 안정적입니다. 선화는 좋은데 채색이 잘 되지 않는 분들에게 추천하는 방법입니다.
> 물론 일류 애니메이터처럼 선화로도 완벽한 실루엣을 그릴 수 있습니다.

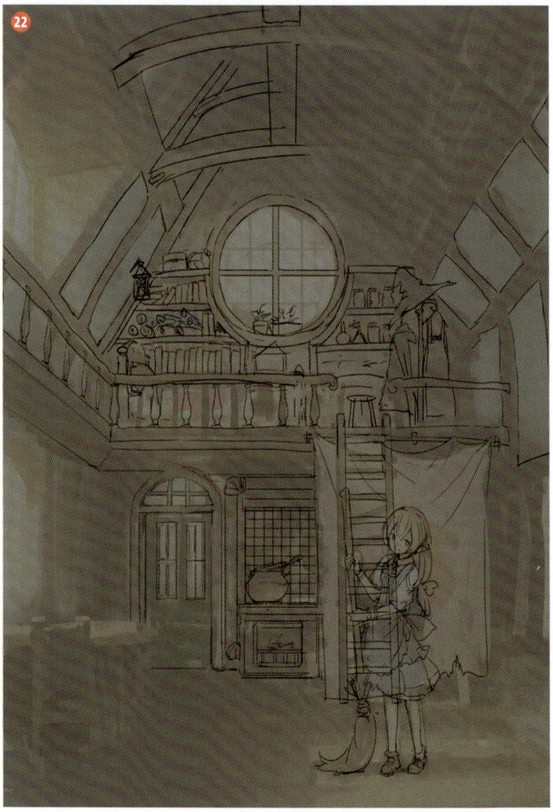

08 바닥을 그린다

투시가이드의 바닥 부분만 복사해 그대로 바닥 선으로 이용합니다23. 바닥을 한 줄 한 줄 그리는 방법보다 훨씬 빠르고 정확하므로 추천하고 싶은 팁입니다.

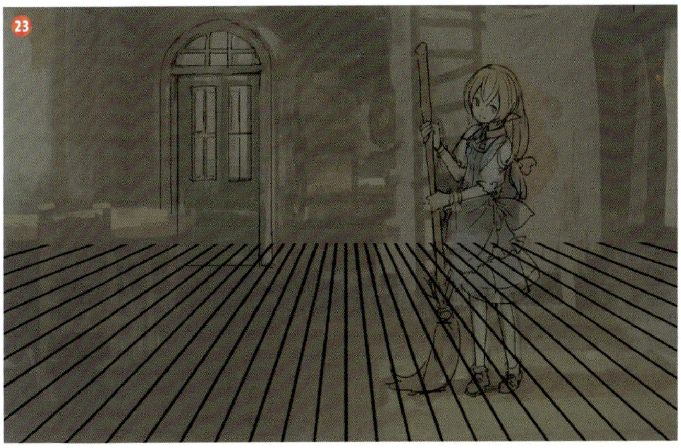

Point

3분 만에 바닥 그리기

투시 브러시를 사용해 바닥을 손쉽게 그리는 방법을 소개합니다.

1. 바닥 범위를 칠한다

레이어를 만들고24, 투시 브러시를 사용합니다. 그 밑에 새 레이어 1장25을 만들어 바닥을 칠합니다.

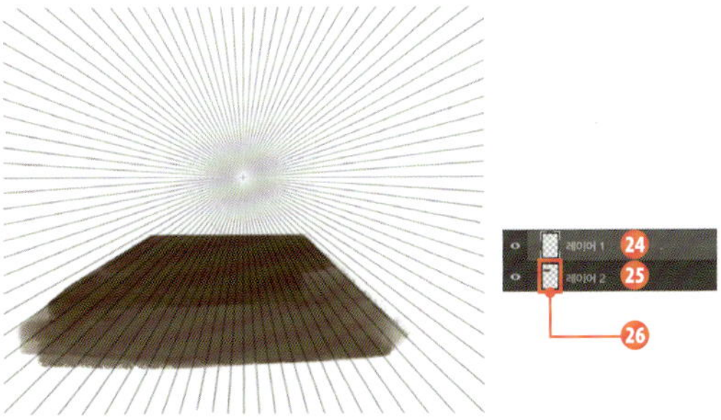

2. 투시가이드를 잘라낸다

26 부분을 Ctrl 키를 누른 상태에서 원 클릭하면 채색한 바닥을 선택 범위로 지정할 수 있습니다. 투시가이드 레이어를 선택하고 지정한 선택 범위를 복사합니다. 새 레이어에 붙여 넣으면 바닥 선 레이어(투시가이드가 바닥 부분만 있는 레이어)가 생깁니다27.

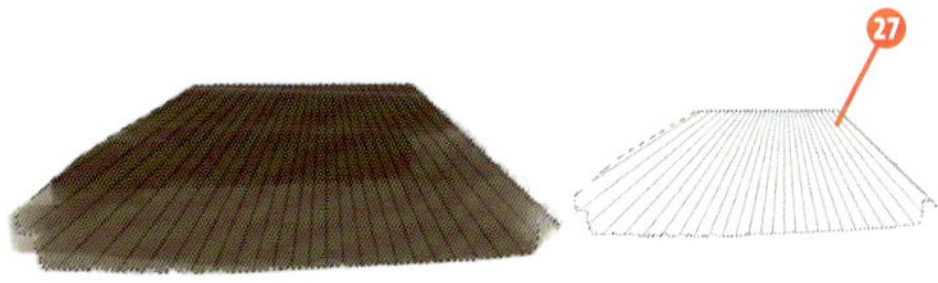

3. 질감을 묘사한다

바닥 부분 레이어의 [투명 픽셀 잠그기]를 설정하고 반사나 나무의 질감을 묘사합니다. 반사는 위아래의 선28을, 질감은 판자의 방향을 따라서 브러시를 움직이면 표현할 수 있습니다.

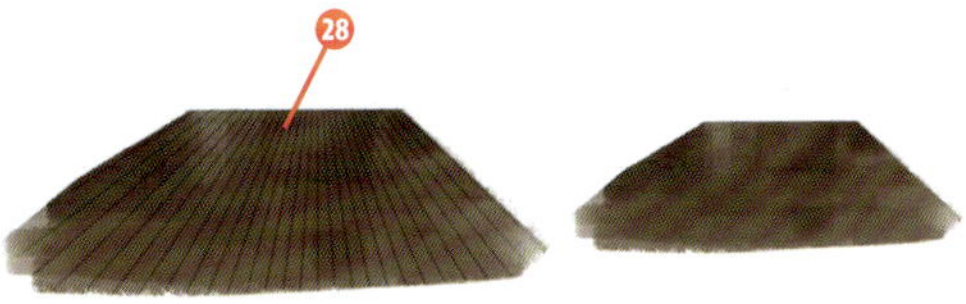

4. 하이라이트를 그린다

2에서 잘라낸 바닥 선 레이어를 복사해 약간 어긋나게 하고 [투명 픽셀 잠그기]를 설정해 밝은색으로 칠합니다. 이것으로 판자 사이의 빈틈에 하이라이트가 생겼습니다29.

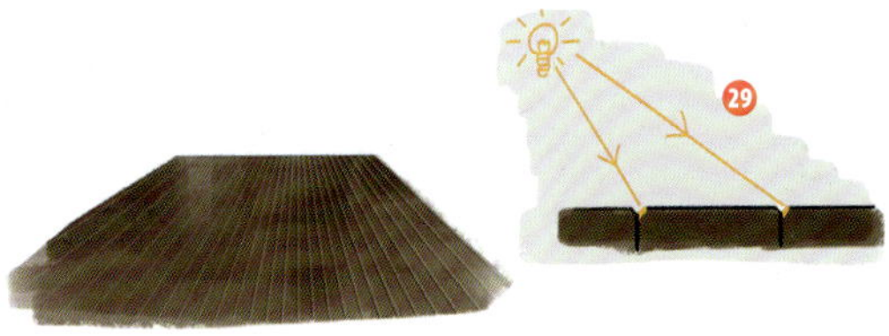

Tips 레이어에 지금까지 그린 범위 선택하기

[레이어] 창의 섬네일 부분26을 Ctrl 키를 누른 상태로 클릭하면 레이어에 지금까지 그린 범위가 선택 영역으로 지정됩니다. 다양한 상황에 쓸 수 있는 팁입니다.

09 인물을 채색한다

선화 밑에 새 레이어를 만들고 밑색을 칠합니다. 인물에 사용한 색30과 방에 사용한 색31이 비슷합니다. 이렇게 **비슷한 색 팔레트를 사용하면 인물과 배경이 자연스럽게 어우러집니다.**

32는 인물을 제대로 묘사한 모습입니다.

31

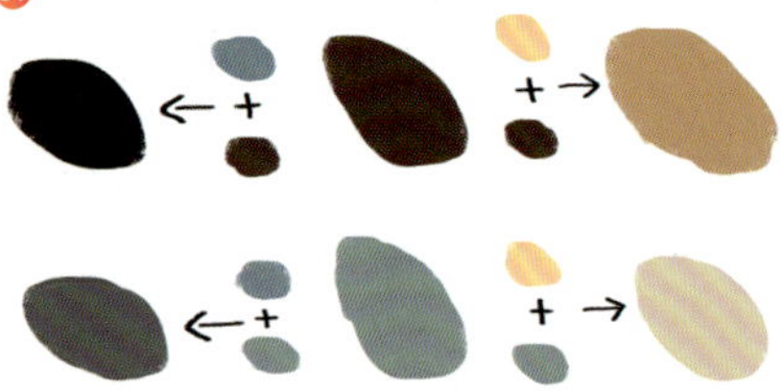

방의 색상 팔레트

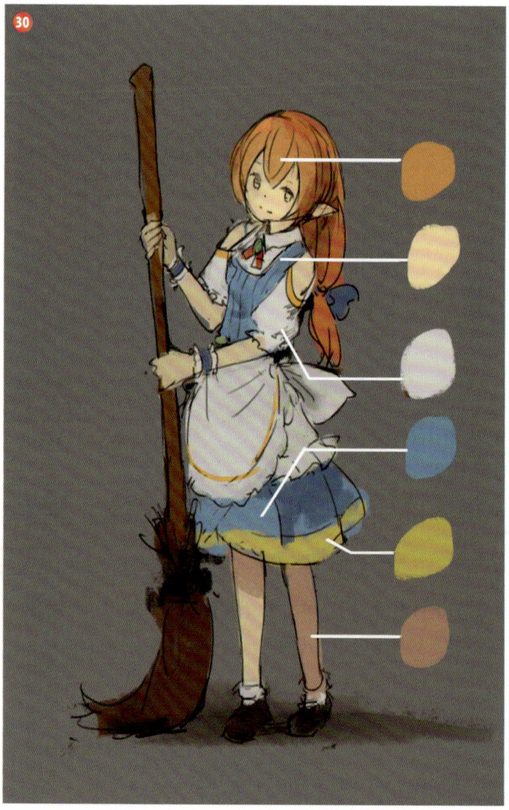

캐릭터의 색상 팔레트

Memo 이 그림에서 시선이 가는 쪽은?

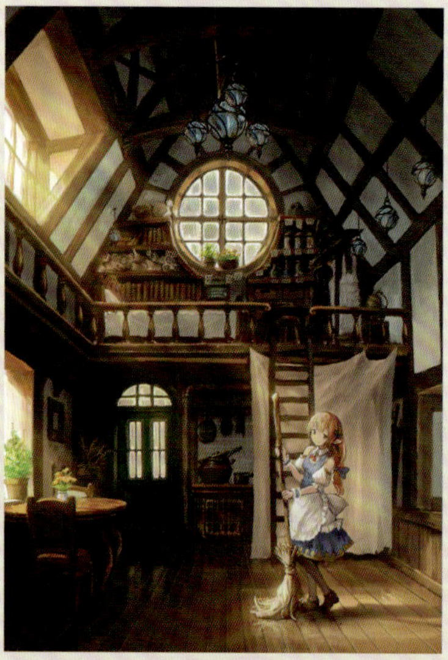

이 그림은 처음 보면 대부분 인물과 중앙의 창문으로 시선이 향합니다. 그래서 인물과 둥근 창문을 맨 먼저 묘사해야 합니다. 그림을 짧은 시간 내에 그릴 때는 시선이 집중되는 부분의 완성도를 높여야 그림 전체의 인상이 나빠지지 않습니다.

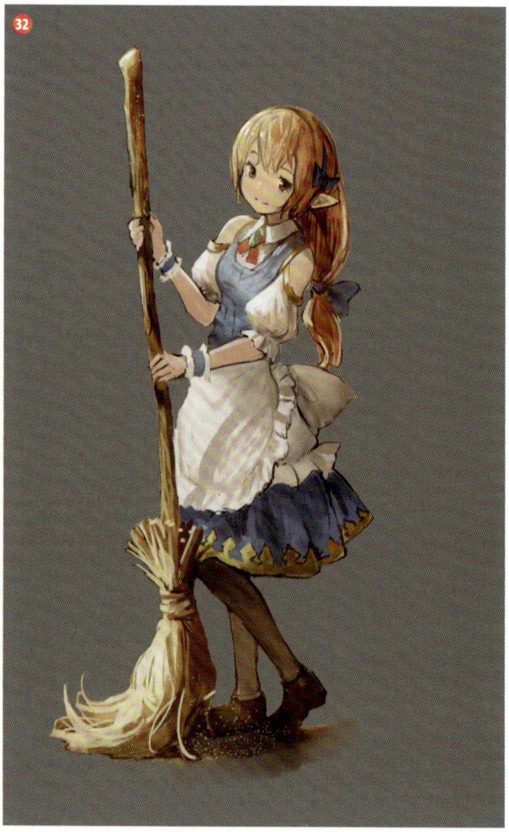

10 창문을 그린다

판타지에 등장하는 유리창이 현실보다 질이 좋지 않다는 사실은 충분히 예상할 수 있으니 약간 탁하게 표현합니다㉝. 유리창의 가장자리를 밝게 칠하면 탁한 유리의 느낌을 표현할 수 있습니다㉞. 이런 묘사는 시간의 흐름과 역사가 느껴지게 합니다.
구조적으로 비슷한 부분은 복사&붙여 넣기로 효율적으로 작업합니다. 복사&붙여 넣기를 하고 꼼꼼하게 수정해서 복사한 느낌을 지우는 것이 핵심입니다.

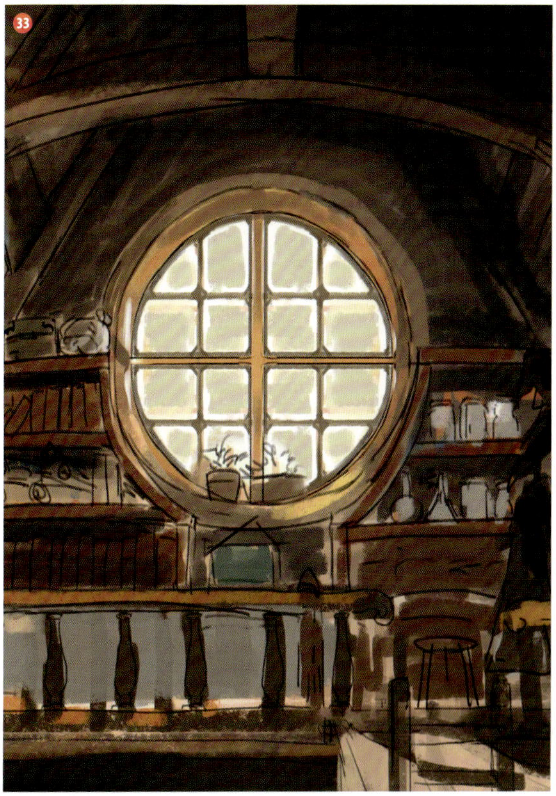

㉞
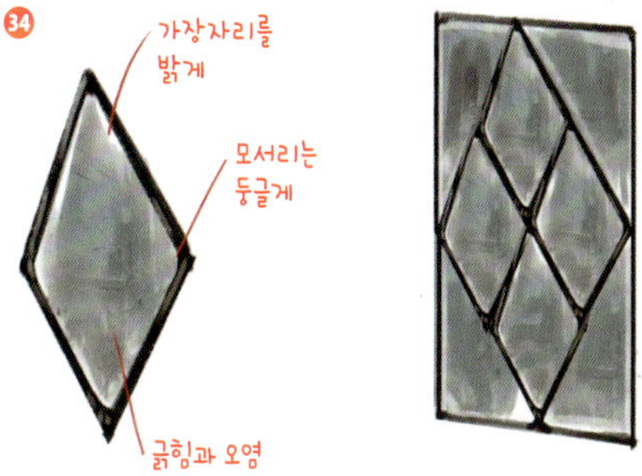

창문의 포인트

11 책장을 그린다

마법 책이 빼곡히 꽂혀 있는 책장이므로 그럴듯한 소품을 추가합니다㉟. 깔끔하게 진열된 책장보다는 조금 어질러진 책장을 연출하거나 나란히 나열된 책보다는 기울어져 있거나 눕혀서 쌓아올린 책을 그려서 감상자의 호기심을 자극합니다㊱. 무엇보다 자연스러운 변화를 표현하는 것이 중요합니다.

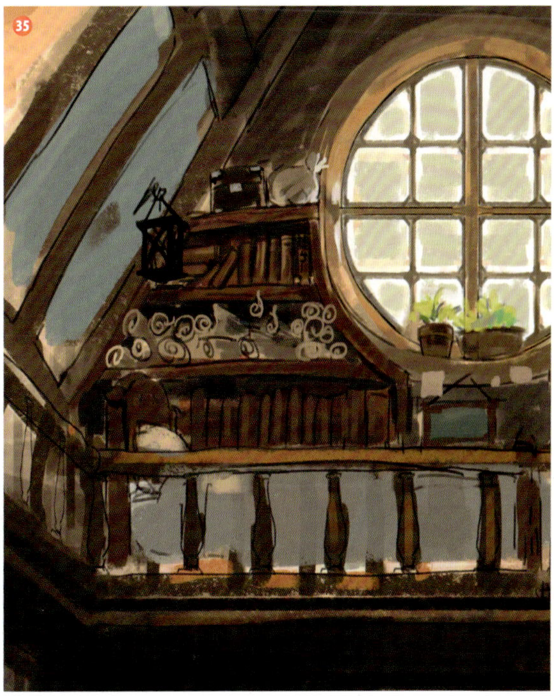

㊱
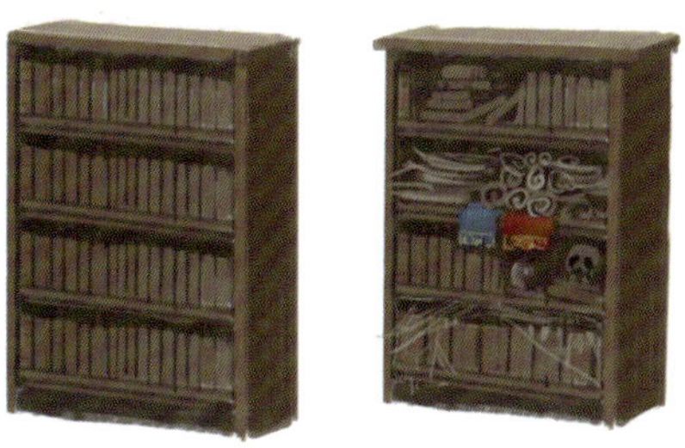
정돈된 책장　　난잡한 책상

12 구성 요소 디자인을 생각한다

방의 세부 디자인을 정리할 차례입니다. 원형 창문부터 디자인하겠습니다.
무작정 장식을 그려 넣지 말고 특정 모티브를 바탕으로 디자인합니다. 원이라는 단어를 생각하면 어떤 이미지가 떠오릅니까? 행성, 태양, 물방울, 시계, 눈알, 나침반 등 다양한 것들이 떠오를 것입니다. 형태를 보고 떠오르는 주변의 사물을 모티브로 디자인을 잡아가는 방법은 유효합니다. 게다가 기능도 유사하다면 설득력이 생깁니다.
여기서는 빛이 쏟아지는 원형 창문과 빛나는 태양을 모티브로 해 태양을 상징하는 장식을 디자인했습니다㊲.

37

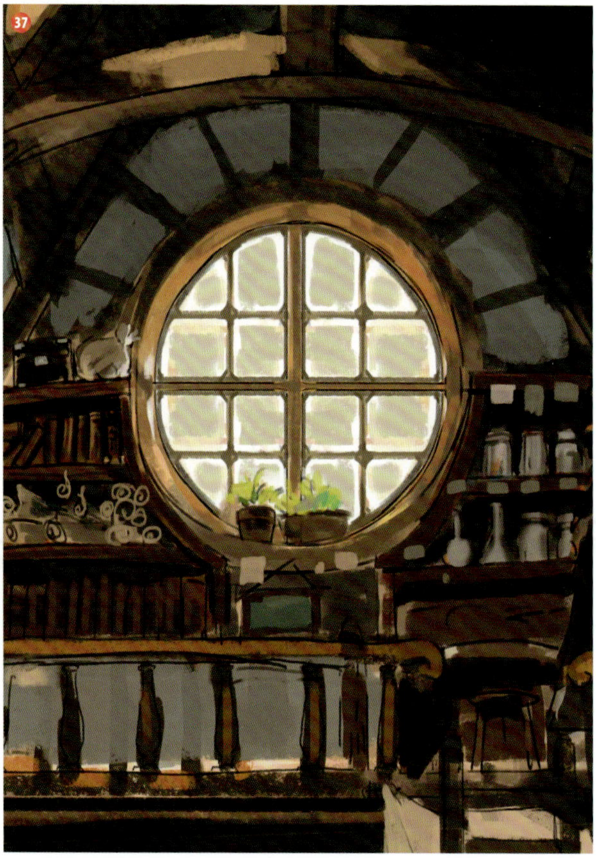

Point
마인드맵으로 하는 디자인 발상

마인드맵은 디자인 발상에 편리한 방법입니다. 예를 들어 중앙 원형 창문을 구성하는 요소를 분류하고, 각각 연상되는 것을 메모하면서 디자인을 잡아갑니다㊳. 파란색 글자가 구성하는 요소를 분해한 것이고, 빨간색 글자가 연상되는 키워드입니다. 이처럼 떠오른 이미지를 목적에 맞게 적용하면 다양한 디자인의 힌트를 얻을 수 있습니다.

38

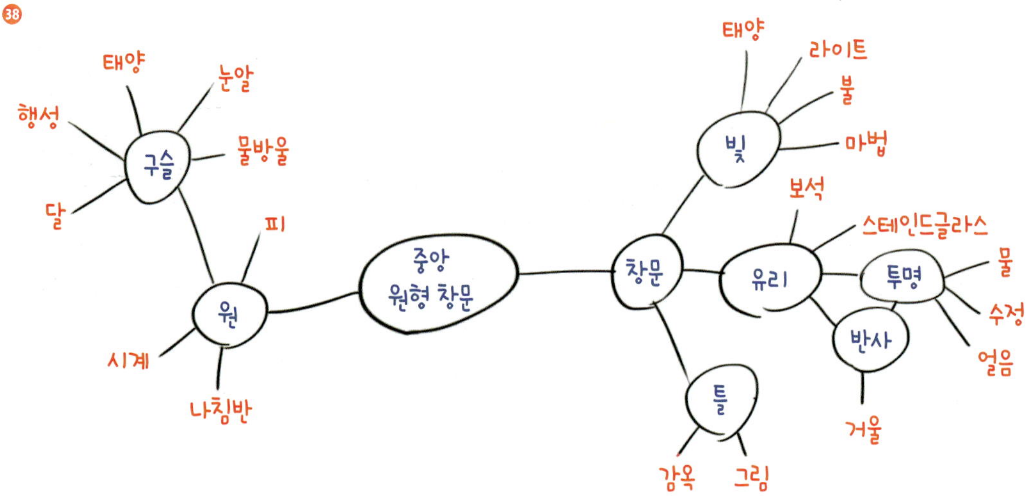

Point

기호 디자인

모티브를 나타내는 기호를 디자인에 적용하는 방법을 설명하겠습니다. 기호는 심플해서 디자인에 응용하기 쉽습니다. 39처럼 2종류의 기호를 활용해 태양광선을 연상시키는 직선의 심플한 디자인을 완성했습니다37. 실내 디자인을 39처럼 하나의 그림이라고 생각해서는 안 됩니다. 40처럼 실제로 그림 속에서는 어떤지 적용해보는 것이 이상적입니다.

39

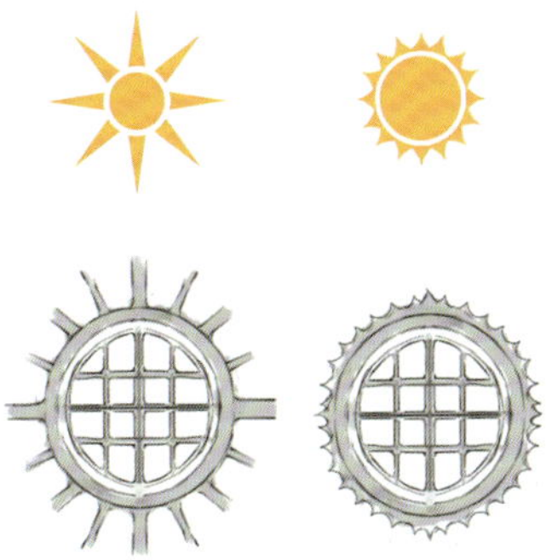

기호를 사용한 디자인

40

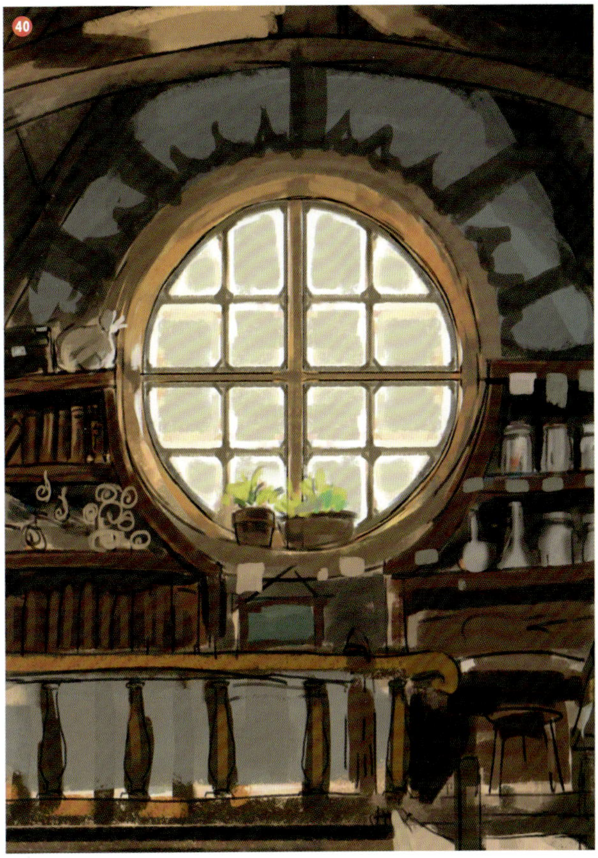

3 마법사의 방

13 구성 요소를 추가한다

오른쪽이 좀 허전해 구성 요소를 추가합니다. 천장과 벽을 연결하듯이 천41이나 커튼 같은 장식42을 그렸습니다. **디자인이나 요소를 추가하기 전에 테스트삼아 배치해보면** 더 좋습니다. 머릿속에서는 좋았던 아이디어가 실제로 그려보면 전혀 다른 느낌일 수도 있습니다.

41

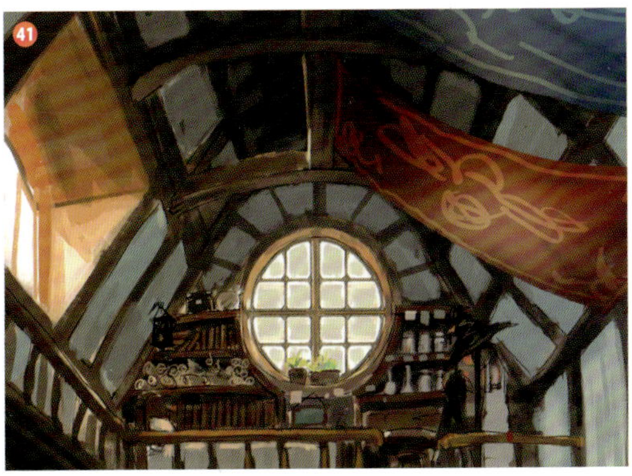

천장에서 벽으로 늘어지는 천

42

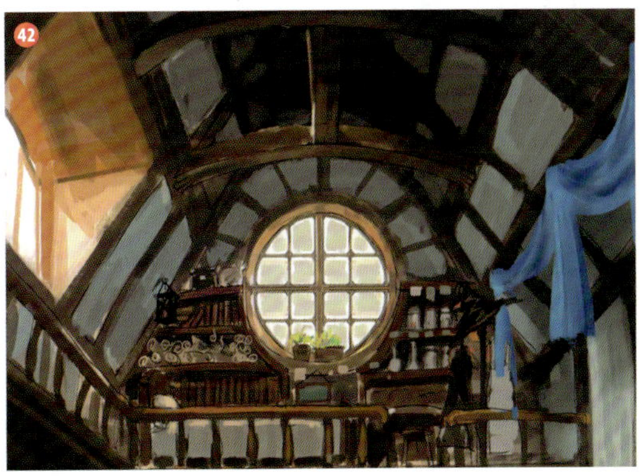

커튼 같은 장식

14 조명을 배치한다

천은 느낌이 살지 않아서 천장에 조명을 배치하기로 했습니다. 방의 기능적인 관점으로 보아 설득력이 있는 선택입니다. 디자인하기 전에 '마법적인 요소일 것', '원형 창문과 동일한 느낌일 것'이라는 2가지 설정을 정했습니다43. 이 설정을 바탕으로 손이 닿지 않는 높은 천장에 마법으로 빛나는 구체의 조명을 그렸습니다. 가구에 실루엣이 비슷한 아이템을 배치하면 세련된 느낌과 통일감이 생깁니다.

43

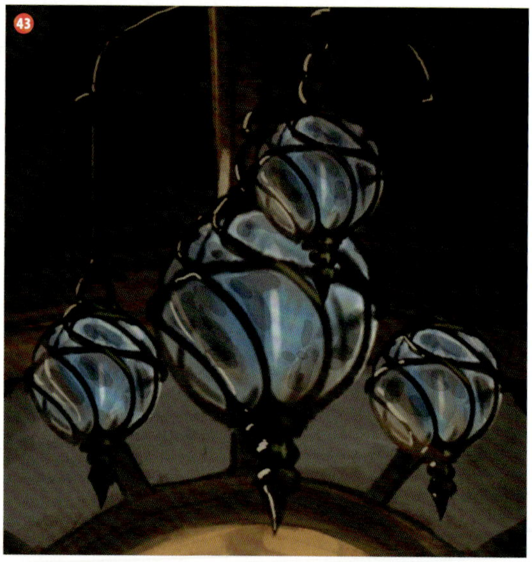

15 레이어를 구분한다

사다리, 난간 등의 요소나 가림막, 소품 등 명확하게 표현하고 싶은 요소는 레이어로 나누어 [투명 픽셀 잠그기]를 설정합니다44. 이 작업을 거치면 채색할 때 번질 염려가 없습니다. **부드러운 터치로 묘사한 그림 속에 핀 포인트로 명확한 요소가 있으면 짜임새가 좋아집니다.**

44

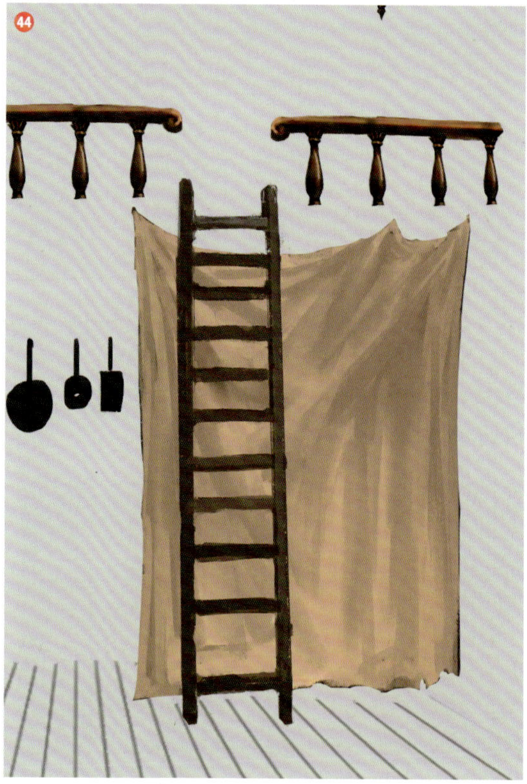

Point
레이어 구분 순서

레이어를 구분하는 간단한 방법을 소개하겠습니다. 사다리만 자르세요45.

1. 자르고 싶은 부분을 [올가미] 도구로 대강 선택합니다.
2. Ctrl+C 키로 복사해, Ctrl+Shift+V 키로 붙여 넣습니다. 이제 사다리 레이어가 생겼습니다.
3. 사다리 레이어의 불필요한 부분을 [지우개] 도구를 이용해 지웁니다.
4. 사다리 레이어의 [투명 픽셀 잠그기]를 설정합니다.

45

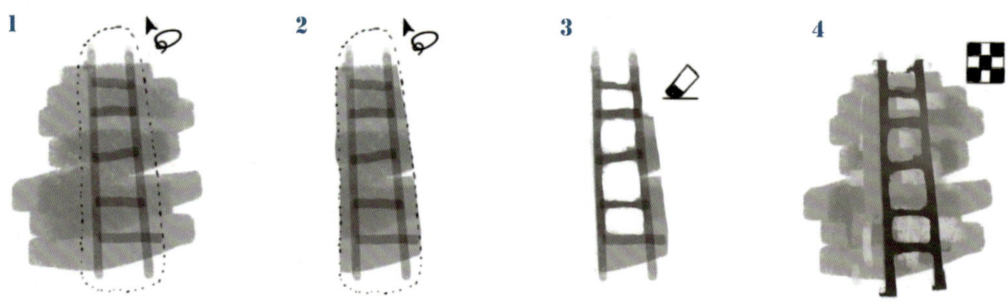

16 난간을 그린다

난간의 기둥은 하나만 그려서 복사하면 효율적입니다46. 아니면 자유 변형 기능으로도 원근감을 간단히 표현할 수 있습니다.

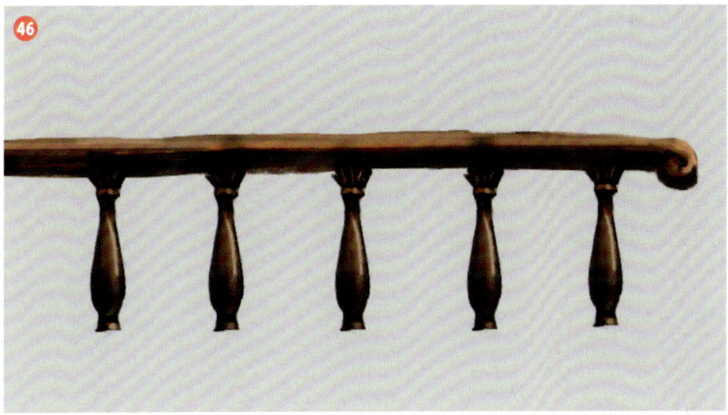

Point

난간 그리는 순서

간단하게 난간 그리는 법을 소개합니다.

1. 기둥을 반쪽만 그립니다.

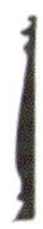

2. 반쪽 기둥을 복사하고 반전, 통합합니다. 온전한 기둥을 완성했습니다.

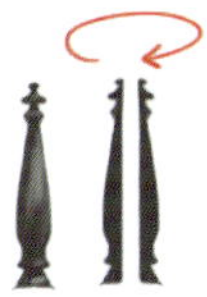

3. 기둥을 같은 간격으로 나열합니다.

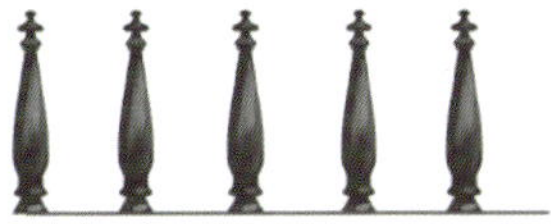

4. 원근감이 느껴지도록 변형합니다.

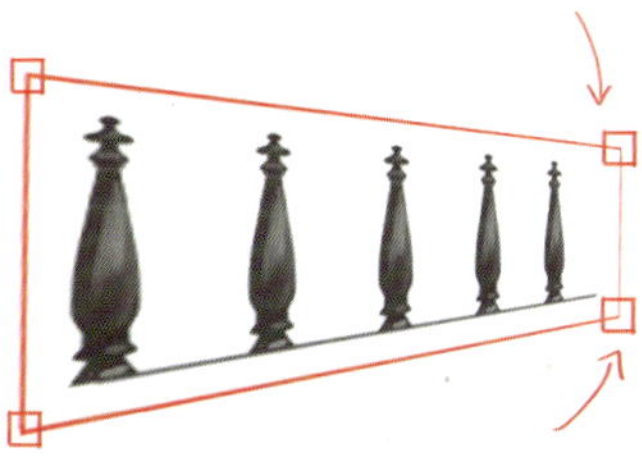

5. 난간의 윗부분을 그립니다.

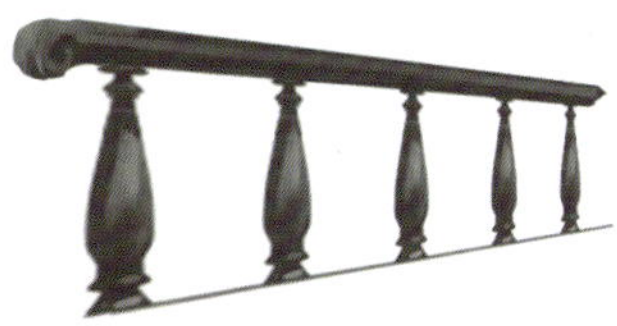

17 약품 진열장을 그린다

수상한 재료나 약품이 가득한 진열장을 그립니다47. 약병을 대량으로 그릴 때는 복사해서 사용하면 편리합니다. 약의 이름이나 주의사항을 쓴 메모지를 붙여서 변화를 주어도 재미있습니다. 인물이 어떻게 사용하는지, 자신이라면 어떻게 쓸지를 생각하면서 구성 요소를 추가하면 생활감을 표현하는 일이 좀 더 쉽습니다.

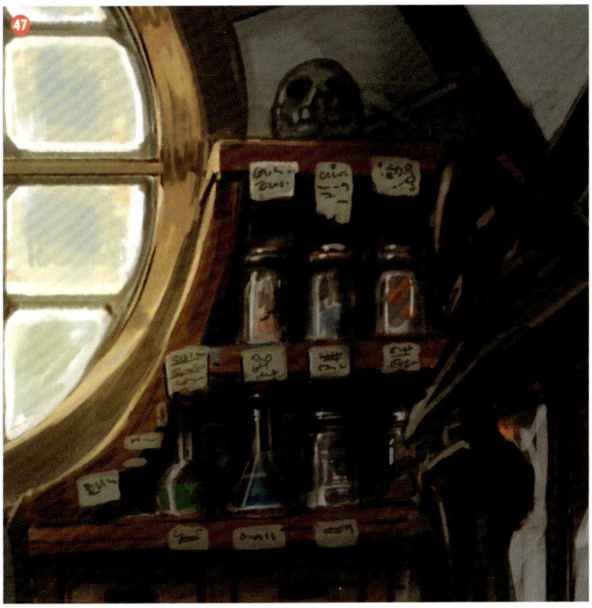

18 식물을 그린다

현실에서도 창가에 화분이나 꽃을 올려둡니다 48 49. 그림에도 녹색이 있으면 색감에 변화가 생깁니다. 테이블에 꽃병을 두거나 남자 혼자 사는 집이라면 절대로 없을 듯한 물건을 배치하면 여성스러운 느낌을 표현할 수 있습니다.

참조 'Technique : 꽃 그리기'(p.52)

49
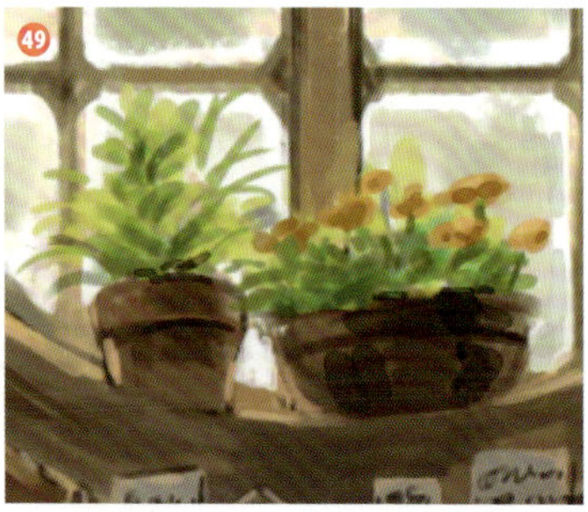

48
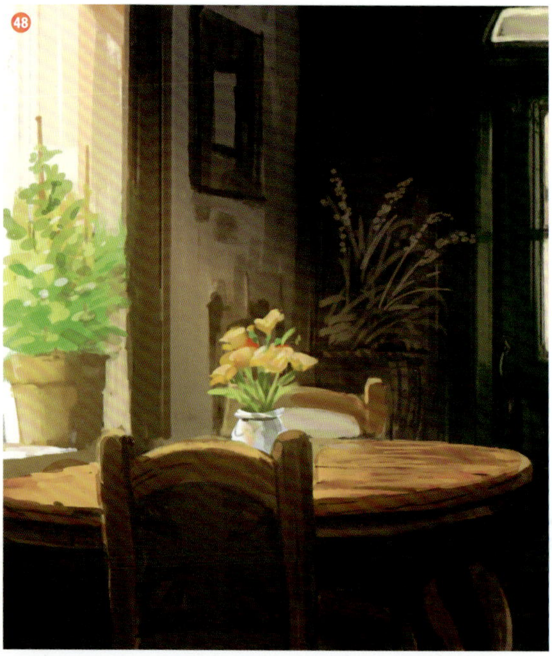

19 조리 기구를 그린다

부엌에 조리 기구를 그려 넣습니다 50. 스테인리스 냄비보다 판타지에서 자주 볼 수 있는 검은 냄비가 그리기 쉽습니다. 어두운 실루엣을 그리고, 광택을 약간만 넣으면 됩니다 51. **프라이팬은 중심에서 방사형으로 하이라이트**가 생기므로 제대로 묘사해야 합니다 52.

51
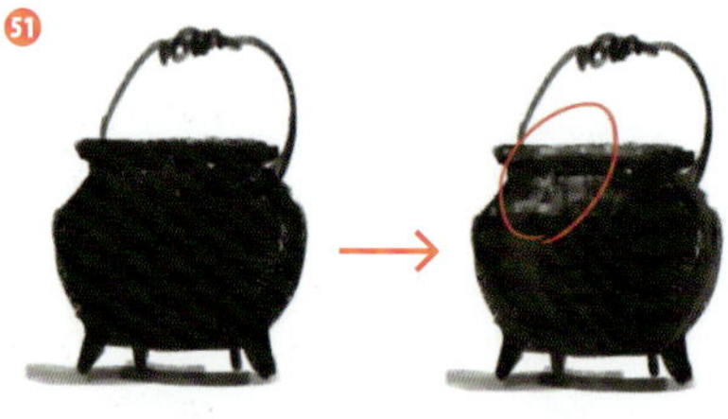

52
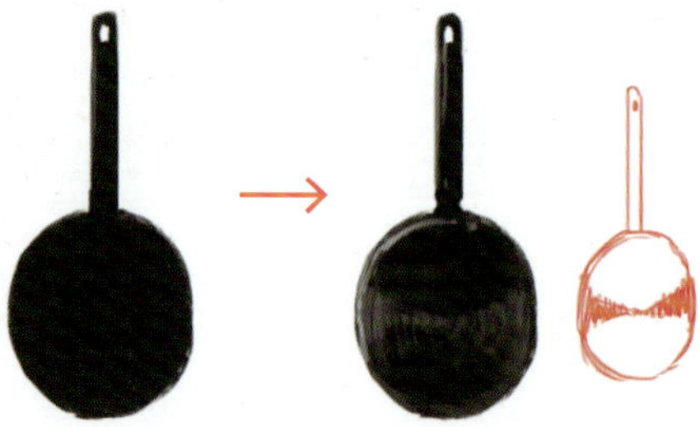

50
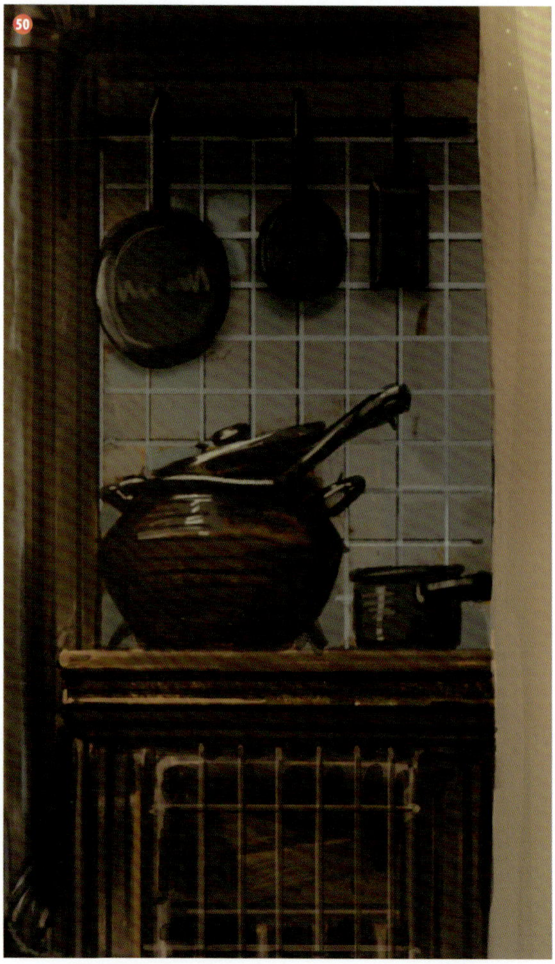

20 문과 반사를 그린다

문은 어두운 장소에 있으므로 디테일보다는 문에 달린 창문으로 들어오는 빛을 의식하면서 그립니다53. 좌우대칭이라면 반쪽만 그리고 복사해서 반전합니다. 바닥의 반사54는 문을 상하반전한 뒤에 붙여 넣고, [손가락] 도구로 흐릿하게 만든 다음에 [스포이드] 도구로 흐려진 부분의 색을 찍어서 위아래로 선명한 터치를 넣어 표현합니다.

참조 'Technique : 젖은 사물 그리기'(p.102)

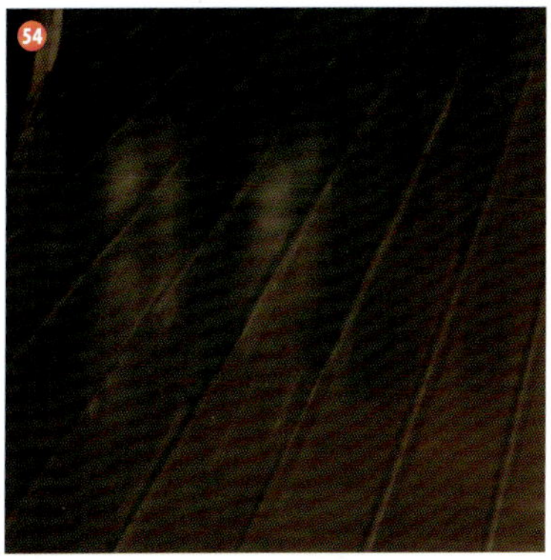

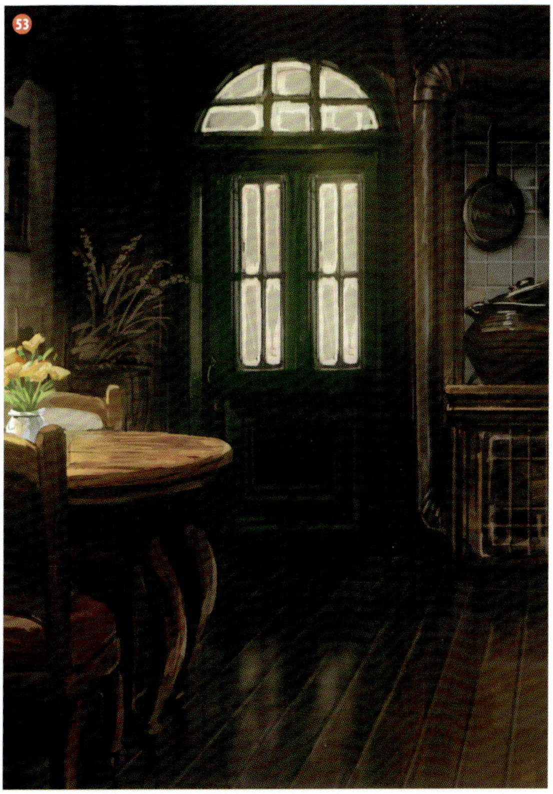

21 글레어를 그린다

끝으로 [선형 닷지(추가)] 모드 레이어를 만들고 창문의 유리를 표현합니다55. 낮에는 실내보다 실외가 훨씬 밝으므로 밖이 보이는 창문에 태양광을 고려한 오렌지색 글레어를 넣으면 리얼리티가 살아납니다. 인물의 머리에는 글레어뿐 아니라 먼지처럼 작은 입자를 추가합니다. 이것은 글레어와 마찬가지로 [선형 닷지(추가)] 모드 레이어에 [불투명도 : 70%]로 설정한 타원 브러시로 작은 점을 찍어서 표현합니다56. 이것으로 완성입니다.

참조 'Technique : 빛 그리기'(p.56)

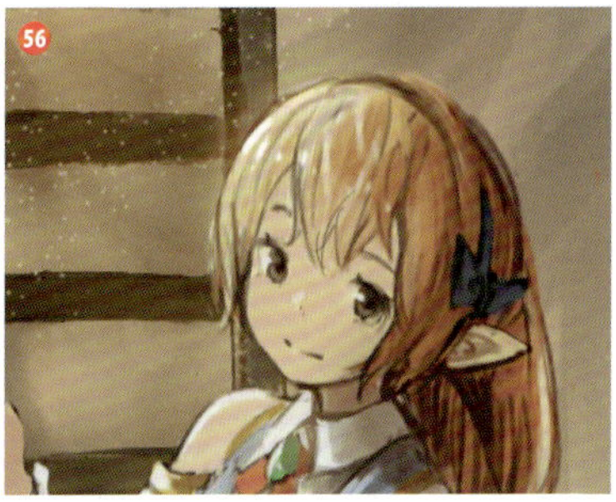

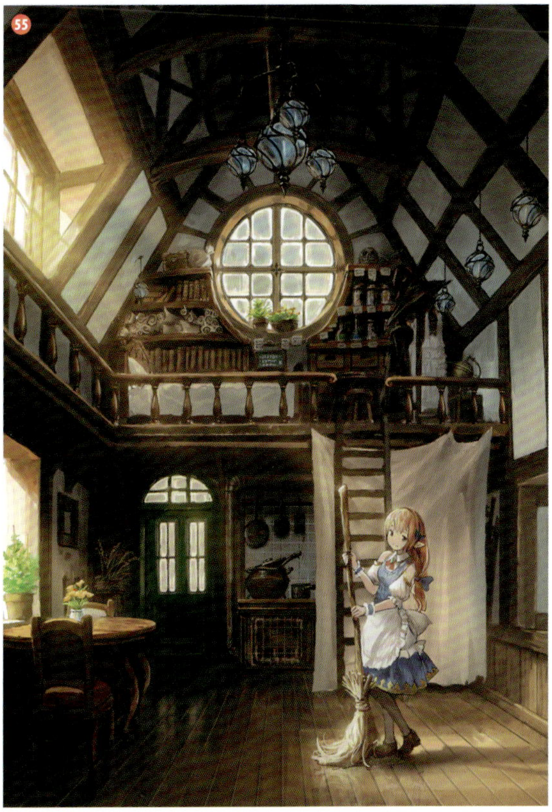

Scene 4

해 질 무렵의 성곽 도시

건물 디자인과
해 질 무렵의
공기감

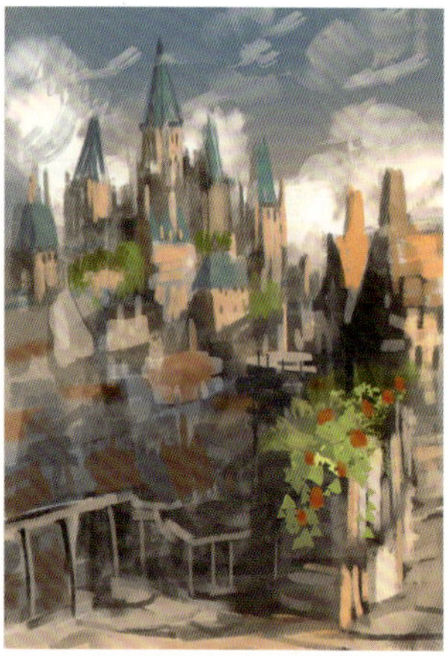

❶ 러프

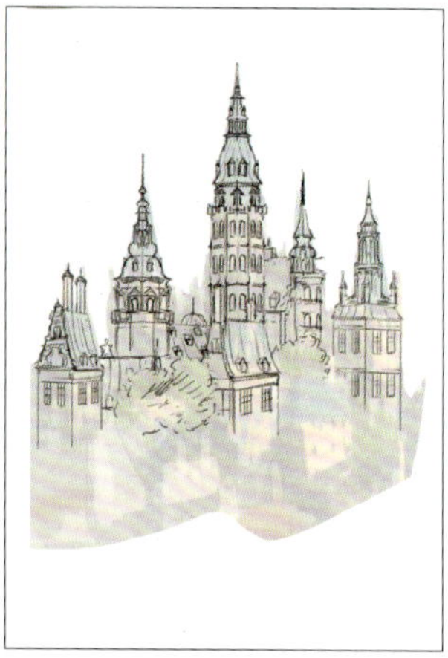

❷ 성 디자인

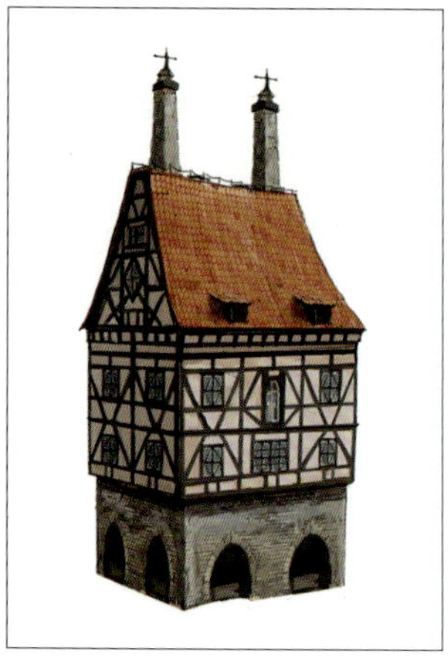

❸ 가옥 디자인

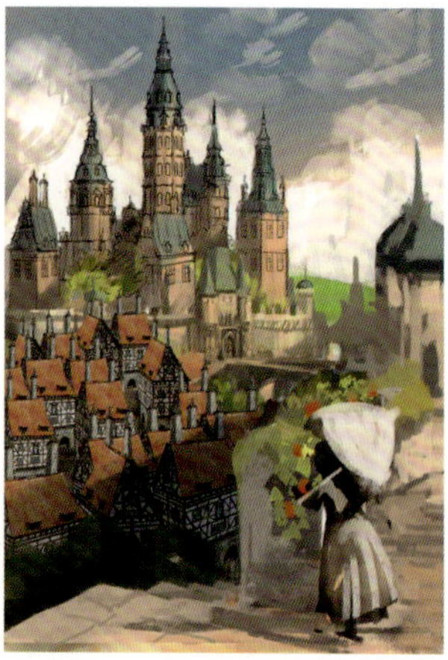

❹ 배치

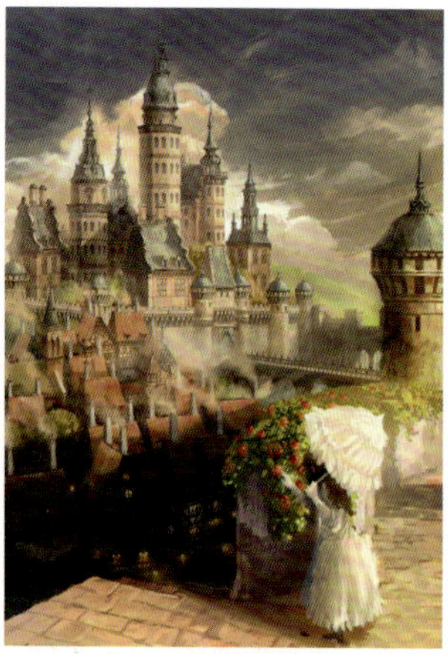

❺ 묘사

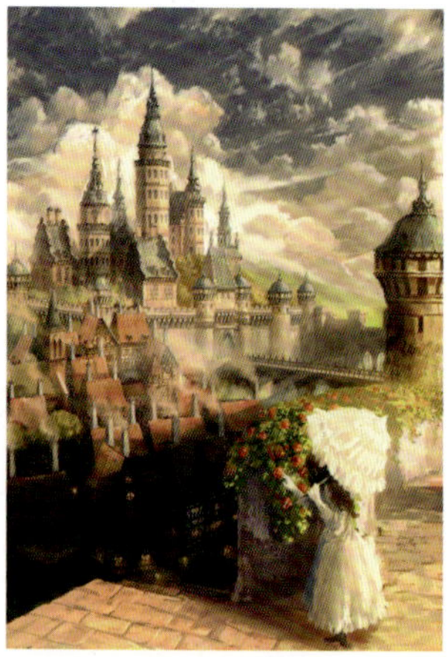

❻ 완성

성이나 가옥 등의 건물 디자인이나 해 질 무렵 특유의 광원 표현을 설명합니다. 이번에는 흔히 쓰는 투시도법을 이용하지 않고 별도로 그린 성이나 건물 디자인을 배치해 한 장의 그림을 완성합니다. 거대한 성과 성곽 도시를 완성하고, 성 뒤에는 웅대한 적란운을 그려서 이 성을 돋보이게 합니다. 근경의 여성은 몰래 산책을 나온 공주님일지도 모릅니다.

2833×4000픽셀

약 8시간

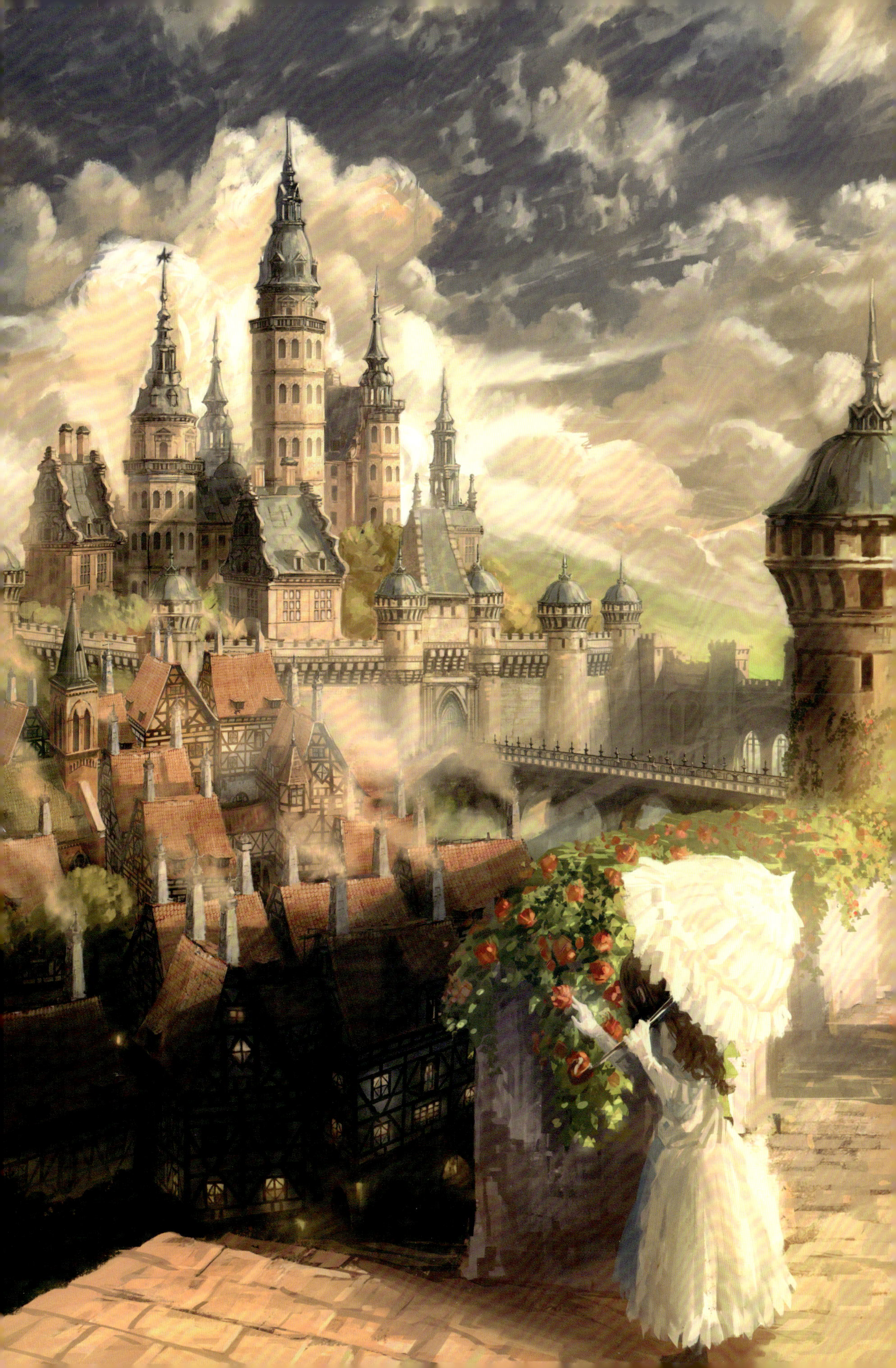

Making

제작 과정

01 러프를 그린다

높은 위치에 카메라를 설정하면 성곽 도시의 전체상을 화면에 담을 수 있습니다. 거리를 그릴 때 주로 사용하는 구도입니다❶. 해 질 무렵은 그림자가 길게 생기는 시간대이므로 입체감을 전달하기 쉽습니다. 거리 풍경에 어울리는 시간대라고 할 수 있습니다. 깊이감 있는 그림을 그리려면 그림자를 적절하게 사용해야 합니다.

❶

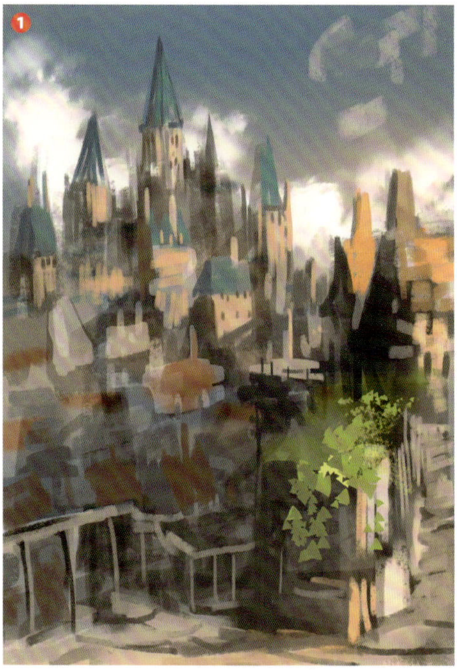

Point
그림자 활용

그림자는 사물의 형태를 반영합니다. 지면에 생기는 그림자로 지면의 요철을 표현할 수 있습니다❷. 사물의 위치 관계도 그림자를 그리면 알기 쉽습니다❸. 이처럼 의도한 사물에 그림자를 그려 넣으면 형태나 위치 관계를 표현할 수 있습니다.

❷

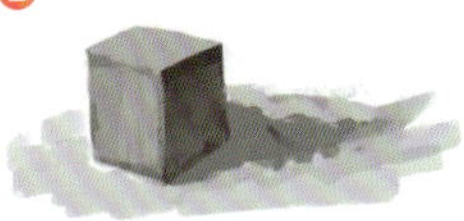

❸

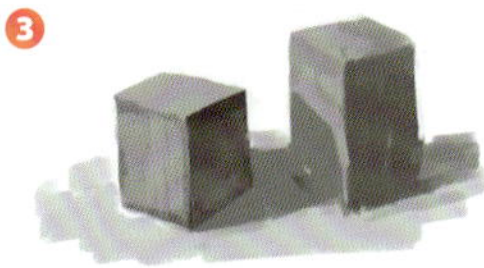

Point
실루엣 러프 그리기

여기서는 대략 실루엣을 잡습니다❹. 입체감 있는 건물을 그리는 일반적인 방법입니다.

1. [불투명도 : 70%] 정도의 초크 브러시(p.16)로 실루엣을 그립니다. 색은 회색(R115, G115, B115)을 사용합니다. 그림에서 가장 강조하고 싶은 부분부터 그립니다.
2. 빛의 방향을 의식하면서 터치를 반복해 그림자를 표현합니다.
3. [지우개] 도구로 형태를 정리합니다. [지우개] 도구는 잘못된 부분을 지우는 것보다 형태를 정리하는 데 많이 쓰입니다.
4. 밝은 회색(R180, G180, B180)을 선택하고 빛이 닿는 부분을 묘사합니다. 동시에 창문 등의 상세한 형태를 간단한 터치로 그립니다. 러프는 깔끔하게 그리지 않아도 됩니다. 러프는 머릿속의 이미지를 정리하는 과정이지 누군가에게 보여주기 위한 그림이 아닙니다.

❹

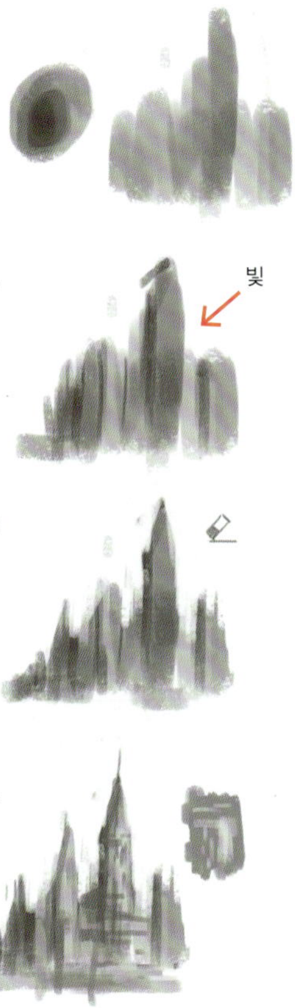

Point

밝음과 어둠 겹치기

밝은 부분과 어두운 부분이 겹치도록 그립니다⑤. 명암을 조절하면 이미지의 크기에 영향을 받지 않는 그림이 됩니다⑥.

참조 'Technique : 보기 좋은 구도 잡기'(p.32)

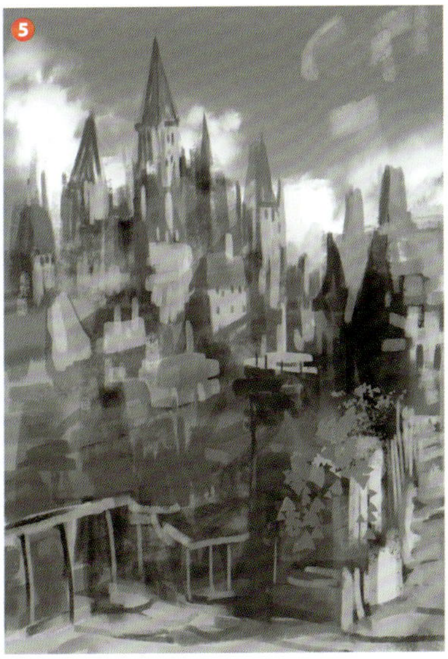

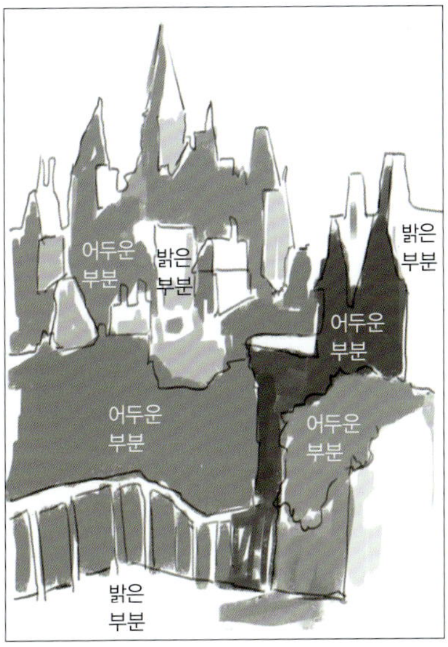

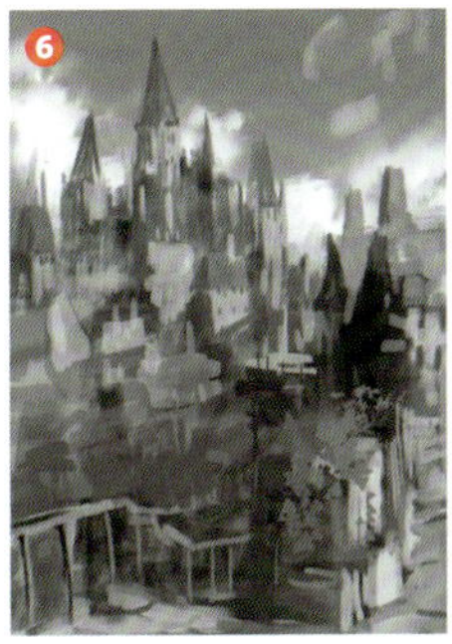

02 레이어를 구분한다

러프가 어느 정도 정리되면 [올가미] 도구와 복사&붙여 넣기로 전망대⑦, 성과 도시⑧, 하늘⑨을 레이어로 구분합니다.

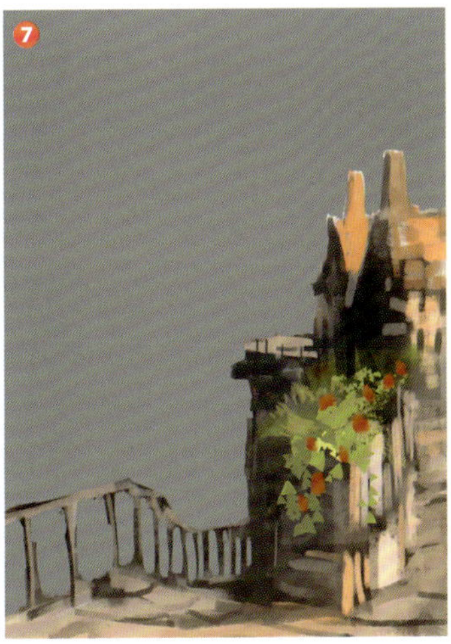

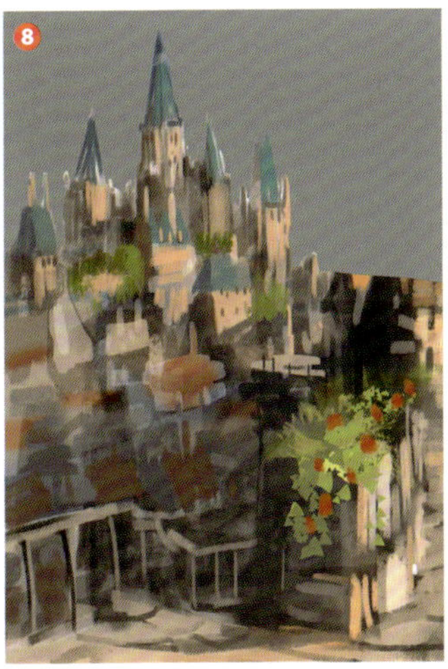

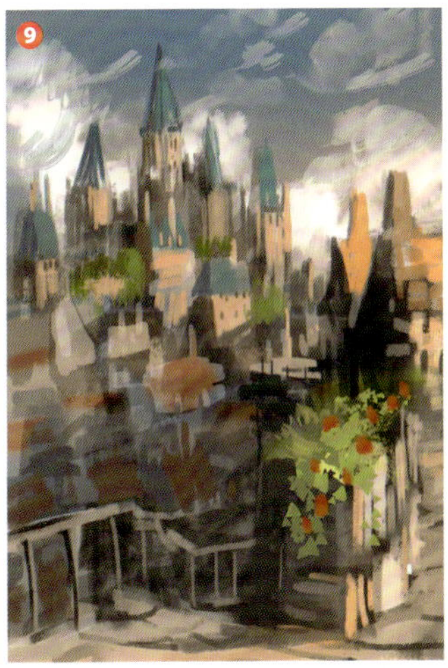

Memo 앞으로 나아갈 용기

그림을 그려서 완성시키려면 용기가 있어야 합니다. 저 또한 이대로 계속 그려도 되는 건지, 무서워서 계속 러프만 그리며 고민한 적이 많습니다. 그러나 경험상 망설이면서 제작한 작품 중에 좋은 그림은 없었습니다. 망설여진다면 다음 단계로 과감하게 넘어가십시오. 그림은 완성될 때까지 어떻게 될지 알 수 없습니다. 계속 고민할 바에는 완성된 이미지가 드러날 때까지 단숨에 치고 나가는 것이 더 낫습니다.

Tips 같은 위치에 붙여 넣기

Ctrl+V키로 자른 부분을 새 레이어에 복사할 때 Shift 키를 누르고 있으면 원본과 같은 위치에 붙여 넣을 수 있습니다.

03 성을 디자인한다

성의 실루엣 중 윗부분부터 선화로 디자인합니다⑩. 이 성은 러프 단계에서 거칠어도 멋지게 그리려고 노력했습니다. 그러나 기발한 형태의 성이 아니라 한눈에 성이라고 알아볼 수 있도록 그립니다.

다양한 성을 조사하다가 위쪽의 첨탑은 지명도가 높은 '노이슈반슈타인성'을 참고했습니다. 건축 디자인의 개성이 잘 나타나는 지붕이나 창문이 인상적인 것을 찾다가 '크론베르크성'도 참고했습니다.

Point
성의 이미지 확장

이미지를 확장하는 수단으로 많은 사진을 보는 것도 좋습니다.

성 관련 사진은 구글(Google)의 사진 검색 기능이 편리합니다. 성은 'castle'로 검색합니다. 많은 양의 검색 결과 중에 생각하는 이미지에 가장 가까운 것을 찾아서, 그 성의 이름으로 다시 검색합니다. 이번에는 지붕 형태가 특징적인 크론베르크성(Kronberg)입니다. 영어로 검색하면 더 많은 양의 자료를 확보할 수 있습니다. 단, 검색한 사진을 트레이싱하거나 그림에 합성해서는 안 됩니다. 어디까지나 이미지를 잡기 위한 자료로만 활용합니다.

Memo 디자인의 8할은 자료 수집

흔히 디자인을 '완전히 새로운 것을 만드는 일'이라고 생각하기 쉽지만 오해입니다. 매력적인 디자인은 기존에 있는 것들의 조합입니다. 디자인은 끄집어낼 수 있는 아이디어가 풍부한 사람이 유리합니다. 조합할 자료가 많으면 만들 수 있는 디자인도 그만큼 풍부해집니다. 디자인 작업뿐 아니라 평소에 다양한 분야에 흥미를 갖고 관찰하다 보면 의외로 많은 도움을 얻을 수 있습니다.

⑩

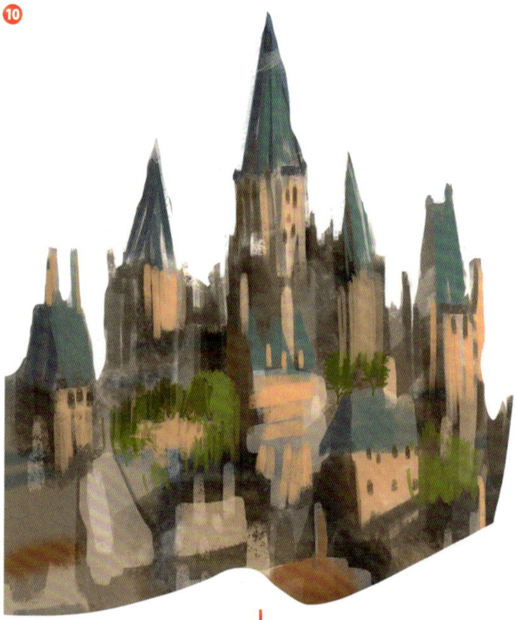

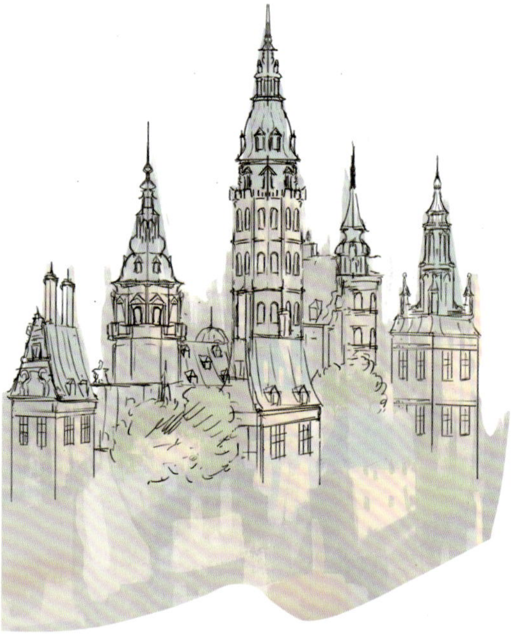

Memo 게임을 자료로 활용

유비소프트(UBISOFT)의 《어쌔신 크리드(Assassin's Creed)》 시리즈는 풀3D로 역사 속의 도시를 상세하게 재현한 최고의 자료용 게임입니다. 더구나 천장부터 지붕, 굴뚝, 고탑의 장식 등 흔히 찾기 힘든 자료까지도 원하는 각도로 볼 수 있습니다. 이미지를 보강하기 위한 최적의 도구인 셈입니다. 게임 내용도 재미있으니 꼭 플레이해보세요.
물론 화면을 캡처하거나 그림의 텍스처 소재로 사용하면 안 됩니다.

Point

조합 디자인

가장 기본적인 디자인 방법입니다. 성과 성을 조합했지만 전혀 다른 모티브를 합치면 아주 새로운 형태를 만들 수 있습니다. 예를 들어 버섯성을 디자인해보겠습니다⑪.

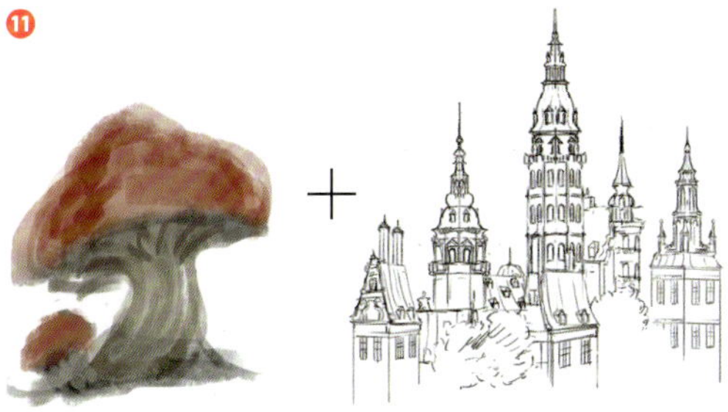

1. 버섯의 실루엣에 성의 일부를 붙여 넣고 겹칩니다.
2. 성의 일부를 자유 변형으로 실루엣에 맞게 고치고 선화를 보강해 버섯과 건물의 특징을 합칩니다.
3. 입체감을 파악하려면 명암을 넣어야 합니다.

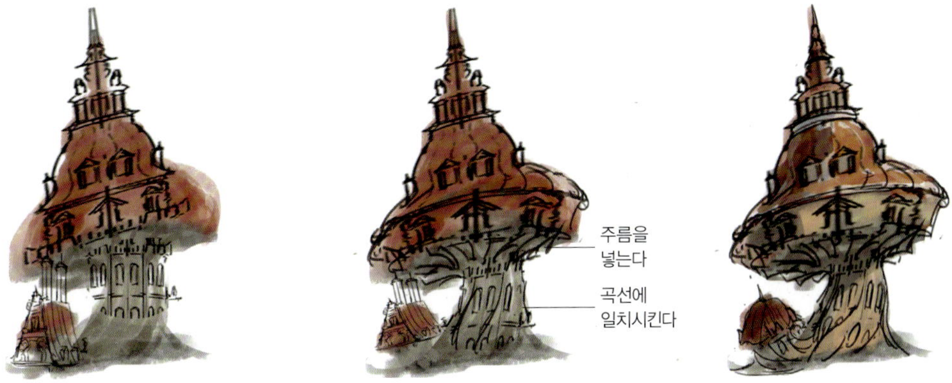

4. 질감이나 창문 등의 상세한 디자인을 잡고 가볍게 배경을 그려서 완성했습니다. 입구나 창문의 크기로 건물의 크기가 정해지니 주의합니다. 디자인은 단독으로 그리지 말고 조금이라도 어떤 장소에 있는 것인지 알 수 있게 배경을 그려야 이미지를 효과적으로 전달할 수 있습니다.

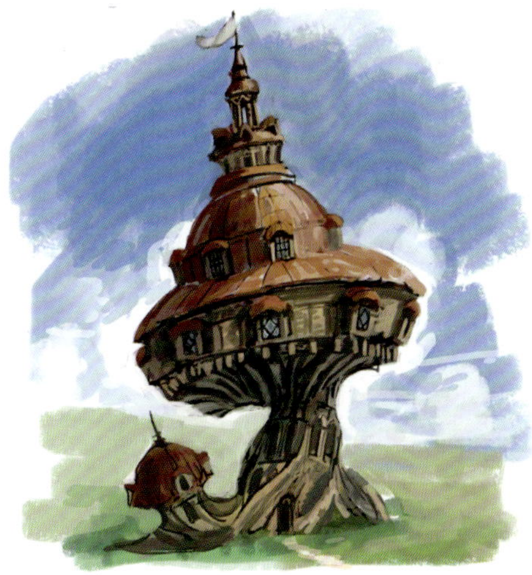

Point

매력적인 디자인의 핵심

작업을 해보면 '보기 드문 것+흔한 것'의 조합이 매력적인 디자인이라는 것을 알 수 있습니다. '보기 드문 것+보기 드문 것'의 조합은 무엇을 디자인했는지 쉽게 파악하기 어렵습니다. 영상이나 이야기 속에 등장한다면야 디자인의 '움직임' 등으로 전해지겠지만 그림은 정지되어 있으니 곧바로 이해할 수 있어야 합니다.

04 성곽 도시의 집을 디자인한다

이번에는 성곽 도시의 집을 성과 마찬가지로 따로 디자인해서 나중에 배치하는 방법으로 그립니다.

1. 성의 거주부 디자인과 실루엣에 통일감이 생기도록 그대로 사용합니다.

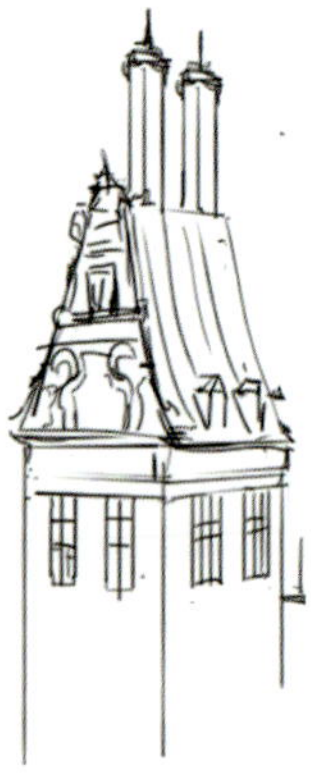

2. 선화로 형태를 잡습니다. 디자인은 독일 성을 참고했으므로 가옥도 독일의 로텐부르크 도시를 참고했습니다.

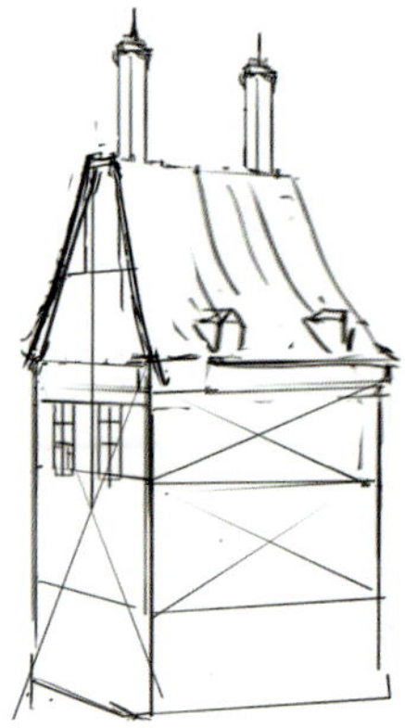

3. 밑색을 칠합니다. 지붕의 기와는 성과 구분되도록 난색을 선택했습니다. 1층은 석조, 2~3층은 특색 있는 목조입니다.

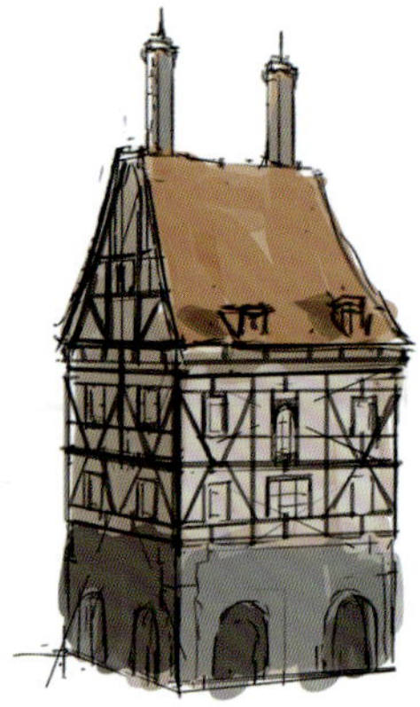

4. 텍스처를 올려서 질감을 묘사합니다.

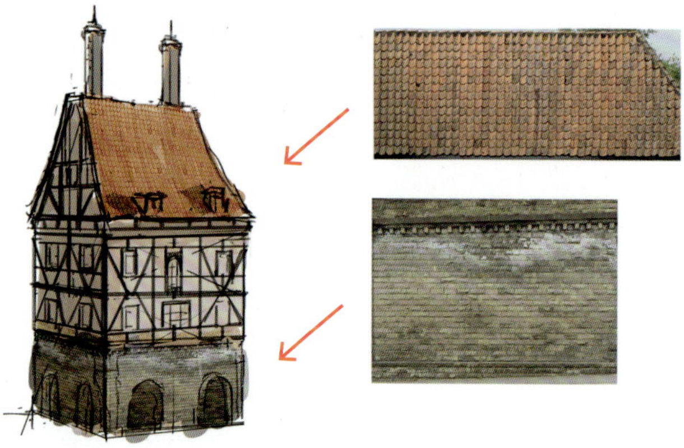

5. 이대로 그림의 소재로 사용해야 하니 세부까지 묘사해 완성합니다.

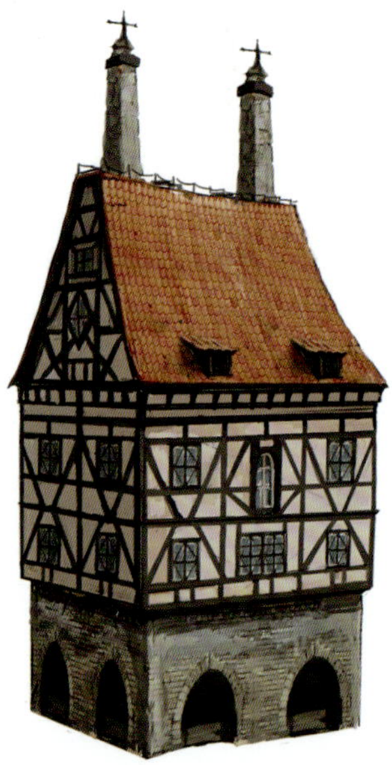

Tips 텍스처 확장

텍스처 이미지가 너무 작다면 에어브러시(p.16)로 부드럽게 지우고 연결해서 사용합니다.

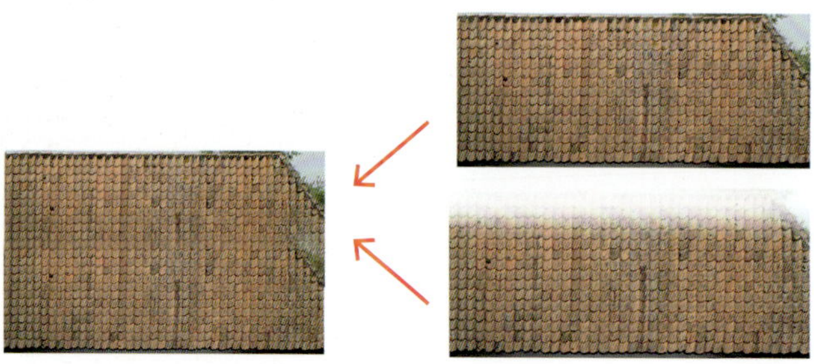

05 건물을 자유 변형으로 조절한다

성과 성곽 도시의 집을 배치합니다. 성은 러프 실루엣을 바탕으로 디자인한 것을 그대로 쓸 수 있지만, 집은 투시도에 맞게 자유 변형으로 형태를 수정합니다.

1. 배치할 위치를 정하고 투시가이드를 감각으로 그립니다. 감각으로 파악할 수 없다면 배치하기 전에 투시 브러시(p.16)로 기준선을 만듭니다.

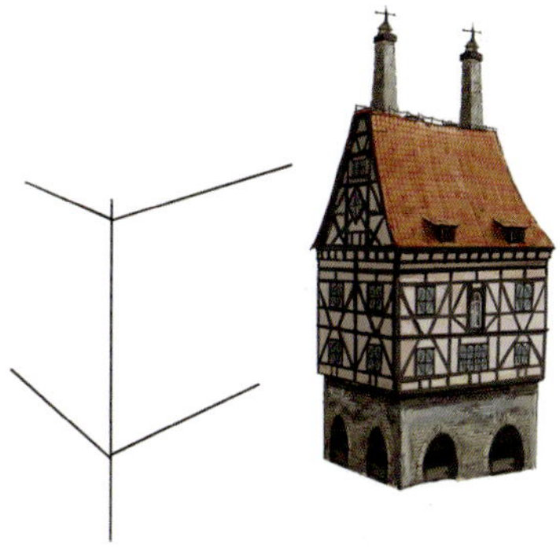

2. 자유 변형(Ctrl+T)으로 형태를 수정합니다.

3. 아무리 해도 투시와 어긋나는 부분은 [다각형 올가미] 도구를 사용해 부분 선택합니다.

4. 선택한 상태에서 자유 변형으로 수정합니다. 다소 어긋나도 문제없습니다. 굴뚝은 나중에 그립니다.

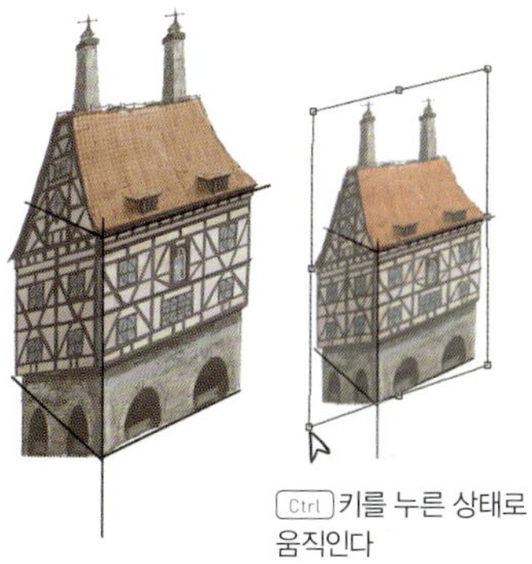

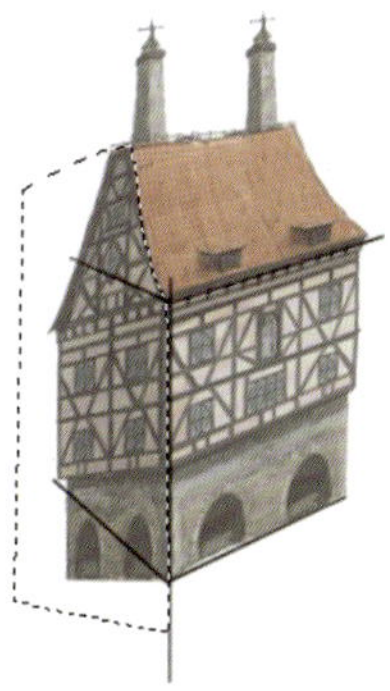

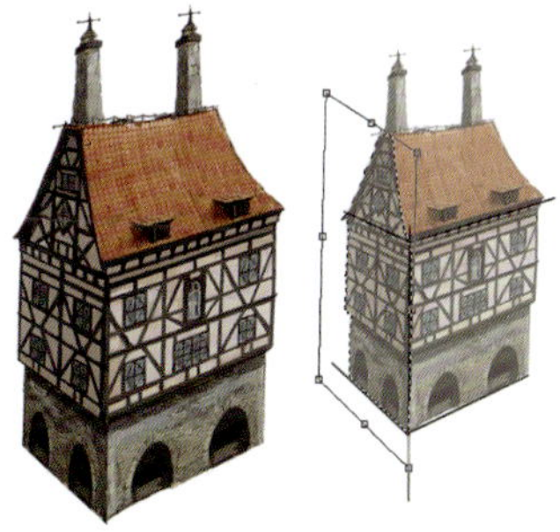

Point
감각으로 투시도에 일치시키기

투시가이드 없이 배치⑫하면 집의 정보량이 너무 많아집니다. 장식이 없는 심플한 디자인은 형태가 조금이라도 어긋나면 위화감이 느껴지지만, 이 그림의 집처럼 표면의 정보량이 많으면 그럴 염려가 없어서 투시도에 완벽하게 일치시키지 않아도 됩니다.

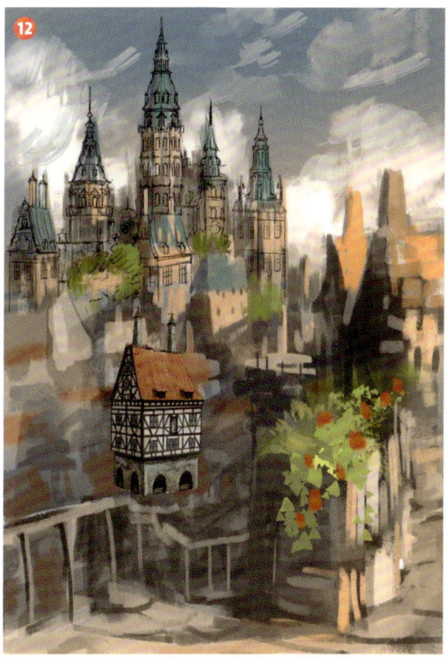

06 건물을 배치한다

05의 방법을 사용해 집을 여러 채 배치합니다⓭. 투시도를 의식하면서 축소, 변형으로 위화감을 줄였는데, 아주 정확하게 그리지 않아도 됩니다. 오히려 완벽하게 투시도에 들어맞는 도시는 밋밋한 인상을 줄 수도 있습니다. 현실의 도시를 살펴보면 완벽하게 똑바른 도로와 그 도로를 따라 늘어선 건물들은 흔치 않습니다.

Memo 정확한 것이 항상 옳지는 않다

실사 영화나 CG 애니메이션은 정확한 형태를 표현할 수 있는 3D 소프트웨어를 사용합니다. 하지만 대부분 의도적으로 형태를 어긋나게 하거나 투시도를 왜곡시키는 등 화면이 자연스럽게 보이도록 다양한 방법을 사용합니다. 즉 정확하기만 하면 매력적인 그림이 될 수 없습니다. 아티스트의 역량은 정확하게 그릴 부분과 과장해서 그릴 부분을 얼마나 적절하게 구분할 수 있는가에 있습니다.

Tips 소재 레이어 복사하기

소재 레이어를 선택하고 Ctrl + Alt 키를 누른 상태로 드래그하면 간단히 복사할 수 있습니다.

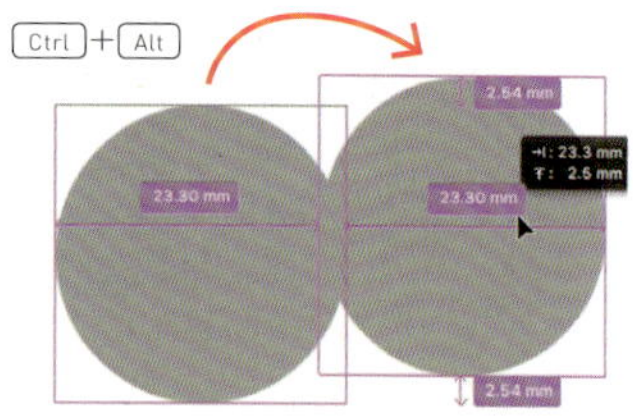

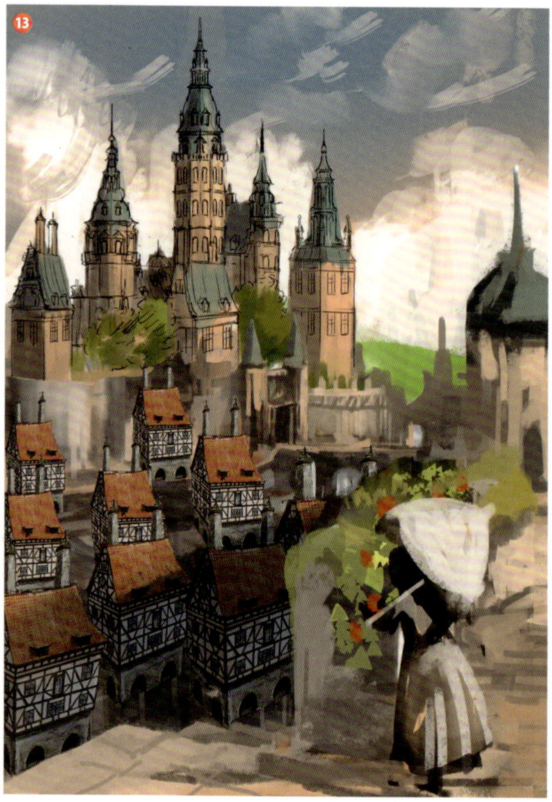

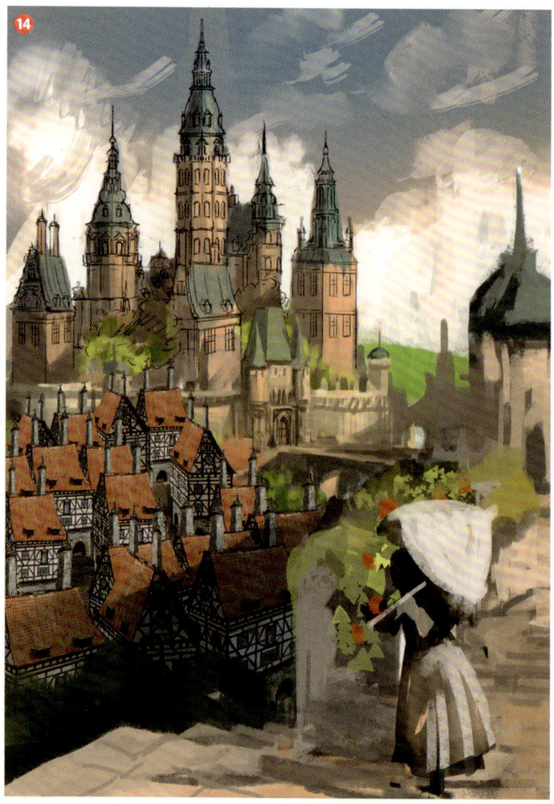

07 배치한 건물을 차별화하고 정리한다

한 방향의 집만 늘어서 있으면 어색하므로 변형해서 배치하고 성곽 도시를 정리합니다⓮. 자료를 보면서 배치하면 리얼리티를 살릴 수 있습니다.

Memo 차별화

원본 일러스트의 일부를 변경하는 것. 보통 색감을 수정하거나 캐릭터의 표정과 일부분을 교체합니다.

Point

차별화하는 법

집 소재를 부분별로 분류해 다시 조립합니다 ⑮. 05에서 소개한 방식으로 자르고 자유 변형으로 수정합니다. 이제 방향이 다양하게 다른 건물을 만들 수 있습니다.

Point

고저 차 조절하기

평지보다는 높이 차가 있는 그림이 보는 사람의 호기심을 자극합니다. **지면 높이가 균일하지 않다는 인식을 하면 투시도에 어긋난 부분을 '지면이 높다' 또는 '지면이 낮다'로 인식할 수 있습니다.** 지형이 높은 부분에는 언덕을 그리고, 낮은 부분은 움푹하게 그리면 투시도의 왜곡조차 이용해서 지형 변화가 풍부한 그림을 그릴 수 있습니다.

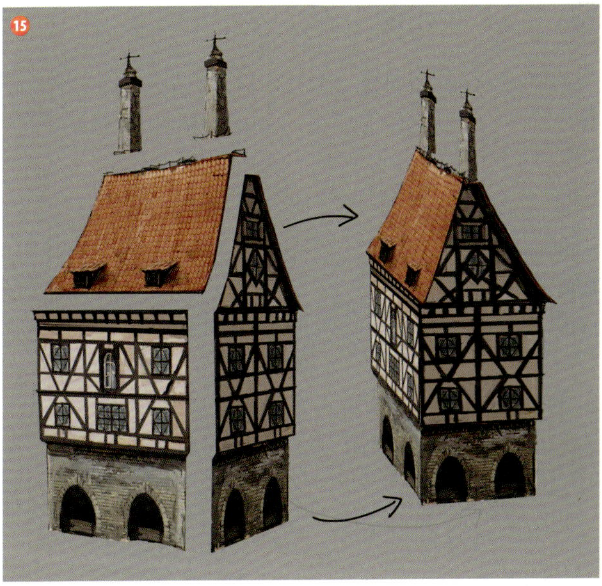

분류해 다시 조립

4 해질 무렵의 성곽 도시

08 나무를 그린다

집과 집 사이의 공간에 나무를 군데군데 그립니다. 식물은 그림에 색감을 더하는 것은 물론 투시도의 위화감이나 복사&붙여 넣기의 어색함을 약화시킵니다⑯. 그리기 귀찮거나 힘든 부분을 나무로 가리는 것도 괜찮은 방법입니다.

참조 'Technique : 나무 그리기'(p.148)

> **Memo 좌우반전으로 확인**
>
> ⑯은 ⑭를 좌우반전한 그림입니다. 그림을 좌우로 뒤집으면 객관적 시점으로 볼 수 있습니다. 데생의 이상한 부분이나 밸런스를 확인하기 좋은데, 저는 5분에 1번씩 좌우반전을 합니다.

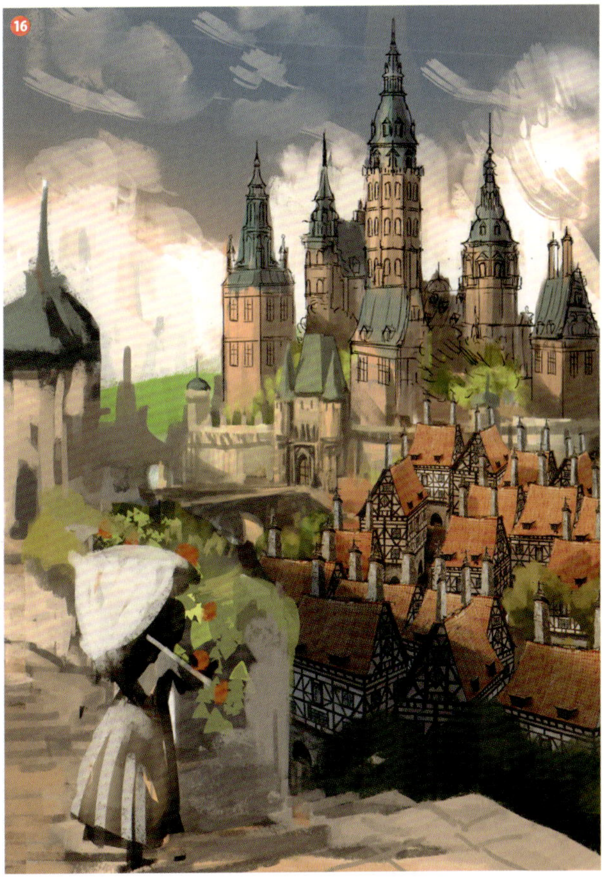

09 창문 소재를 그린다

창문 소재를 그리고⑰ 복사해 탑의 한쪽 면을 만듭니다 ⑱. 그다음 복사한 소재를 자유 변형으로 수정하고 탑의 다른 면을 만듭니다. 소재의 색을 조절해가면서 각각의 면에 적절한 명암을 묘사합니다⑲.

Point

창문은 건물의 포인트

창문은 건물에서 가장 중요한 부분입니다. 창문의 형태가 건축 양식을 명확하게 해주고, 건물 크기의 기준이 됩니다. 창문 디자인이나 크기에 주의하세요.

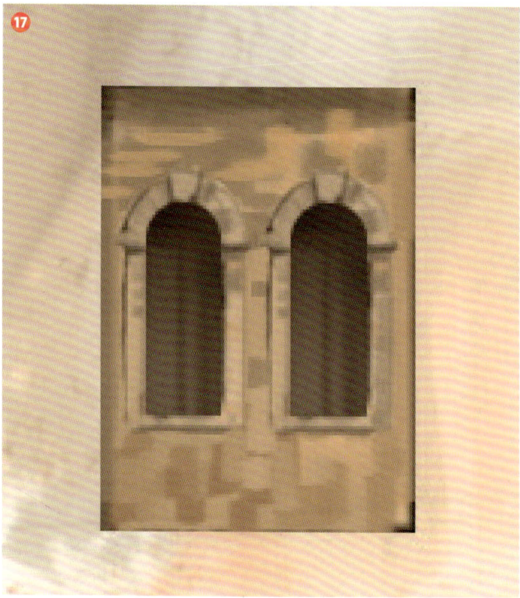

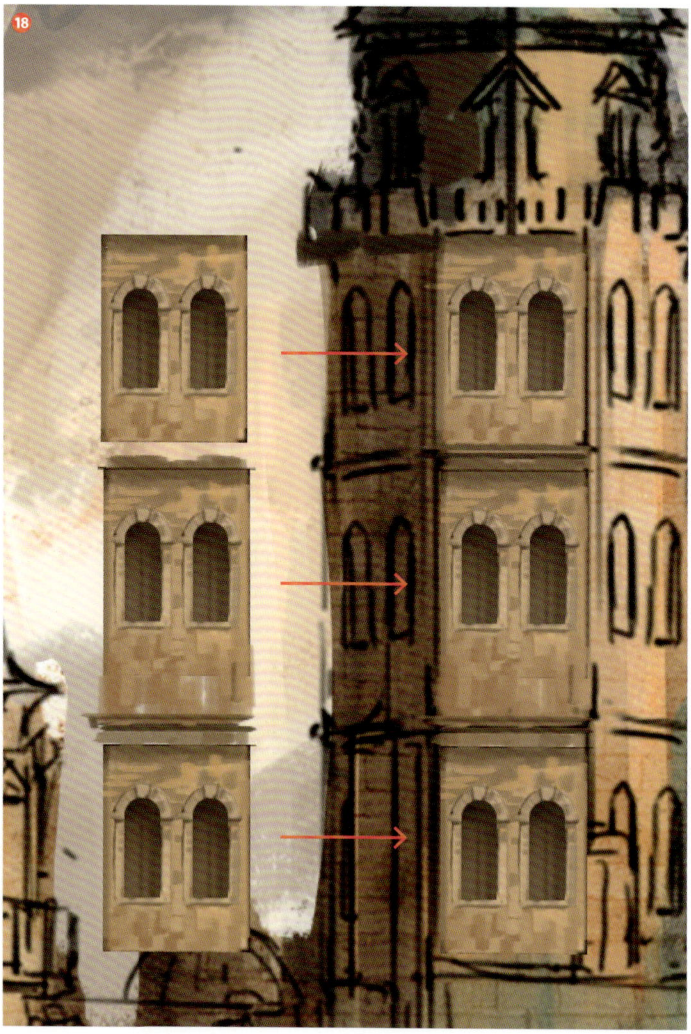

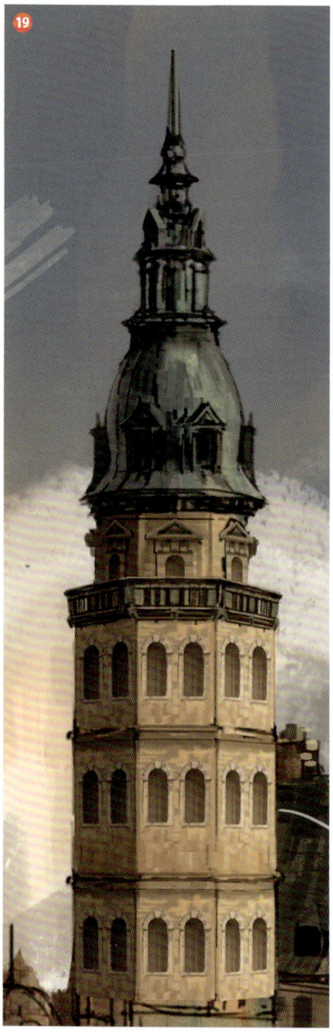

20

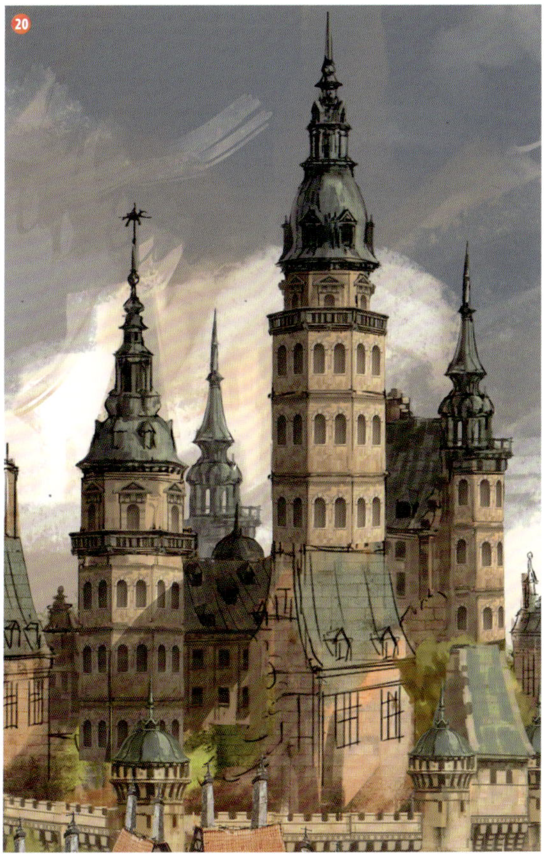

10 소재를 반복해서 사용한다

대개의 건축물은 양식이 같은 창문이 나란히 있거나 비슷한 장식이 반복됩니다. 같은 양식의 건물 창문이나 지붕이라면 같은 디자인일 때가 많아서, 만든 소재를 그대로 사용할 수 있습니다 20 21.

Point
그림자 변형

해 질 무렵에는 앞 건물이 빛을 차단해 그림자가 생깁니다. 이 그림자는 치밀한 디테일보다는 **깔끔하고 비스듬한 형태로 수정해야 그림의 인상이 더 좋습니다** 22.

22

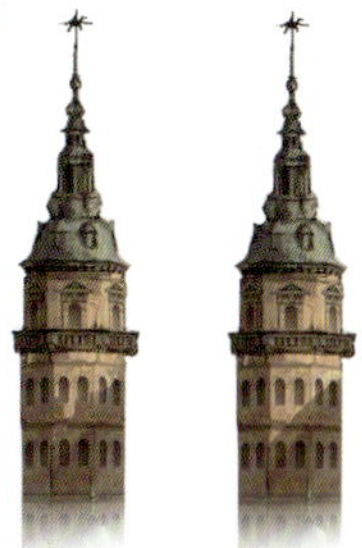

그림자 변형

21

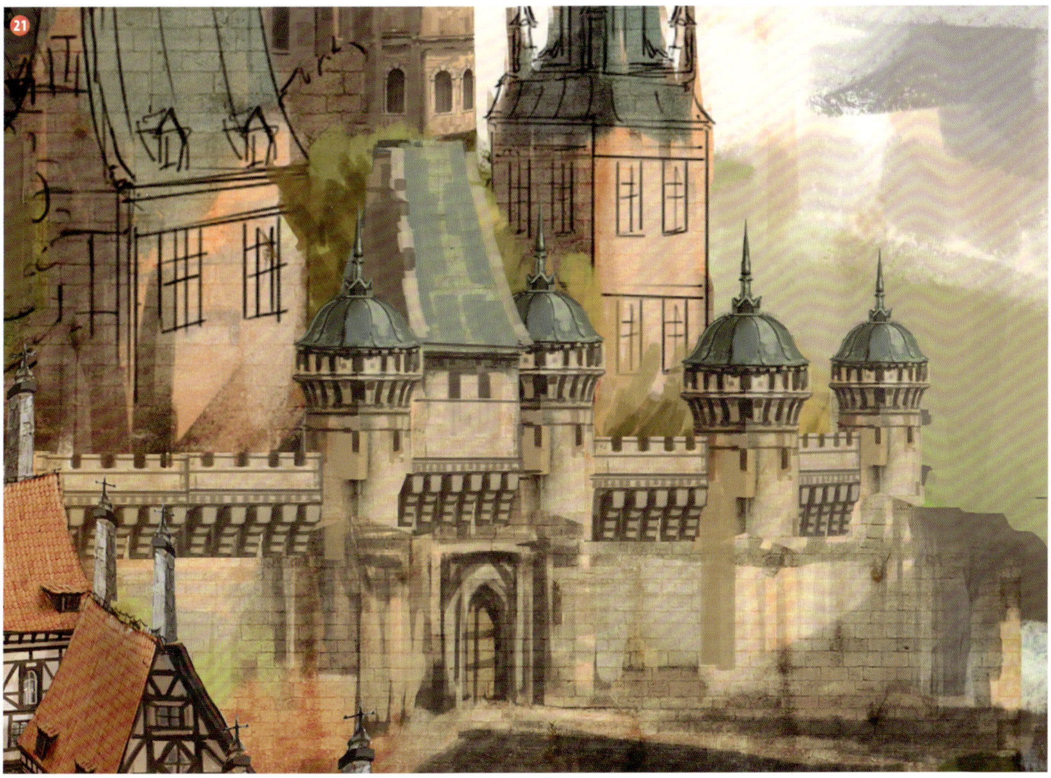

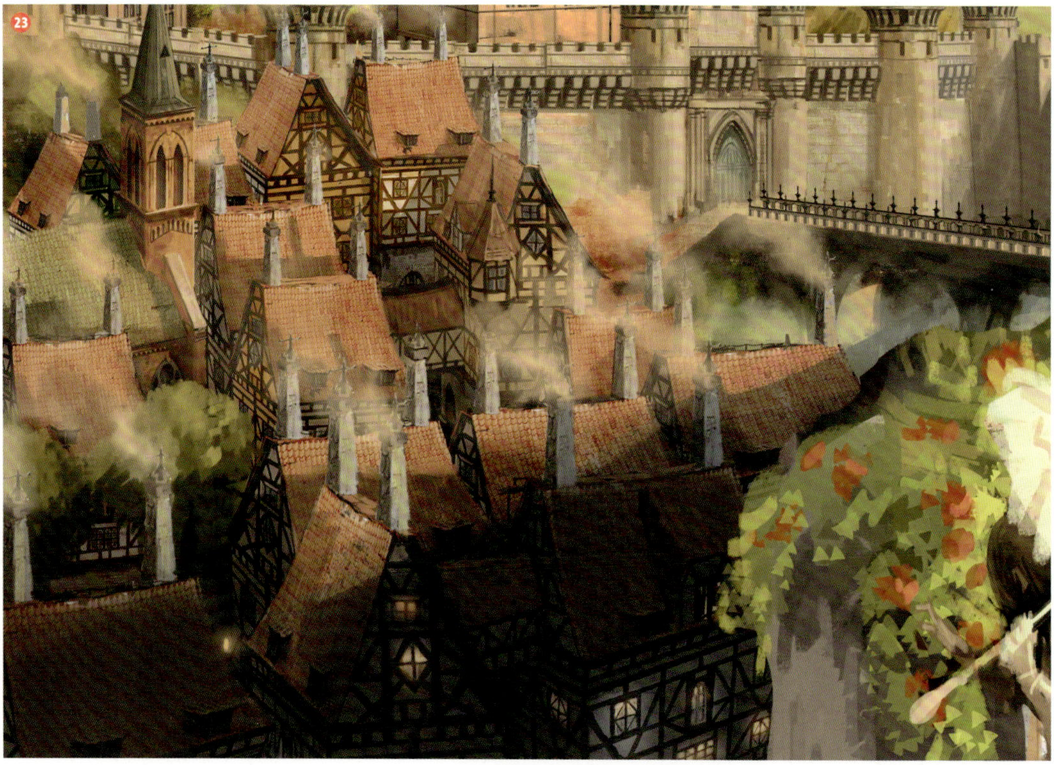

11 이펙트나 변화를 더한다

이 시간대라면 대부분 저녁 준비를 합니다. 굴뚝에서 나오는 연기는 구름 브러시(p.17)로 그립니다㉓. 연기는 안개와 마찬가지로 공기감을 연출하는 데 편리한 요소입니다.

성벽의 그림자 부분에 있는 집은 이미 불을 밝히고 있습니다. 창문으로 새어나오는 밝은 빛도 잊지 말고 더해줍니다㉔.

Point

각 건물마다 차이를

복사한 건물만 있으면 자칫 밋밋해지므로 증축한 것처럼 군데군데 테라스나 건물을 연결하는 외부 복도 등을 그립니다㉕. 밀도가 높은 공간이 생기면 그만큼 묘사할 부분이 줄어듭니다.

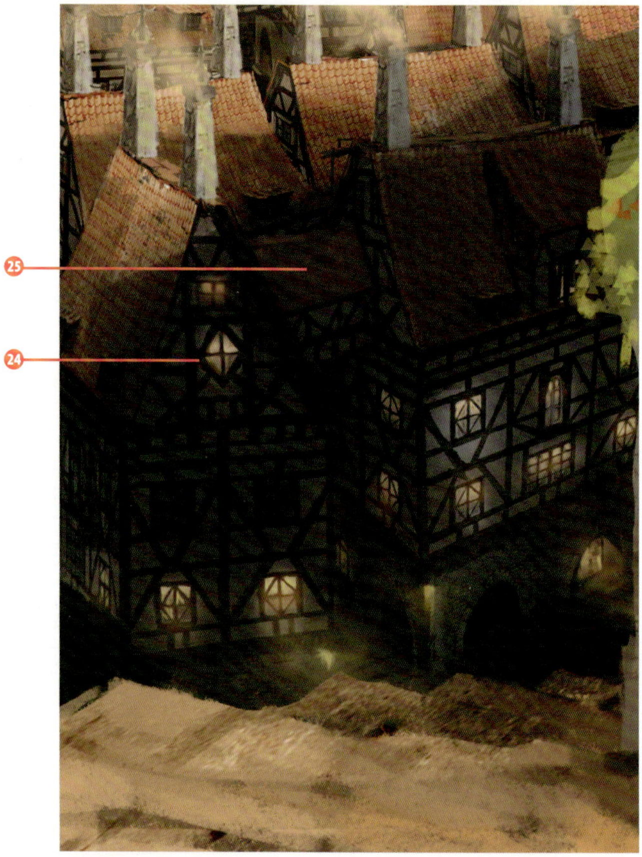

불빛과 테라스를 추가한 부분

12 성을 축소한다

성이 거대해서 오히려 사실적인 느낌이 약합니다㉖. 성 전체를 선택해 잘라내고 붙여 넣는 과정을 거쳐 자유 변형으로 축소합니다㉗.

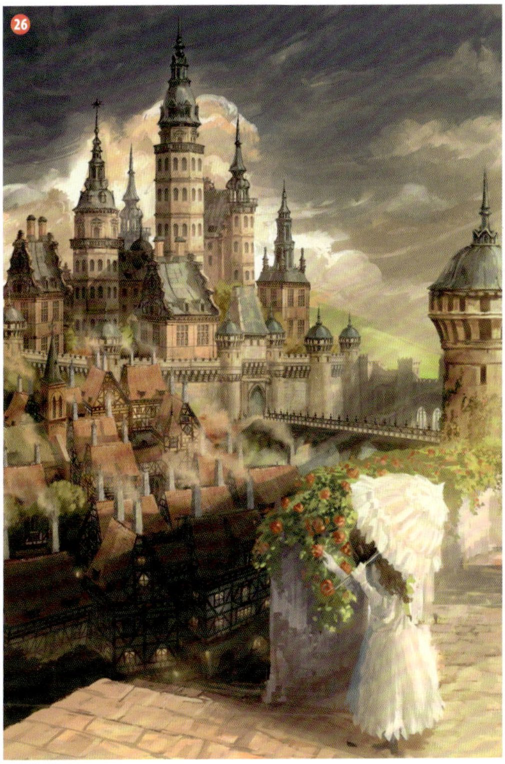

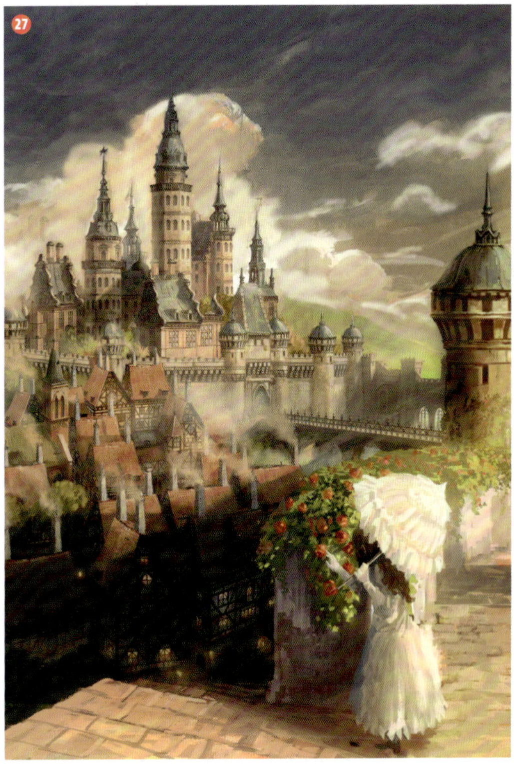

Point

수정은 대담하게

위화감이 느껴지는 부분을 수정할 때는 대담하게 해야 완성도가 좋습니다. 작가는 작업하는 내내 그림을 들여다보기 때문에 수정한 효과를 크게 느끼게 됩니다. 감상자를 고려한 그림은 자신이 생각하는 것보다 강하게 표현합니다.

13 하늘색으로 묘사한다

탑을 중심에 두고 하늘색으로 그림 전체에 색감을 더합니다. 그림자색에는 하늘의 가장 어두운 부분의 색을, 하이라이트에는 구름의 밝은 부분의 색을 사용합니다㉘. 터치를 더하면 그림의 매력이 한층 높아집니다.

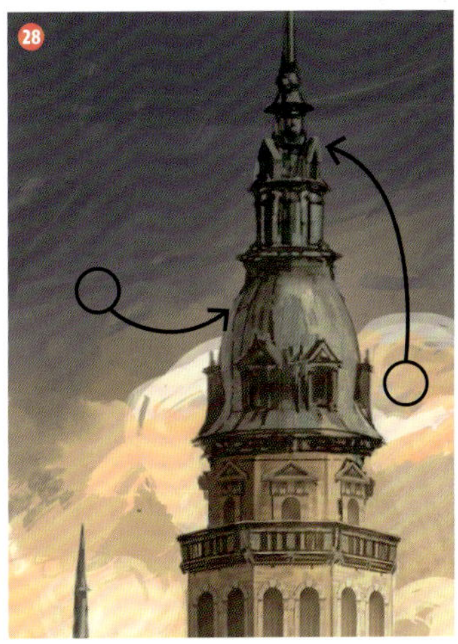

Point

복사&붙여 넣기의 문제점 해소하기

소재를 복사하는 방법은 효율적이지만 그림의 매력이나 공기감이 약해지기도 합니다. 마무리 작업으로 하이라이트와 그림자를 중점적으로 그려 넣어서 위화감을 지웁니다.

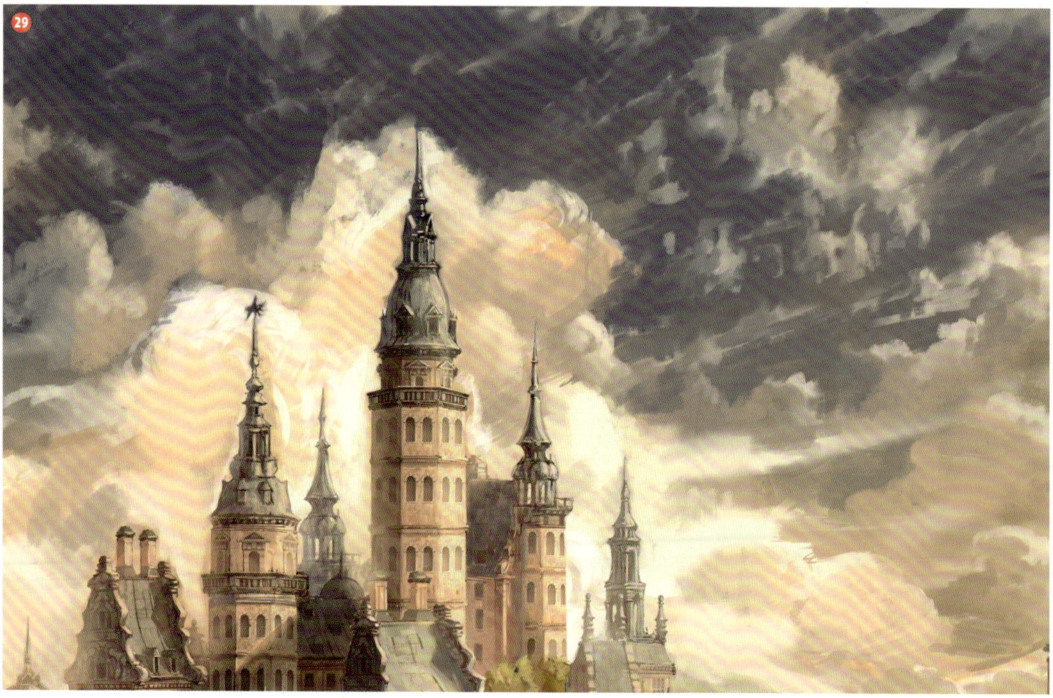

14 하늘을 그린다

성 뒤에 배치한 큰 적란운은 '성을 돋보이게 하는 구름'입니다. 에어브러시와 초크 브러시, [손가락] 도구를 사용해 그립니다㉙. 탑과의 대비를 강조하기 위해 밝게 처리합니다. 하늘은 막연하게 그리는 것이 아니라 이미지가 명확하면 고민 없이 그릴 수 있습니다.

Point

하늘의 역할

하늘에는 3가지 역할이 있습니다. 목적별로 하늘을 그리는 방법은 크게 다릅니다.

1. 하늘이 메인
하늘이 그림의 주제라면 하늘이 가장 중요하므로 제대로 묘사합니다.

2. 깊이감을 표현하기 위한 하늘
구름의 흐름으로 시선을 유도해 깊이감이 느껴지도록 합니다. 투시도의 흐름을 기준으로 그립니다.

3. 메인을 돋보이게 하는 하늘
아래 그림의 하늘입니다. 하늘 앞에 있는 메인을 돋보이게 하기 위해 밝게 그릴 때가 많습니다.

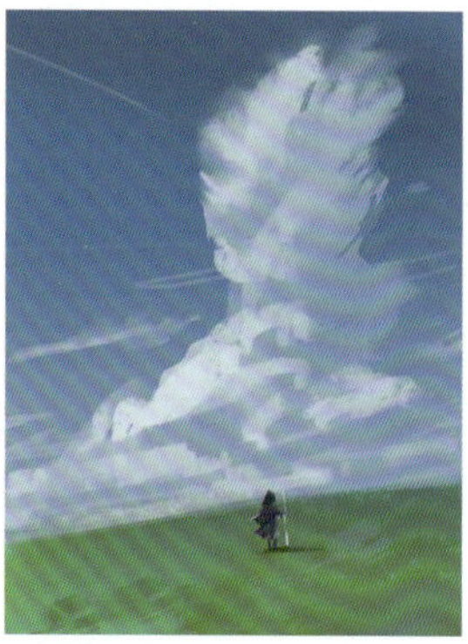

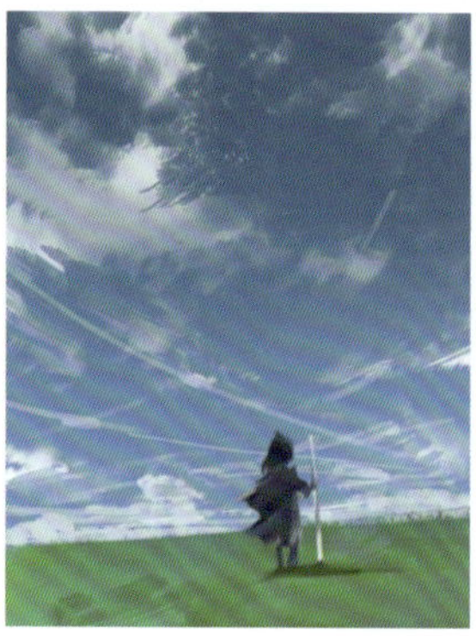

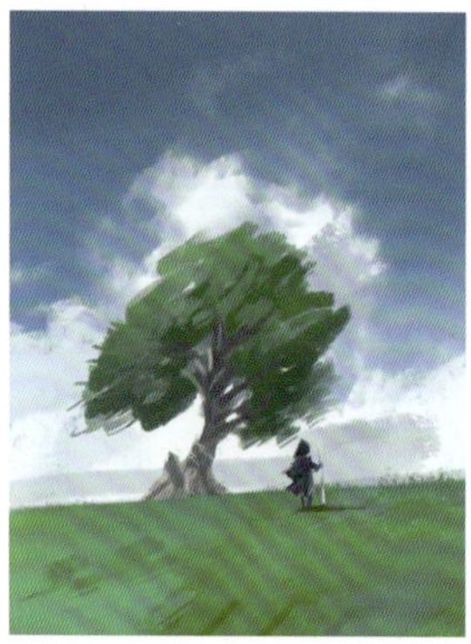

참조 'Technique : 하늘&구름 그리기'(p.36)

15 근경을 그린다

인물을 중심으로 묘사합니다30. 스토리를 상상할 수 있도록 인물의 포즈에 표정을 더하면 좋습니다. 근경의 덩굴장미는 잎 브러시(p.17)를 사용해 전체적으로 터치를 합니다.

덩굴장미는 잎과 잎 사이로 빛이 파고들기 때문에 그림자 부분에도 수채 브러시(p.16)로 하이라이트를 약간 넣었습니다31. 입체감이 부각됨과 동시에 저녁노을이 반사되어 반짝이는 아름다움도 표현할 수 있습니다.

참조 'Technique : 꽃 그리기'(p.52)

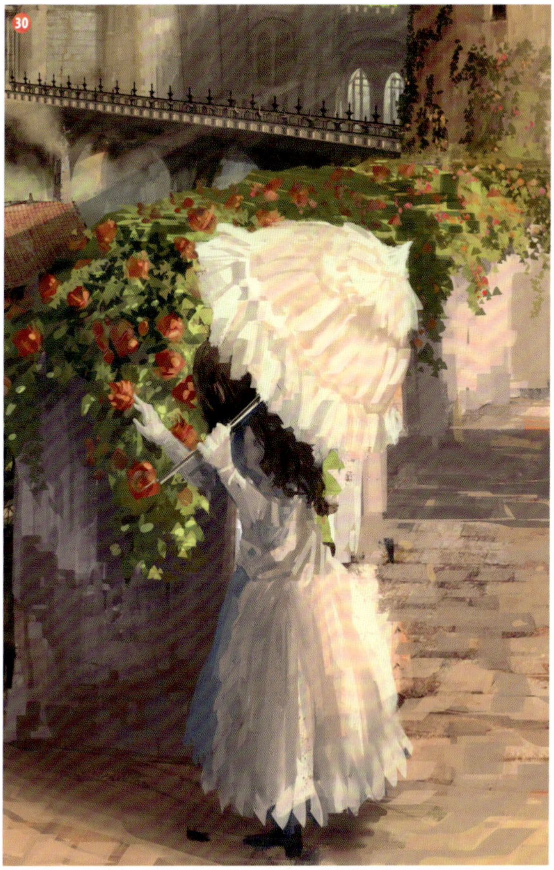

31

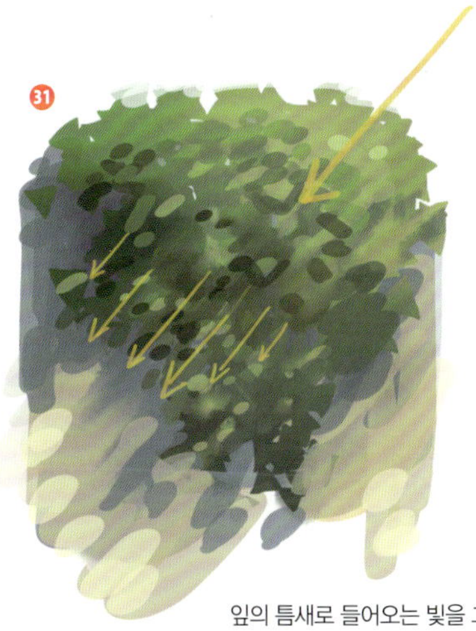

잎의 틈새로 들어오는 빛을 그린다

16 이펙트를 더하고 완성한다

인물의 옷이 흰색이라서 빛을 잘 반사합니다. 이 인물은 광원에 가장 가까이 있으므로 [선형 닷지(추가)] 모드 레이어에 에어브러시를 사용해 글레어를 강하게 표현합니다32. 이것으로 완성입니다.

참조 'Technique : 빛 그리기'(p.56)

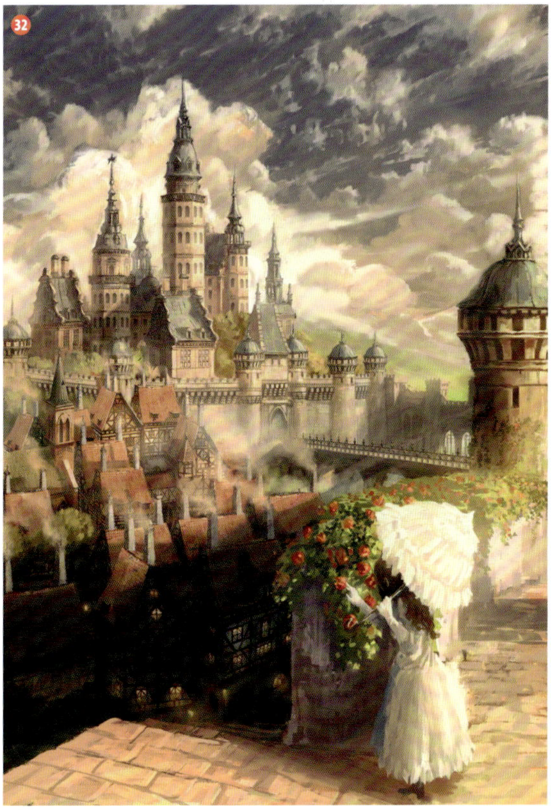

Scene 5

음침하고 차가운 세계

비의 절벽

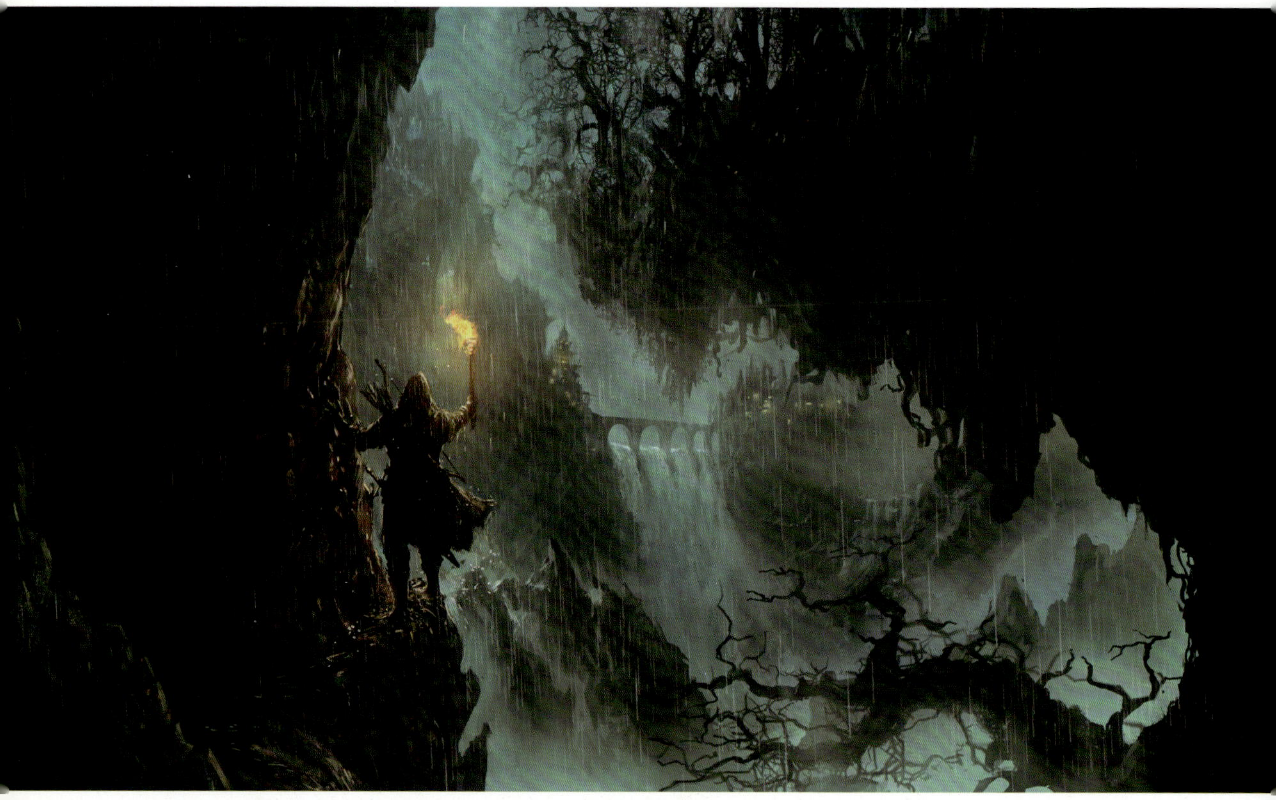

다크 판타지에 등장할 법한 비 표현과 음침함을 연출하는 방법을 중점적으로 설명합니다. 영화의 한 장면이 떠올라 인물을 조금 크게 그렸습니다. 비가 내리는데 미끄러운 단애절벽을 지나는 여행자가 지금부터 어떤 활약을 할지 기대해주세요.

4800×2700픽셀
(FHD의 2.5배)

약 3시간

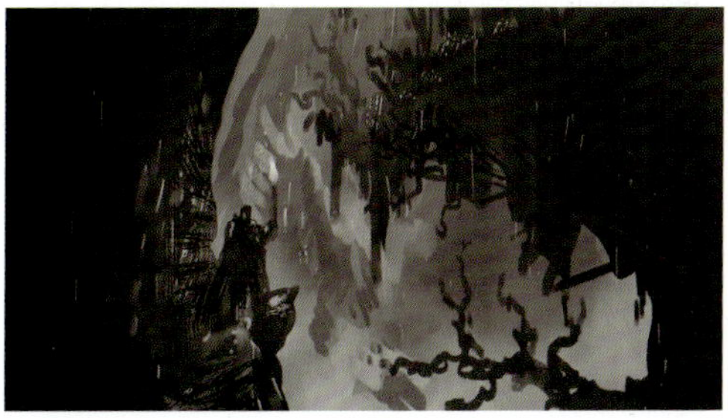

❶ 러프

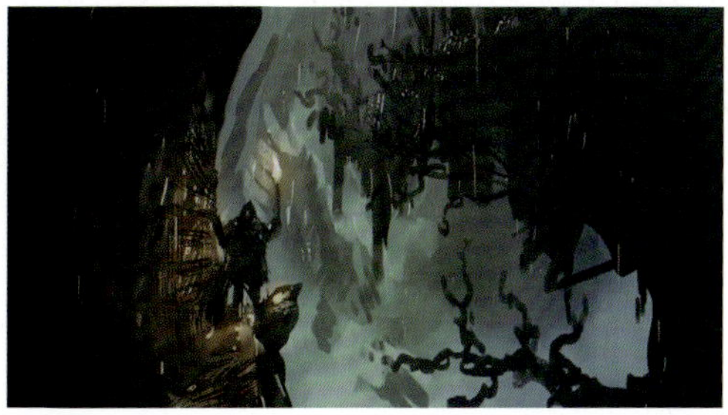

❷ 밑색

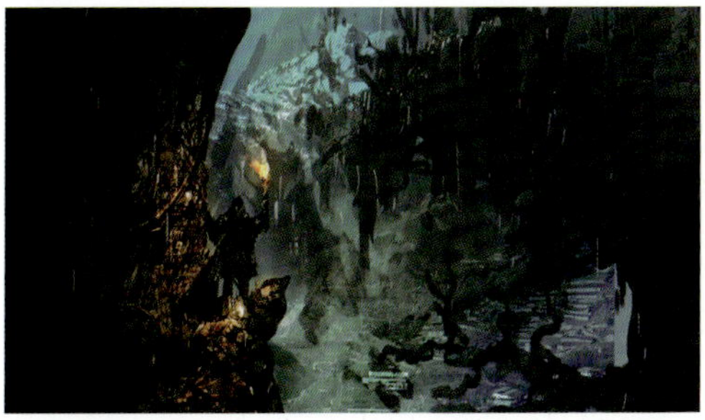

❸ 사진 합성

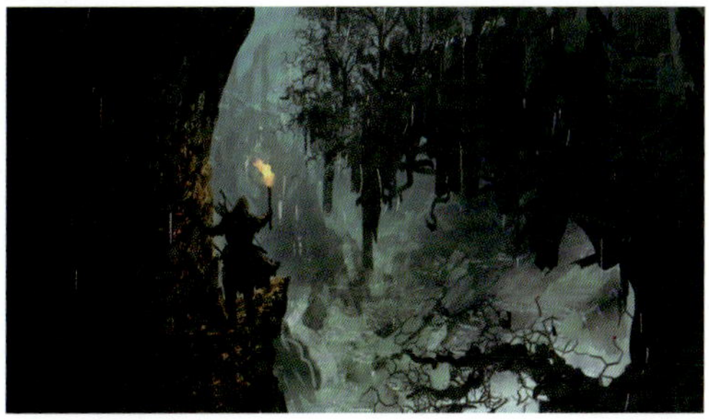

❹ 이미지 확정

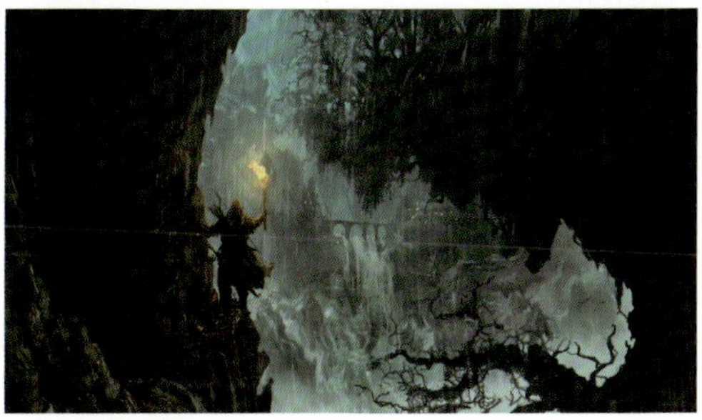

❺ 구성 요소 추가

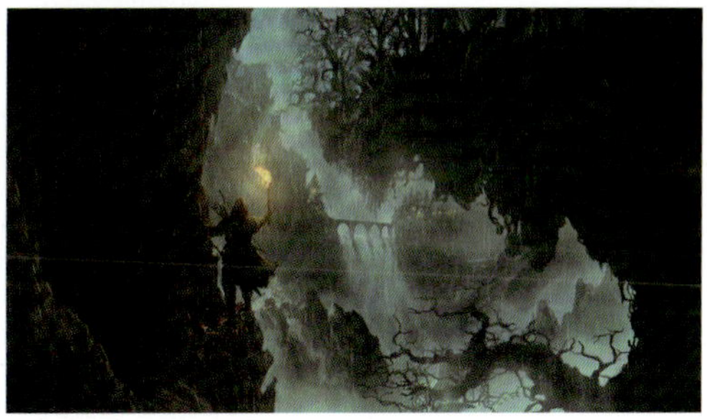

❻ 이펙트

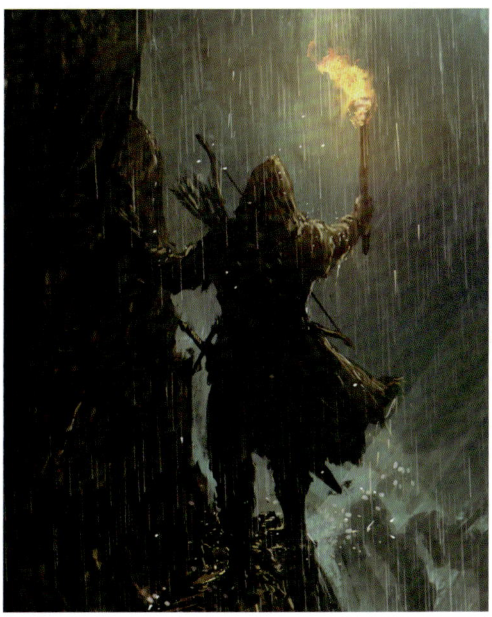

여행자

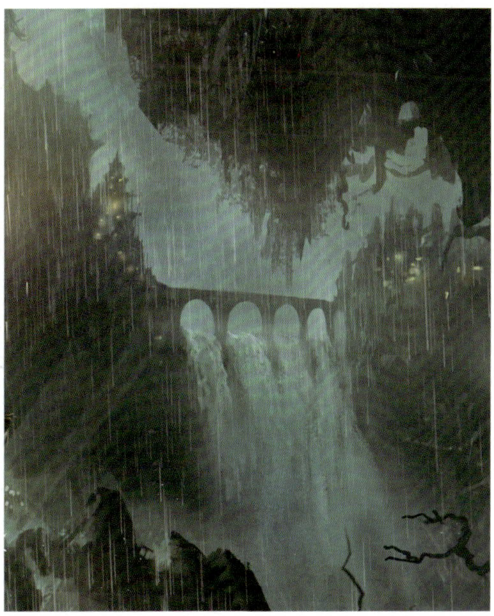

원경의 다리

Making

제작 과정

01 인물의 러프부터 그린다

영화의 한 장면처럼 현장감이 있는 그림을 그리려면 평소와 다른 방식으로 접근해야 합니다. 초크 브러시(p.16)로 인물부터 그립니다❶. 여행자에게 시선이 집중되도록 화면의 중앙 부근에 그립니다. 인물을 먼저 그리는 이유는 움직이는 이미지를 떠올리기 쉬워서입니다. **움직임이 느껴지는 그림을 그리려면 그 장소의 상황을 '영상'이라고 생각하면 쉽습니다.** 불꽃의 일렁임이나 빗소리를 머릿속으로 재생해보세요.

Point

사람은 사람을 본다

그림 속에 인물이 있으면 감정을 이입하기 쉽습니다. **Scene 5**에서는 '음침함'이 하나의 키워드입니다. 정지 화면으로는 느낌을 표현하는 일이 무척 어렵지만 인물의 비율을 높이면 좀 더 수월합니다.

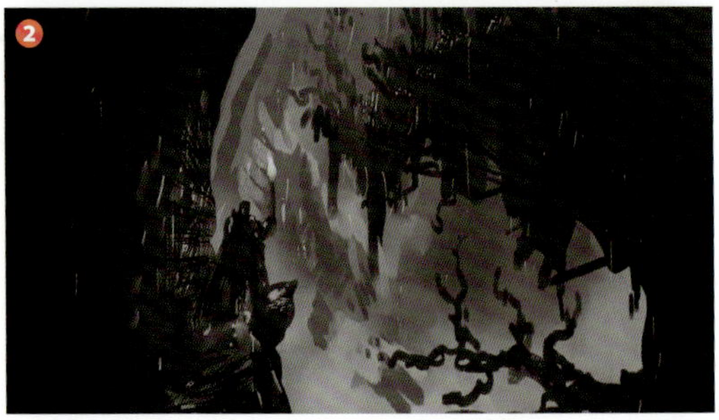

02 레이어를 분할한다

근경과 중경을 명확하게 나눈 구도❷이므로, 근경과 중경으로 레이어를 분할합니다. **분할한 레이어는 [투명 픽셀 잠그기]를 설정하고 에어브러시(p.16)로 그라데이션을 만들어 명암을 자연스럽게 표현합니다**❸. [투명 픽셀 잠그기]와 에어브러시를 조합하면 응용 범위도 넓어지고, 세세한 명암의 단계를 간단하게 표현할 수 있습니다.

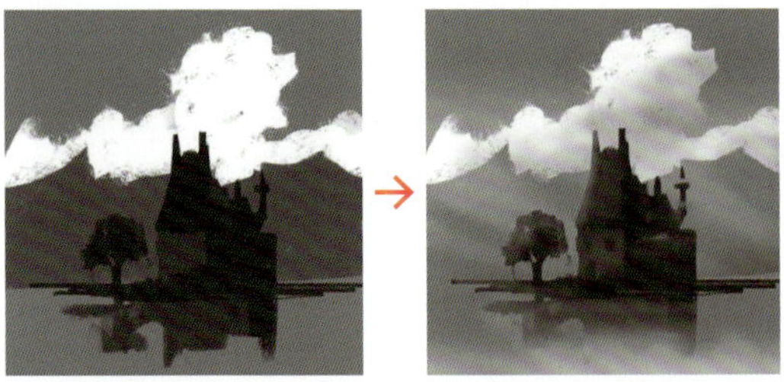

[투명 픽셀 잠그기] 설정 → 에어브러시로 그라데이션을 만든다

Point

[투명 픽셀 잠그기]로 영역에서 벗어나지 않게

이 기능을 설정하면 채색한 부분을 보호할 수 있기 때문에 채색이 영역을 벗어날 일이 없습니다❹. [레이어] 창의 ❺를 클릭하면 설정됩니다. 레이어가 설정되면 ❻처럼 자물쇠 마크가 생깁니다.

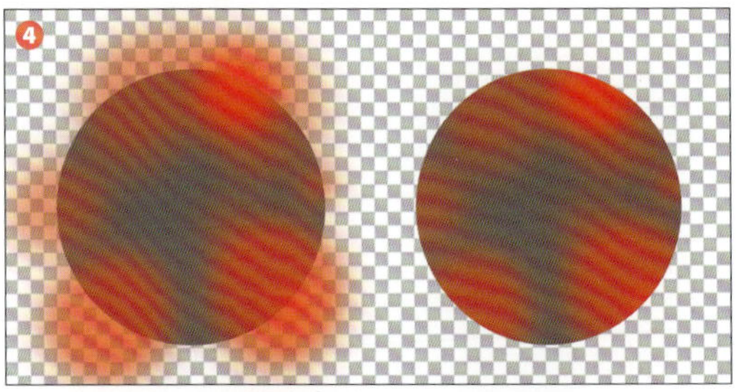

[투명 픽셀 잠그기] 해제 / [투명 픽셀 잠그기] 설정

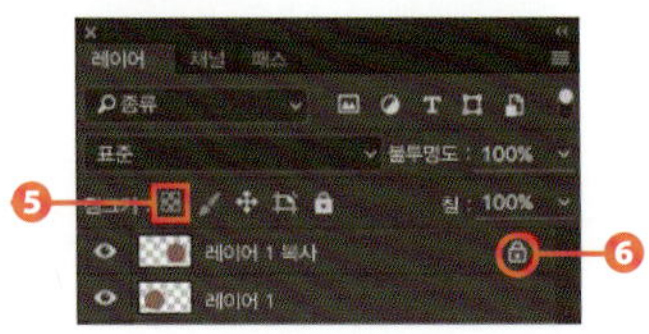

03 채색을 한다

[오버레이] 모드 레이어를 만들고 채색을 합니다. 키라이트는 파란색~녹색, 시선을 집중시키고 싶어 보조 광원인 횃불은 오렌지색으로 설정했습니다❼. 다크한 그림은 채도가 낮은 색이 많이 없을 것이라고 생각하기 쉬운데, 어둠 속에 다양한 색감을 담으면 깊이 있는 그림이 됩니다.

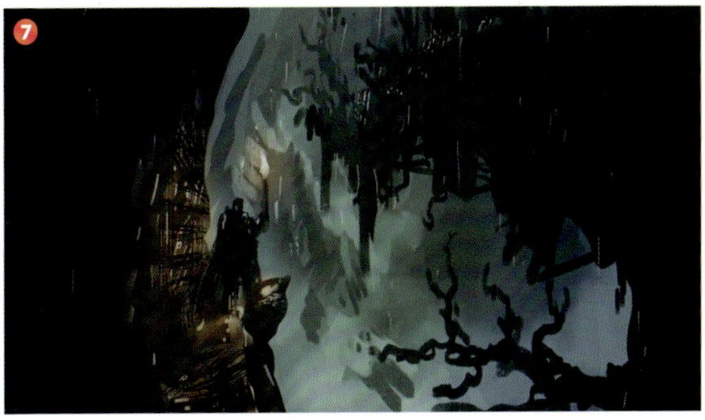

Point

'다크=어두운 그림'이 아니다

다크 판타지가 주제인 그림은 명암 조절이 중요합니다. 다크라고 해서 단순히 어둡게 칠하면 대비가 없는 그저 어둡기만 한 그림이 됩니다. 다크한 분위기를 유지하면서도 밝은 부분을 만들기 위해 달빛, 구름을 비집고 쏟아지는 빛, 비안개, 불꽃 등을 추가합니다. 이번에는 비구름을 뚫고 쏟아지는 청록색의 빛과 그 빛을 반사하는 비안개, 횃불의 불이 광원입니다.

04 사진을 합성한다

정보량을 증가시키려고 사진을 합성했습니다❽. 불러온 사진을 [오버레이] 모드로 설정하고 합성할 레이어에 [클리핑 마스크]를 적용하면 레이어별로 필요한 사진을 합성할 수 있습니다❾.

불꽃 등의 이펙트에도 사진을 사용하면 손쉽게 사실감을 표현할 수 있습니다. 포토리얼 스타일의 그림이 아니라면 불꽃 이미지를 초크 브러시와 [손가락] 도구를 이용해 일러스트에 어울리도록 수정하고 조절합니다. **불꽃의 반짝임은 레이어를 [선형 닷지(추가)] 모드로 설정하고 합성하면** 표현할 수 있습니다❿.

참조 'Technique : 사진 합성'(p.38)

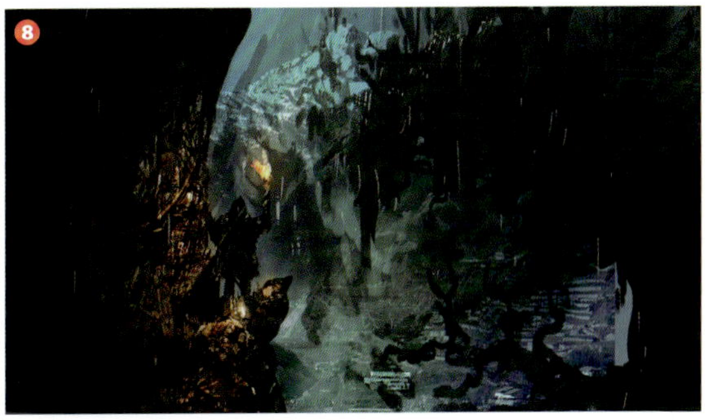

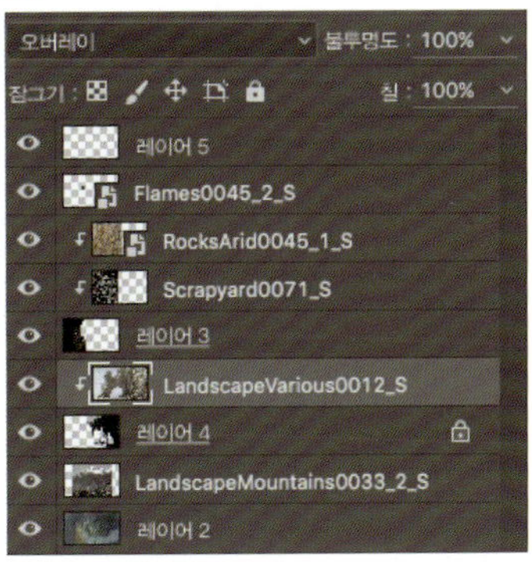

합성할 때의 레이어 구조

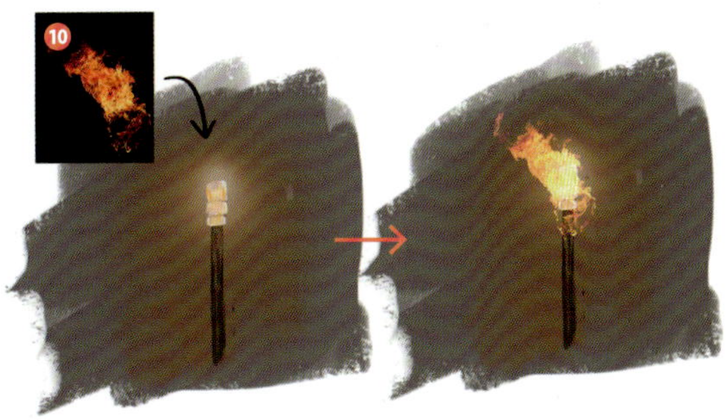
화염 사진은 [선형 닷지(추가)]로 합성

05 여행자를 그린다

여행자의 실루엣을 초크 브러시와 [지우개] 도구로 정리하고 포즈나 장비를 설정합니다⑪.
사람의 눈은 어두운 곳의 상세한 부분까지 볼 수 없습니다. 횃불의 영향을 받는 오른손과 오른쪽 상반신만 집중해서 묘사하면 시간을 단축할 수 있습니다.
여행자는 비에 젖어 있습니다. 젖은 물체는 명도가 떨어짐과 동시에 물의 반사로 강한 하이라이트가 나타납니다. 천의 질감은 신경 쓰지 말고 물의 하이라이트를 묘사하는 데 주력합니다.

Point

포즈 정하기

비가 와서 바위 표현이 젖어 미끌미끌하므로 자연스럽게 벽에 손을 짚으며 한 걸음 한 걸음 신중하게 내딛습니다. 길이 좁으니 몸을 벽면에 밀착시킬지도 모릅니다. 이런 상황에서 일어날 수 있는 사건을 상상하면서 왼손으로 벽을 짚고 몸을 비스듬하게 기울인 포즈로 그렸습니다.
포즈를 정할 때 그림이라는 점을 잊지 마세요. 보통은 횃불 든 손을 앞으로 내밀고 있겠지만, 지금은 그림의 완성도가 먼저입니다. 사실적이라고 무조건 좋은 것은 아닙니다. 알기 쉽고 멋지게 보이는 것이 중요합니다.

Point

장비 디자인하기

게임에서 사용하는 3D모델링 작업을 할 때 참고할 수 있는 상세한 설정 자료가 있으면 좋습니다. 이번에는 그런 상황을 가정하고 설정⑫을 먼저 그렸습니다. 공간이 부족하니 별도 설명은 생략합니다만 실제 설정 작업을 할 때는 망토 밑에 걸쳐 입는 옷의 형태나 방어구도 디자인합니다. **Scene 5**의 세계관은 변형하지 않아도 되는 판타지이므로 장비 디자인도 실용성이나 리얼리티가 중요합니다.

06 바위를 그린다

여행자를 기준으로 삼아 근경의 바위를 그립니다⑬. 바위는 빈 공간에 그리는 것보다 사진을 합성한 부분에 그리는 것이 효율적입니다.

참조 'Technique : 바위 그리기'(p.100)
참조 'Technique : 젖은 사물 그리기'(p.102)

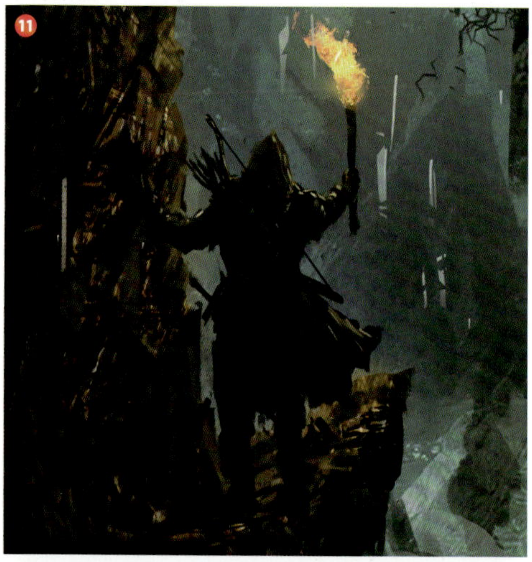

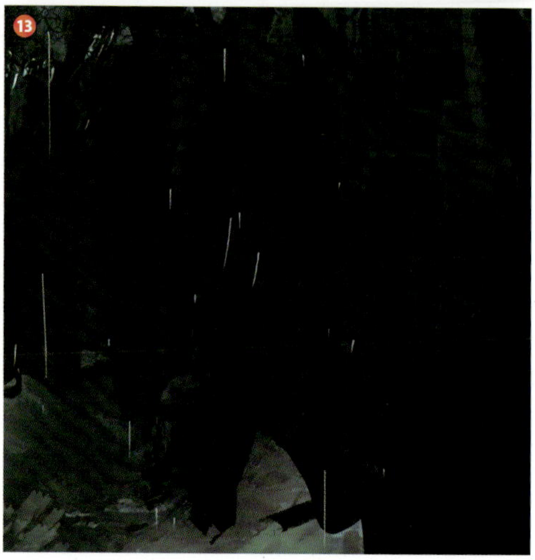

07 비를 그린다

비를 그리는 방법은 다양하지만 이 책에서는 필터와 브러시를 사용해 비 그리는 방법을 소개합니다. 두 방법을 모두 알아두면 그림에 따라서 선택할 수 있습니다. 이 그림은 여전히 이미지가 흐릿하므로 비의 입자가 선명하게 보이면 비의 정보량이 도드라질 듯해서 필터를 사용하는 방법을 선택했습니다⑭.

참조 'Technique : 비 그리기(필터)'(p.104)

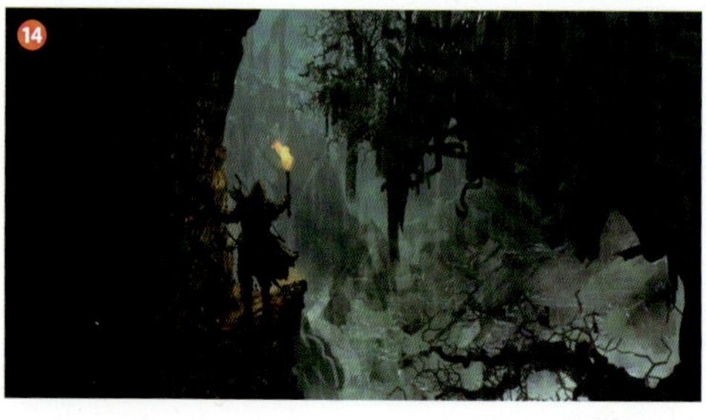

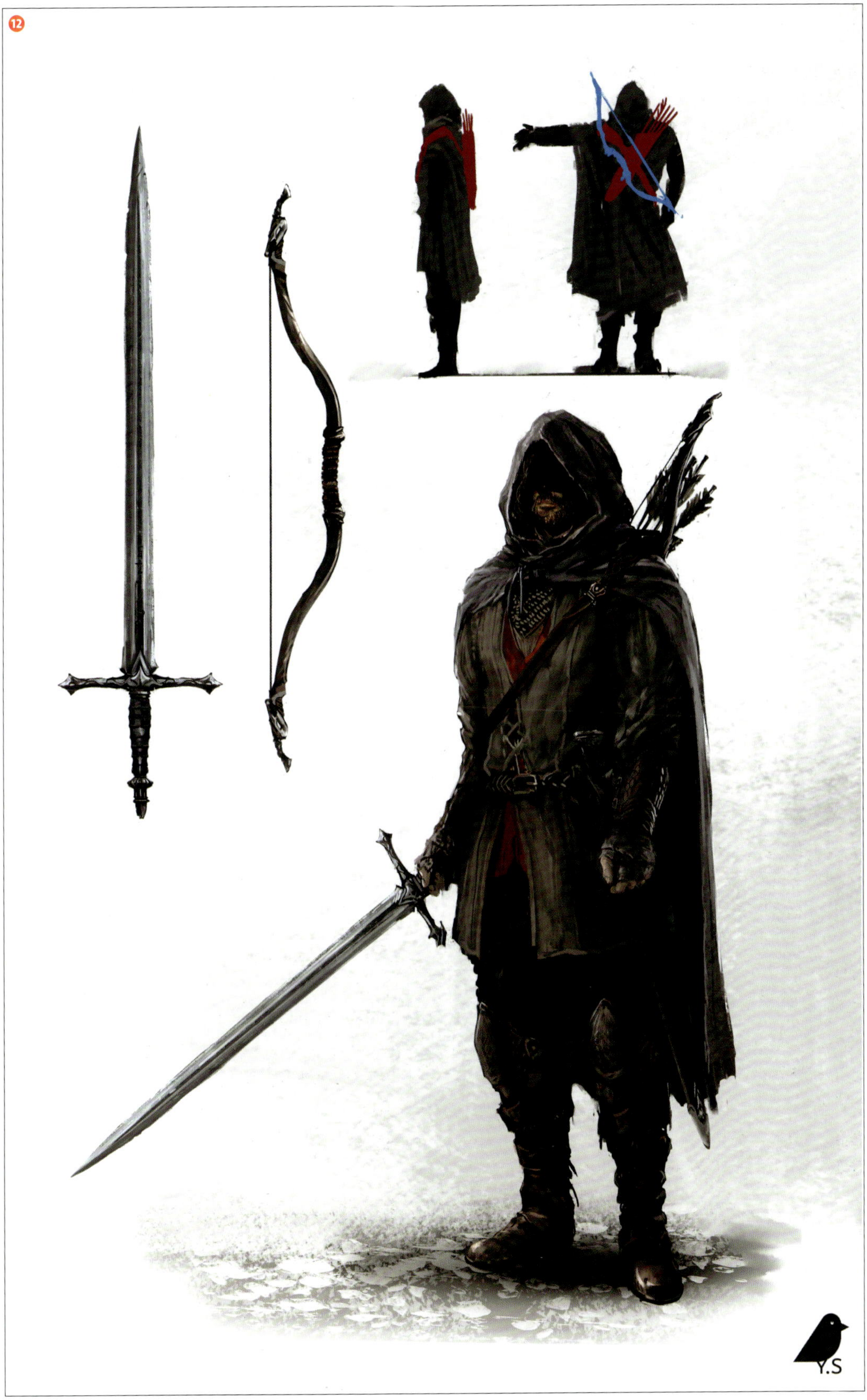

장비 설정화

08 원경의 건물을 그린다

원경이 허전해 보이므로 다리, 관문, 요새 같은 건물을 추가합니다. 처음에는 구름다리⑮를 그렸지만 건물의 규모와 크기가 어울리지 않아서 튼튼한 돌다리⑯로 변경했습니다.

Point

비가 내리는 원경

비가 내리면 공기 중의 수분이 많아져서 시야가 흐려지고 공기원근법이 맑은 날에 비해 강해집니다. 그림에서는 디테일을 생략하는 방식으로 표현합니다. 대부분 실루엣만으로도 충분하니 편하게 그립니다. 이런 방법은 늪지나 정글처럼 습도가 높은 장소에도 응용할 수 있습니다.

⑮

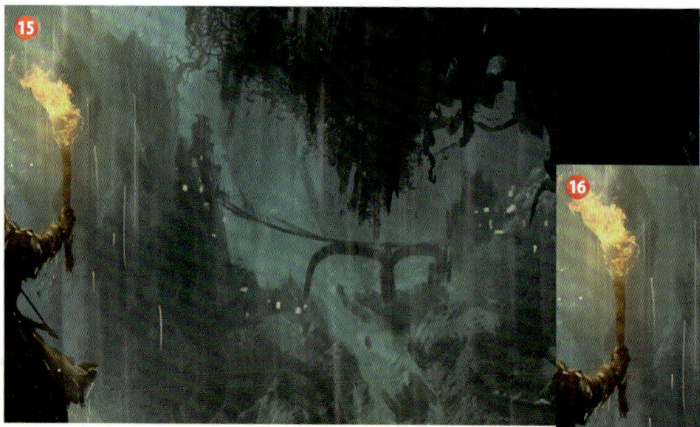

⑯

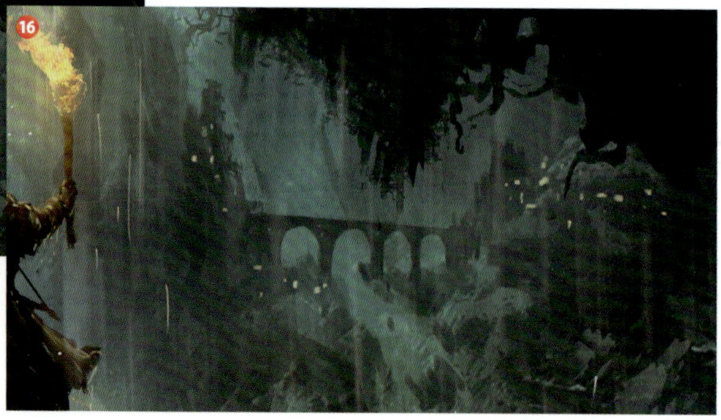

09 음침함을 그린다

화면상의 나무나 건물의 실루엣 등으로 음침함을 표현합니다. 음침함이 느껴지는 실루엣은 크게 2종류가 있습니다. 기분 나쁜 생명체를 연상시키는 것과 왠지 만지면 아파 보이는 뾰족뾰족한 것입니다⑰. 여기에다 불쾌한 느낌을 더하면 음침함을 표현할 수 있습니다.

Point

음침함 연출하기

실루엣으로 음침함을 표현할 수 있지만 아무리 아름다운 것이라도 상황에 따라서 음침해 보이기도 합니다. 아무렇지 않게 지나다니던 학교의 복도도 한밤중이라면 음침합니다.

⑰

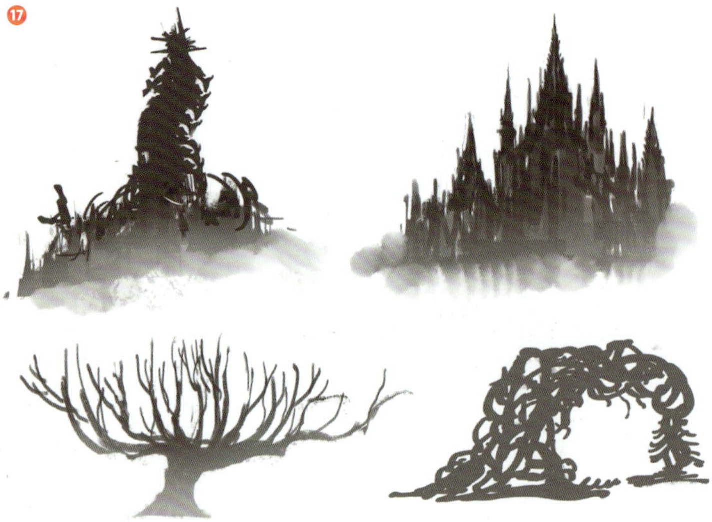

불길한 실루엣

10 폭포를 그린다

교각 사이로 폭포를 추가합니다⑱. 폭포는 물줄기가 하얗게 보이므로 명암의 폭을 묘사하거나 웅대함을 연출할 때 자주 사용하는 요소입니다.

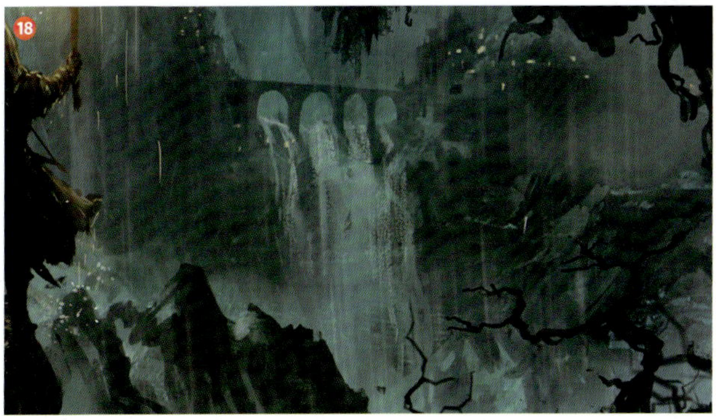

Point

폭포 그리는 요령

- 반원의 실루엣

  폭포는 물의 흐름이 급격하게 빨라지므로 반원이 이어지는 듯한 실루엣이 됩니다. [손가락] 도구에 흐리기 브러시(p.17)를 적용한 상태로 흐릿하게 만들면서 그립니다.

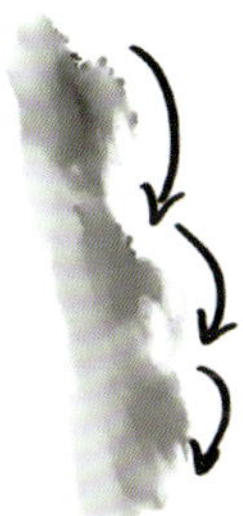

- 입자

  폭포는 흩날리는 물의 입자가 보입니다. 입자 브러시(p.17)로 반원 실루엣에 입자를 섞듯이 그립니다.

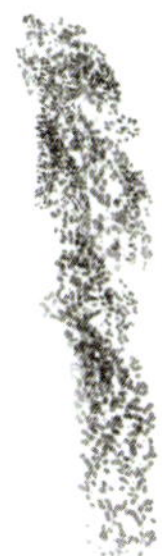

- 안개

  거대한 폭포일수록 물이 떨어지면서 확산되어 안개처럼 됩니다. 에어브러시로 안개처럼 보이도록 흐릿하게 묘사합니다.

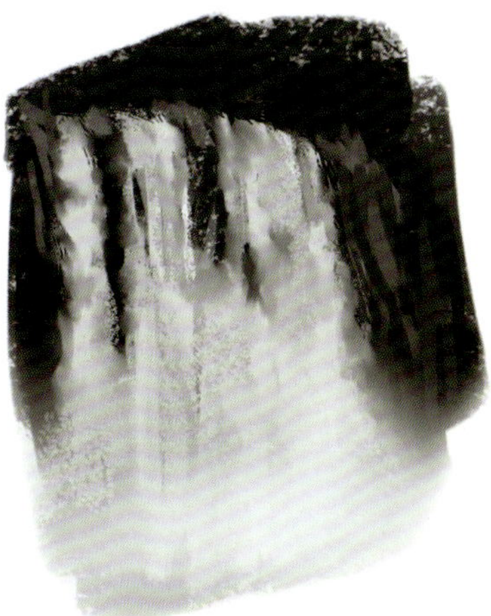

- 리듬

  인공 폭포가 아닌 다음에는 장소에 따라서 수량 차가 있으니 리듬감을 의식하면서 그립니다.

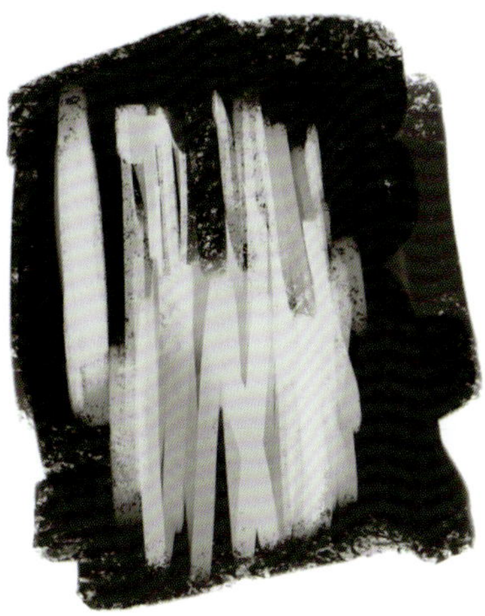

11 자신의 일러스트를 합성한다

자신의 작품을 [오버레이] 모드 레이어로 합성합니다. 사진 합성과 같은 방식으로 '색' 정보를 더합니다 ⑲. 그림이 밋밋할 때 제가 주로 쓰는 방법입니다. 합성한 일러스트에 캐릭터의 얼굴이 있다면 [파형] 필터를 사용합니다. 캐릭터의 얼굴은 눈에 쉽게 띄니 일그러뜨려서 알아볼 수 없게 만듭니다.

Point
우연을 활용

디지털은 우연적인 요소가 발생하기 어려운 것이 약점입니다. 아날로그라면 물감의 섞임이나 번짐 등으로 의도하지 않은 변화가 나타나지만 디지털에서는 있을 수 없습니다. 특히 색감이 밋밋해지기 쉽습니다. 그리고 있는 그림과 전혀 다른 분위기의 그림을 합성해 아날로그의 우연을 만듭니다.

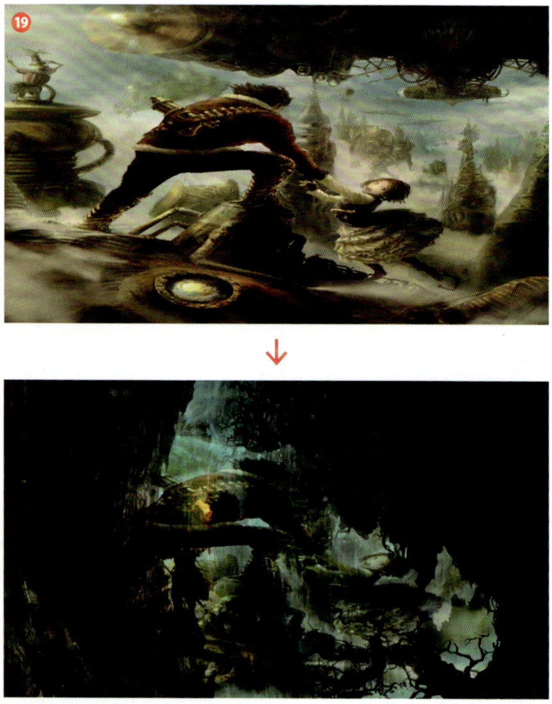

Point
여러 소재 레이어에 일러스트 합성하기

소재 레이어를 합성할 레이어의 개수만큼 복사합니다. 복사한 레이어를 각 대상 레이어 위로 옮겨 [오버레이] 모드로 설정하고 [클리핑 마스크]를 적용해서 합성합니다⑳.

Point
[파형] 필터 활용

변화가 필요하거나 그림을 흩뜨리고 싶다면, 메뉴에서 [필터]→[왜곡]→[파형]을 선택해 소재를 변형합니다㉑. 설정 수치는 취향대로 조절하면 됩니다. [파형] 필터는 [흐리기] 필터㉒와 달리 선명한 정보량을 유지한 상태로 변화시킬 수 있습니다.

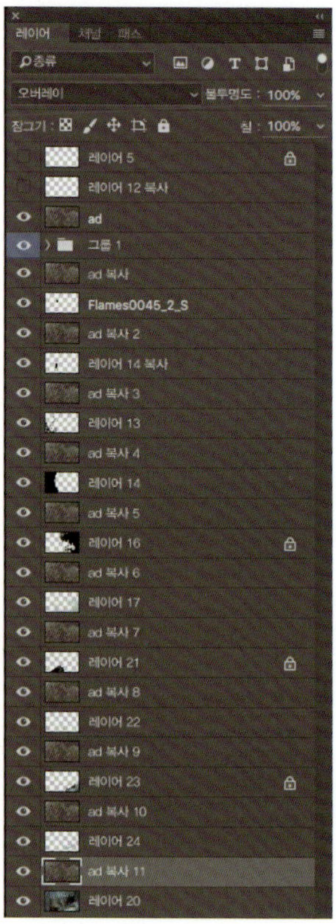

소재 레이어 'ad'를 복사

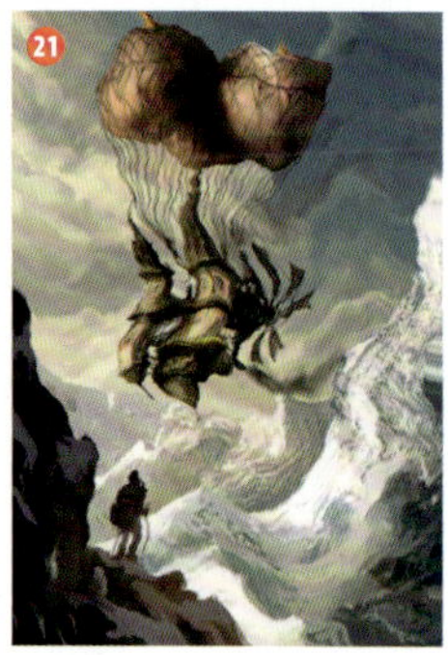

[파형] 필터

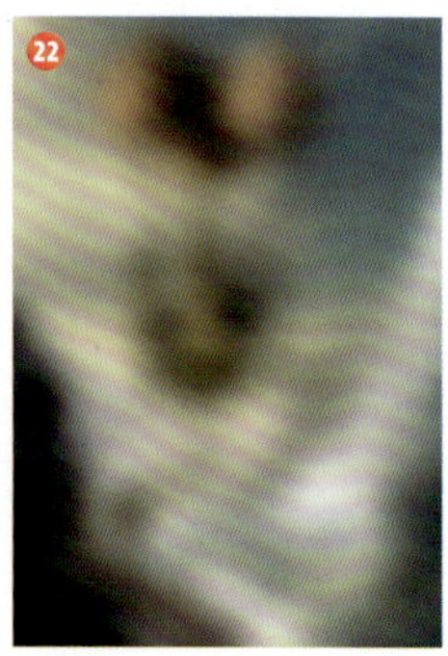

[흐리기] 필터

12 비와 빛 이펙트를 넣고 완성한다

비와 빛 이펙트를 추가하고 완성합니다. 여기서 필터로 만든 비를 브러시로 만들 비로 변경했습니다23. 이유는 그림의 밀도도 높아지고 필터로 흐려진 비는 정보량이 부족하기 때문입니다. 브러시로 만든 비는 선명해서 정보량이 높습니다.

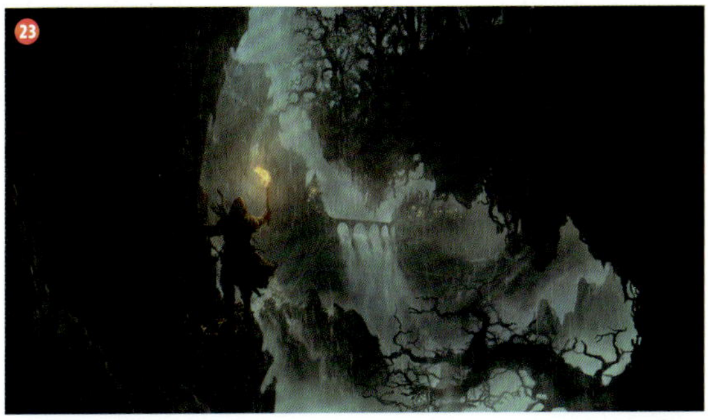

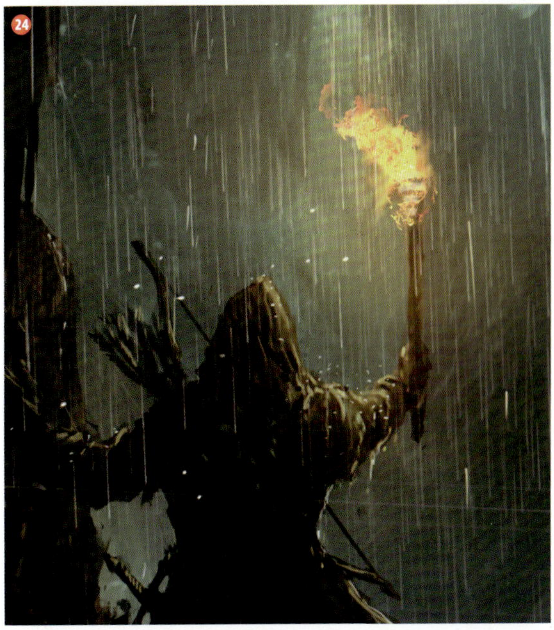

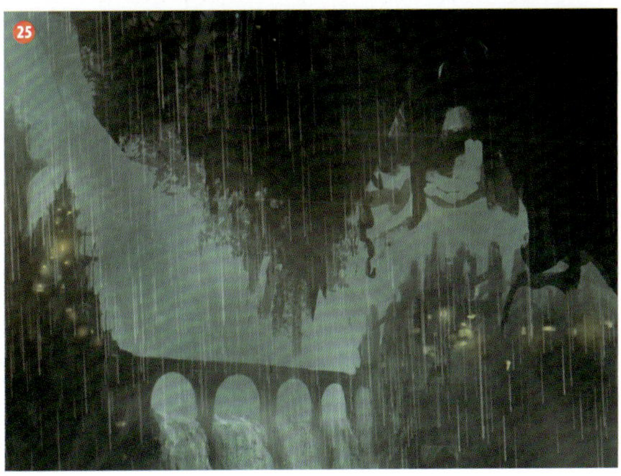

Point
물방울 그리기

횃불 주위나 여행자의 머리, 팔, 발밑의 지면 등에 점이나 비의 흐름을 묘사해 흠뻑 젖은 상태를 표현합니다24.

비는 브러시를 사용해 선으로 그렸지만 실체는 물방울입니다. **물방울은 주위에 빛이 있거나 물체에 부딪쳐 튕기면 빛을 강하게 반사**합니다. 광원을 들고 있는 인물의 주위에 비가 떨어져 튕기는 물방울을 과장하면 설득력이 높아집니다.

Point
빛 조절

공기 중에 수분이 많으면 빛이 확산되고 뿌옇게 보이므로, [선형 닷지(추가)] 모드 레이어를 만들고 부드러운 브러시(에어브러시)로 광원에 터치를 넣어 비의 영향으로 흐려진 빛을 표현합니다. 특히 원경의 빛은 더 흐립니다25.

Point
공기의 일렁임

빛의 확산을 표현할 때 포인트는 공기의 일렁임을 의식하는 것입니다. **불꽃에 의해 공기가 뜨거워져 일렁이므로 불꽃의 빛을 원형으로 그리면 안 됩니다**26. 공기의 흐름이 느껴지는 생생한 이펙트로 현장감과 설득력을 높여야 합니다.

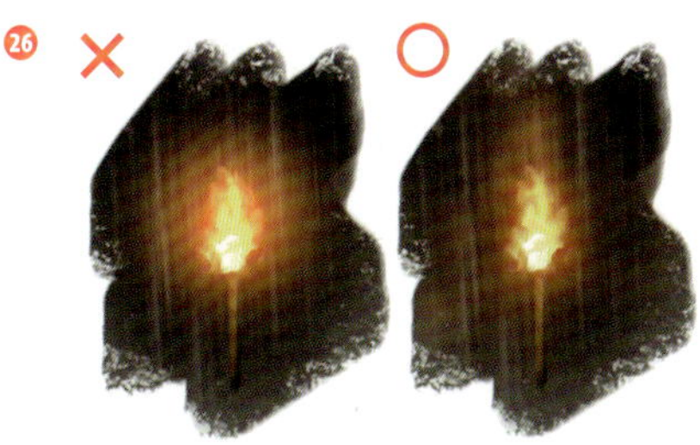

공기의 흐름을 느낄 수 있는 이펙트

Technique

바위 그리기

바위는 흔히 접할 수 있는 사물이지만 판타지 배경에서는 활용도가 높은 배경 요소입니다. 숲이나 초원을 그릴 때 악센트로 바위를 그리면 지형에 변화가 생겨 재미있는 그림을 연출할 수 있습니다.

특색 있는 바위 그리기

실루엣이 특이한 바위는 세계관을 표현하거나 음침함 등을 연출할 수 있습니다.

01 ● 실루엣을 만든다

새 레이어에 [올가미] 도구로 실루엣(선택 범위)을 만들고 적당한 회색으로 색을 채웁니다❶. 재미있는 실루엣은 리듬감이 있습니다. 버섯처럼 생긴 바위, 나무 같은 바위 등 주변에서 흔히 볼 수 있는 무언가를 연상시키는 실루엣❷도 재밌습니다.

❶
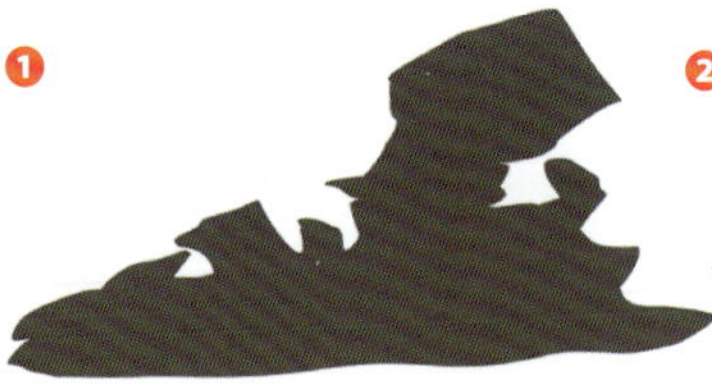
❷
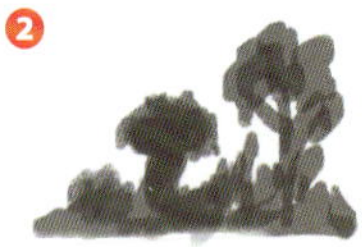

02 ● 정보를 더한다

*01*에서 만든 선택 범위에 텍스처 브러시(p.17)로 가볍게 터치를 하거나 바위 사진을 합성해서 정보량을 늘립니다❸. ❹와 같은 터치는 텍스처 브러시가 가장 효율적입니다.

❸
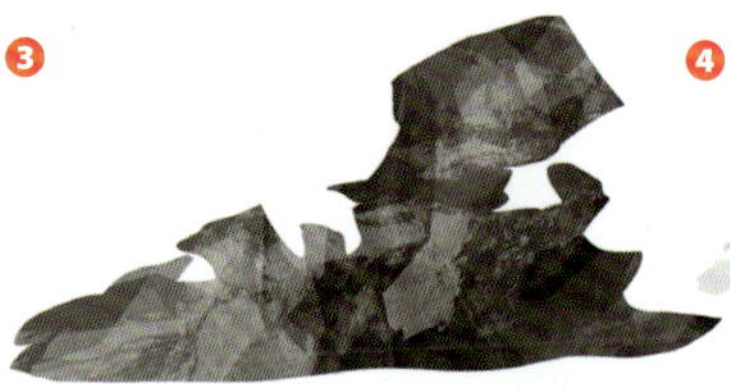
❹
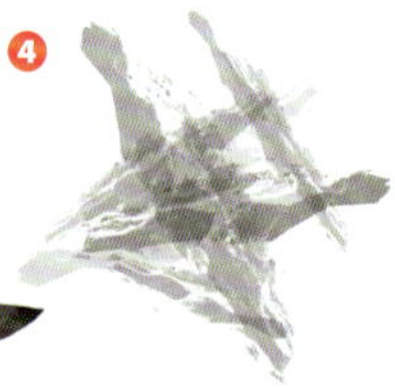

03 ● 채색을 한다

[오버레이] 모드 레이어를 새로 만들고 색을 칠합니다❺. 왼쪽 위에 광원을 설정하고 바위의 왼쪽에는 노란색을, 그림자에는 파란색을 엷게 올립니다. 노란색과 파란색이 섞이면 바위 전체가 녹색을 올린 것처럼 보입니다❻.

❺
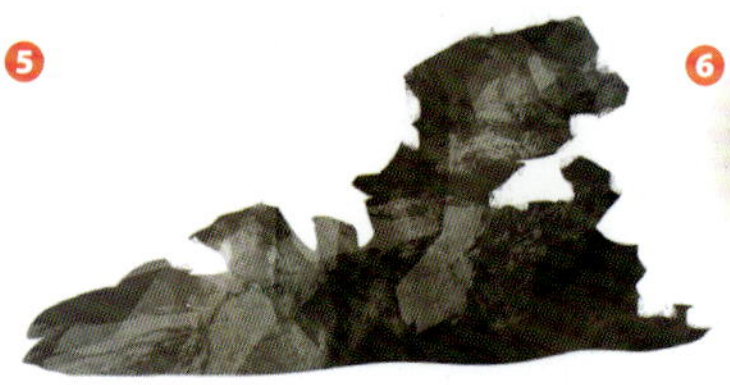
❻

04 ● 분할한다

*02*에서 추가한 텍스처의 어두운 부분을 표면의 홈이라 생각하고, 홈에 금이 간 것처럼 선명한 선을 그어 분할합니다❼. ❽처럼 큰 바위 덩어리(빨간색)에 작은 조각(노란색)이 붙어 있는 느낌으로 그리면 입체감을 표현하기 쉽습니다.

❼
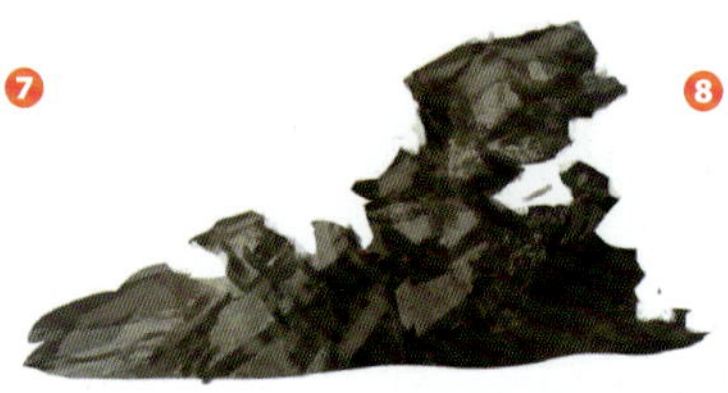
❽
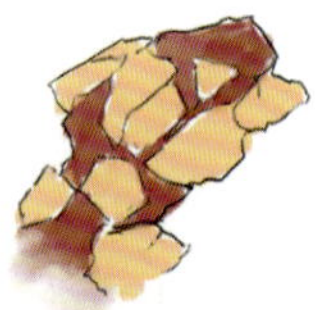

05 ● 완성한다

빛의 방향을 의식하면서 하이라이트와 그림자를 추가하고 입체감을 높입니다❾. ❿처럼 빨간색 큰 덩어리와 노란색 조각에 각각 그림자와 하이라이트가 있다는 점을 생각하고 묘사합니다.

❾
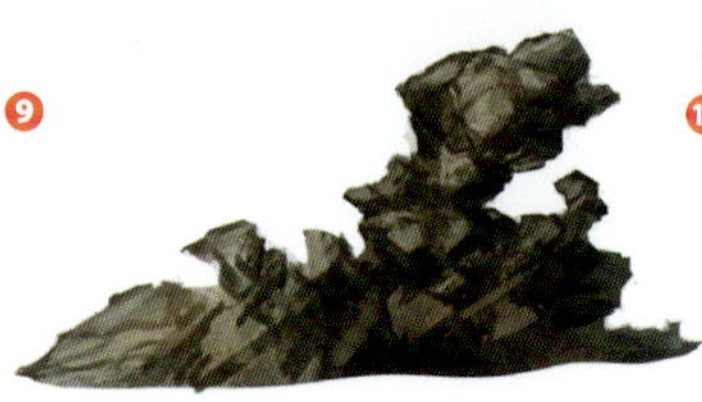
❿
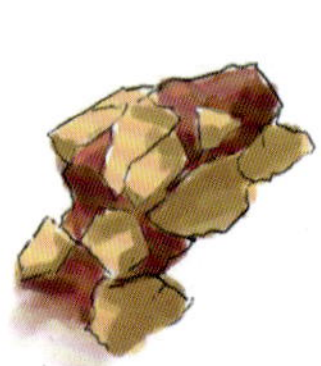

동굴 그리기

바위와 연결된 동굴 그리는 법을 소개하겠습니다. 동굴은 판타지 세계에서 빼놓을 수 없는 던전의 대표 형태입니다.

01 ● 실루엣을 그린다

동굴의 바위 표면 실루엣을 그리는데 거리별로 레이어를 나눠서 그립니다⑪. 벽이 파도처럼 주름진 이미지를 생각하면서 표면의 형태별로 실루엣을 정하면 편리합니다⑫. 실루엣을 완성했다면 각 레이어의 [투명 픽셀 잠그기]를 설정합니다.

⑪

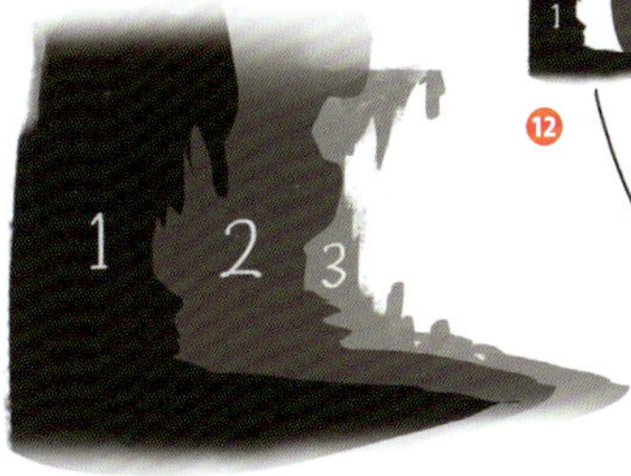

⑫

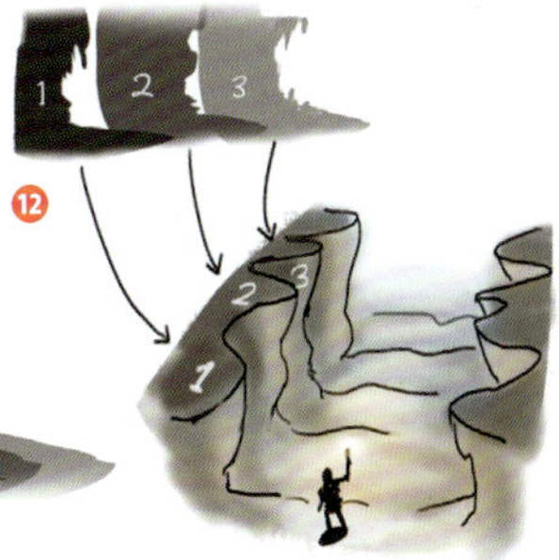

02 ● 정보를 더한다

텍스처 브러시 또는 사진 합성으로 정보량을 늘리고 에어브러시로 입체감을 묘사합니다⑬. ⑭처럼 텍스처 브러시와 에어브러시를 조합하는 것이 포인트입니다. 텍스처 브러시만으로는 바위 표면을 묘사하기 어려우므로 에어브러시를 함께 사용해 바위 전체의 입체감을 표현합니다. 이번에는 앞쪽은 어둡게, 안쪽은 밝게 합니다. 실루엣 경계의 명암 차이로 거리감을 표현하는 것입니다. '밝음과 어둠을 겹치기'(p.33)와 같은 원리입니다.

⑬

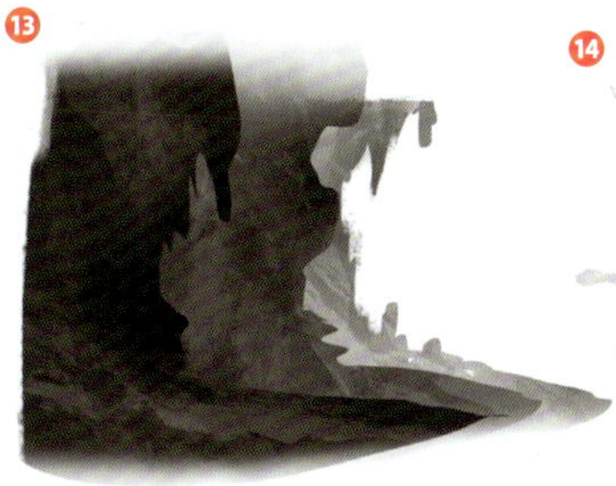

⑭

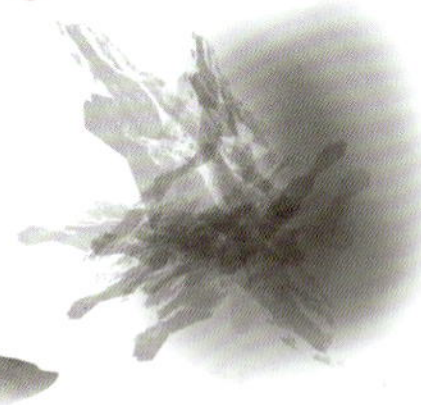

03 ● 채색하고 분할한다

새로 [오버레이] 모드 레이어를 만들고 바위 표면을 채색합니다. 그 위에 레이어를 추가하고 선명한 선으로 바위 표면을 분할합니다⑮. 바위를 사실적으로 묘사하는 선이 아니라 입체감을 강조하기 위한 보조선⑯의 역할을 하는 선입니다.

⑮

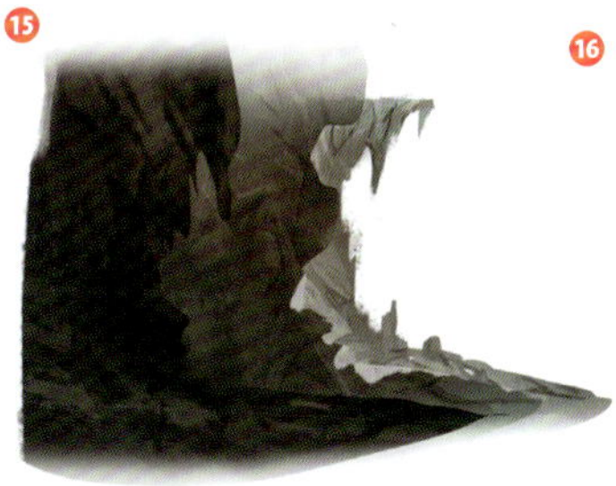

⑯

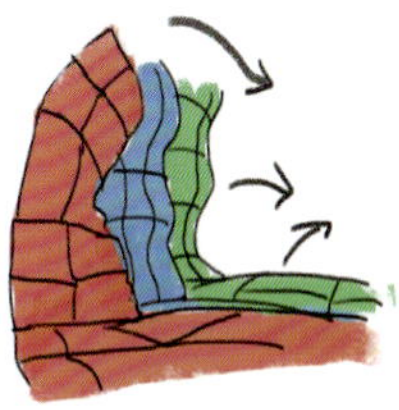

04 ● 하이라이트와 안개를 그린다

실루엣의 경계에 안개나 빛을 더하면 거리감이 좀 더 확실해집니다⑰. 동굴은 앞쪽을 밝게 처리하는 패턴과 안쪽을 밝게 처리하는 패턴이 있는데, 이번에는 후자를 선택했습니다. 사람의 시선은 어두운 부분은 잘 보지 않으니 앞쪽⑱은 과감하게 묘사하지 않습니다.

⑰ ⑱

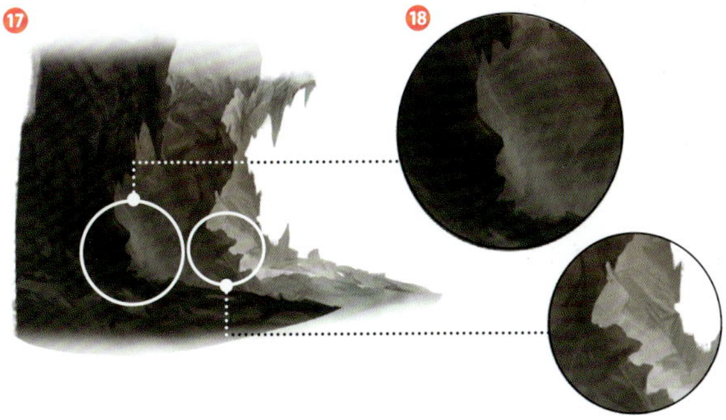

Technique

젖은 사물 그리기

비가 내렸거나 습기가 많은 장소의 사물은 젖어 있습니다. 젖은 사물의 2가지 특징을 이해하고 반사를 묘사하면 '젖은' 느낌을 표현할 수 있습니다.

젖은 사물의 특징

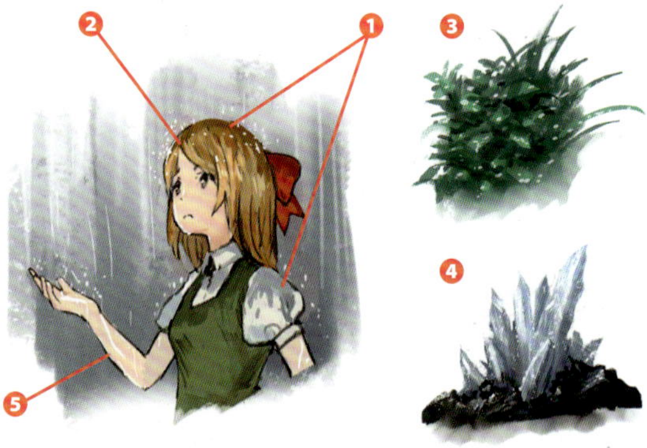

● 어두워진다

젖은 사물은 어둡습니다❶. 물이 스며들어 빛의 반사율이 낮아져서 그렇습니다. 명도를 떨어뜨려 표현합니다.

● 반짝인다

젖은 사물은 물방울의 반사로 극단적인 하이라이트가 생깁니다❷. 강이나 바다를 보면 수면의 반사로 눈이 부실 때가 있습니다. 이처럼 물은 특정 각도로 빛을 강하게 반사합니다.

● 예외

모든 젖은 사물이 위의 2가지 특징을 가지고 있지는 않습니다. 물이 스며들지 않을 만큼 반질반질한 재질인 식물의 잎❸, 수정❹ 등은 명도가 낮아지지 않습니다. 인물이라면 머리카락이나 옷은 물을 흡수해 어두워지지만, 피부는 물을 튕겨내서 반질거리기만 할 뿐 어두워지지 않습니다❺.

젖은 바위 그리기

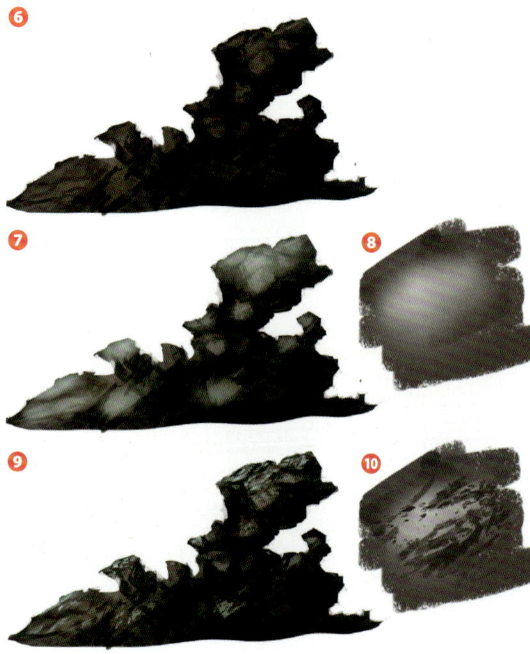

01 ● 색감을 조절한다

100페이지에서 그린 바위의 명도를 떨어뜨립니다❻. 메뉴에서 [이미지]→[조정]→[색상 균형]을 선택하고 약간 푸르스름하게 보정하세요. 물은 주위의 빛을 반사하므로 주위의 색에 어울리게 보정하면 리얼리티가 높아집니다.

02 ● 하이라이트를 그린다

[선형 닷지(추가)] 모드로 새 레이어를 만들고, 기본 화상에 [클리핑 마스크]를 적용해서 에어브러시로 빛이 닿는 부분에 흐릿한 하이라이트를 그립니다❼. 이것으로 바위 표면에 엷게 퍼지는 물방울을 표현할 수 있습니다❽.

03 ● 표면의 요철을 그린다

에어브러시로 그린 하이라이트를 [지우개] 도구로 조금씩 지웁니다❾. 바위 표면에는 작은 요철이 많습니다. *02*에서 그린 하이라이트를 깔끔하게 지우면❿, 각도의 변화와 요철을 표현할 수 있습니다. 하나씩 일일이 지우면 확실하게 작업할 수 있지만 텍스처 브러시와 [지우개] 도구를 함께 쓰면 효율적입니다.

반사 그리기

젖은 바위 표면에 반사를 그리면 그림의 깊이감이나 질감을 강조할 수 있습니다.

마법사가 동굴에서 빛을 발산하는 그림입니다⑪. 이 그림에는 2가지 부족한 부분이 있는데, 찾아보세요.

● 빛의 직선 반사

한 가지는 빛의 직선 반사입니다. 동굴의 벽이나 바닥 상하좌우에 빛의 반사를 추가하면 ⑫처럼 깊이감이나 질감이 도드라집니다. 빛의 상하, 좌우 빛의 반사를 추가합니다. 빛은 주위를 밝힐 뿐 아니라 직선으로 반사합니다.

● 대비의 반사

다음은 대비의 반사입니다. 색이나 명도의 차이가 크면 빛의 직사 반사와 같은 반사가 생깁니다. 이것을 대비의 반사라고 합니다. 의외로 잊기 쉬운 포인트로 표현하기만 하면 리얼리티가 한층 강해집니다. ⑬에서는 배경의 흰색과 마법사 다리의 명도 차이로 인해 대비의 반사가 발생합니다. ⑭는 대비의 반사를 표현한 예시입니다.

> **Memo 빛의 직진과 반사**
>
> 빛이 입사하는 방향에 따라 세기가 변하는 반사 현상을 이방성 반사라고 합니다. 빛은 직진하다가 물체를 만나면 표면에서 진행 방향이 꺾여 되돌아 나온다는 사실을 알아두세요.

⑪

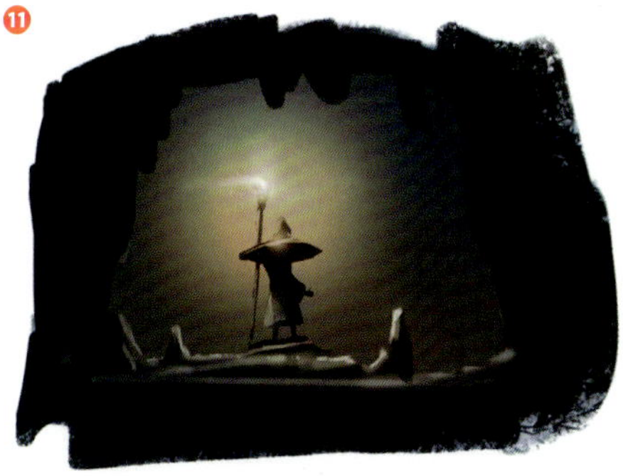

⑫

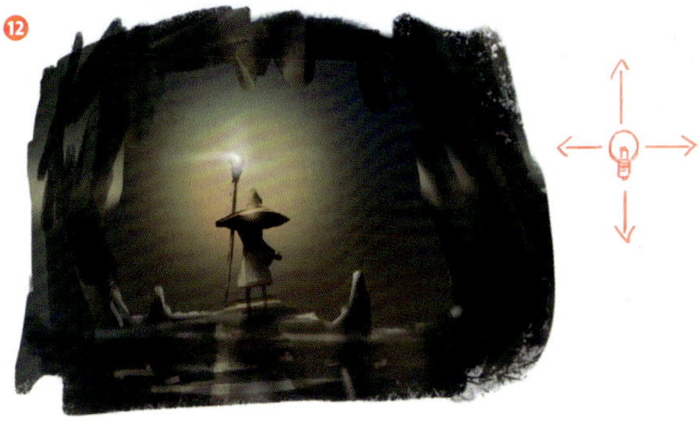

⑬

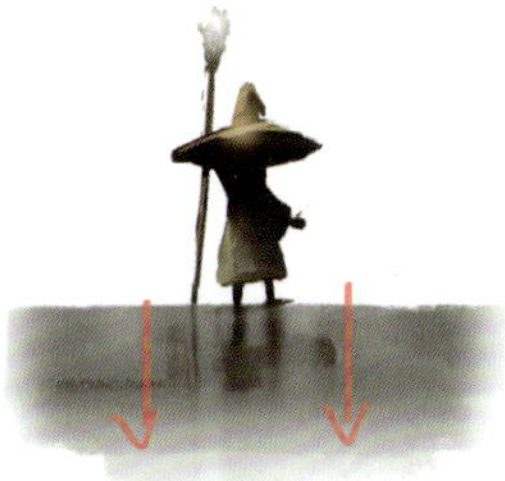

⑭

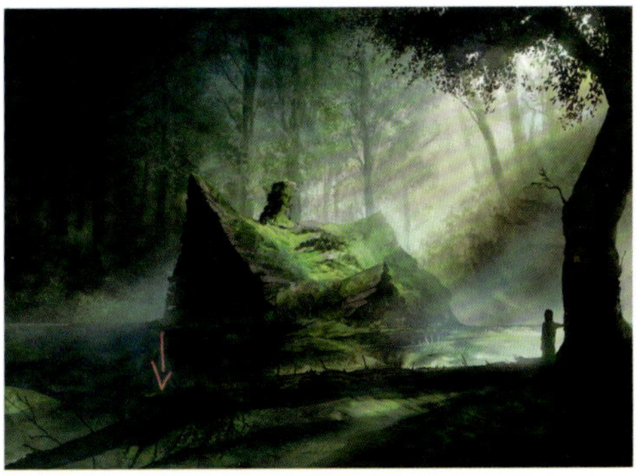

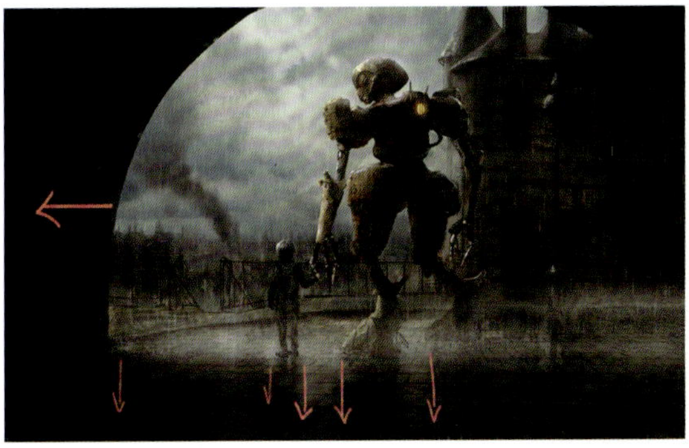

대비 반사의 예

5 비의 절벽

Technique

비 그리기 (필터)

필터를 사용해 비를 그리는 방법을 소개하겠습니다. 이 테크닉으로 뿌연 느낌의 강한 비를 표현할 수 있습니다. 비의 형태가 선명하지 않으니 변형한 그림이나 캐릭터를 돋보이게 하고 싶을 때 효과적입니다.

01 ● 레이어를 준비한다

새 레이어에 아주 작은 선택 범위를 만들고 회색(G131, R131, B131)으로 채웁니다❶.

02 ● [노이즈] 필터를 적용한다

메뉴에서 [필터]→[노이즈]→[노이즈 추가]를 선택하고 [분포 : 가우시안] [단색 : ☑]❷으로 설정한 다음 [확인]을 클릭합니다. 노이즈 추가 창에서 [양]의 수치도 적절히 조절합니다.

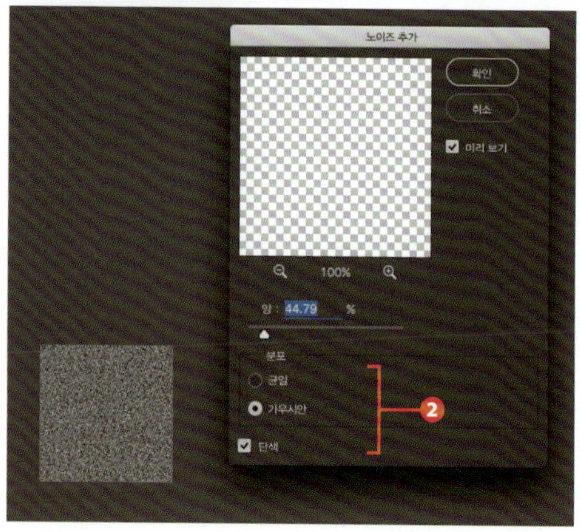

03 ● 노이즈 이미지를 확대한다

완성된 노이즈 이미지를 자유 변형으로 확대합니다❸. 노이즈로 만들어진 입자가 비의 바탕이 되므로 화면 전체를 덮을 정도의 크기로 확대합니다. 화면 가득 확대해도 노이즈 입자가 너무 작으면 의미가 없으니 작업 화면보다 크게 확대해야 합니다. 각각의 입자가 보일 정도❸가 기준입니다.

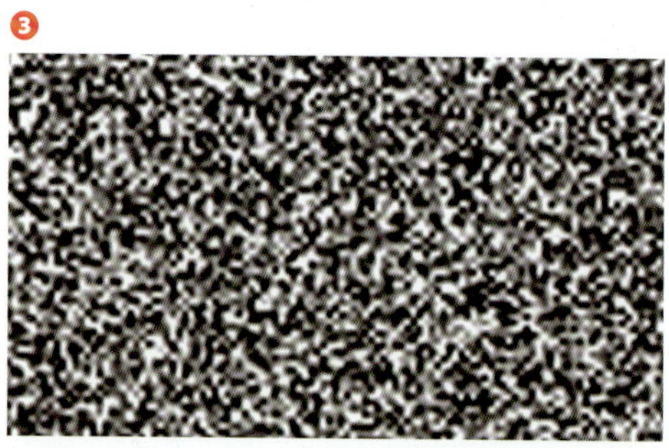

04 ● 비 입자의 기본 이미지를 완성한다

메뉴에서 [선택]→[색상 범위]를 선택합니다. [색상 범위]는 특정 색을 선택할 수 있는 기능입니다. 색상 범위 창이 표시되면 [허용량 : 41]❹로 설정하고 노이즈의 검은 부분을 원 클릭한 다음 [확인]을 눌러 창을 닫습니다. 이것으로 검은 부분만 선택 범위로 지정할 수 있으므로 복사해서 붙여 넣습니다. 붙여 넣은 레이어의 [투명 픽셀 잠그기]를 설정하고 흰색을 채우면 비 입자가 될 기본 이미지는 완성입니다❺.

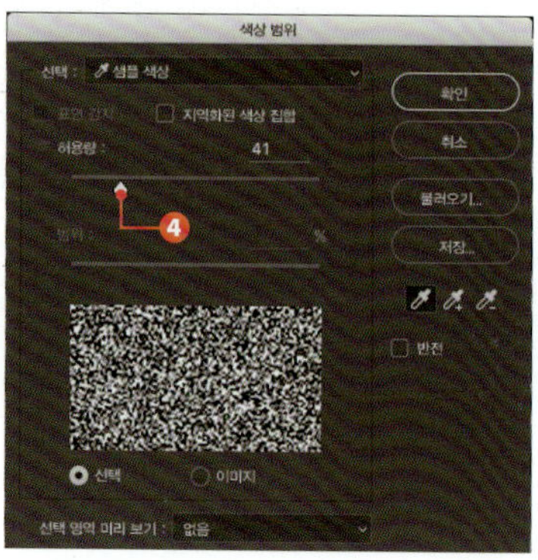

비 입자의 기본 이미지

05 ● 비 입자의 기본 이미지를 조절해 내리는 비로 만든다

비 입자의 기본 이미지 레이어에 적용한 [투명 픽셀 잠그기]를 해제하고 메뉴에서 [필터]→[흐림 효과]→[동작 흐림 효과]를 적용합니다. 옵션의 수치는 ❻처럼 [각도 : 86°], [거리 : 1094픽셀]로 설정하면 약간 비스듬하고 길게 늘어나 비처럼 보입니다❼. 수직보다 약간 기울어지면 억수같이 내리는 장대비의 느낌이 잘 살아납니다.

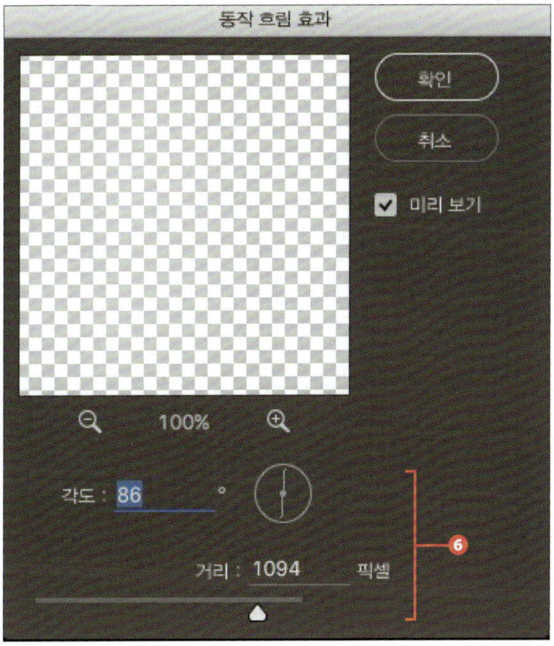

06 ● 조절하고 완성한다

끝으로 미세 조정을 거칩니다. 필터로 만든 상태를 유지하면 밋밋해 보이고 깊이감도 없습니다. [지우개] 도구에서 [에어브러시]를 선택하고 군데군데 지워서 변화를 줍니다❽. [레이어] 창에서 비 레이어를 맨 위에 배치하면 완성입니다❾. 완성된 그림을 보고 필요에 따라서 적절히 추가 묘사를 합니다.❿

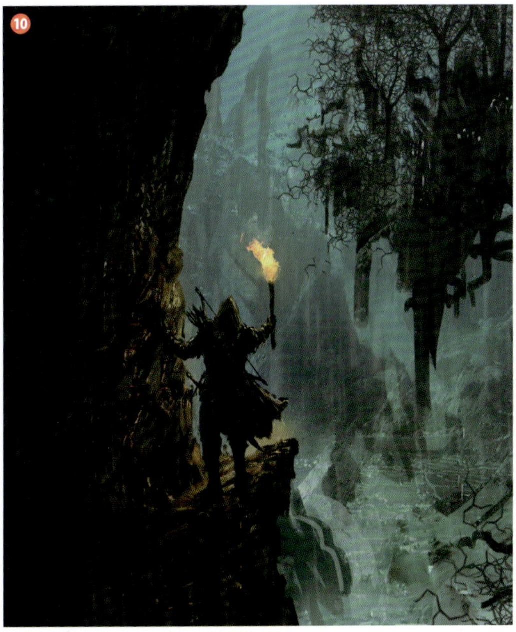

Technique

비 그리기 (브러시)

브러시로 그린 비는 깔끔한 인상이므로 포토리얼한 그림에 잘 어울립니다. 비 브러시를 즉석에서 만들어보겠습니다.

01 ● 브러시 모양을 그린다

비의 기본 형태를 [불투명도 : 100%]의 타원 브러시(p.16)를 사용해 검은색으로 그립니다❶. 공기의 영향을 받는 균일한 선보다 오히려 들쭉날쭉해야 설득력이 있습니다.

02 ● 새 브러시를 만든다

그린 비를 [사각형 선택 윤곽] 도구로 선택 범위를 지정하고, 메뉴에서 [편집]→[브러시 사전 설정 정의]를 선택해 새 브러시를 만듭니다❷. 선택한 범위가 브러시 모양이 됩니다. 그러나 이대로는 ❸과 같은 브러시가 되므로 옵션의 수치를 변경해야 합니다.

03 ● 간격을 조절해 변화를 더한다

메뉴의 [창]→[브러시]를 선택해 [브러시] 창을 엽니다. 앞서 등록한 브러시를 선택❹하고 [간격]을 1000%까지 넓혀 비 입자의 간격을 벌립니다❺. 그다음 [모양] 탭❻의 [크기 지터]❼와 [원형율 지터]❽를 조작해 비 입자에 변화를 줍니다. 지터란 불규칙한 느낌을 말합니다. 수치는 다양하게 테스트해보면서 조절하세요.

❶

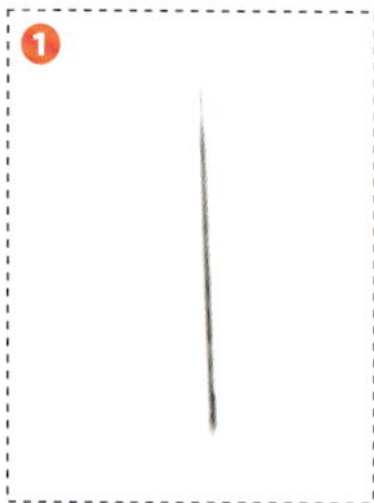

❷

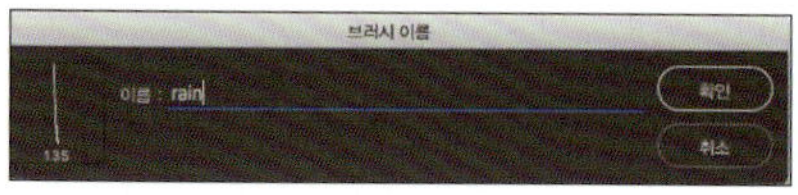

❸

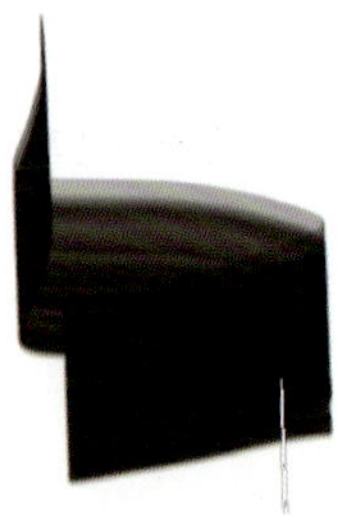

수치 변경 전의 브러시

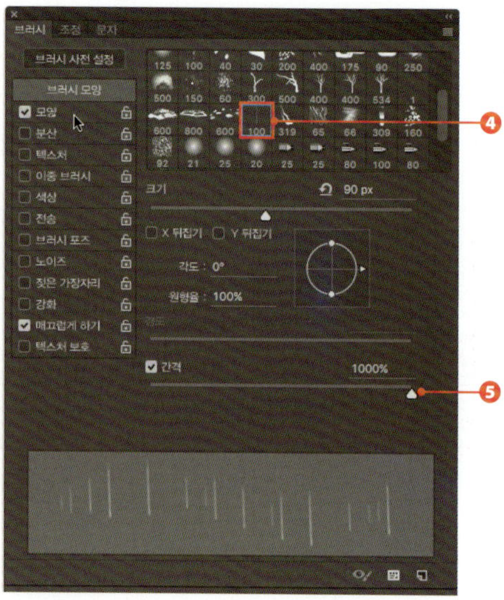

[브러시] 창

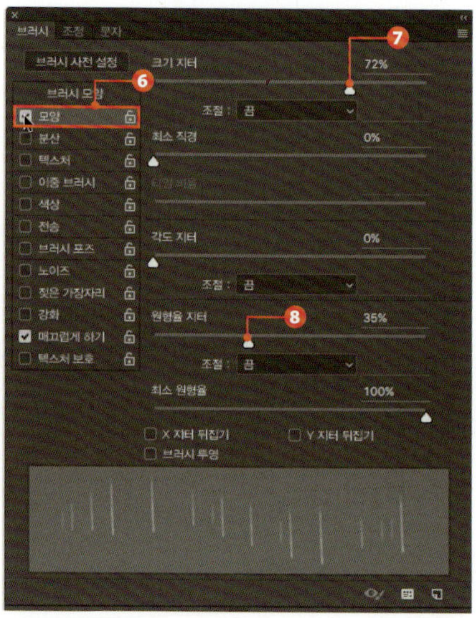

[모양] 탭

04 ● 확산시킨다

[분산] 탭⑨의 수치를 조절해 비 입자가 확산되도록 합니다. 확산의 정도는 [분산]의 값⑩을 조절하면서 직접 그려보고 확인하세요⑪.

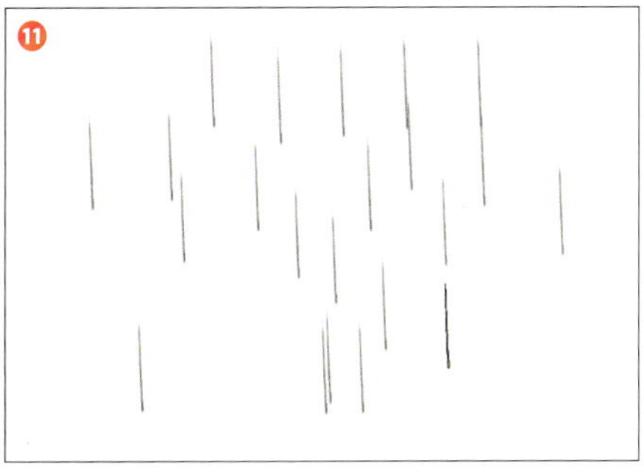

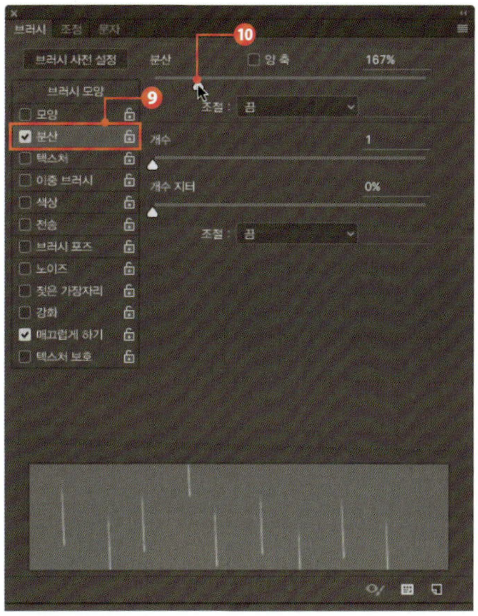

[분산] 탭

05 ● 불투명도와 흐름을 필압으로 설정한다

[전송] 탭⑫의 [불투명도 지터]와 [플로우 지터]의 조절 방식을 각각 [펜 압력]으로 설정합니다⑬⑭. 이제 펜의 압력에 따라서 브러시의 불투명도와 농도가 변합니다. 비는 하늘에서 빠르게 떨어져 흐릿하게 보일 때가 많습니다. 이 항목의 설정을 잊지 않도록 주의하세요.

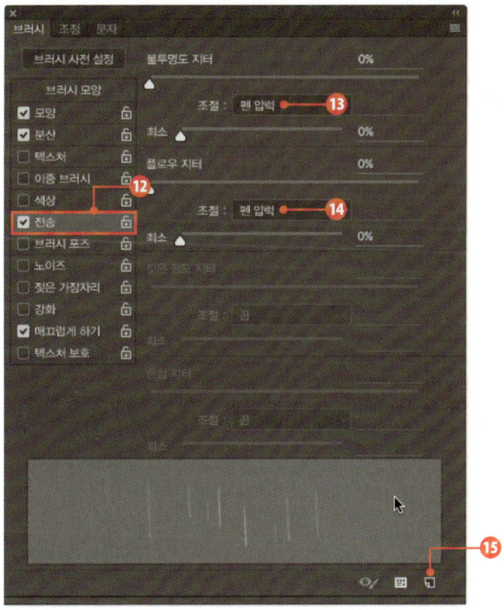

[전송] 탭

06 ● 브러시를 등록한다

설정한 수치가 보존되도록 ⑮를 클릭하고 새 브러시 등록을 완료합니다. 구분하기 쉬운 이름으로 꼭 등록합니다. [브러시] 창에서 등록한 브러시를 선택하면 지금 설정한 수치의 브러시를 언제든 바로 쓸 수 있습니다⑯.

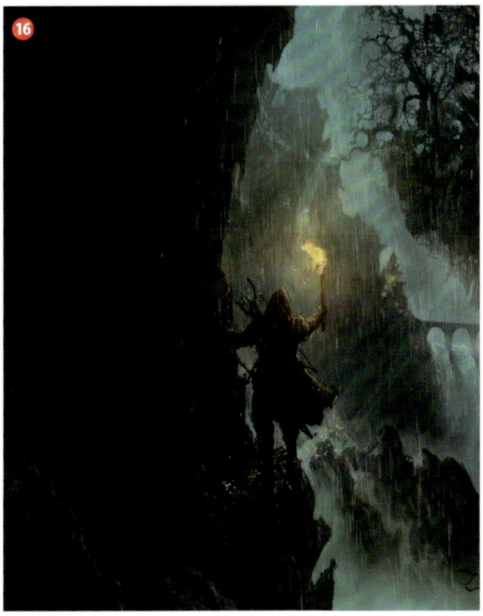

Memo 브러시 설정으로 효율 높이기

즉석에서 브러시를 만들 수 있다면 그만큼 작업 효율도 높아집니다. 예를 들어 판타지에 어울리는 문양이나 원경의 건물 지붕처럼 어느 정도 패턴화하기 쉽고, 하나씩 일일이 묘사하기 어려운 것은 브러시로 만들면 효율적이고 편합니다.

Perspective

투시도법의 기본

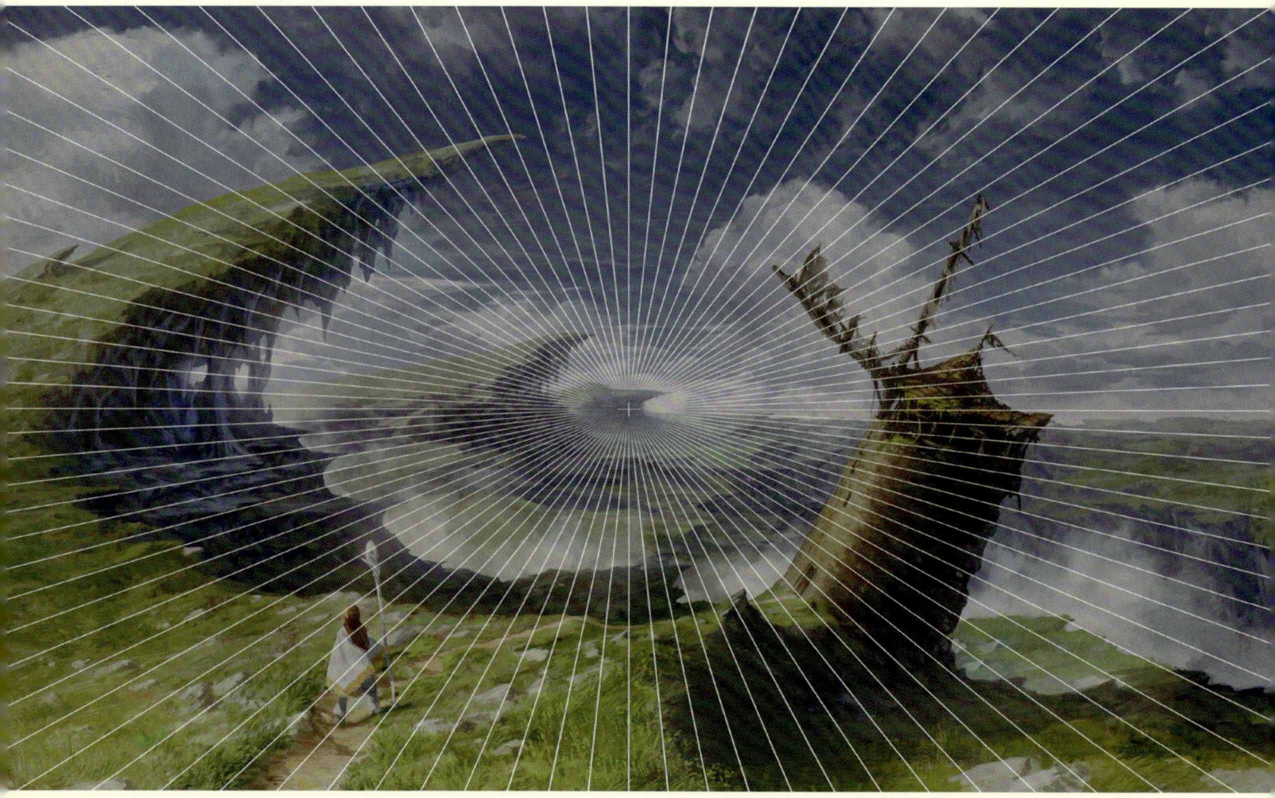

투시도법을 배우기 전에 생각을 정리해보겠습니다.
그림을 그리는 여러분은 투시도법을 어렵게 생각할 수도 있습니다. 하지만 안심하세요. 투시도법을 전혀 몰라도 그림을 그릴 수 있고, 매력적인 그림을 그릴 수 있다면 특별히 공부하지 않아도 괜찮습니다. 투시도법은 자와 비슷합니다. 연습하면 프리핸드로도 상당히 정확한 직선을 그릴 수 있습니다. 하지만 자를 사용하면 프리핸드보다 빠르고 깔끔하게 안정적인 직선을 그릴 수 있습니다. 자에 해당하는 것이 투시도법입니다.
투시도법을 사용하지 않아도 깊이감이나 공간감이 느껴지는 그림을 그릴 수 있지만, 투시도법을 알고 제대로 사용한다면 빠르고 깔끔하게 그릴 수 있습니다. 즉, 편해집니다. 깊이감이나 입체감을 쉽게 표현하기 위한 도구가 바로 투시도법입니다.
여러분은 매끄러운 곡선을 그릴 때 자를 사용합니까? 대부분 프리핸드로 그릴 것입니다. 투시도법도 마찬가지입니다. 편리하지만 모든 곳에 도움이 되지는 않습니다. 선택은 여러분의 손에 달려 있습니다. 자유롭게 선택할 수 있는 것이 그림의 재미 중 하나입니다. 그림의 매력이기도 합니다.

눈높이

1점 투시도법이나 2점 투시도법을 설명하기 전에 기본이 되는 '눈높이'를 살펴보겠습니다.

눈높이 설정법

눈높이란 시선의 높이입니다. 영어로 아이 레벨(Eye Level)이라 하는데 지금부터 줄여서 EL로 표기하겠습니다. 그러나 이것은 정확하지 않습니다. 그림을 그릴 때는 시선의 높이가 아니라 '카메라를 설치한 높이'라고 생각해야 합니다.

● 하이앵글과 로우앵글

하이앵글(부감)은 거대한 구멍으로 들여다보는 느낌입니다. 높이를 강조할 수 있어 높은 곳에서 마을을 내려다보는 구도에 자주 사용합니다. 로우앵글은 높은 탑을 밑에서 올려다보는 느낌입니다. 사물의 거대함이나 장대함을 표현할 수 있습니다. 이 책 표지 일러스트의 구도는 로우앵글입니다.

● 각각의 시점 표현법

- 하이앵글은 카메라가 아래로 향한다
  설치한 카메라를 아래로 향하면 하이앵글(위에서 내려다보는 구도)을 표현할 수 있습니다. 이때 눈높이는 화면 위쪽에 있습니다.

- 로우앵글은 카메라가 위로 향한다
  설치한 카메라를 위로 향하면 로우앵글(밑에서 올려다보는 구도)을 표현할 수 있습니다. 이때 눈높이는 화면 아래쪽에 있습니다.

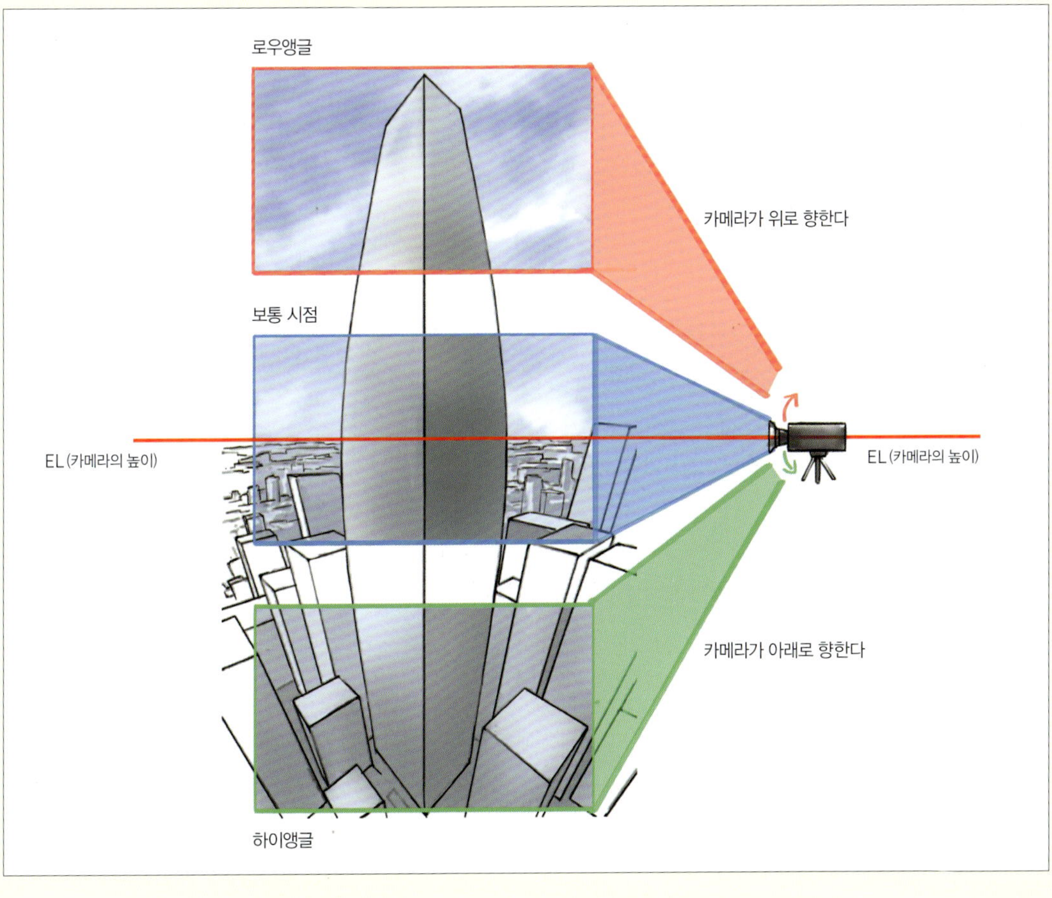

1점 투시도법

1점 투시도법은 '소실점이 1개'라는 뜻입니다. **Scene 1**, **Scene 3**이 1점 투시도를 적용한 그림입니다.

1점 투시도법이란?

● 소실점

거리가 멀어질수록 작게 보이는 누구나가 알고 있는 법칙의 최종 형태가 '소실점'입니다. 자신의 옆을 스쳐 지나가는 사람을 떠올려봅시다❶. 자신에게서 멀어질수록 점점 작아집니다. 곧게 뻗은 긴 길에서 멀어지는 사람을 끝까지 지켜보면 바늘구멍만큼 작아집니다. 이 바늘구멍만큼 작은 점이 소실점입니다. 영어로 배니싱 포인트(Vanishing Point)라고 하는데 VP로 표기하겠습니다❷. 1점 투시도법의 소실점은 반드시 눈높이 위치에 있습니다.

● 1점 투시도법의 특징

물건이 전부 일직선(평행)으로 늘어선 상태를 선으로 연결한 것이 1점 투시도법입니다. 사람도, 도로도, 나무도 전부 눈높이 위치에 '1개의 소실점'으로 집중되는 상태가 1점 투시도법입니다. 다음과 같은 특징이 있습니다.

• 가로 방향의 선은 전부 수평선이다

엄밀하게 1점 투시도법으로 그리면 가로 방향의 선은 전부 수평입니다❸. 현실에 비춰 생각하면 부자연스럽고 입체감도 약합니다. 이 문제점을 해결하는 방법이 이후에 설명할 2점 투시도법입니다.

• 완벽한 1점 투시도법은 부자연스럽다

현실에서 모든 사물이 일직선(평행)으로 나란히 늘어선 상태가 존재할까요? 이런 일직선의 도로는 보기 힘듭니다. 실제로 1점 투시도법에 완벽하게 일치하도록 그리면 부자연스러워 보입니다. 하지만 1점 투시도법은 활용하기에 따라서는 가장 쓰기 쉬운 방법이기도 합니다. 대부분의 그림은 1점 투시도법으로 그릴 수 있습니다.

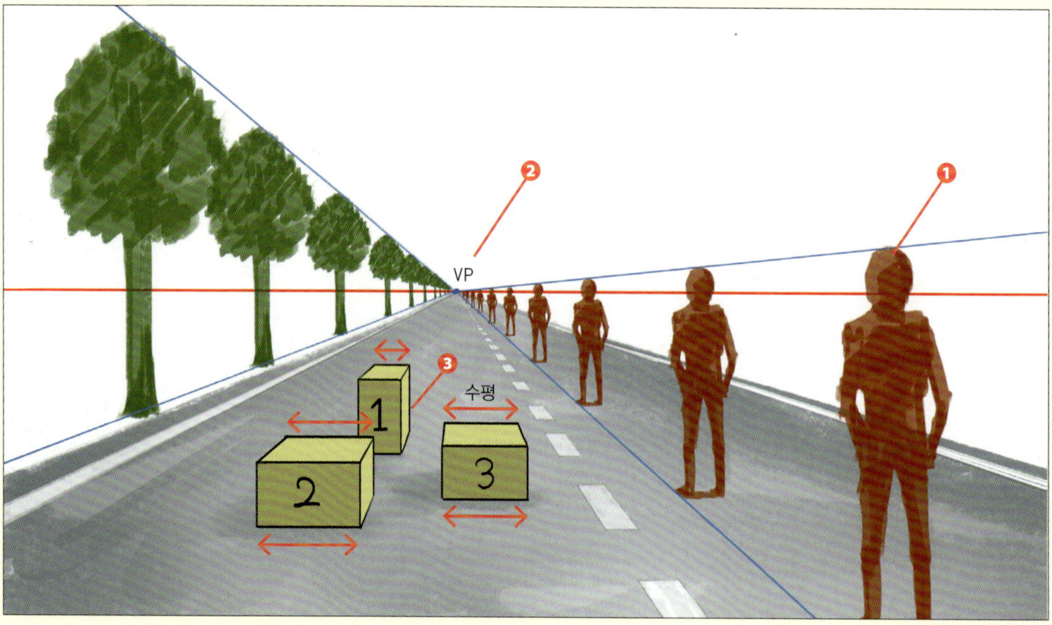

1점 투시도법 사용법

1점 투시도법이 편리한 이유는 깊이감을 간단하게 표현할 수 있기 때문입니다. 완벽이 아니라 딱 적당한 정도, 즉 1점 투시도법은 기준으로 활용합니다. 새하얀 캔버스를 보고 공간을 떠올리는 일은 어렵지만❹, 1점 투시도법의 투시가이드만 설치해도 깊이감을 쉽게 잡을 수 있습니다❺.

참조 'Technique : 투시가이드 그리기'(p.116)

아무것도 없는 화면에서 공간을 파악하는 일은 어렵다

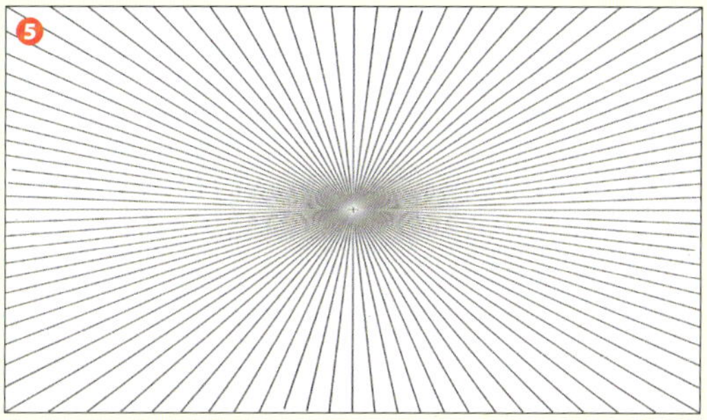

투시가이드를 배치하면 공간을 인식하기 쉽다

1점 투시도법에 비스듬한 사물을 배치하면?

투시도법을 의식하면서 그림을 그리다 보면, 1점 투시도법의 그림에 비스듬한 사물을 배치하면 어떻게 될까라는 의문과 반드시 마주치게 됩니다.

1점 투시도법의 그림 속에 비스듬한 사물을 배치하면 그만큼 소실점이 증가합니다❻.

그림 속에는 소실점이 몇 개든 상관없습니다. 1점 투시도법은 구별하기 쉽도록 1점이라고 부를 뿐, 필요에 따라서 소실점이 늘어나도 문제없습니다. 소실점은 그리는 사람이 의도적으로 늘릴 수 있습니다. 단, 소실점의 수가 많아질수록 그리기 어려워지므로 최대한 그 수가 적어야 효율적입니다.

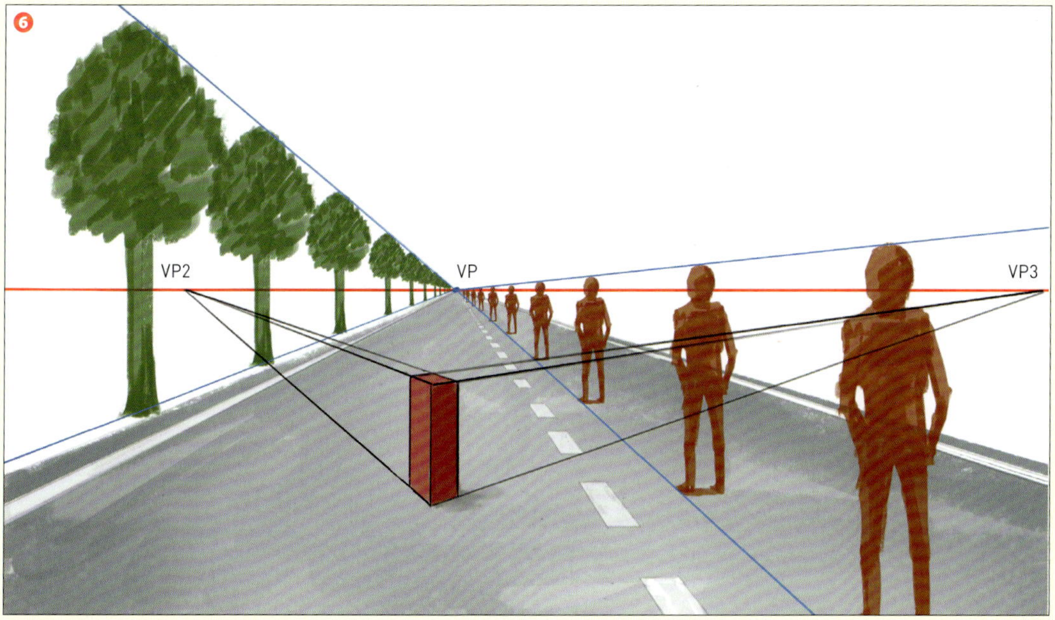

평행이 아닌 사물을 배치하면 소실점이 늘어난다

Perspective

2점 투시도법

2점 투시도법은 1점 투시도법보다 소실점이 1개 더 추가되었을 뿐, 본질은 크게 다르지 않습니다. 여기서는 1점 투시도법과의 차이점을 중심으로 설명합니다. 2점 투시도법은 **Scene 9**에서 사용했습니다.

2점 투시도법의 장점

2점 투시도법은 1점 투시도법에 비해 입체감을 표현하는 데 유리합니다. 그림 ❶의 빨간색 상자가 1점 투시도법, 파란색 상자가 2점 투시도법입니다. 파란색 상자의 입체감이 느껴지는지 궁금합니다.

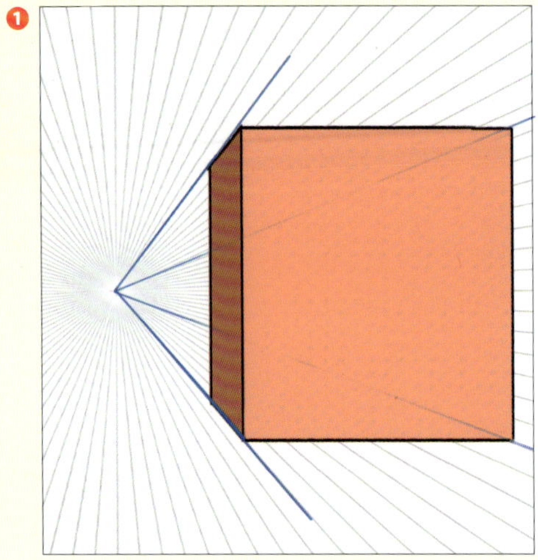

1점 투시도법

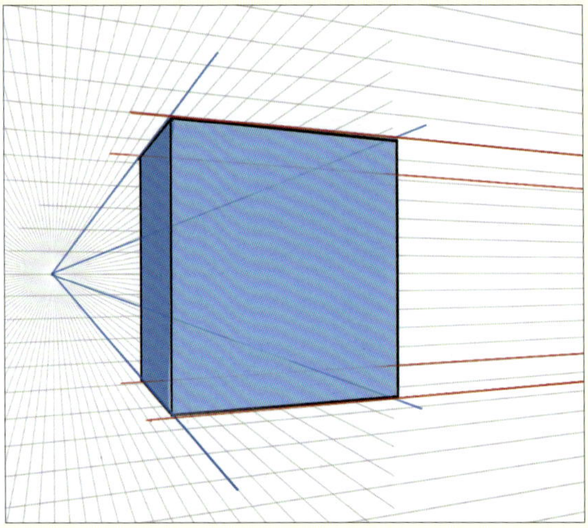

2점 투시도법

● 입체감이 강해지는 이유

1점 투시도법에서는 가로 방향이 전부 수평이지만❷, 2점 투시도법에서는 가로 방향에 각도를 더할 수 있습니다❸. 결과적으로 1점 투시도법보다 입체감을 쉽게 표현할 수 있습니다.

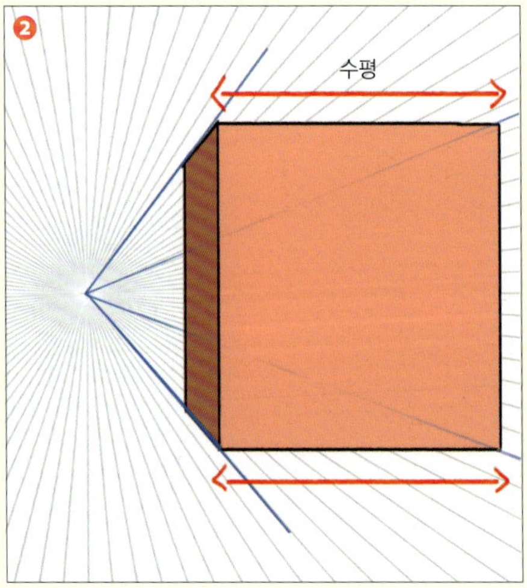

1점 투시도법

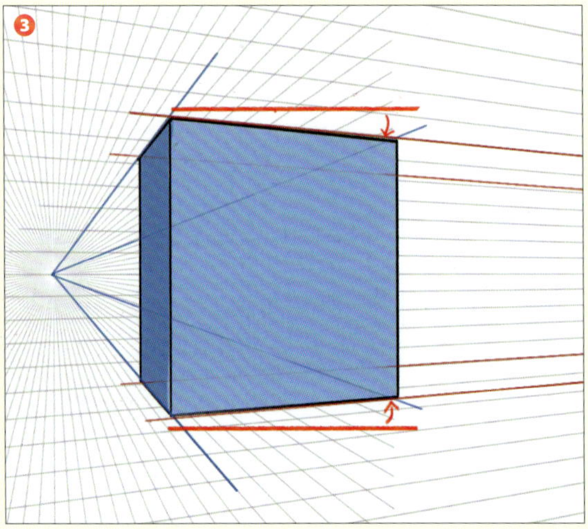

2점 투시도법

● 옆면이 비스듬해지는 이유

1점 투시도법에는 깊이감의 소실점뿐이라서 가로 방향의 선은 전부 수평입니다❹. 2점 투시도법에서는 가로 방향으로 소실점을 추가할 수 있습니다. 이 소실점 덕분에 가로 방향에 각도가 더해지고 입체감이 도드라집니다❺. 2점 투시도법은 입체감을 표현하기 쉬워 실내를 그릴 때 효과적입니다.

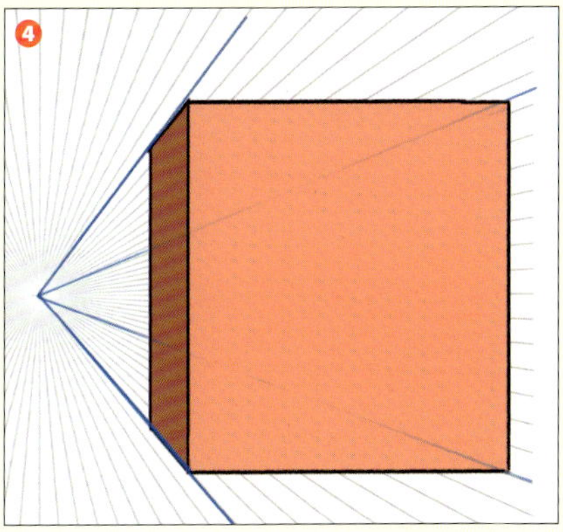

1점 투시도법

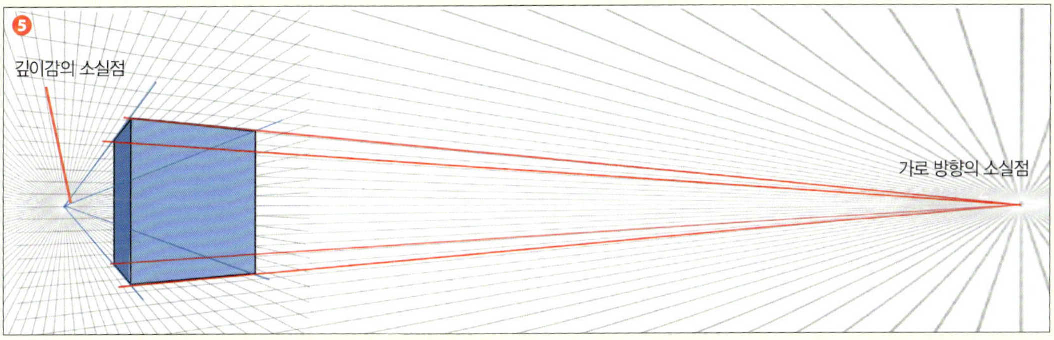

2점 투시도법

2점 투시도 그리기

1점 투시도법에 소실점을 1개 더 추가하면 2점 투시도법입니다❻. 단, 소실점의 위치가 가까우면 왜곡이 커지는 탓에 소실점은 대부분 화면 밖에 있습니다.

참조 'Technique : 투시가이드 그리기'(p.116)

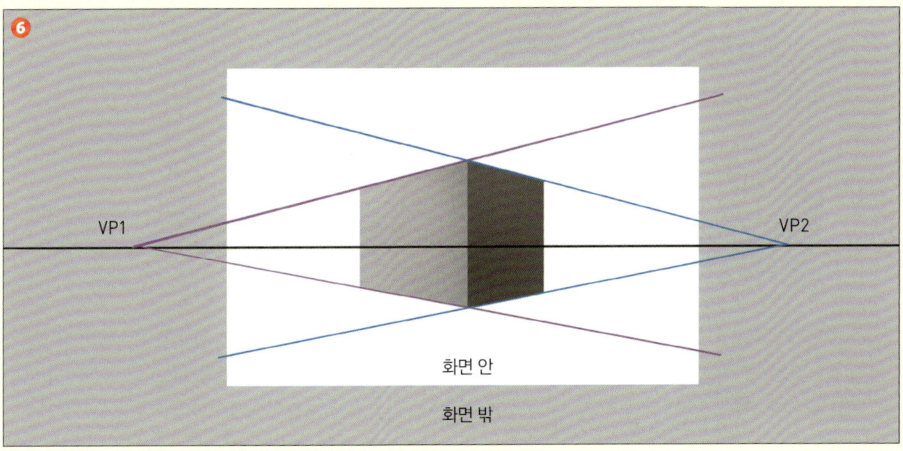

Perspective

3점 투시도법

2점 투시도법에서 수직 방향에 3번째 소실점을 추가하면 3점 투시도법입니다. **Scene 8**과 **Scene 10**에서 사용했습니다.

3점 투시도법의 소실점은 3개

3번째 소실점의 의미를 알아보겠습니다.

지금 눈앞에 공기보다 가벼운 공이 공중에 떠 있는 장면을 떠올려봅시다. 이 공이 계속 위로 올라가다 보면 언젠가 바늘구멍 크기의 '점(위쪽 방향의 소실점)'으로 보입니다❶. 반대로 공이 무거워져서 계속 아래로 떨어지면 마지막에는 '점(아래쪽 방향의 소실점)'으로 보입니다❷. 이것이 3점 투시도법에서 추가한 수직 방향의 소실점 이미지입니다.

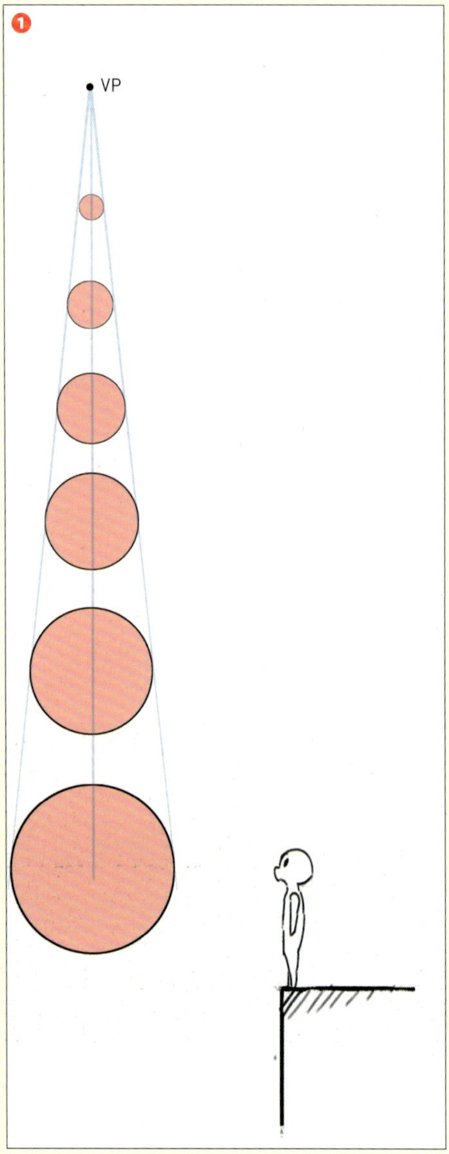

위쪽 방향의 소실점

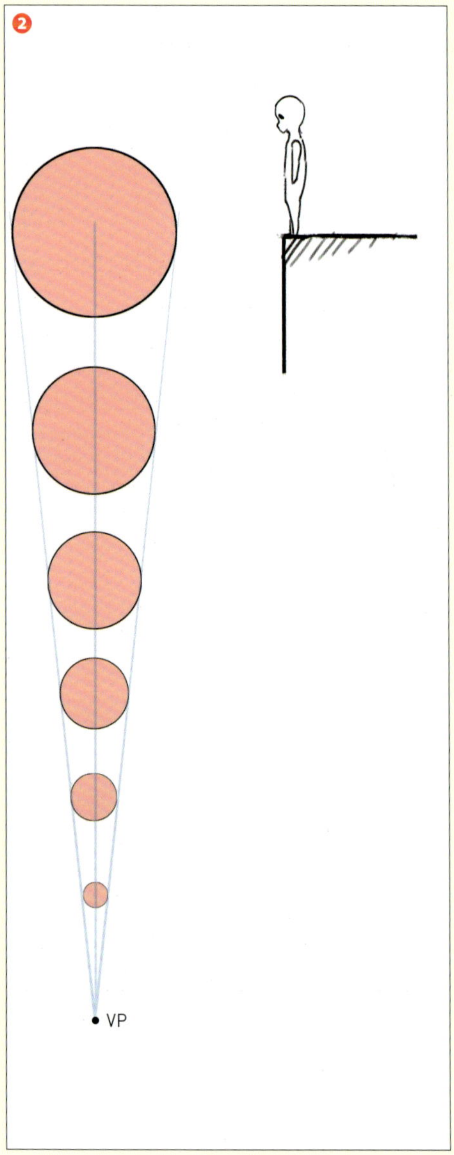

아래쪽 방향의 소실점

3점 투시도 그리기

2점 투시도법의 투시가이드에 수직 방향의 소실점을 설정하고 투시가이드를 설치하면 3점 투시도법입니다❸. 어렵게 생각하지 않아도 됩니다.

참조 'Technique : 투시가이드 그리기'(p.116)

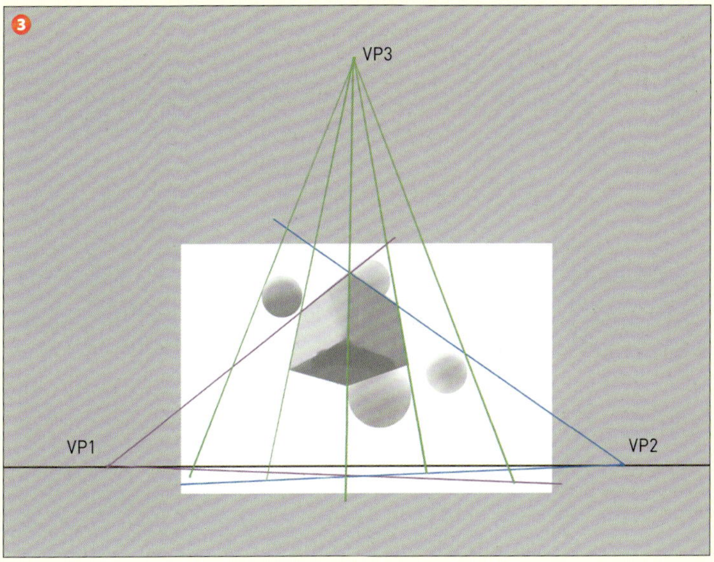

3점 투시도법

3점 투시도법의 사용 목적

기본적으로 장대한 느낌의 일러스트를 그릴 때 사용한다고 생각하면 이해하기 쉽습니다. 거대한 건물❹이나 보기만 해도 어지러운 높이❺처럼 박력 있는 구도를 표현하는 데 적합합니다. 제대로 그릴 수 있다면 표지나 포스터처럼 보는 사람에게 강한 인상을 남길 수 있습니다. 이 책의 표지 작업에도 사용했습니다.

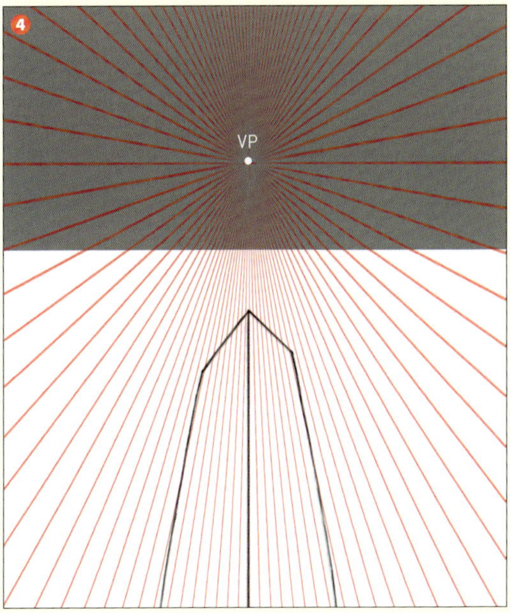

거대함을 표현

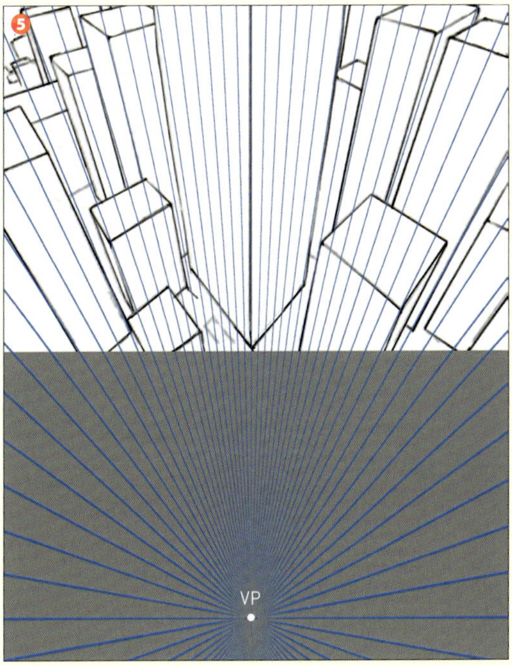

높이를 표현

Technique

투시가이드 그리기

1점 투시도법, 2점 투시도법, 3점 투시도법의 투시가이드를 투시 브러시로 간단히 그리는 방법을 소개하겠습니다.

1점 투시도의 가이드 그리기

투시 브러시(p.16)는 집중선을 그리는 브러시입니다. 집중선은 한 점으로 향하는 선이지만, 소실점으로 향하는 투시가이드라고 볼 수도 있습니다. 즉, 집중선이란 1점 투시도법의 가이드입니다. 투시 브러시를 쓰면 손으로 그리는 것보다 훨씬 빠르고 정확한 가이드를 그릴 수 있습니다.

01 ● 투시가이드를 그린다

새 레이어를 만들어 투시 브러시의 [불투명도 : 100%]로 설정하고 투시가이드를 그립니다❶. 마우스로 클릭하면 편합니다. 집중선(투시가이드)을 스탬프처럼 찍는 식으로 그립니다.

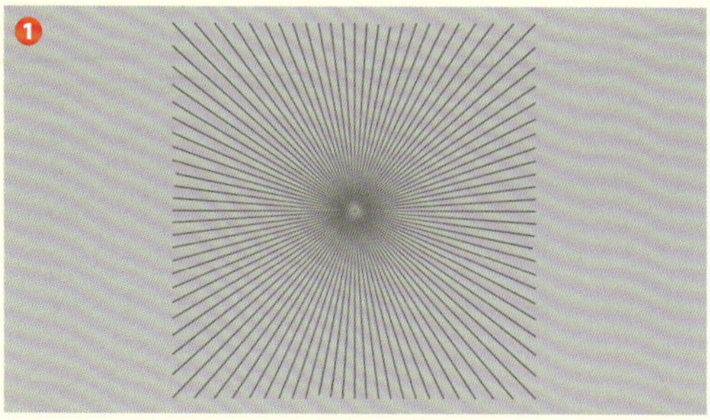

02 ● 자유 변형으로 수정한다

소실점을 찍고 싶은 위치에 자유 변형(Ctrl+T)으로 전체를 이동시킵니다❷. 자유 변형 모드는 확정하지 말고 유지합니다.

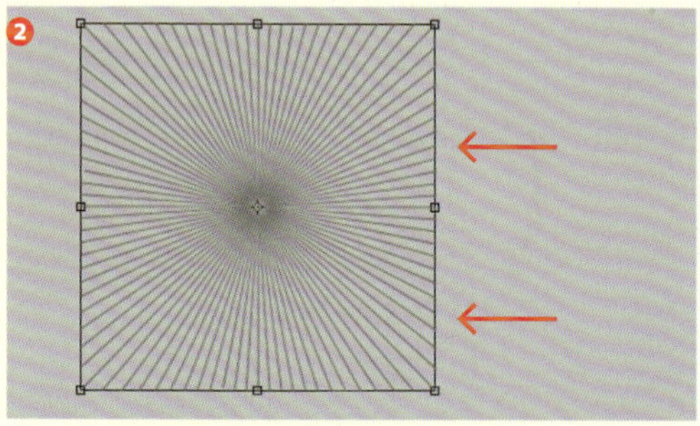

03 ● 화면을 채운다

Alt키를 누른 상태로 화면 전체로 확대하고 Enter키로 완료합니다❸. 자유 변형 모드를 실행한 상태에서 Alt키를 누르면 중심을 옮기지 않고 변형할 수 있습니다. 이것으로 1점 투시도법의 투시가이드를 완성했습니다.

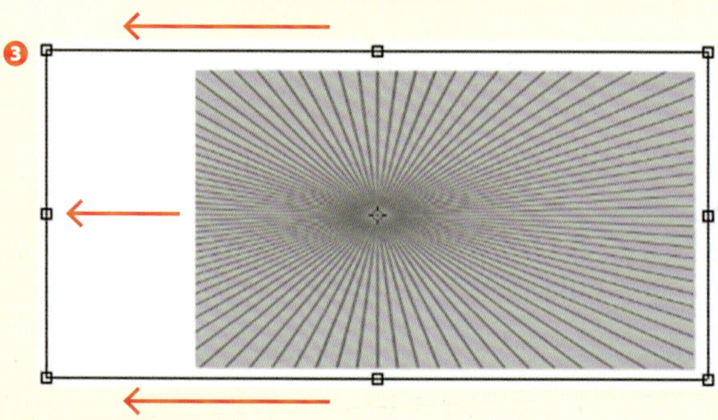

Point

화면 밖으로 소실점 이동하기

화면 밖에 소실점이 있으면 자유 변형을 이용해 옆으로 크게 늘립니다❹.

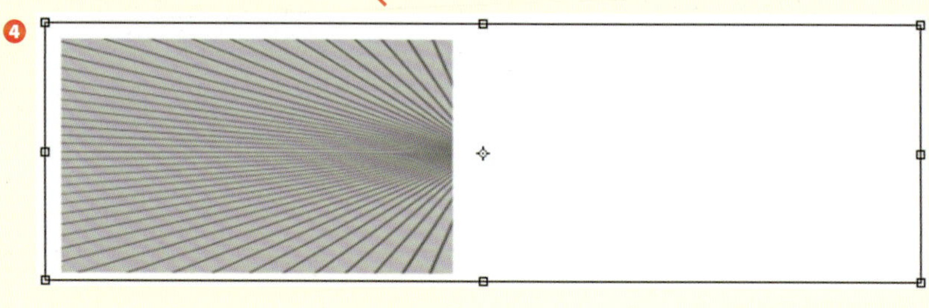

2점 투시도의 가이드 그리기

01 ● 복사한다

1점 투시도법의 투시가이드를 만듭니다. 가이드 레이어를 복사하고 자유 변형으로 옆으로 움직입니다❺. Shift 키를 누른 상태로 움직이면 눈높이가 어긋나는 것을 방지할 수 있습니다.

02 ● 옆으로 늘린다

옆으로 늘린 형태의 투시가이드가 만들어지면 자유 변형 모드를 종료합니다❻. 이것으로 2점 투시도법은 완성입니다.

❺

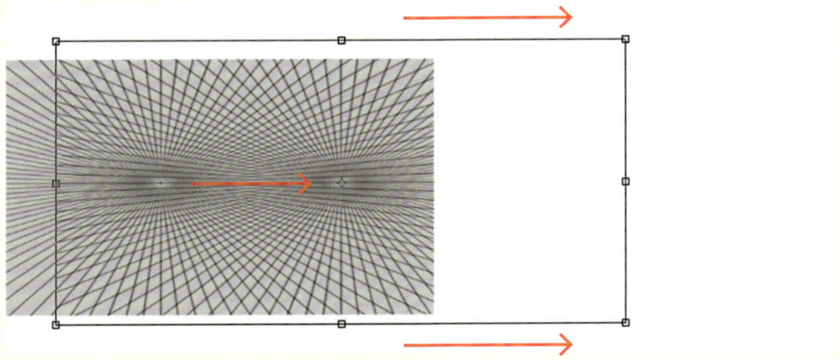

❻

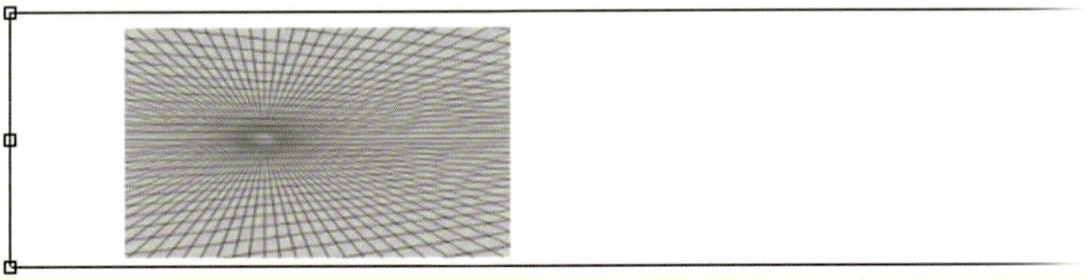

3점 투시도의 가이드 그리기

01 ● 복사한다

2점 투시도법의 투시가이드를 만든 다음 1점 투시도법의 투시가이드를 복사하고 자유 변형으로 옆으로 옮깁니다❼. 이 소실점은 수직 방향의 위치는 화면 밖이지만 수평 방향의 위치는 화면 중앙에 가까워야 그림이 안정적입니다.

02 ● 세로 방향으로 늘린다

세로 방향으로 늘린 형태가 만들어지면 자유 변형 모드를 종료합니다❽. 이것으로 3점 투시도법은 완성입니다.

❼

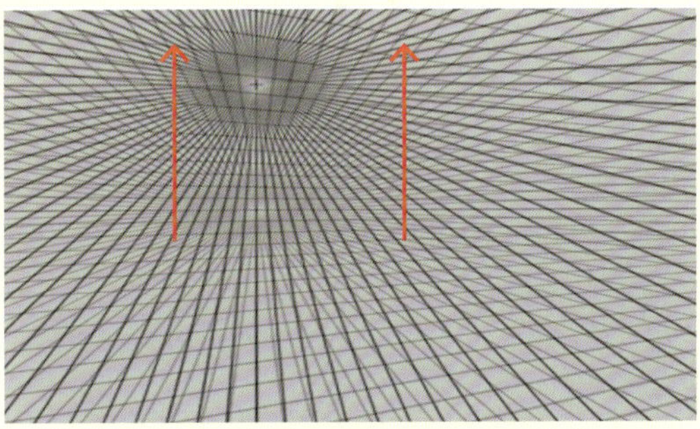

❽

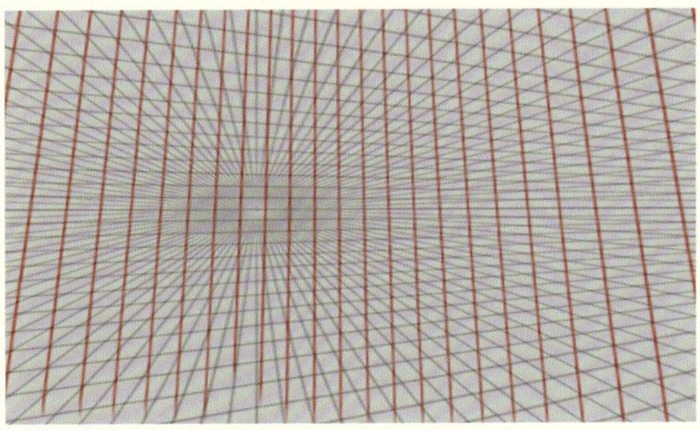

Scene 6

일본풍 판타지와
밤에 내리는 눈 표현

밤의 온천 여관

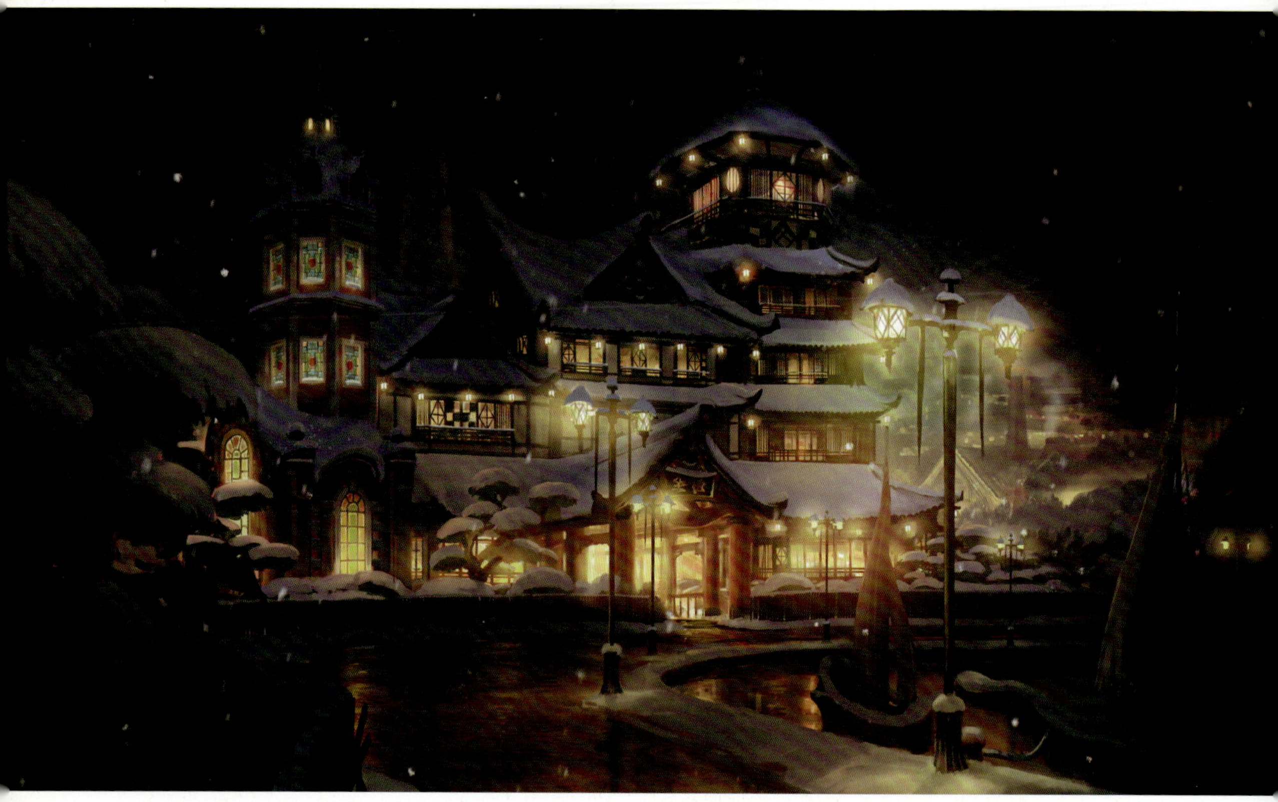

일본풍 판타지 디자인이나 밤을 표현하는 요령을 설명합니다. 일본풍 판타지가 주제이므로 일본풍을 바탕으로 서양 스타일을 섞은 건물을 생각하면서 그렸습니다. 밤에 빛을 반사하는 쌓인 눈이 온천 여관을 연상시킵니다. 추운 밤에 온천이라니 최고입니다. 이번에는 인물이 없는 배경뿐인 그림입니다.

4800×2700픽셀
(FHD의 2.5배)

약 10시간

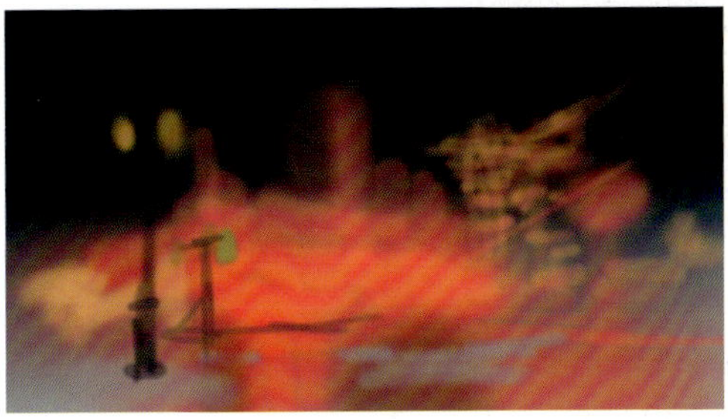

❶ 빛 러프

❷ 색 러프

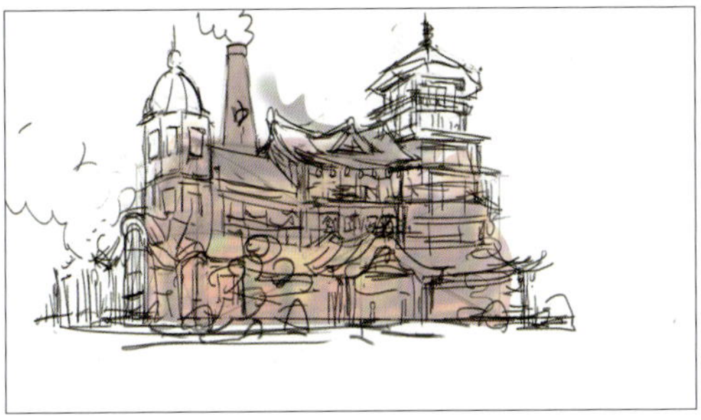

❸ 디자인

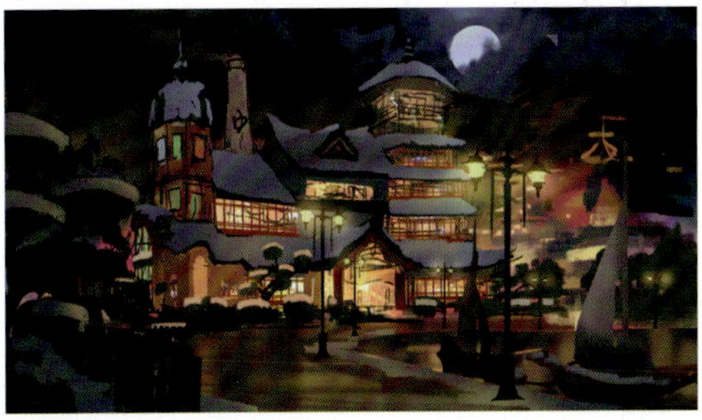

❹ 이미지 확정

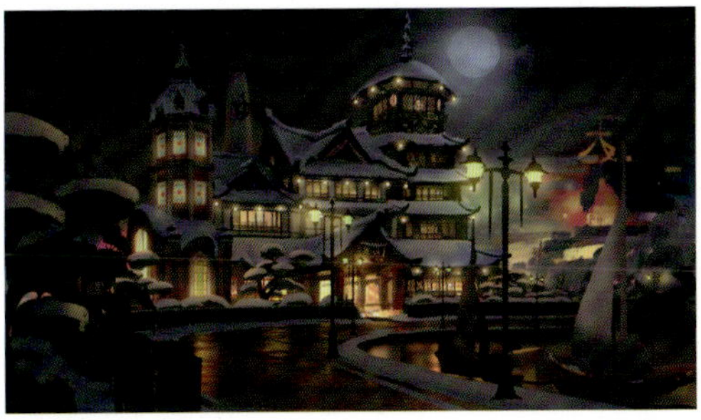

❺ 세부 디자인

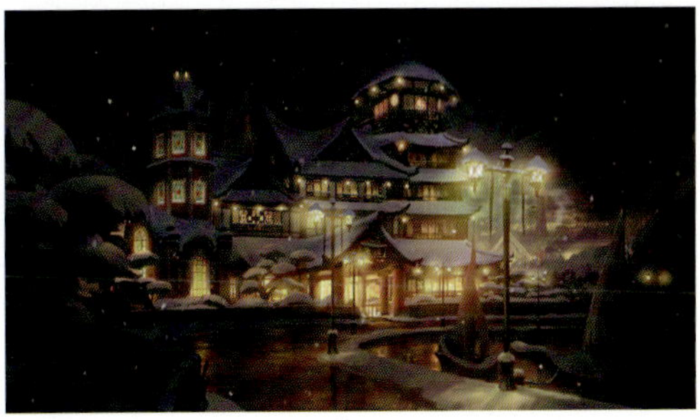

❻ 묘사

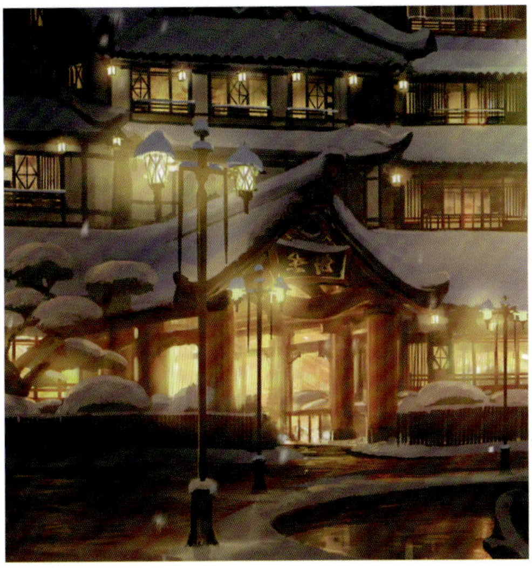

건물 입구

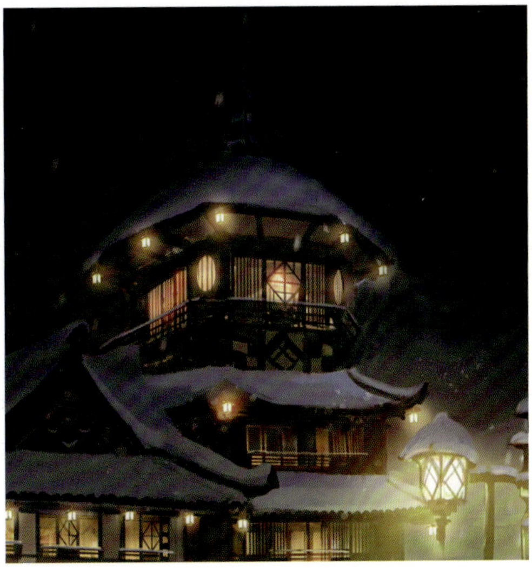

전각

Making

제작 과정

01 밝은 실루엣을 러프로 그린다

어두운 파란색 그라데이션으로 밤의 어둠을 표현합니다❶.

밤 장면을 그릴 때는 평소와 반대로 **어두운 배경에 밝은 실루엣을 그립니다.** 밤을 낮과 같은 방법으로 그리면 어두워진 느낌을 표현하기 어렵습니다. 일본풍의 빨간 건물을 생각하고 에어브러시(p.16)로 실루엣을 대략 그립니다❷. 다음은 지붕이나 벽, 기둥 등의 빛이 닿는 부분, 내부의 빛을 차단해 어두운 부분을 에어브러시로 그립니다❸. 이 어두운 부분의 색은 ❹처럼 밤의 어둠과 실루엣이 섞인 색을 [스포이드] 도구로 추출해서 씁니다.

Point

메인 건물이 돋보이는 구도

이번에는 일본풍 판타지 디자인을 제대로 표현하기 위해 중앙에 메인 건물을 배치하고, 길로 시선을 유도합니다. 메인 건물의 디자인에 어울리게 주위 환경을 구상해야 하므로 세부 디자인은 나중에 정합니다.

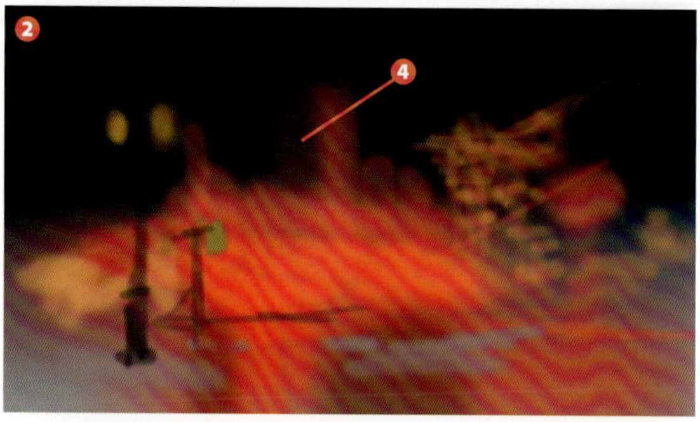

Memo **러프 그리는 요령**

러프의 3가지 요령은 '편하게', '빠르게', '간단히'입니다.

'편하게'는 마음가짐입니다. 어떤 그림을 그리든 **낙서하듯이 마음을 편안하게** 가집니다.

'빠르게'는 시간입니다. **러프는 짧은 시간 내에 빠르게 그려야 합니다.** 그림에서 중요한 것은 러프의 완성도가 아닙니다. 완성했을 때의 완성도입니다.

'간단히'는 구도입니다. 러프 단계에서 난해한 구도로 그린 그림은, 완성해도 기술은 대단하지만 감동이 없는 그림일 때가 자주 있습니다. **간단한 구도가 가장 인상 깊습니다.**

Memo **완성된 이미지 떠올리기**

'머릿속에 완성된 이미지가 있다'라는 말을 자주 하는데, 저는 전혀 없습니다. 물론 '이런 느낌인가?'라는 애매한 비전은 있지만, 대개는 그리면서 잡아나갑니다. 처음부터 완벽을 목표로 하는 것보다는 단계를 거치면서 서서히 상세한 형태를 잡아가는 스타일이 부담도 덜하고 편합니다. 그림은 무엇보다 편안한 마음으로 제작하는 것이 중요합니다.

02 러프를 바탕으로 형태를 잡는다

건물의 세부 디자인을 생각하기 전에 심플한 상자로 형태부터 잡고 입체감을 파악합니다⑤. 디자인이라고 하면 아무래도 장식에 얽매이는 경향이 있는데, 전체의 입체적인 구조가 대단히 중요합니다.

⑤

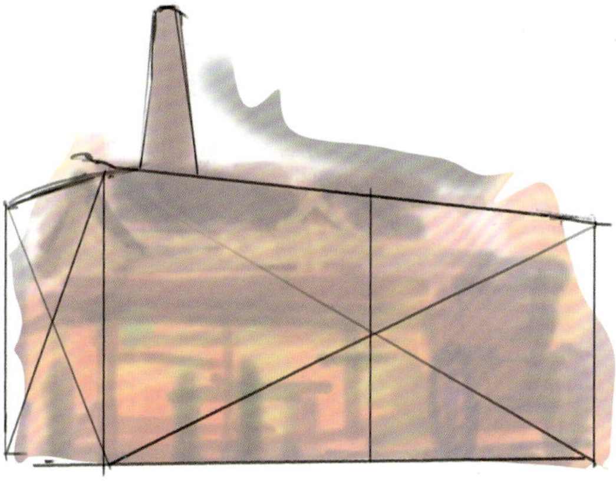

03 기본 디자인을 정한다

선화로 건물의 기본 디자인을 그립니다. 굴뚝의 이미지를 활용하려고 이 시점에서 온천 시설로 그려야겠다고 마음을 정했습니다. 맨 먼저 건물의 지붕부터 디자인합니다. 일본성 관련 사진을 참고해 '이리모야즈쿠리(합각지붕)'에서 자주 사용하는 양식의 지붕을 접목했습니다. 단순한 직선은 재미가 없으므로 약간 휘어진 곡선으로 리듬감을 줍니다⑥.

⑥

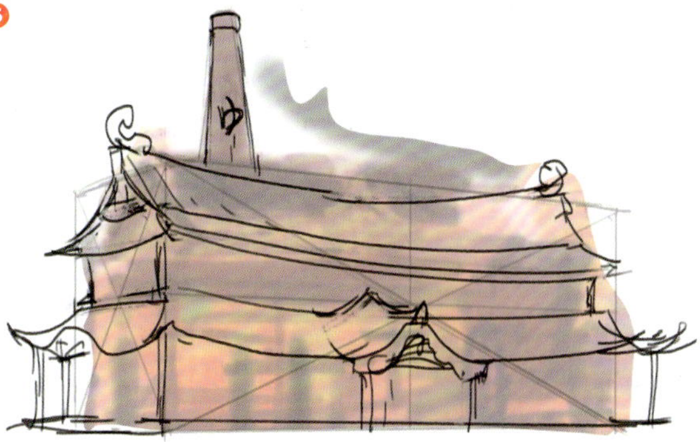

04 실루엣에 변화를 더한다

실루엣이 심플해 밋밋하니 성의 첨탑이나 서양의 건축 요소를 접목하고, 일본과 서양이 뒤섞인 형태로 방향을 잡았습니다⑦. 20세기 초 일본에 많이 지어진 일본 전통 양식과 서양 건축 양식을 절충한 건물의 이미지입니다.

⑦

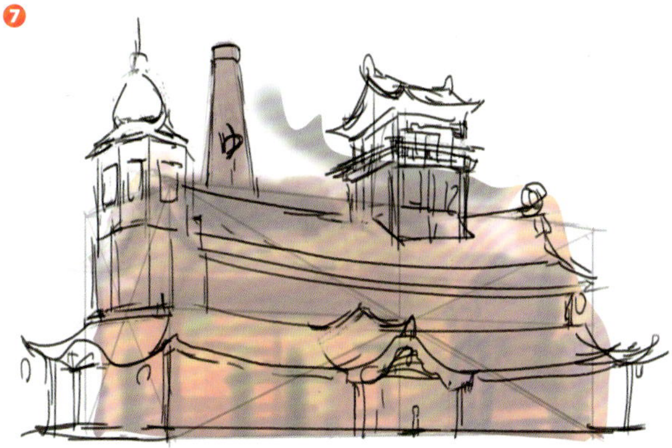

05 기능을 생각하고 디자인을 정리한다

실루엣 작업을 할 때 시각적인 장점과 동시에 내부 기능을 생각하면서 디자인을 조절합니다. 여기서는 온천 여관의 기능인 '목욕탕', '연회장', '숙박 시설'을 적용했습니다❽.

굴뚝 옆 서양풍 돔이 있는 왼쪽은 목욕탕입니다. 한 쪽 벽면에 유리창을 그려 넣고 바깥 풍경을 즐기는 대형 목욕탕으로 만들었습니다. 중앙은 연회 장소이므로 확 트인 넓은 공간으로 변경합니다. 오른쪽에는 전망이 좋은 전각을 추가해 숙박 시설로 꾸몄습니다.

> **Memo 설정은 도구**
>
> 설정이란 가공의 세계에 설득력을 부여하는 도구입니다. 설정을 상세하게 정했다고 해서 꼭 그대로만 하려고 애쓰지 않아도 됩니다. 시각적인 매력이 우선입니다. 설정이 좋아도 매력이 없으면 아무도 봐주지 않습니다.

06 세부 디자인을 한다

대강 배치가 끝났다면 설정에 맞도록 세부 디자인을 합니다❾. 연회장은 포장마차의 등불을 매달아도 좋을 것 같습니다. 숙박 시설은 중앙과 차별화하기 위해 오중탑 같은 디자인으로 정리합니다. 온천 여관다운 요소를 더하기 위해 외부에도 노천탕을 추가하고 굴뚝이나 증기를 그려 넣습니다.

07 건물 주위를 디자인한다

정원이나 울타리, 바위, 소나무 등 주변 환경 디자인을 할 차례입니다. 고급 시설다운 느낌을 더하기 위해 일본 정원을 그렸습니다❿. 주위 이미지에 따라서 온천 여관의 정취가 정해집니다.

❽

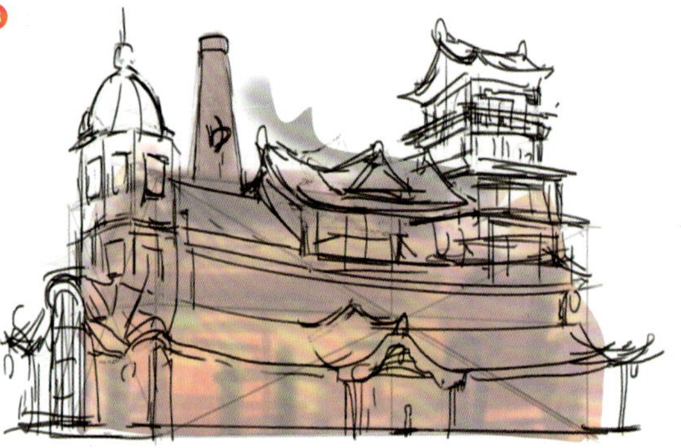

❾

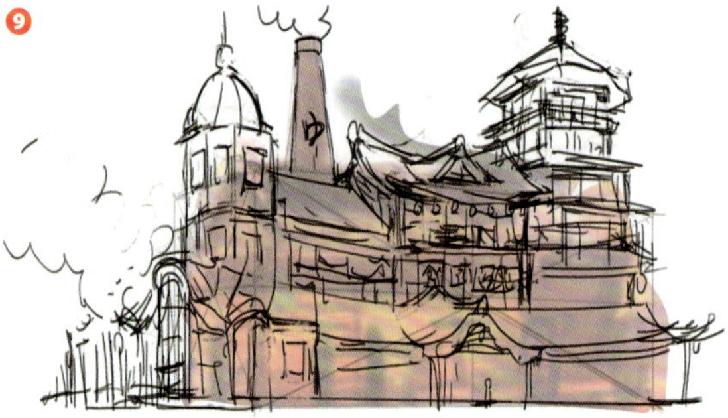

❿

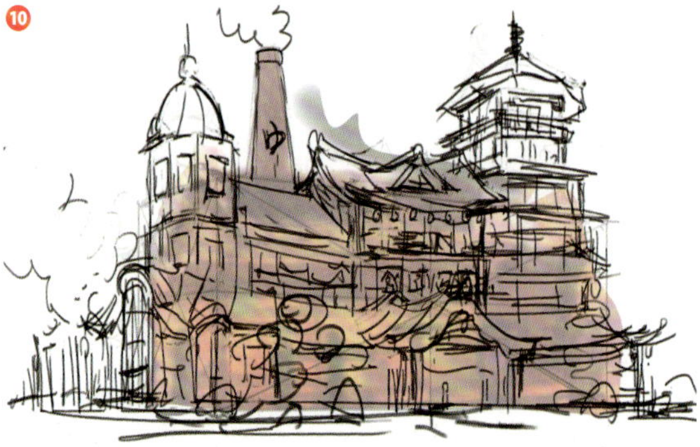

> **Memo 선화를 과신하지 않는다**
>
> 선화는 정보량이 많아 제법 멋있게 보이지만 채색을 하면 보이지 않던 부족한 부분이 보입니다. 수정하는 데 시간을 소모하지 않게 선화에 너무 얽매이지 마세요. 이번에도 연회장 부분 등은 나중에 변경합니다.

08 색을 올린다

선화 디자인을 어느 정도 정하면 채색에 들어갑니다. 선화 밑에 새 레이어를 만들어 색을 올리고 균형을 확인합니다⓫. 지붕에는 눈이 쌓여 있으니 간단히 색만 올립니다.

⓫

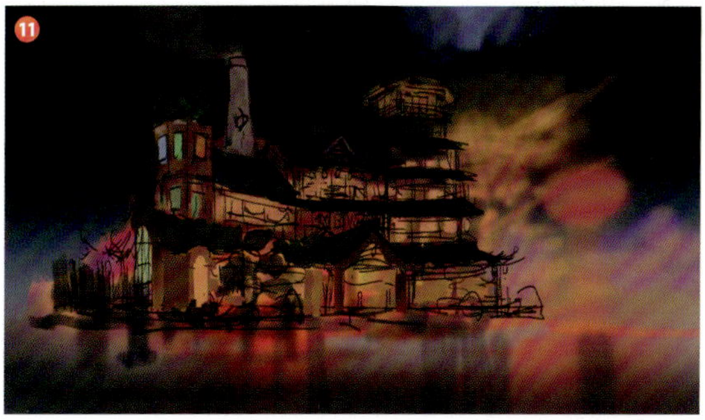

09 창문의 불빛으로 정보량을 증가시킨다

야경 사진을 합성해 창문의 불빛으로 정보량을 늘립니다. ⓬처럼 위치를 조절한 야경 사진을 [선형 닷지(추가)] 모드로 붙여 넣습니다. 1장의 사진으로 다 덮을 수 없다면 [사각형 선택 윤곽] 도구로 복사&붙여넣기로 덧붙입니다⓭.

흐릿한 불빛이 보이는 창문은 굳이 묘사하지 않아도 되지만⓮, 야경 사진을 합성하면 빛의 정보량이 늘어나므로 묘사 작업을 생략할 수 있습니다⓯.

참조 'Technique : 사진 합성'(p.38)

⓬

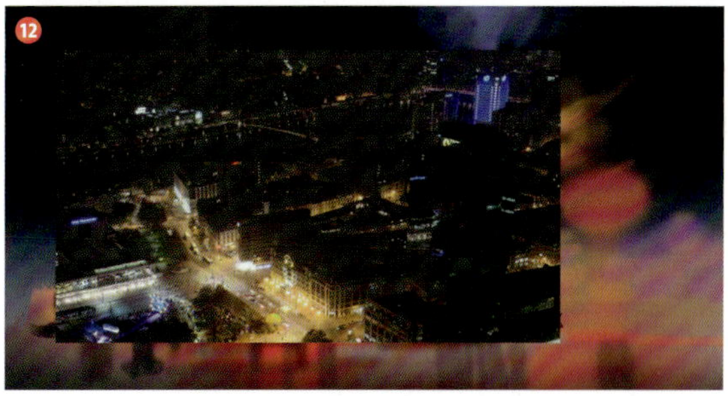

⓭

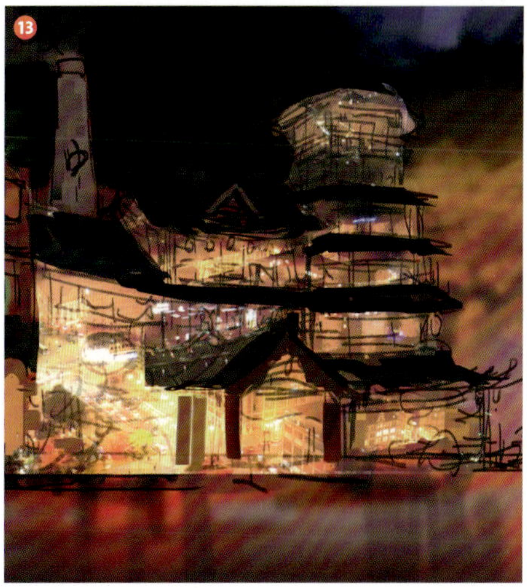

⓮

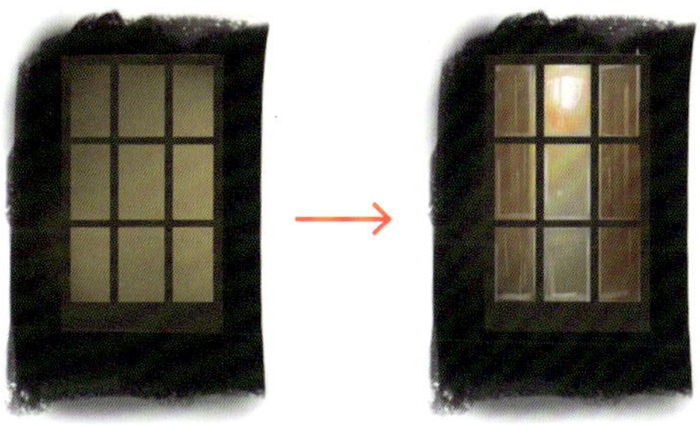

⓯

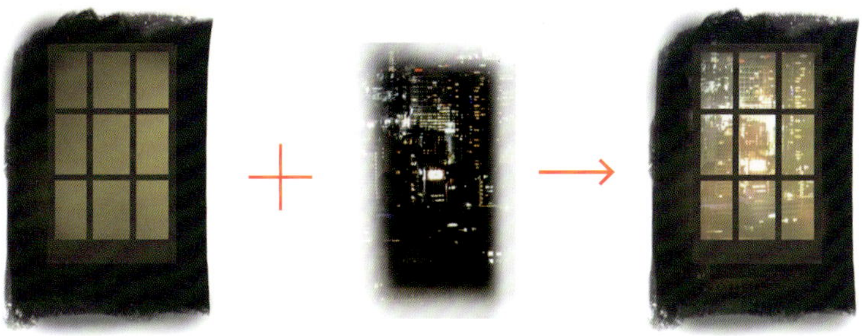

10 창문틀 소재를 그린다

평면에서 창문틀을 간단하게 소재로 만듭니다⑯. 이런 소재는 [사각형 선택 윤곽] 도구와 [페인트 통] 도구로 간단히 그릴 수 있습니다. 필요한 만큼 복사하고 자유 변형으로 건물의 형태에 알맞게 조절해서 붙여 넣습니다⑰.

⑯
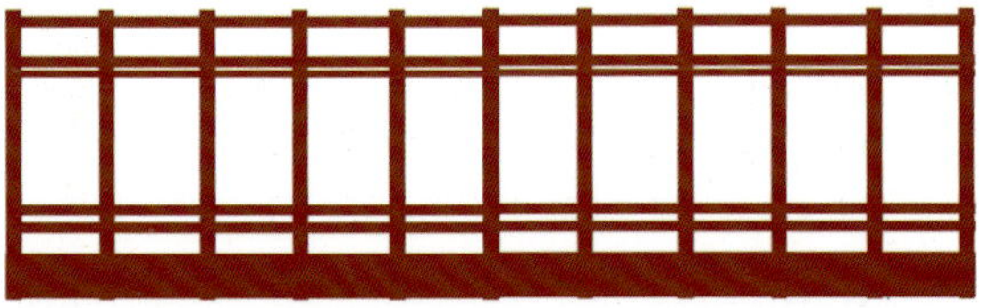

⑰
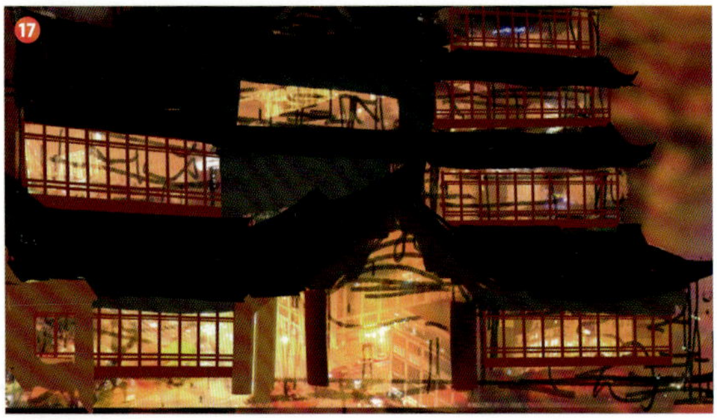

Point

창문틀 그리기

[사각형 선택 윤곽] 도구와 [페인트 통] 도구로 창문틀 소재를 만듭니다.

1. 수평선을 그립니다. [사각형 선택 윤곽] 도구로 범위를 지정하고 [페인트 통] 도구로 색을 채웁니다.

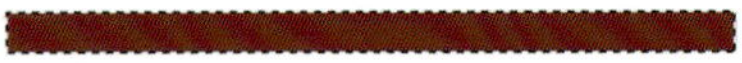

2. 2개를 복사해서 아래로 이동하고 자유 변형으로 얇은 틀과 두꺼운 틀을 만듭니다.

3. 수직선을 그립니다. [사각형 선택 윤곽] 도구로 범위를 지정하고 [페인트 통] 도구로 색을 채웁니다.

4. 복사하고 균일한 간격으로 나열합니다.

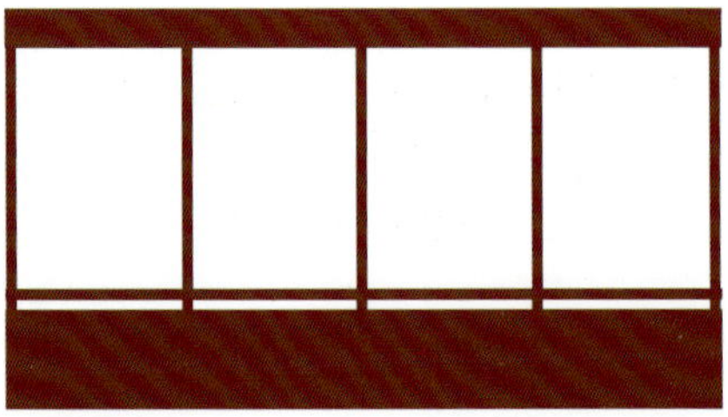

11 호수와 배를 그린다

온천 일대는 물이 풍부하므로 건물 앞쪽에 호수와 배를 그립니다. 호수는 새 레이어에 실루엣을 그려 [투명 픽셀 잠그기]를 설정하고 에어브러시로 세로 방향의 반사를 그립니다⑱. 배도 동일한 방식으로 가볍게 명암을 넣습니다.

참조 'Technique : 젖은 사물 그리기'(p.102)

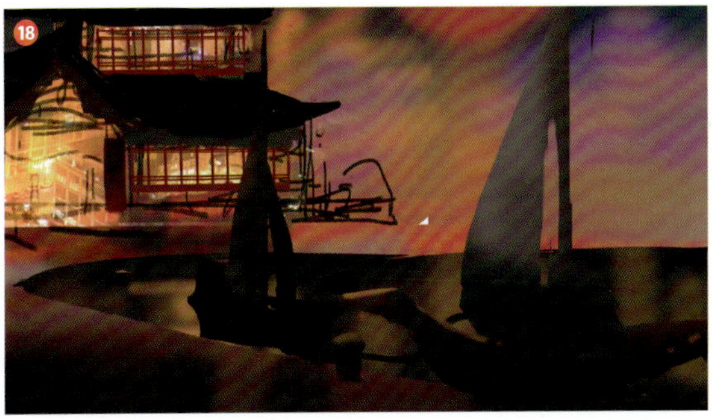

12 원경을 그린다

온천 지역의 이미지를 생각하면서 원경을 에어브러시로 그립니다⑲. 눈이나 온천의 증기로 흐릿한 상태이므로 디테일은 신경 쓰지 않아도 됩니다. 이 단계에서는 부드러운 빛과 전체의 분위기가 느껴질 정도로만 묘사합니다.

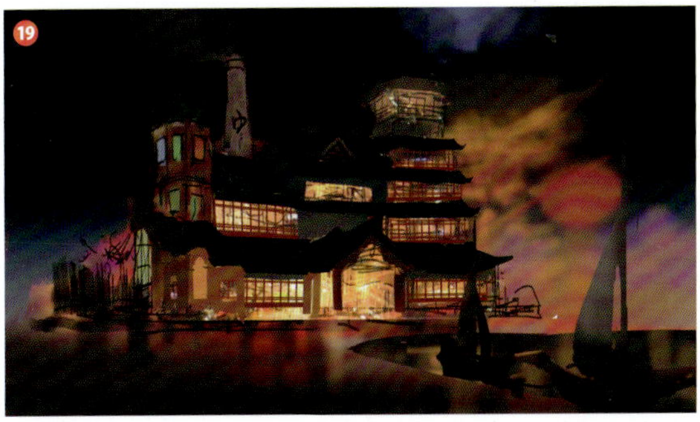

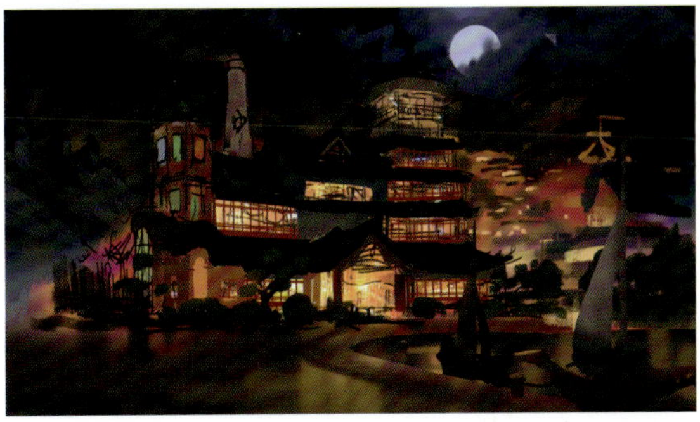

Memo 그리지 않는 선택

배경 그리는 일이 익숙하지 않은 사람일수록 배경 전체를 묘사하려고 합니다. 묘사를 하면 그림의 밀도는 높아지지만 시점이 분산되거나 공기감이 없어지기도 합니다. 시간대나 기후에 알맞게 일부러 그리지 않는 선택도 해야 합니다.

13 눈을 그린다

새 레이어를 만들고 근경에 눈을 그립니다⑳. 처음부터 눈을 그려도 되지만, 익숙해질 때까지는 눈 밑의 구조를 먼저 그리면 안정적입니다. 눈과 밤은 대비가 강해 궁합이 무척 좋은 요소입니다.

참조 'Technique : 눈 그리기'(p.132)

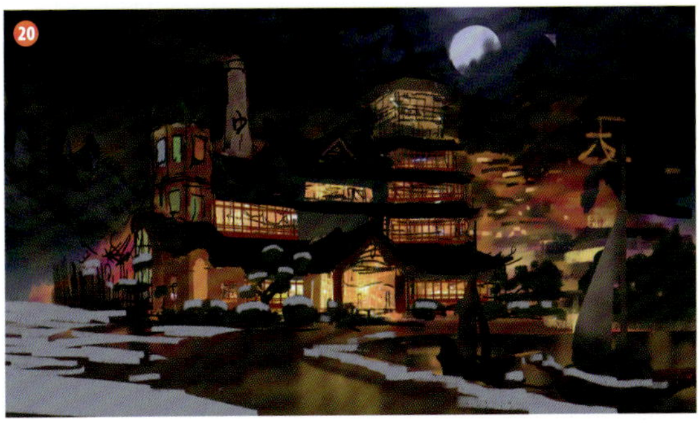

14 가로등을 그린다

실루엣으로 가로등을 그립니다. 가로등은 좌우대칭이므로 절반만 그리고 반전시켜서 복사하면 편합니다㉑. 서양풍의 가스등을 연상시키는 디자인입니다. 실루엣을 완성하고 가스등의 불빛을 묘사합니다. 복사해서 자유 변형으로 조절하고 배치합니다㉒. 가스등이 발산하는 빛을 표현하기 위해 [선형 닷지(추가)] 모드 레이어를 추가하고 에어브러시를 사용해 난색으로 칠합니다.

㉑

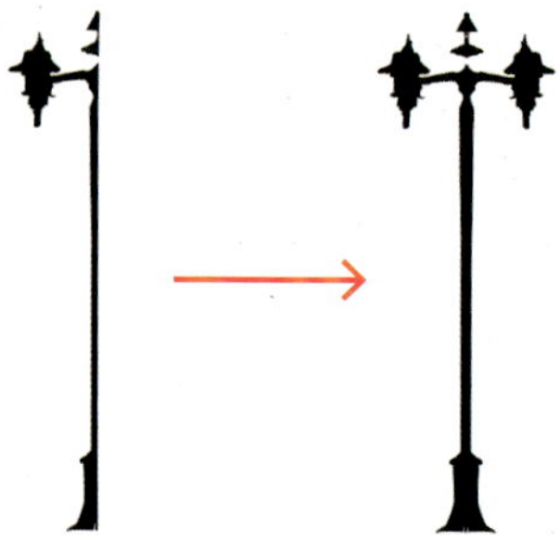

㉒

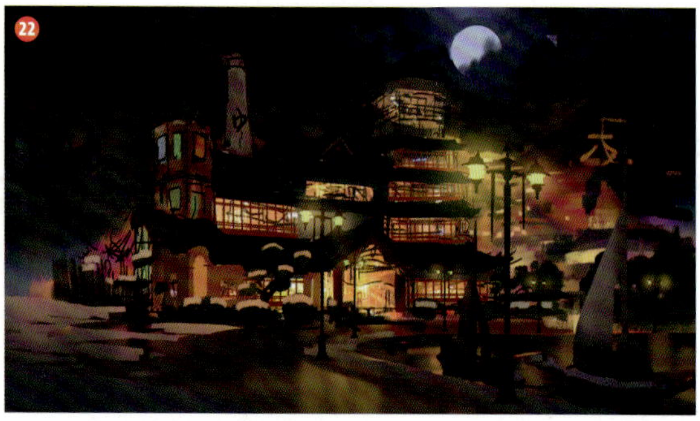

Point

가로등을 가이드로 활용

길을 따라서 가로등을 배치했습니다. 가로등만 표시하면 ㉓처럼 됩니다. 가로등은 밤의 분위기를 높여줄 뿐 아니라 시선을 유도하고 깊이감을 느낄 수 있도록 하는 가이드입니다. 다시 말하면 보는 사람에게 원근감이 느껴지도록 하는 요소입니다.

㉓

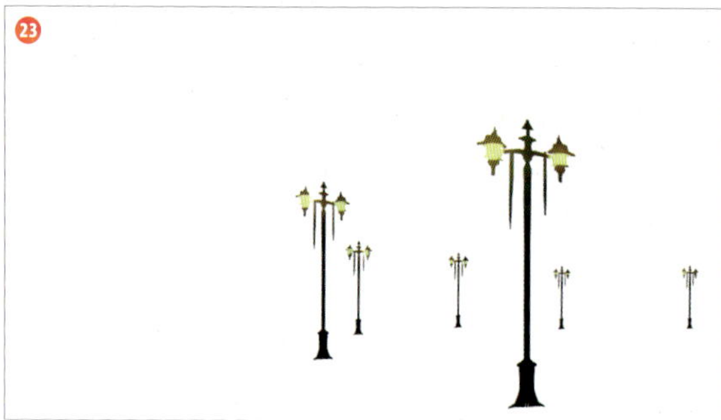

가로등 배치

Point

원근감 표현

가로등, 전봇대, 건물 등 크기가 일정한 사물을 앞에서 안쪽으로 나열하면 보는 사람이 깊이감(원근감)을 느낄 수 있습니다㉔. 그림에서 중요한 것은 정확한 투시도가 아니라 보는 사람에게 '거리감'을 전달하는 것입니다.

㉔

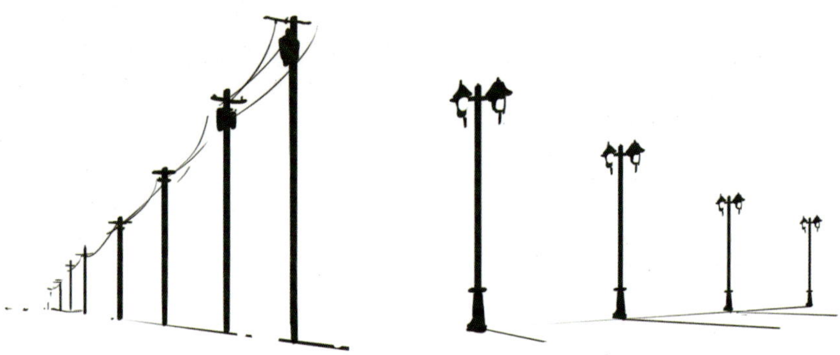

깊이감을 표현하는 요소

15 맨 앞의 실루엣을 그린다

왼쪽에 소나무와 울타리의 실루엣을 초크 브러시(p.16)로 그립니다㉕. 그림에서 가장 어두운 부분입니다. 소나무는 일본풍 이미지를 표현하는 중요한 요소입니다. 이 부분은 정원이므로 자연스러운 형태보다 둥그스름하게 손질한 형태가 더 어울립니다.

25
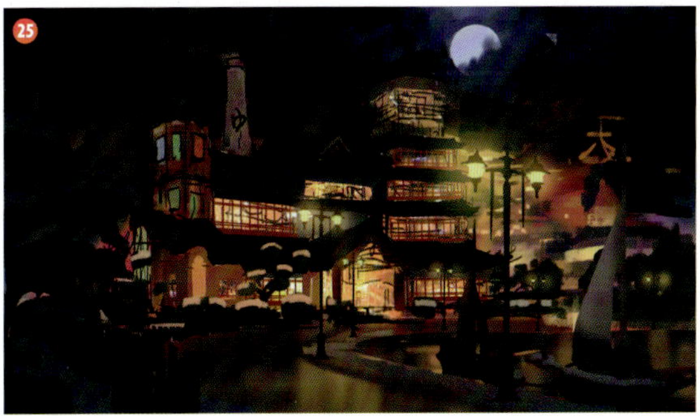

Point

근경의 실루엣

근경에 가장 어두운 실루엣을 배치하면 대비가 강해지고 안정적인 그림이 됩니다㉖. 영화나 CG 애니메이션에서 자주 볼 수 있는 테크닉입니다.

26

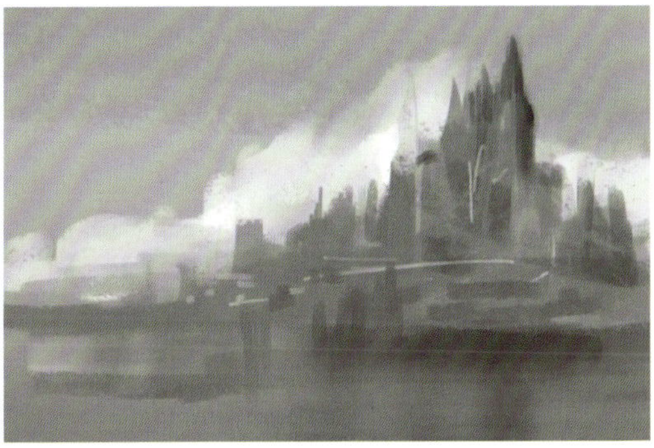

근경의 실루엣이 없다

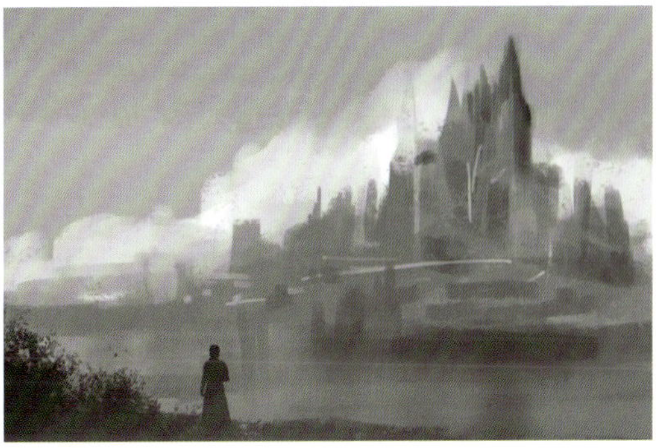

근경의 실루엣이 있다

16 전체 이미지를 정한다

지붕에 쌓인 눈을 그리고, 전체 이미지를 정했습니다㉗. 여기까지 1시간 30분이 흘렀습니다. 지금부터 세부 디자인을 정리하면서 묘사하겠습니다.

참조 'Technique : 묘사 요령'(p.134)

27
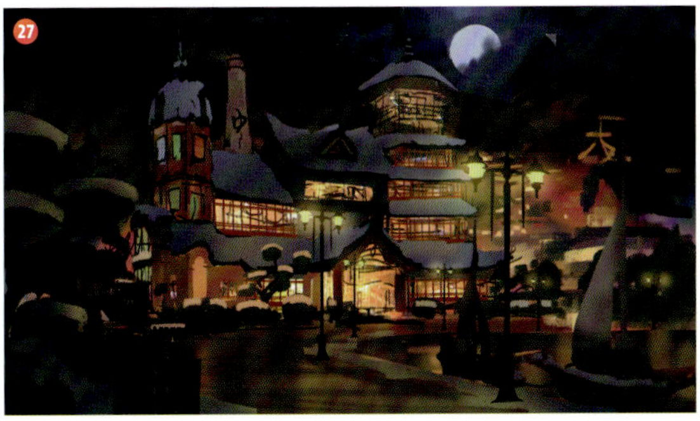

Memo 전체 이미지를 고려

전체 이미지가 정해질 때까지는 세부가 아니라 전체를 보고, 매력이 있는지 없는지를 판단해 형태를 정합니다.

그림은 첫인상이 가장 중요합니다. 다만 전체 이미지가 완전히 잡힐 때까지 고민하면서 그리다 보면 그림에 익숙해져서 첫인상을 판단하기 어려울 수도 있습니다. 전체 이미지는 가능하면 최대한 빨리 정합니다.

Point

일본풍 판타지의 요소

구체적으로 어떤 요소를 넣어야 '일본풍 판타지'를 표현할 수 있는지 정리해보겠습니다. 여기서 소개하는 요소는 장식은 물론 실루엣만으로 일본풍의 느낌을 전달할 수 있습니다.

- 인공물

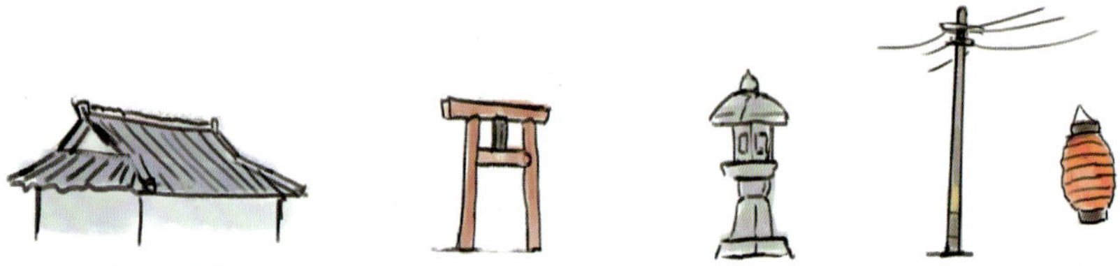

이리모야즈쿠리 토리이 석등 전봇대 홍등

- 자연물

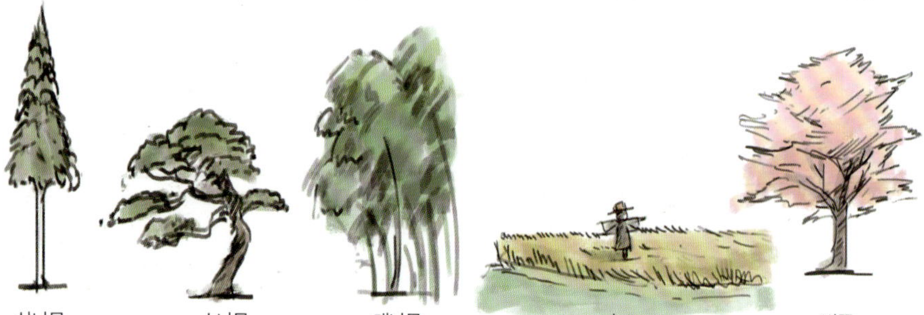

삼나무 소나무 대나무 논 벚꽃

- 색

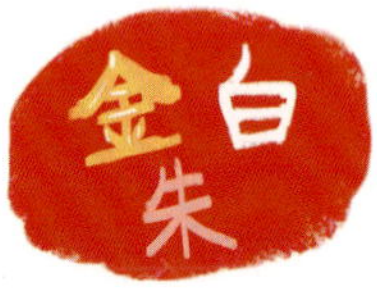

금색, 흰색, 주홍색

- 문자

ひらがな
カタカナ
漢字

17 변형하고 조절한다

원근감이 어색한 부분을 자유 변형으로 수정합니다㉘㉙. 굴뚝 등의 원기둥에 문자를 넣을 때는 [편집]→[변형]→[뒤틀기](p.197)를 사용해 곡면으로 변형하고 붙여 넣는 방법을 추천합니다㉚.

㉘

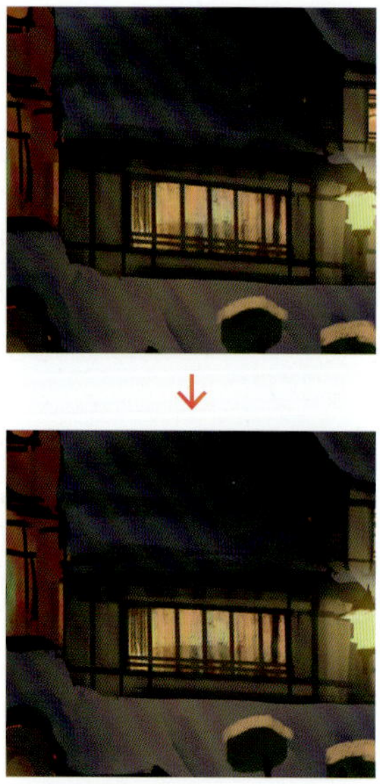

㉙

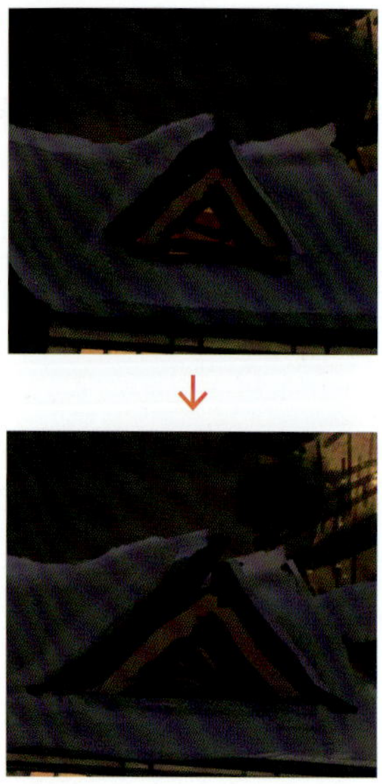

㉚

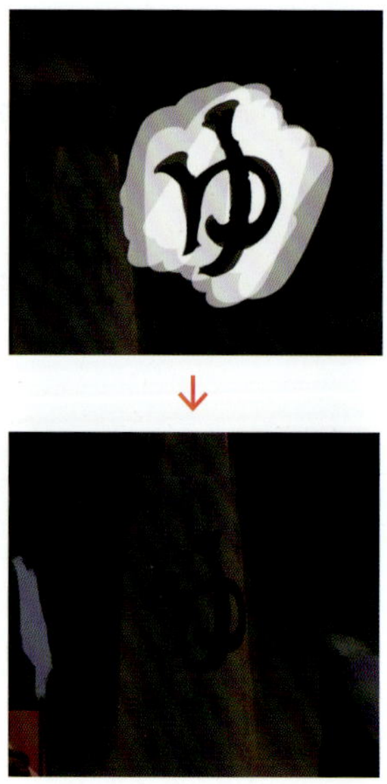

18 등불을 그린다

건물의 윤곽을 강조하면서 호화로운 여관을 표현하려고 등불을 여러 개 그려 넣었습니다31. 맨 먼저 1개만 그려서 복사하고 배치합니다. Ctrl+Alt키를 누른 상태로 소재를 드래그하면 간단히 복사할 수 있습니다. 크기가 작은 석등은 투시도법에 꼭 일치시키지 않아도 됩니다. 건물 배치는 하코네 온천에 있는 여관을 참고했습니다.

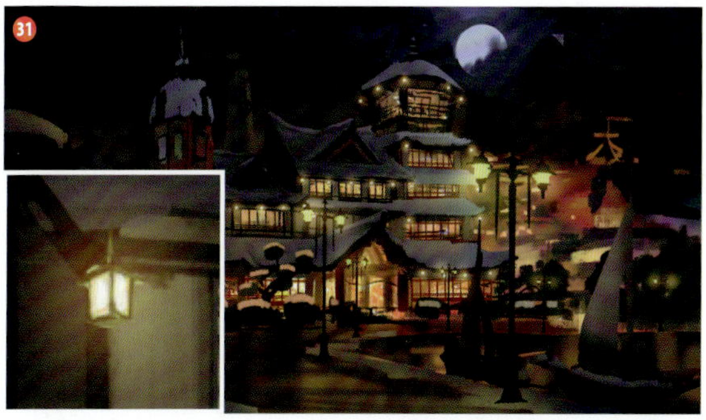

19 스테인드글라스를 그린다

서양식 건축의 창문은 스테인드글라스로 그렸습니다32. 맨 먼저 초크 브러시로 평면의 스테인드글라스부터 그리고33, 자유 변형으로 적절하게 수정합니다. 창문의 깊이감은 레이어를 약간 어긋나게 배치하면 표현할 수 있습니다34.

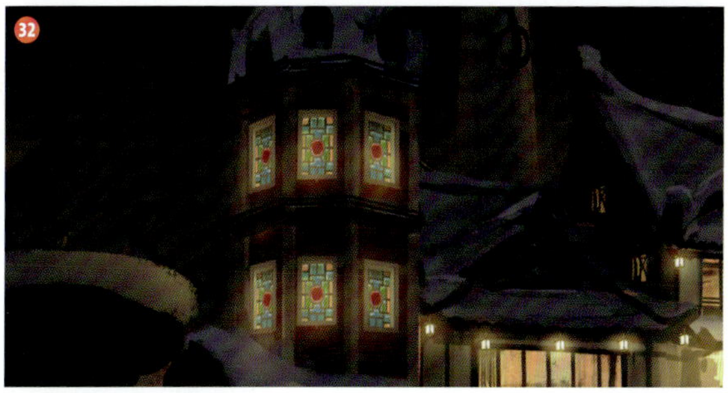

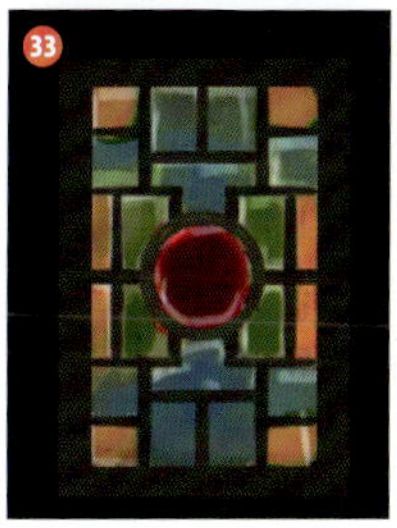

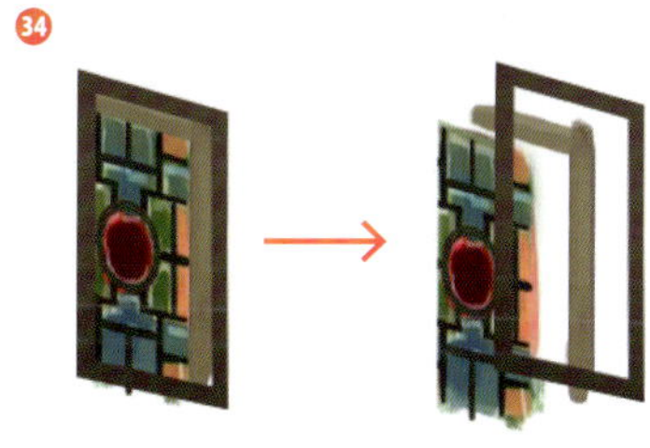

Point

깊이감 있는 창문 그리기

자유 변형을 사용해 깊이감이 느껴지는 창문 그리는 법을 소개하겠습니다.

1. 유리창과 창문틀을 레이어별로 구분해서 그립니다.

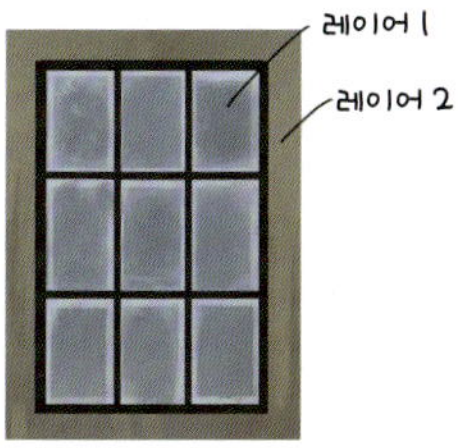

2. 자유 변형으로 적절하게 수정합니다.

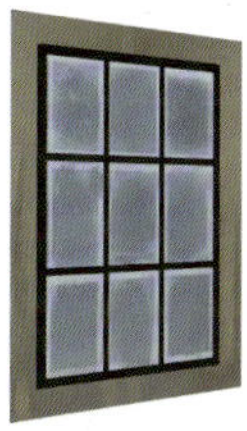

3. 유리창과 창문틀 레이어를 함께 움직입니다.

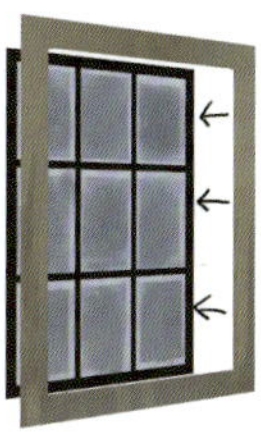

4. 창문틀의 깊이감을 그리고, 틀에서 벗어난 부분은 지웁니다.

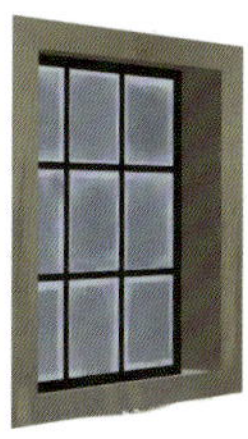

20 꼭대기에 디자인 요소를 추가한다

시선이 집중되는 꼭대기는 독특한 디자인 요소를 추가합니다35. 이런 디자인은 단숨에 떠오르지 않습니다. 레이어의 기능을 활용해 효율적으로 그렸다 지우기를 반복하는 시행착오를 거쳐야 합니다.

Point
레이어를 활용한 디자인

새로운 디자인은 반드시 새 레이어에 그려야 합니다. 레이어 표시를 선택하는 것만으로 디자인이 잘 어울리는지 확인할 수 있습니다36. 복사하거나 이동시키거나 변형하는 등의 작업도 수월합니다.

Memo 문양 자료

일본풍의 문양이나 무늬는 다양합니다. 일본풍의 건물을 그린다고 해서 건축 자료만 모으기보다는 평면 문양이나 무늬도 모아서 디자인에 적용해볼 것을 추천합니다. 다른 곳에는 없는 재미있는 디자인을 발견할 수도 있습니다.

35

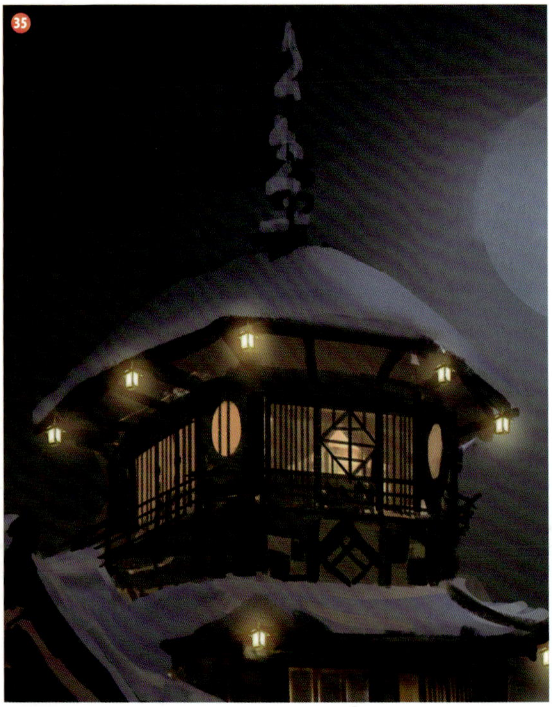

36

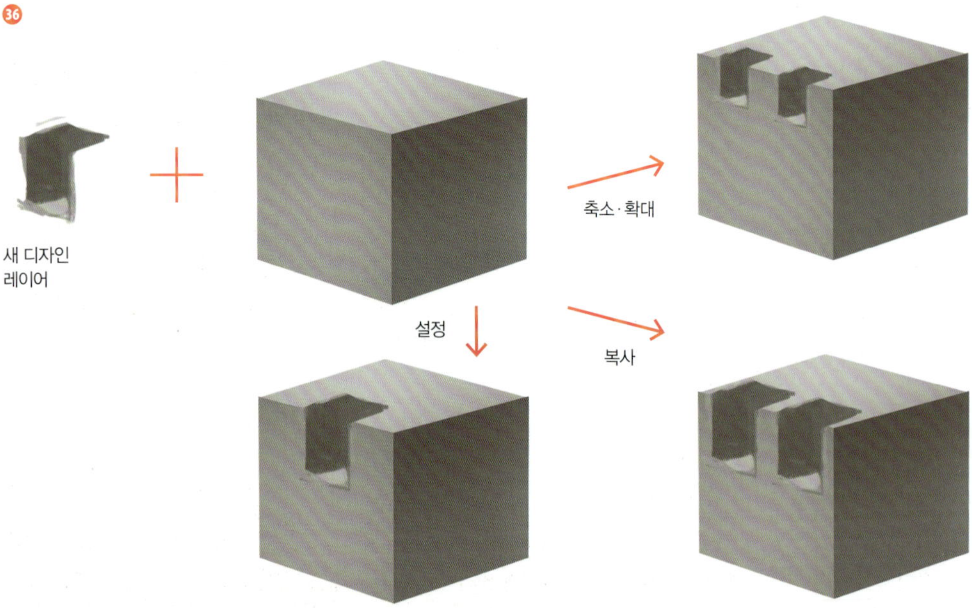

21 건물 반사를 그린다

에어브러시로 도로 표면에 건물의 반사를 그립니다37. 눈이 녹은 물에 빛이 반사됩니다.

참조 'Technique : 젖은 사물 그리기'(p.102)

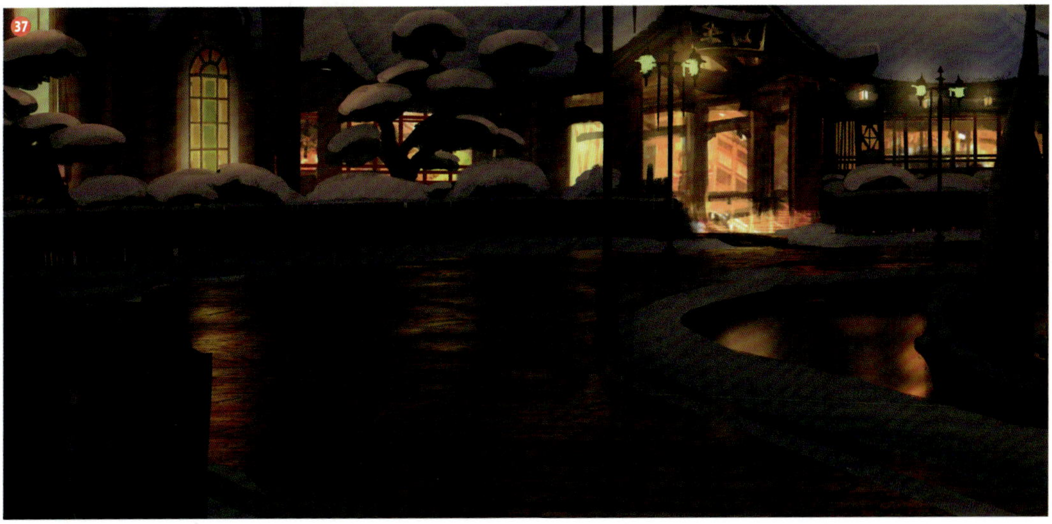

37

Point

반사 차이로 묘사하는 질감

고여 있는 물은 표면이 평평하니 매끄러운 반사38를, 도로 표면의 요철에는 거친 반사39를 그립니다. 이처럼 반사를 구분해서 그리면 간접적으로 질감을 묘사할 수 있습니다.

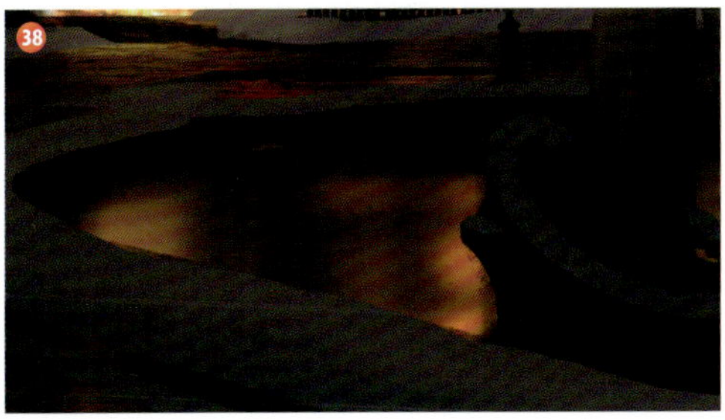

38

수면의 반사

39

도로 표면의 반사

22 최종 완성

여기서부터 좀 더 눈을 더하거나 세부 묘사를 합니다. 이 그림의 주인공인 건물에 시선이 고정되므로 달은 지우고 원경의 산을 선명하게 그렸습니다. 이런 시행착오도 흔히 있는 일입니다.

모든 조절이 끝나면 완성입니다40.

참조 'Technique : 눈 그리기'(p.132)

참조 'Technique : 묘사 요령'(p.134)

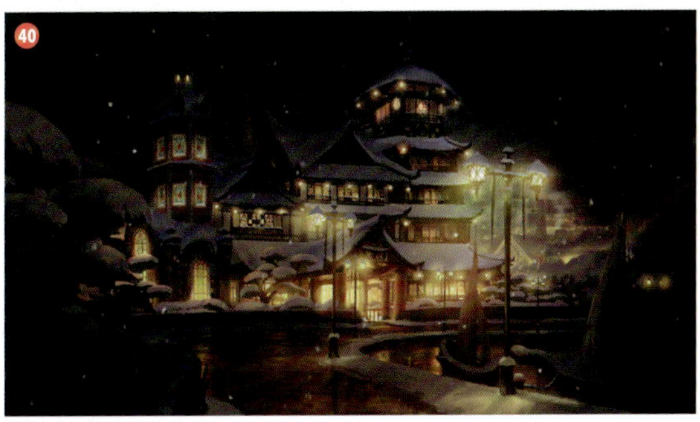

40

Technique

눈 그리기

눈은 존재만으로도 추위나 계절을 표현할 수 있는 편리한 요소입니다. 쌓인 눈과 내리는 눈을 그리는 요령을 소개합니다.

쌓인 눈 그리는 요령

쌓인 눈은 다음의 3가지 포인트를 알고 그리면 좋습니다.

● 하늘색을 기준으로 그림자색을 정한다

눈을 표현할 때 가장 중요한 것은 색입니다. 빛이 닿는 부분에는 흰색을, 그림자 부분에는 명도를 높인 '하늘색'을 칠합니다❶. 하늘이 해 질 무렵처럼 파란색이 아니라면 그 색에 파란색을 섞어서 그림자를 칠합니다❷.

● 둥그스름한 형태로 표현한다

눈이 쌓이면 둥그스름해지므로 모양이 둥근 브러시(타원 브러시, p.16)를 사용하면 그리기 쉽습니다❸.

● 원경과 근경의 브러시 터치를 바꾼다

원경의 눈은 굉장히 매끄럽게 보이므로 에어브러시로 만든 그라데이션을 사용해 표현할 때가 많습니다❹. 근경의 눈은 브러시의 터치를 남겨서 질감을 묘사합니다❺. 원경의 매끄러움, 근경의 질감, 이 2가지로 강약을 조절해 눈의 아름다움을 표현합니다.

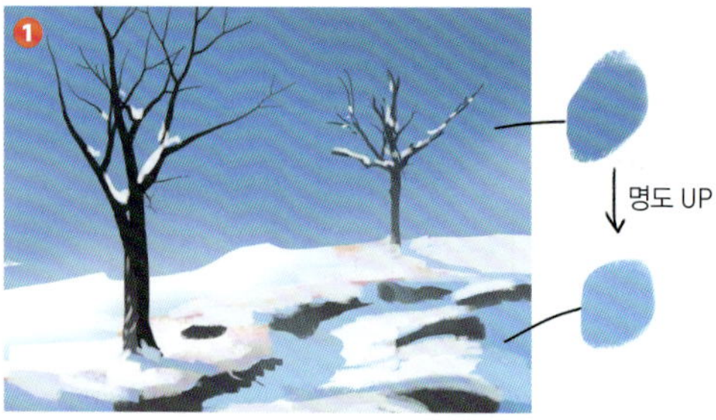

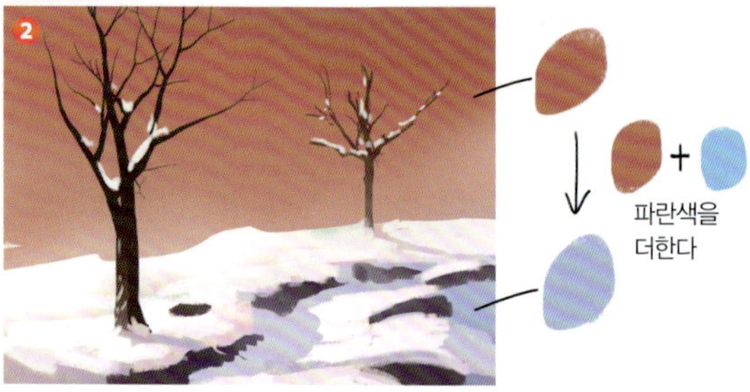

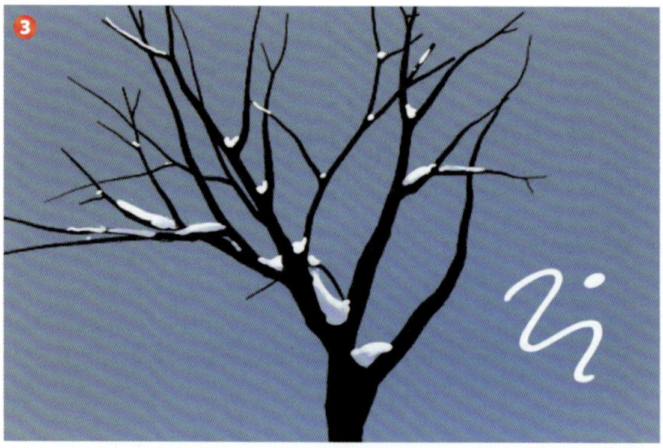

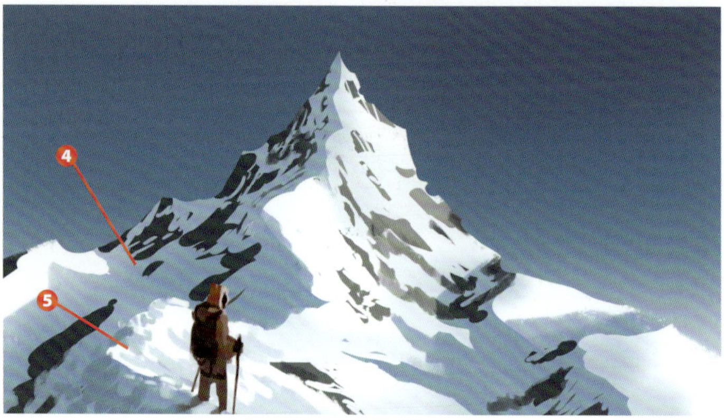

내리는 눈 그리는 요령

내리는 눈은 커스텀브러시로 그리면 간단합니다. 어렵게 생각하지 말고 기본 브러시의 옵션 수치를 설정해 점을 찍듯이 그립니다.

● 다양한 크기로 그린다

아무것도 설정하지 않은 기본 브러시로 점을 찍으면 ❻처럼 단조롭습니다. 여기서 펜의 압력으로 브러시의 크기가 달라지도록 설정합니다. 기본 브러시의 [브러시] 창에서 [모양] 탭❼을 선택하고 [크기 지터]를 [조절 : 펜 압력]❽으로 변경합니다. 이것으로 점을 찍는 강도에 따라서 크고 작은 입자가 불규칙적으로 나타나고, 눈의 깊이감이 살아납니다❾.

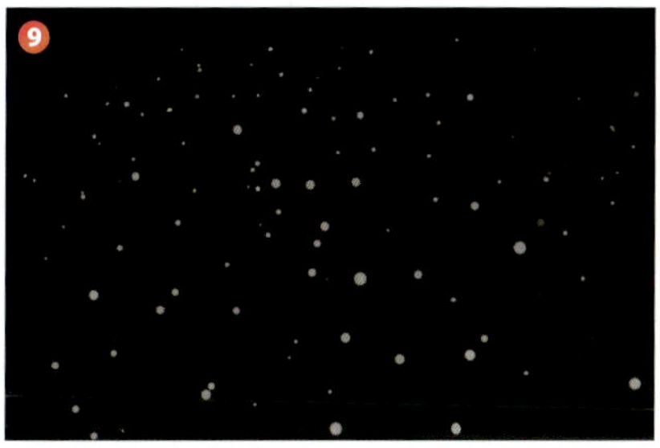

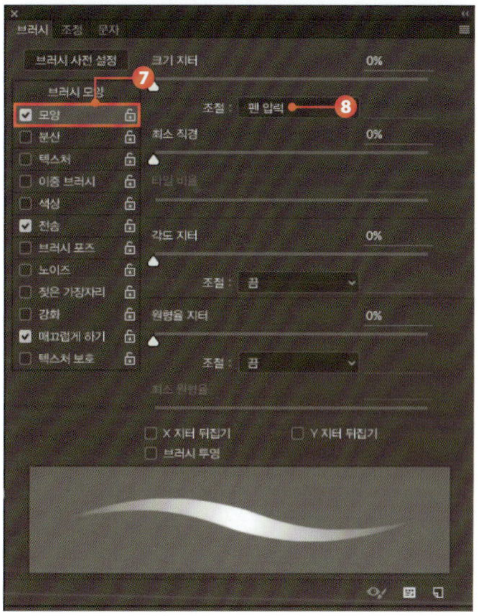

[모양] 탭

● 흐리기

눈은 하늘에서 떨어지면서 움직입니다. 눈의 움직임을 흐림의 정도로 표현하면 현장감이 강해집니다❿. 흐리기는 [손가락] 도구를 사용합니다. 눈은 비와 달리 바람의 영향을 쉽게 받는 만큼, 에어브러시를 [강도 : 30%] 정도로 설정하고 비스듬하게 왼쪽이나 오른쪽 아래로 늘립니다⓫.

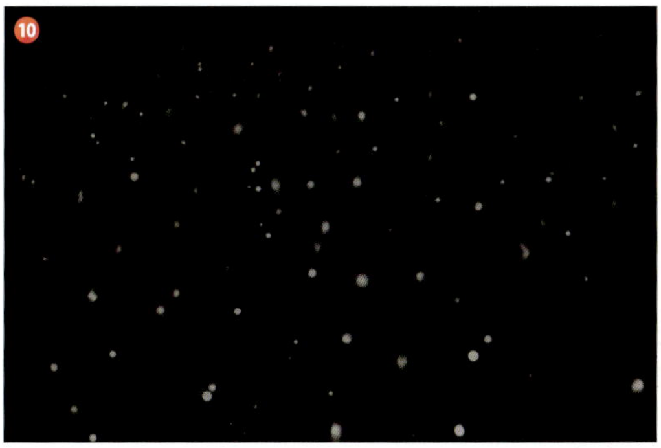

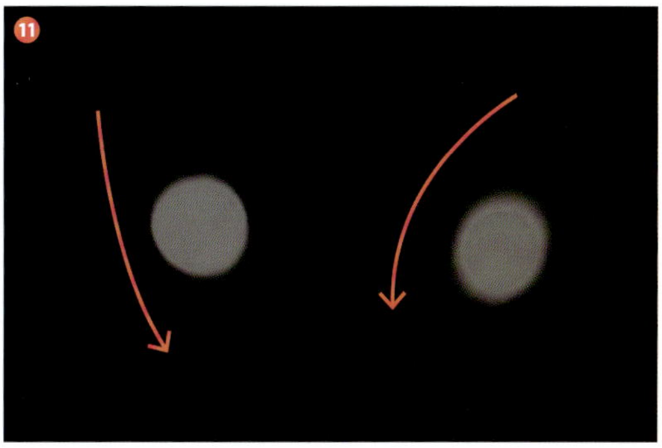

Technique

묘사 요령

'묘사'란 구체적으로 어떤 것을 말하는지 구분해서 설명하겠습니다.

묘사의 종류

● 깔끔하게 그린다

흐릿한 부분에 터치를 넣어 선명하게 합니다❶. 원경 묘사에서 자주 사용하며 그림을 선명하게 하는 효과가 있습니다. 흐린 부분과 선명한 부분의 강약이 그림의 매력으로 직결됩니다. [스포이드] 도구로 색을 추출하면서 그리는 것이 요령입니다.

❶

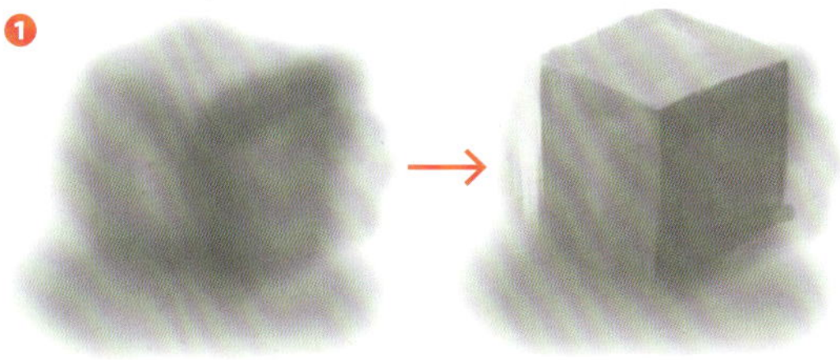

● 하이라이트와 그림자를 추가한다

하이라이트나 그림자를 그립니다❷. 근경에서 원경까지 모든 거리에 유효하고 그림이 번잡해질 염려 없이 질감을 강조할 수 있습니다. 하이라이트나 그림자에는 명도만 조절한 색이 아니라 약간 다른 색을 써야 보기 좋습니다.

❷

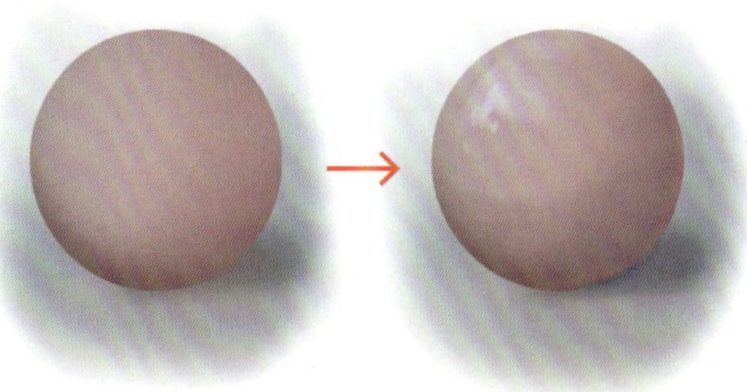

● 요소를 추가한다

새 요소를 추가하는 묘사입니다❸. 정보량을 높이는 효과가 있지만 지나치면 오히려 더 나빠지기도 합니다. 복사나 변형이 쉽도록 새 레이어에 그립니다.

❸

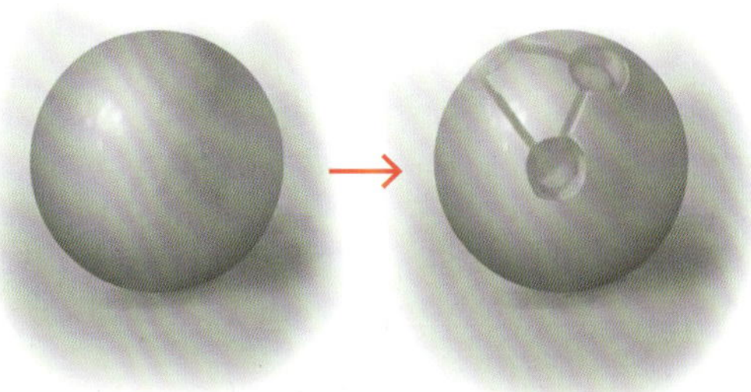

● 정리한다

러프의 선이나 밑색 등이 남아 있거나 브러시 터치가 거친 부분을 정리하는 방법입니다❹. 주로 눈에 띄지 않는 부분, 숲이나 초원 등의 자연물에 사용합니다. 밑색의 정보량을 활용해 효과적으로 그릴 수 있습니다.

참조 'Technique : 초원 그리기'(p.34)

❹

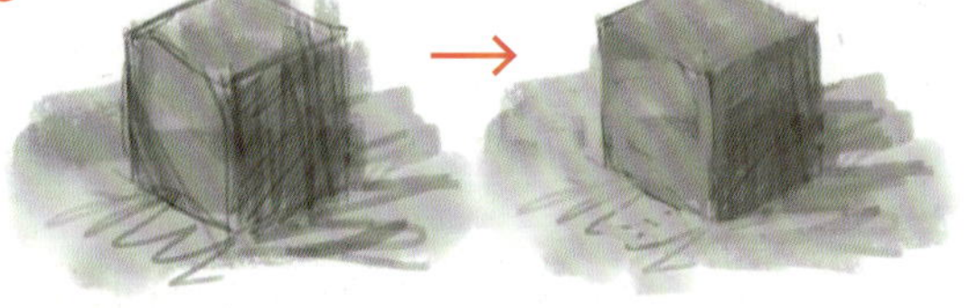

묘사의 예

Scene 6의 마무리 작업에는 부분별로 4종류의 묘사를 구분해서 사용합니다. 묘사 전후로 어떻게 달라졌는지 비교해보세요.

- 어두워서 흐릿한 부분⑤을 초크 브러시로 묘사해 깔끔하게 만듭니다.
- 건물 입구 주위⑥에 하이라이트와 그림자를 그리고 나서 입체감과 질감을 강조합니다.
- 창⑦에 세부 장식을 추가해 일본풍 이미지를 강조하고 정보량을 더했습니다.
- 어둡고 눈에 띄지 않는 부분⑧을 정리하는 묘사인데 거친 부분이 드러나지 않을 정도로만 정리합니다.

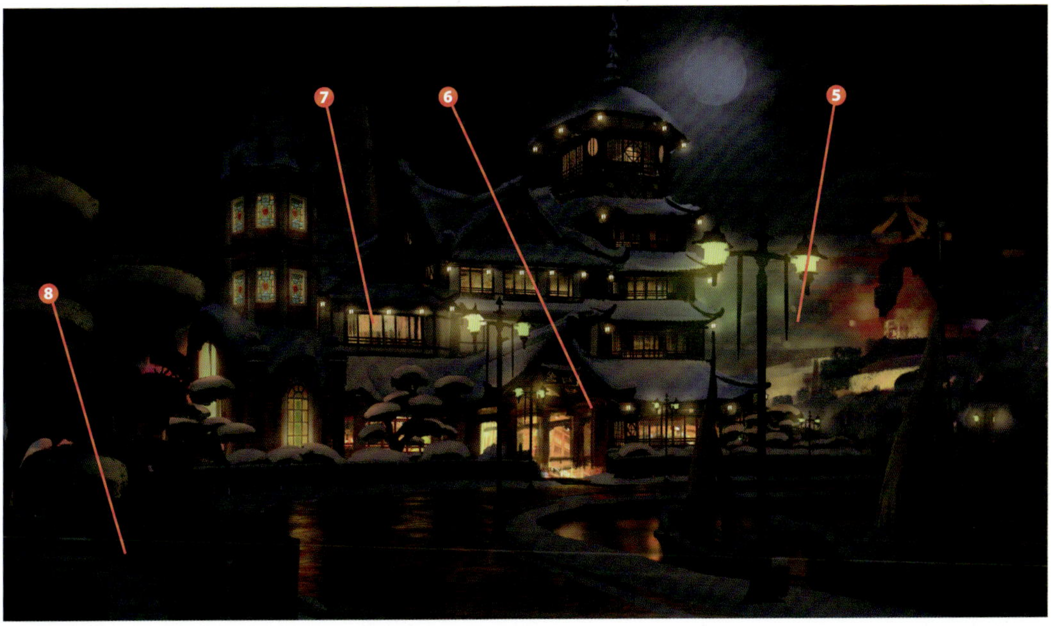

묘사 전

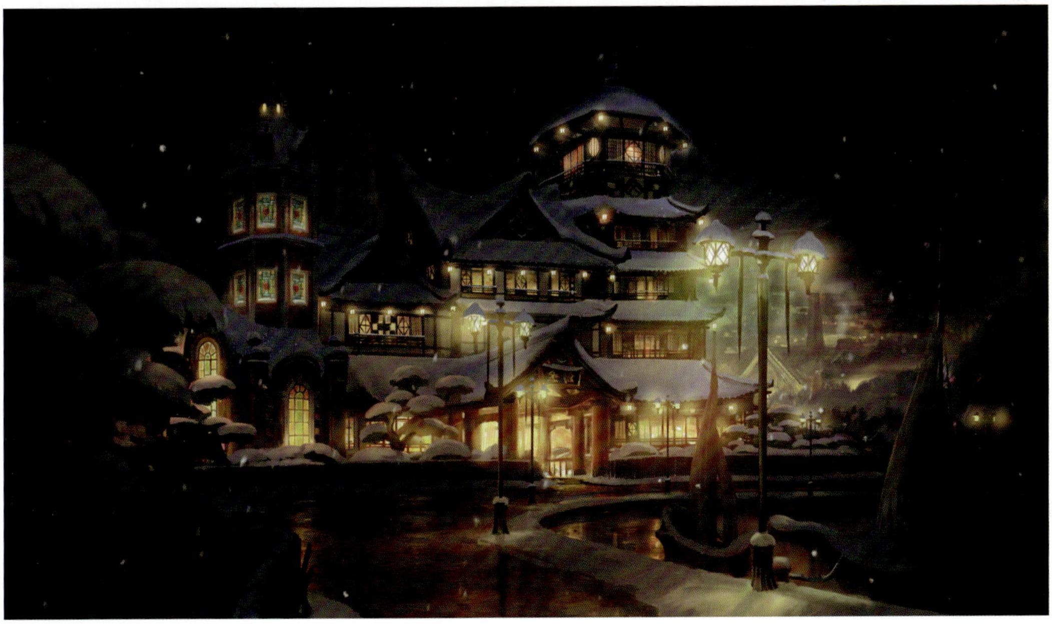

묘사 후

Scene 7

황금비 구도와
풍화 표현

숲속의 유적

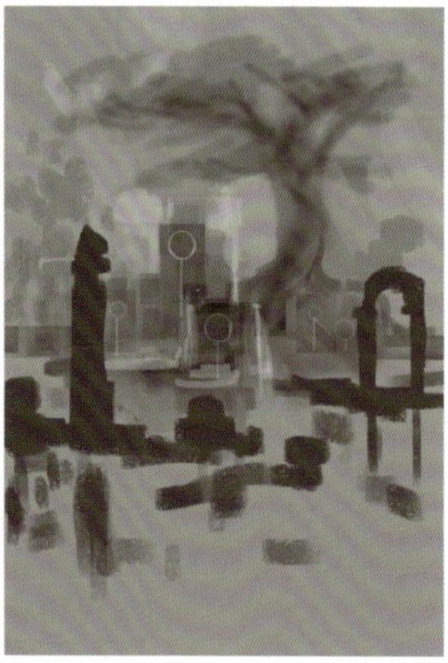

❶ 러프

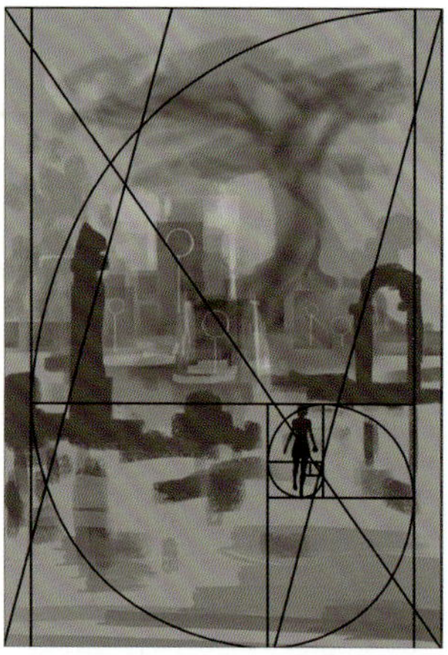

❷ 황금비

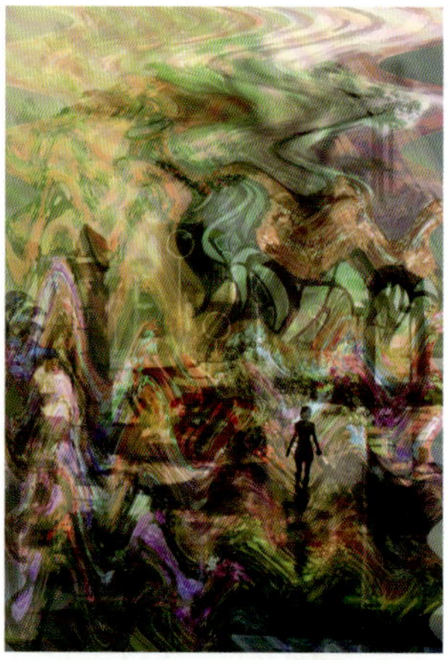

❸ 색 합성

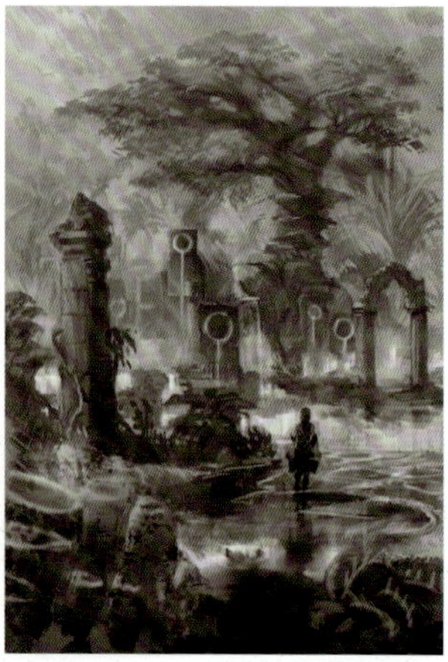

❹ 흑백 체크

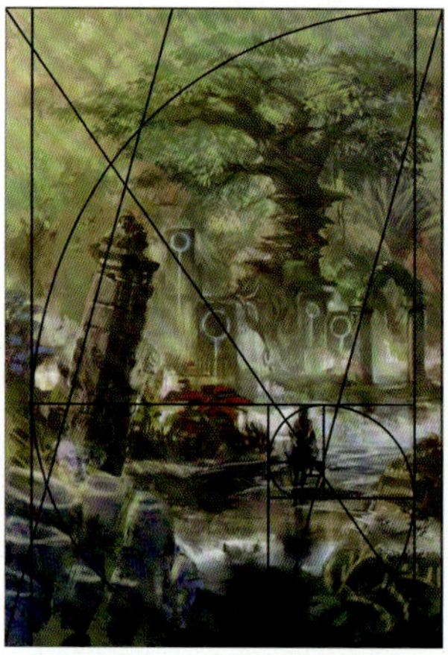

❺ 구도 체크

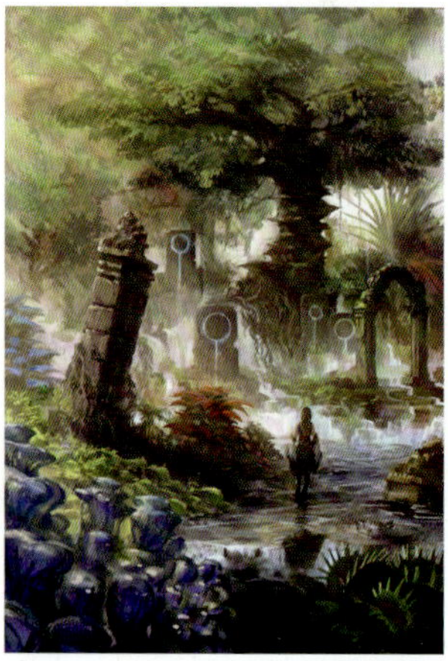

❻ 완성

황금비를 사용한 구도, 나무 그리는 법과 자연에 침식된 풍화 표현 등을 설명합니다. SF 분위기가 나는 고대 유적이 아주 오랜 시간을 거쳐 자연에 뒤덮인 장면입니다. 다양한 식물을 표현할 수 있으면 판타지 그리기가 재미있어집니다.

2833×4000픽셀

약 8시간

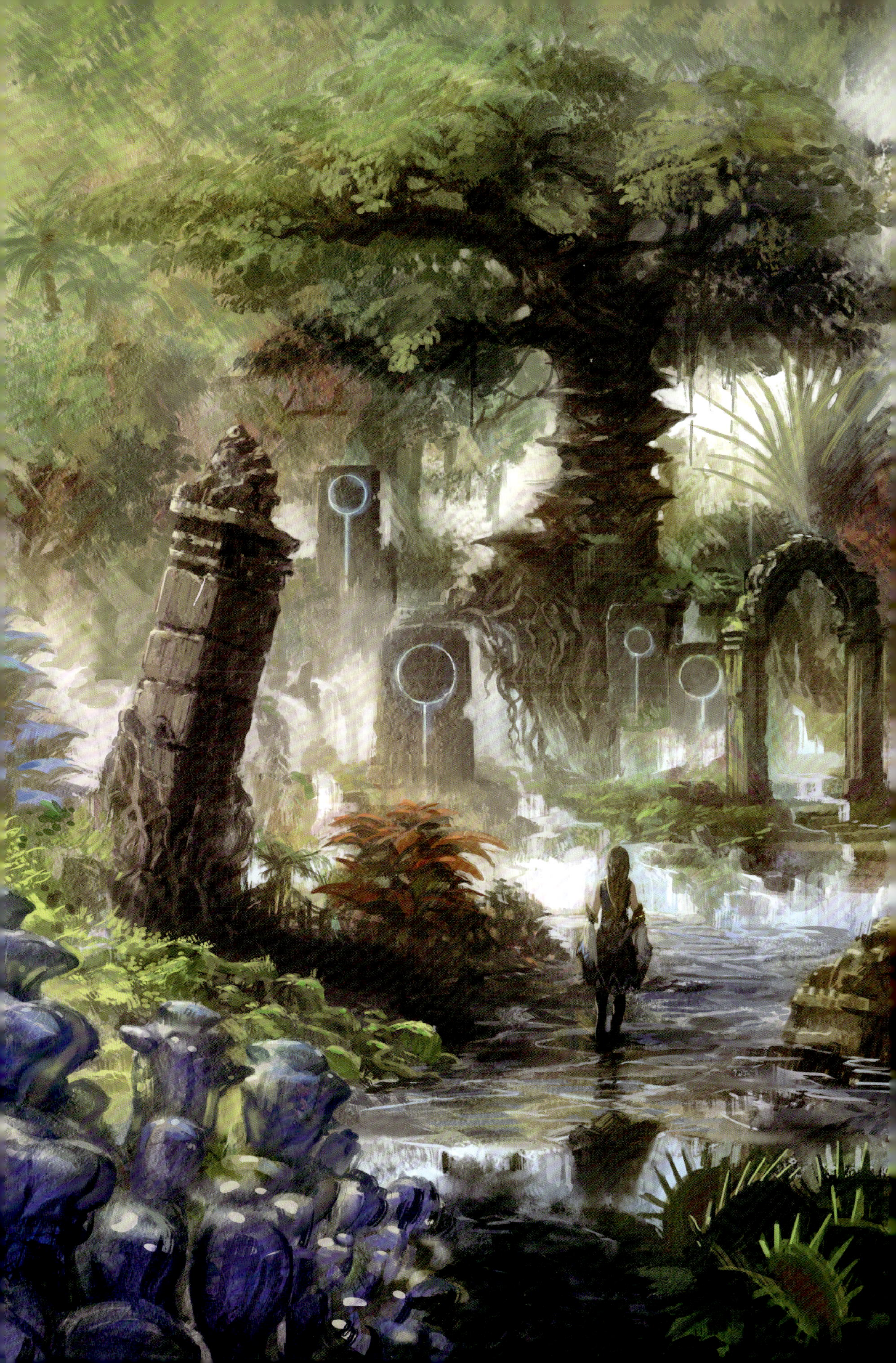

Making

제작 과정

01 러프를 그린다

에어브러시(p.16)로 나무와 유적부터 그립니다. 유적은 SF 분위기가 느껴지도록 사각형과 원을 기본으로 삼고 테두리가 선명한 석판을 여러 개 배치합니다❶.
사각형이나 원형은 [사각형 선택 윤곽] 도구와 [원형 선택 윤곽] 도구를 사용하면 효율적입니다❷. 석판은 불규칙하게 배치합니다. 불규칙한 느낌은 손으로 그리는 것이 주류이지만 숙달되지 않으면 그리기 어렵습니다. 여기서는 Photoshop의 기능을 활용해서 표현합니다.

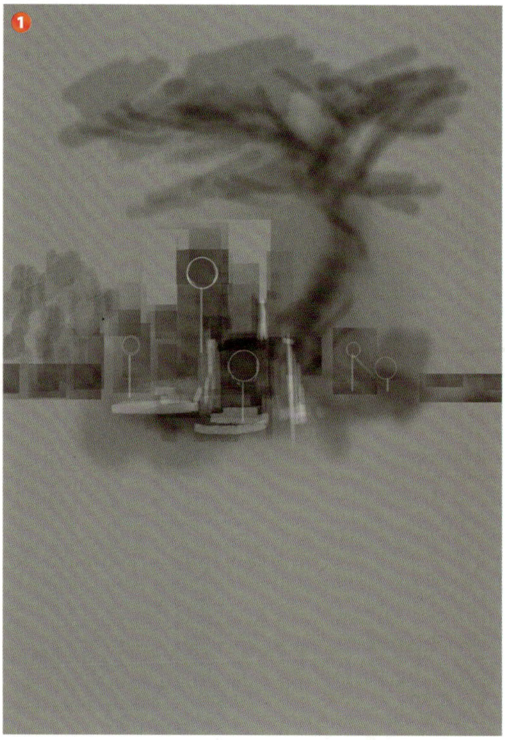

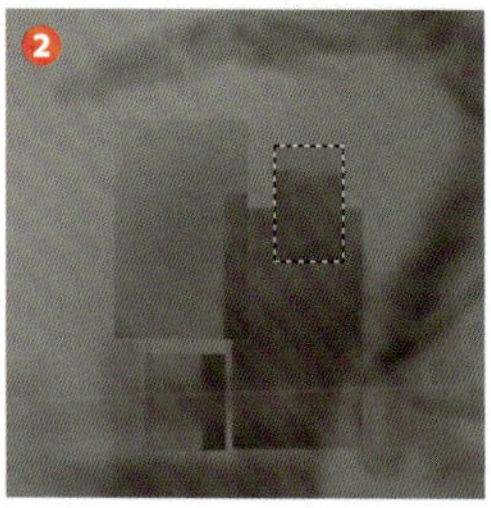

Point

기능을 활용해 표현하는 불규칙한 느낌

불규칙한 배치, 명암을 의식하고 석판의 러프를 빠르게 그리는 방법을 소개합니다.

1. 에어브러시로 적당히 명암을 넣습니다.

2. [사각형 선택 윤곽] 도구로 적당한 선택 범위를 만듭니다.

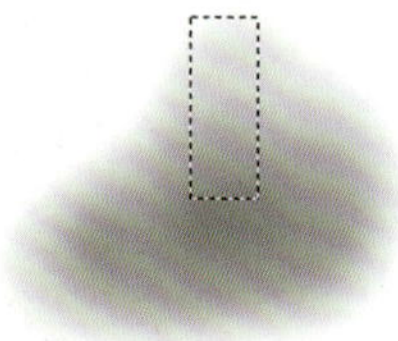

3. Ctrl+Alt키를 누른 상태로 드래그하고 선택 범위 부분을 복사합니다. 복사하면 경계가 또렷한 사각형이 만들어집니다.

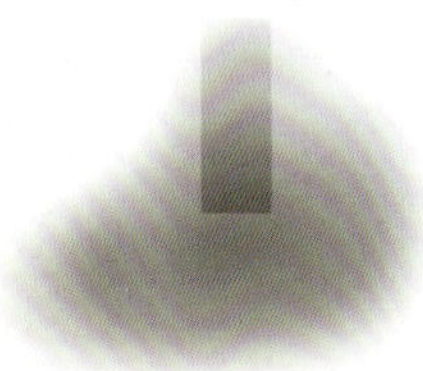

4. 2와 3을 적당히 반복하면 명암이 불규칙한 석판의 기본 형태를 손쉽게 그릴 수 있습니다. 이 방법의 핵심은 '적당히' 그리는 것입니다.

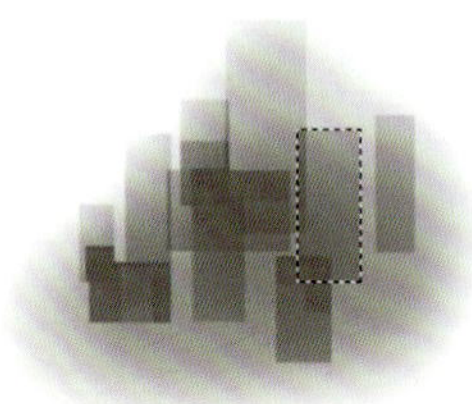

02 황금비 구도를 활용한다

황금비 브러시(p.16)로 황금나선 가이드를 그리고, 가이드에 알맞게 각각의 요소를 배치합니다.

1:1.618의 비율을 '황금비'라고 합니다. 이 비율로 만든 황금사각형 내부에 만들어진 나선이 '황금나선'입니다. 오래 전부터 다양한 미술 작품에 적용된 역사 깊은 비율입니다.

황금나선에 맞춰서 돌기둥, 문, 캐릭터의 위치를 정합니다 ❸. 나선의 집중점이나 가이드가 밀집되는 부분에 요소를 배치하면 구도가 안정적입니다. 황금비가 절대적이라고 할 수는 없습니다. 하지만 재미있게도 느낌이 좋은 구도를 찾다 보면 황금비 구도로 귀결되는 일이 흔합니다❹❺. 신기한 일입니다!

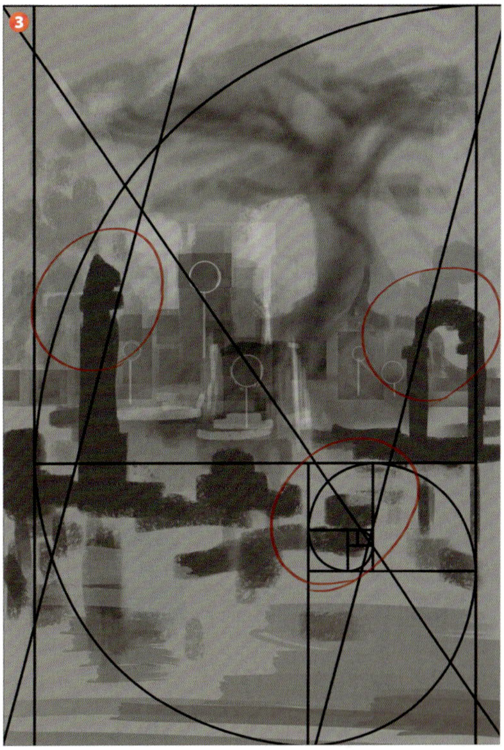

Point
황금비 브러시 사용법

황금나선의 가이드 이미지를 그대로 브러시로 만들고 등록했습니다❻. 새 레이어부터 만들고 클릭으로 가이드 이미지를 그립니다. 화면에 알맞게 확대하면 금방 황금비 가이드를 만들 수 있습니다.

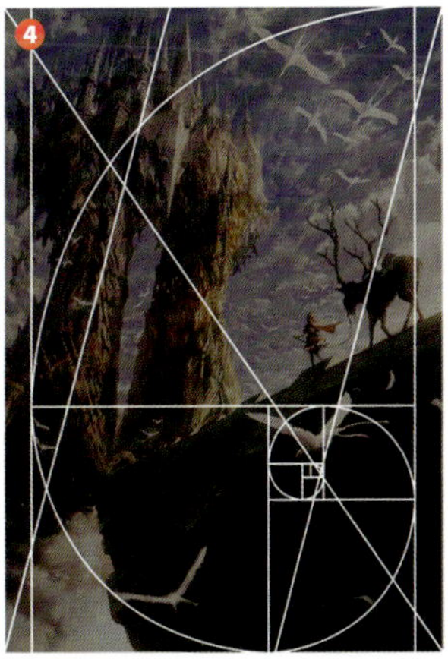

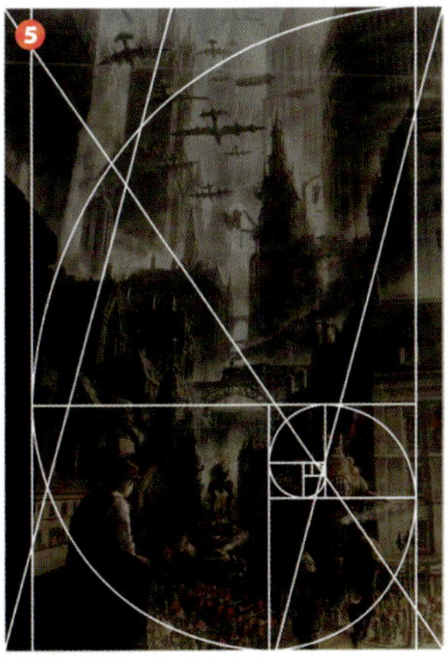

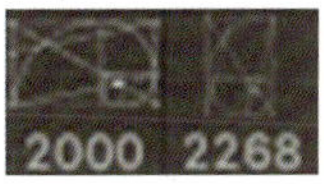

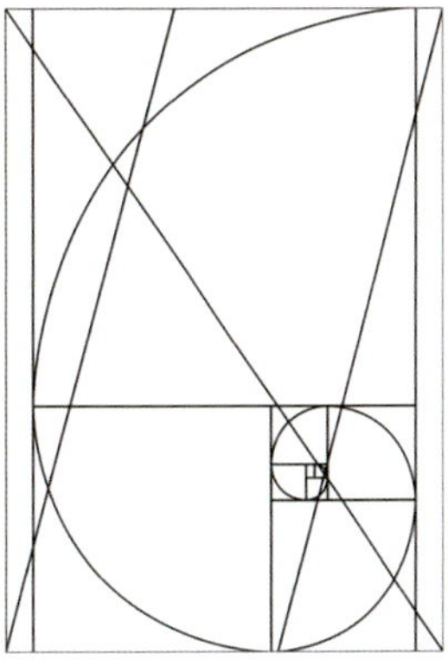

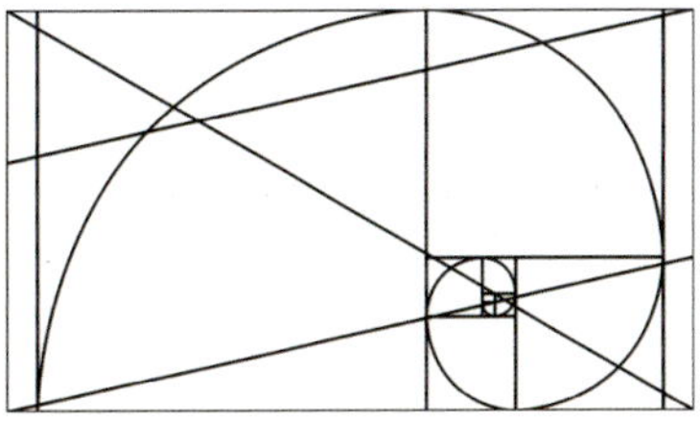

황금비 브러시

Memo 고민된다면 황금비를 활용하자

자신이 표현하고 싶은 구도의 이미지가 명확하다면 황금나선 가이드는 필요하지 않습니다. '황금비'는 어디까지나 도구입니다. 구도가 불안정하거나 배치를 어떻게 해야 할지 고민될 때 가이드로 사용해보세요.

03 밑색을 칠한다

[오버레이] 모드 레이어를 추가하고 에어브러시로 밑색을 칠합니다❼. 키 라이트는 열대를 연상시키는 진노랑입니다. 그림자색은 하늘색의 반사를 의식해 파랗게 칠합니다.

Point

식물의 색

'식물의 녹색은 빛의 색인 노란색과 하늘의 색인 파란색의 혼색'이므로 전체적인 색의 균형을 잡기 쉽습니다❽. 가지는 잎의 그림자 영역에 있지만 녹색 잎을 투과한 빛에 영향을 받으므로, 녹색+파란색을 어둡게 만들어 사용하면 깔끔합니다.

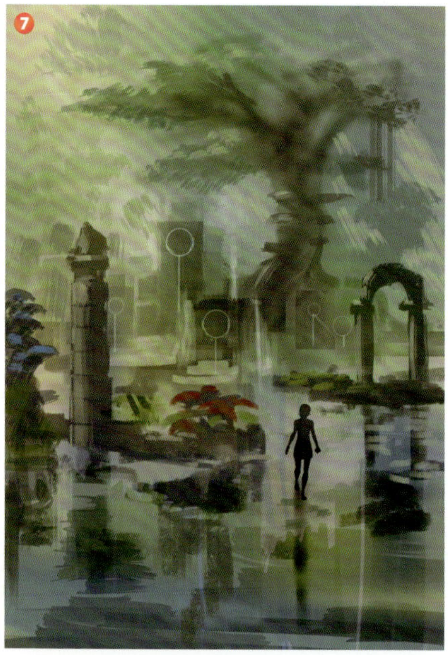

❼

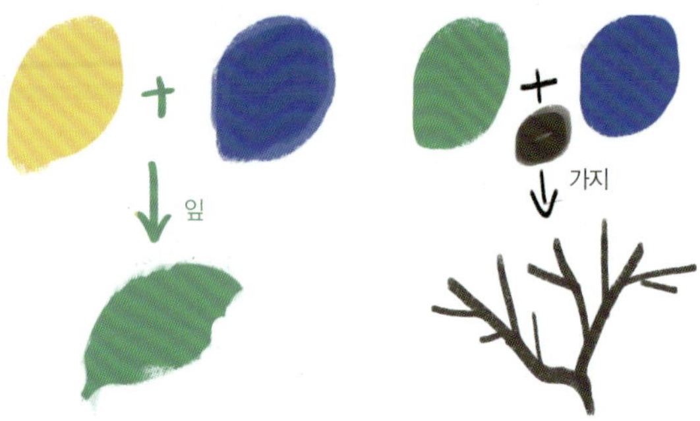

❽

04 색 합성으로 열대 느낌을 강조한다

전체의 명도를 조금 내리고 [오버레이] 모드 레이어에서 Scene 2의 작품을 합성합니다. [불투명도 : 40%] 정도로 설정합니다❾. [오버레이] 모드로 설정한 레이어를 합성하면 너무 밝아지므로, 합성하기 전에 전체의 명도를 약간 낮추면 합성한 색이 제대로 반영됩니다.

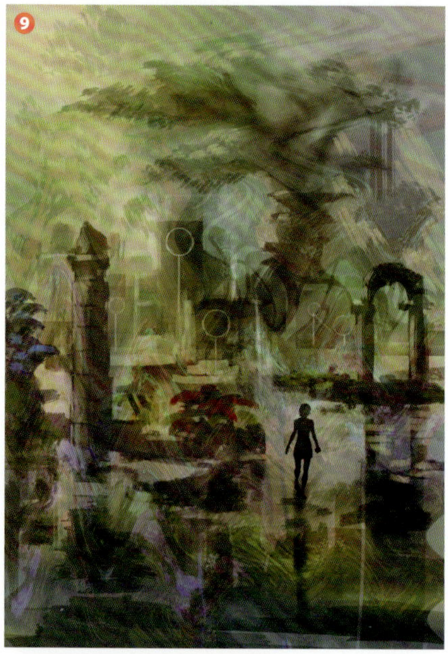

❾

Point

합성할 그림 조절하기

합성한 그림을 먼저 가공하면 이미지에 따라서 변화를 표현할 수 있습니다. 메뉴의 [이미지]→[조정]→[색조/채도](Ctrl+U)를 사용해 색감을 조절하거나 [필터]→[왜곡]→[파형] 필터(p.98)로 그림을 일렁이게 만드는 것이 일반적입니다❿. 이렇게 의도적으로 색을 복잡하게 만들어 열대의 이국적인 정취가 느껴지는 색감을 만듭니다.

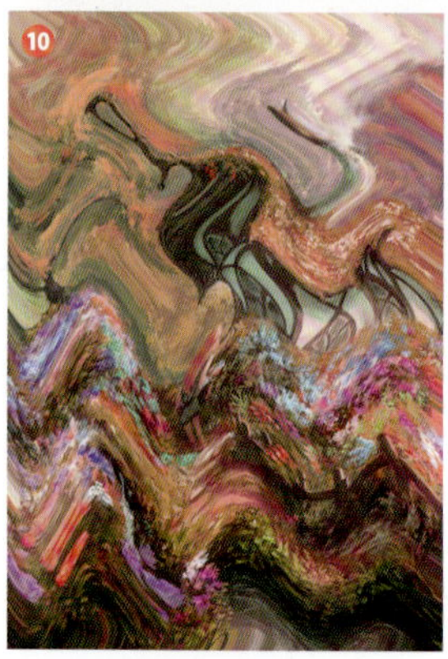

❿

05 요소를 추가한다

합성으로 만든 색을 [스포이드] 도구로 추출하고 전체의 균형을 보면서 요소를 추가합니다. 근경에는 신비한 식물을 배치했습니다⑪.
신비한 식물이라 해도 원형은 있습니다. 왼쪽은 다육식물인 프로리페라, 오른쪽은 식충식물인 파리지옥의 변형입니다. 상상만으로는 식물을 제대로 그릴 수 없습니다. 매력적인 식물을 참고해 디자인을 잡는 쪽이 지름길입니다.

> **Memo 처음에는 심플하게**
> 최소한의 요소로만 러프스케치를 하고 그림을 그리면서 요소를 늘려가는 것은, 무한하게 수정할 수 있는 디지털 특유의 기법입니다. 이 기법은 새로운 세계관이나 디자인을 표현할 때 무척 효율적입니다.

⑪

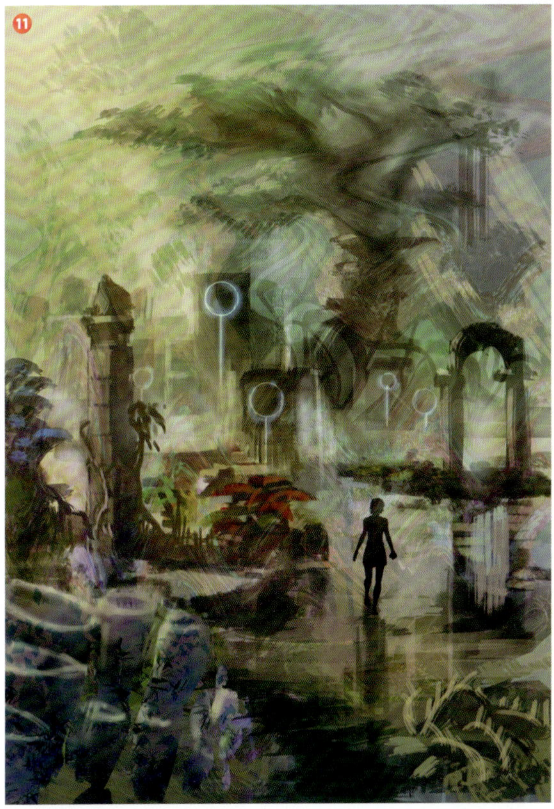

06 문장 이펙트를 그린다

석판에 문장 이펙트를 묘사합니다. 문장은 심플한 원형입니다⑫.
맨 먼저 [선택] 도구나 [모양] 도구로 정확한 도형을 그립니다. [선형 닷지(추가)] 레이어를 추가하고 초크 브러시(p.16) 등으로 점을 찍듯이 불규칙하게 덧그려서 빛을 발산하는 문장의 반짝임을 표현합니다⑬. 색은 [선택] 도구로 그린 도형의 색이나 흰색을 사용합니다. 이 방식은 마법진에도 적용할 수 있습니다.

⑬

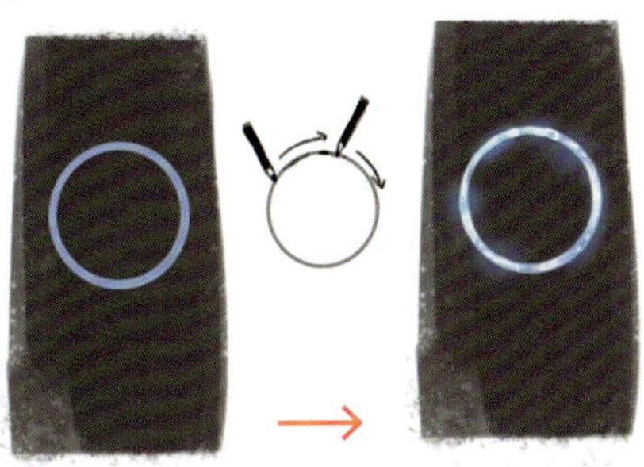

⑫

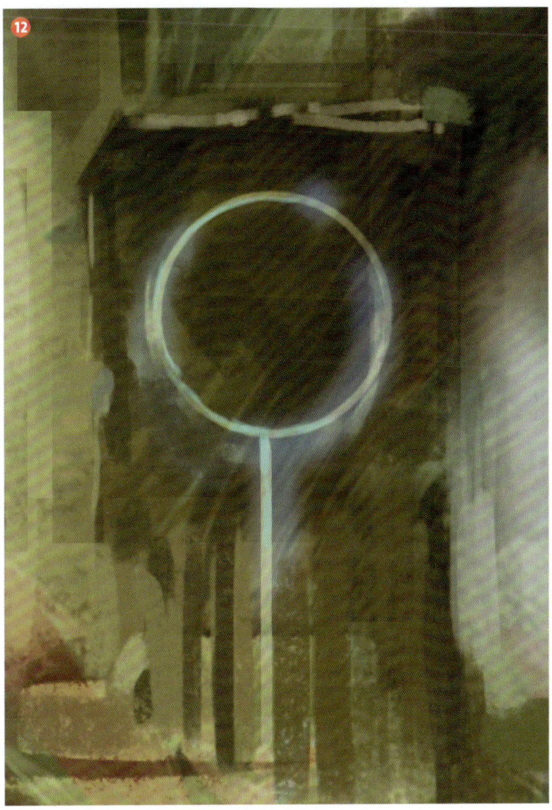

07 물을 그린다

지면은 캐릭터의 다리가 약간 잠길 정도의 물이 흐르는 습지대로 그렸습니다⑭. 열대의 축축한 이미지의 확장입니다.

⑭

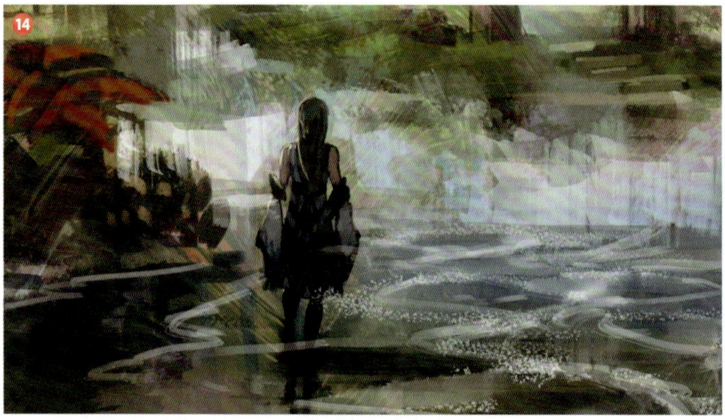

Point
폭포 그리기

수면의 고저 차를 만들고 폭포를 그립니다. 평붓 같은 브러시로 세로 방향의 터치를 더해 폭포를 묘사합니다⑮. 이렇게 낮은 폭포는 상세한 부분까지 고민하지 않고 그립니다. 적당한 붓자국은 지형의 요철이나 물의 흐름에 어울리는 불규칙한 느낌을 연출하는 데 효과적입니다.

참조 'Point : 폭포 그리는 요령' (p.97)

⑮

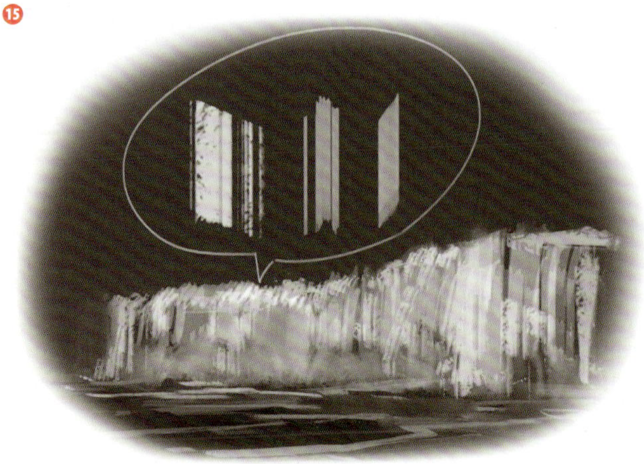

폭포의 터치

Point
수면 그리기

물의 격렬한 움직임과 공기가 뒤섞여 포말이 일어납니다. 흐름이 급한 강이나 폭포에 가까운 수면은 포말의 흐름을 그려서 표현합니다. 수면의 포말은 마름모형을 기본으로 삼으면 물의 흐름을 쉽게 표현할 수 있습니다⑯.

⑯

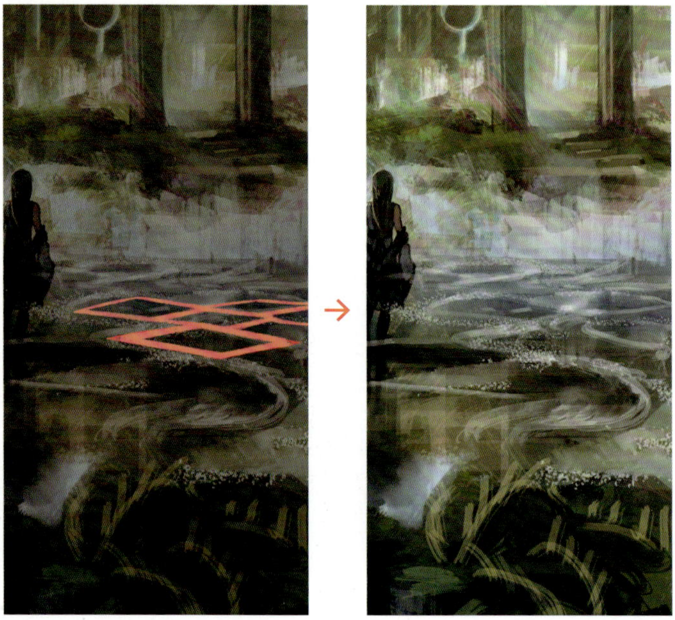

08 모노크롬(흑백)으로 변경하고 확인한다

[흑백] 조정 레이어([레이어]→[새 조정 레이어]→[흑백])로 전체를 흑백으로 바꾸고 확인합니다⑰. 흑백 상태이면 색에 영향 받지 않고 거리감이나 명암의 균형을 살필 수 있습니다. 조정 레이어를 활용하면 이미지를 수정하지 않고 언제든 흑백으로 확인할 수 있습니다.

> **Tips** 조정 레이어 만들기
> - 메뉴에서 [레이어]→[새 조정 레이어]에서 선택
> - [레이어] 창의 버튼으로 선택
> - [조정] 창에서 선택

⑰

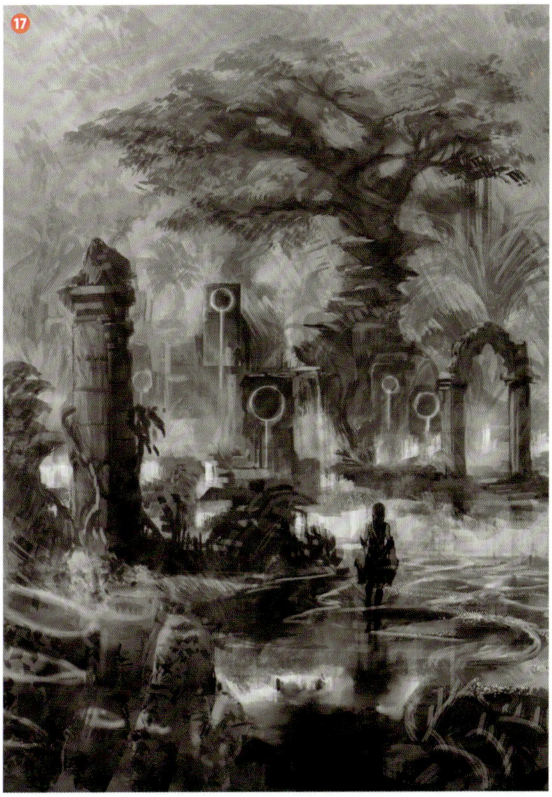

09 큰 나무의 가지를 그린다

중앙에 있는 큰 나무의 가지를 그립니다. 주로 잎의 빈틈으로 보이는 가지를 묘사합니다. 나뭇가지 끝이 원을 벗어나지 않도록 전체의 실루엣을 정리하면 멋진 가지가 됩니다⑱.

⑱

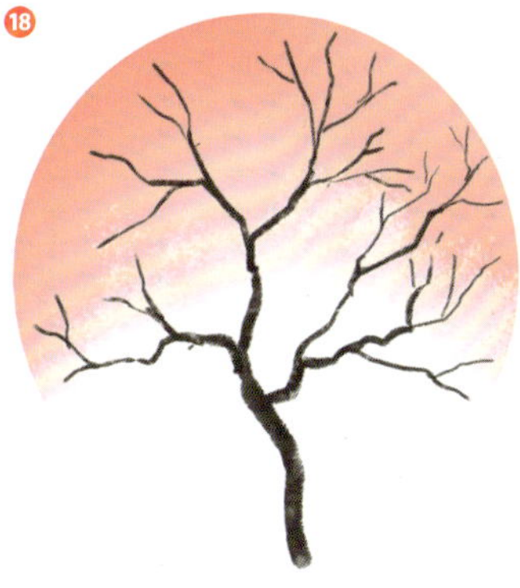

가지의 범위

위에서 비스듬하게 들어오는 빛의 방향으로 가지가 자랍니다. 그러나 잎이 무거워 중력의 영향을 강하게 받아 끝부분이 처지므로 타원을 기준으로 가지를 그립니다. 빨간 타원이 가지의 범위입니다⑲. 나무를 그릴 때는 여러 개의 타원을 겹친 형태로 그리면 좋습니다.

참조 'Technique : 나무 그리기'(p.148)

⑲

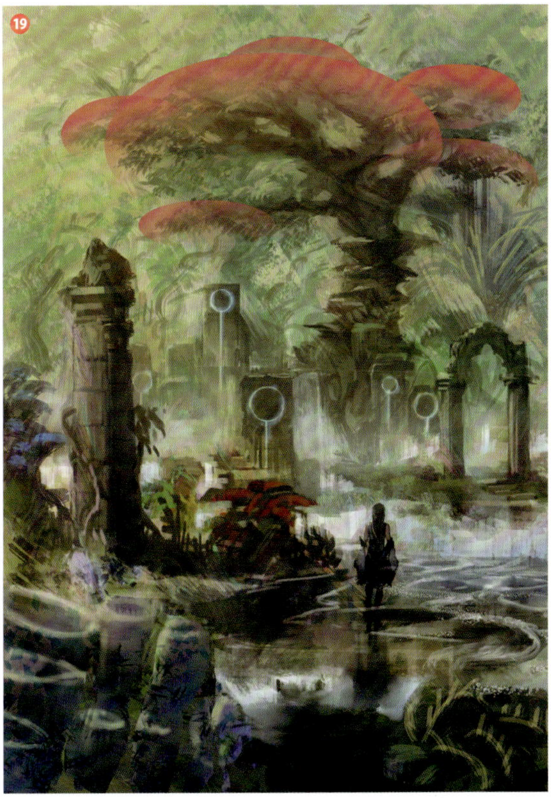

7 숲속의 유적

10 색을 더한다

나무의 그림자에 색을 더합니다. 이번에는 약간 이국적인 분위기를 표현하려고 일부러 그림자색에 보라색이나 빨간색을 사용합니다⑳. 녹색은 한색과 난색의 중간색이므로 전혀 다른 색을 넣어도 조화롭습니다.

Point
중성색 활용

색에는 한색과 난색이 있습니다. 파란색이 강한 색상인 한색은 차가운 이미지, 빨간색이 강한 색상인 난색은 따뜻한 이미지입니다. 보라색과 녹색은 '중성색'이라고 하며 주위의 영향에 따라 어떤 속성에도 쓸 수 있습니다. 한색과 난색 어느 쪽과도 궁합이 좋은 색으로 중성색을 더하면 전혀 다른 색감도 조화롭게 꾸밀 수 있습니다.

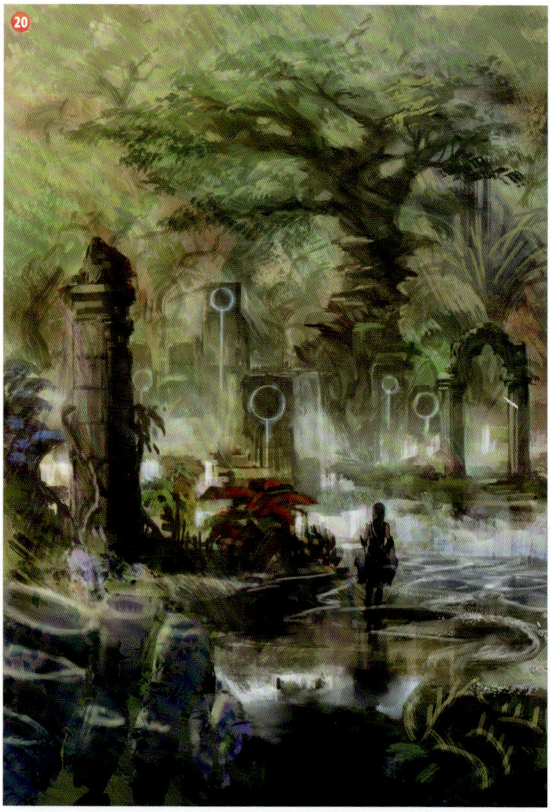

11 나무줄기를 그린다

나무줄기 묘사는 나무의 흐름을 생각하면서 직선 터치를 활용하는 것이 포인트입니다㉑. 단, 원경은 질감을 의식하지 않습니다. 빛이 닿는 부분의 요철을 묘사하는 것을 우선합니다. 특히 그림자 부분은 어두운 상태를 유지합니다. 질감을 너무 선명하게 묘사하면 거리가 가까워 보입니다. 맑은 날 조금 멀리 떨어진 곳의 나무를 관찰해보세요. 의외로 질감은 보이지 않습니다.

Point
버섯은 도구

나무의 실루엣에 변화를 더하고 싶다면 버섯을 그려 넣습니다. 리듬에 변화가 더해져 전체적으로 생동감이 생깁니다. ㉑에는 말굽버섯, 화경버섯처럼 나무에 층층이 자라는 버섯을 그립니다. 실루엣에 변화를 주고 싶을 때도 버섯을 이용하면 편리합니다. 밝은 분위기의 판타지라면 빨간 우산에 흰색 점이 있는, 누가 봐도 버섯인 형태를 주로 씁니다.

참조 'Technique : 나무줄기 그리기'(p.150)

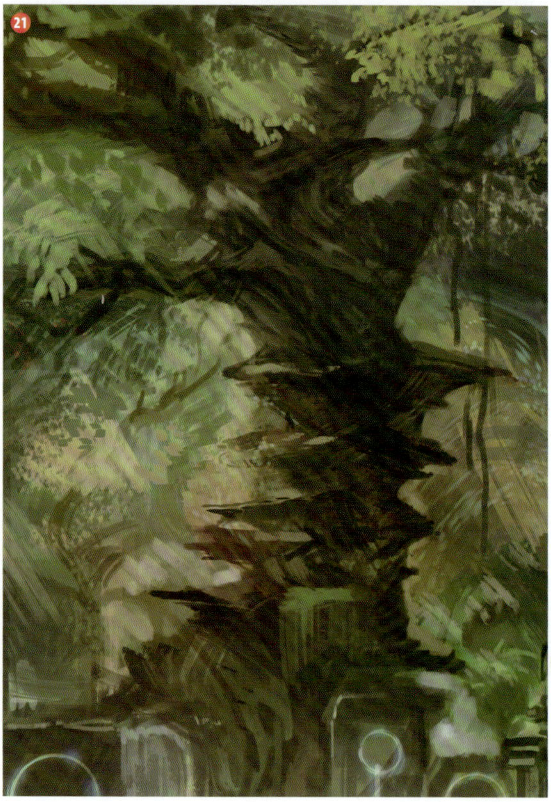

12 구도를 확인한다

화면 안에 가로 방향의 사물이 많아서 약해진 전체의 흐름을 보완하려고 돌기둥의 각도를 수정했습니다. 수정 각도는 황금나선 가이드를 참고합니다㉒. 레이어를 합성하고 돌기둥 부분을 잘라서 자유 변형으로 기울입니다㉓. 다양한 각도를 확인했지만 황금비를 참고한 것이 가장 좋았습니다. 변형하고 나서 부자연스러운 곳은 초크 브러시로 묘사를 더하고 위화감을 지웁니다.

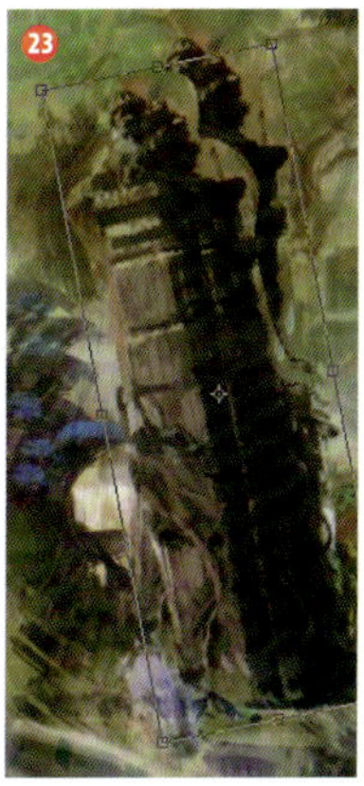

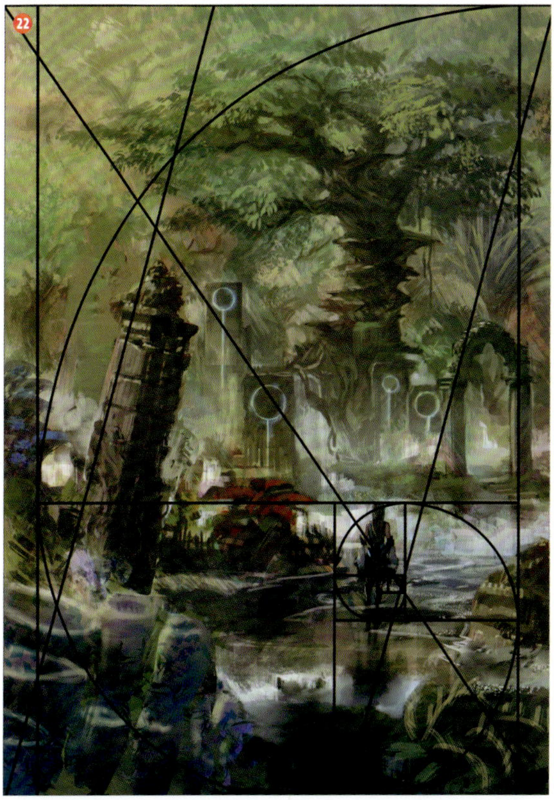

13 축소하고 확인한다

한 번 정도는 작업을 멈추고 화면에서 떨어져 그림을 살핍니다㉔. 그림을 축소해서 보는 것도 나쁘지 않지만 실제로 화면에서 거리를 두고 바라보면 다양한 것을 알 수 있습니다.

떨어져서 지금까지 작업한 것을 살펴보니 각각의 요소를 명확하게 그리려다가 전체 이미지가 모호해진 것을 깨달았습니다. 이유는 '밝기가 부족하고', '구성 요소는 너무 많으며', '그림자에 통일감이 없어서'입니다. [레벨] 보정으로 명도를 높이고 나무 뒤에 큰 폭포를 그려서 나무를 돋보이게 합니다. 추가로 돌기둥의 맞은편에 강한 빛을 넣으면 원경과 근경의 거리감을 강조할 수 있습니다㉕.

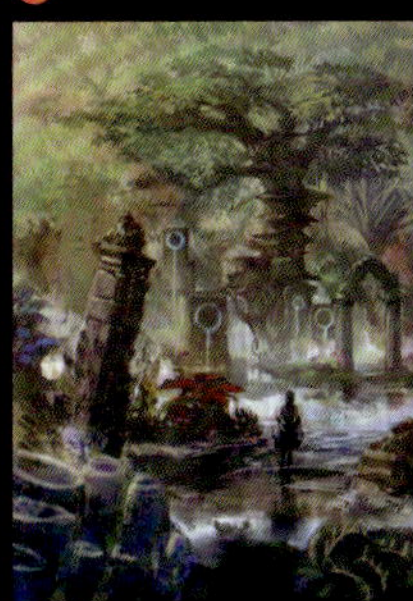

개선 전

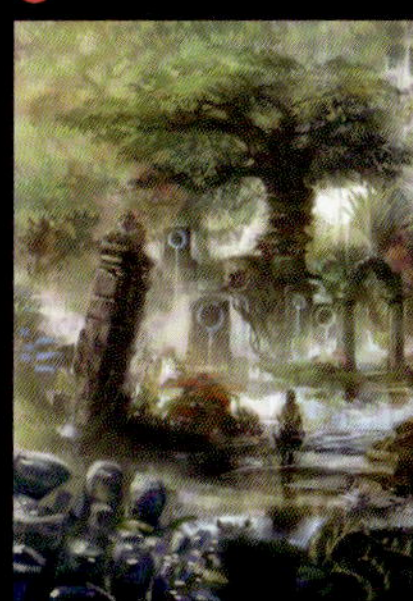

개선 후

14 수수께끼의 식물을 완성한다

대강 그린 근경의 식물을 완성합니다. 에어브러시로 그라데이션을 만들고 수채 브러시(p.16)로 하이라이트를 넣으면 젤리처럼 물컹한 질감이 됩니다㉖.
질감을 강조했지만 실루엣이 여전히 마음에 들지 않습니다. 그래서 [올가미] 도구로 선택, 복사(Ctrl + Alt +드래그)를 반복합니다㉗. 이 방식은 '01 러프를 그린다'(p.138)에서 했던 것과 같은 방법인데 대강 그립니다. 적절한 범위를 선택하고 복사해서 적당히 이동합니다. 이 적당함이 불규칙을 만듭니다.
실루엣에 변화를 더하고 에어브러시와 수채 브러시로 다시 질감을 묘사하는데, 이 부분은 투명감이 중요합니다. 실생활에서 거의 보기 힘든 투명한 질감이 판타지의 느낌을 강하게 만듭니다.

26

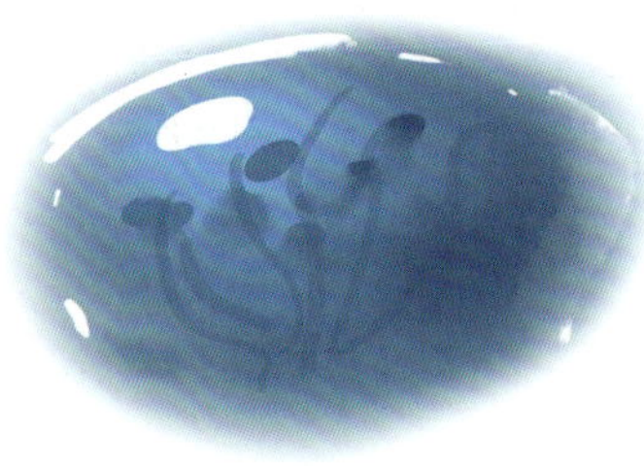

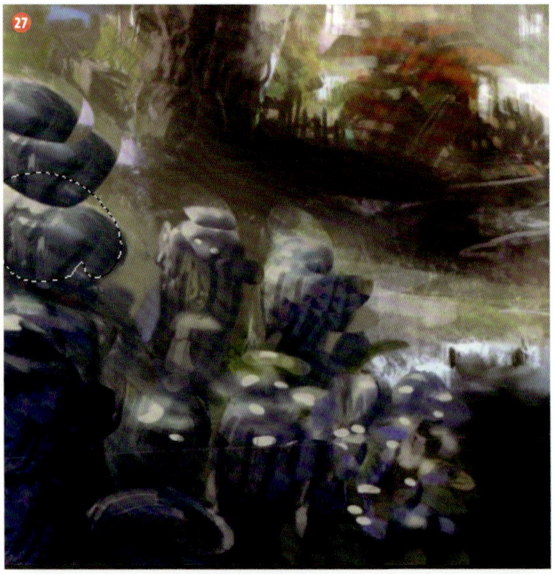

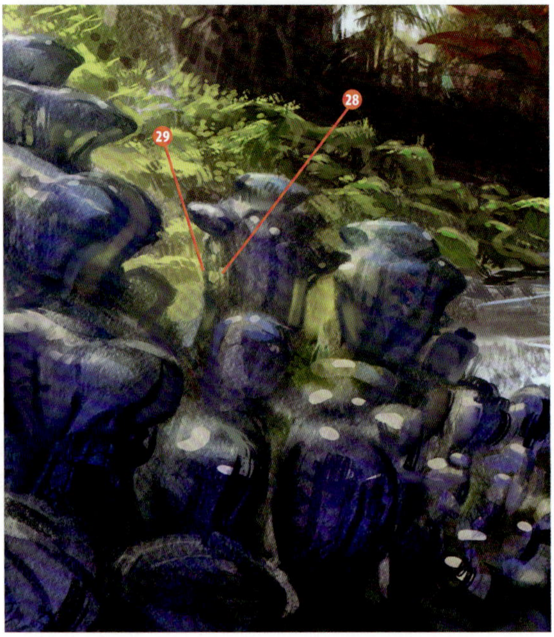

Point

투명감 표현법

투명감은 뒤에 있는 사물을 희미하게 보이도록 그리면 간단히 표현할 수 있습니다. ㉘ 같은 부분에서 뒤편의 녹색이 보이도록 하면 투명한 느낌이 살아납니다. 다만, 그저 비치기만 하면 텅 비어 있는 것처럼 보이므로 ㉙처럼 윤곽을 선명하게 그립니다. 투명감은 에어브러시로 뒤에 있는 색을 흐릿하게 칠하고, 수채 브러시로 깔끔한 윤곽을 그려서 표현합니다.

15 숲을 완성한다

줄기 브러시(p.17)로 숲에 비스듬한 터치를 넣습니다. 터치는 밝은 녹색30과 암녹색31을 교차로 넣는 것이 포인트입니다. 색은 [색상] 창이 아니라 [스포이드] 도구로 추출해서 사용합니다. 비스듬한 터치의 방향은 빛의 방향과 동일합니다32. 이번에는 광원이 왼쪽 위에 있으므로 오른쪽 아래에 터치를 넣습니다.

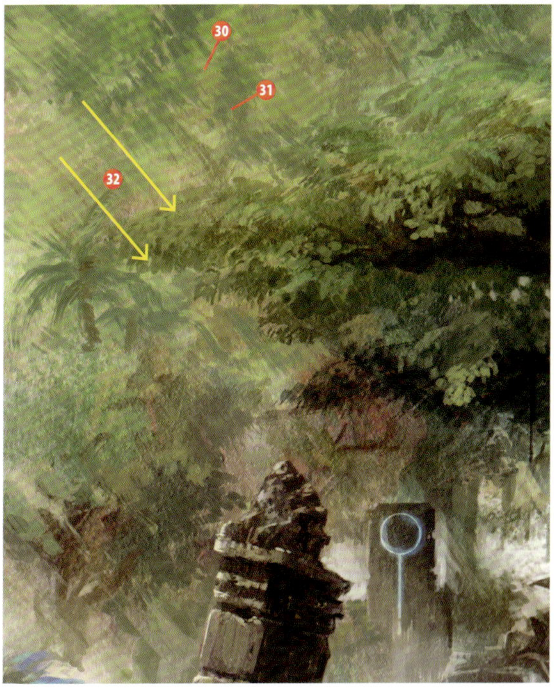

Point

숲의 비스듬한 터치

비스듬한 터치는 숲을 표현할 때 무척 편리합니다. 숲은 나무가 우거진 곳이고 나무는 잎이 모여 만들어집니다. 이 터치는 잎 사이로 들어오는 빛33과 잎이 빛을 차단해서 생긴 그림자34를 동시에 표현할 수 있습니다. 숲 외에도 잎이 풍성한 식물이라면 전부 응용할 수 있습니다. 저는 식물을 그릴 때 항상 사용합니다.

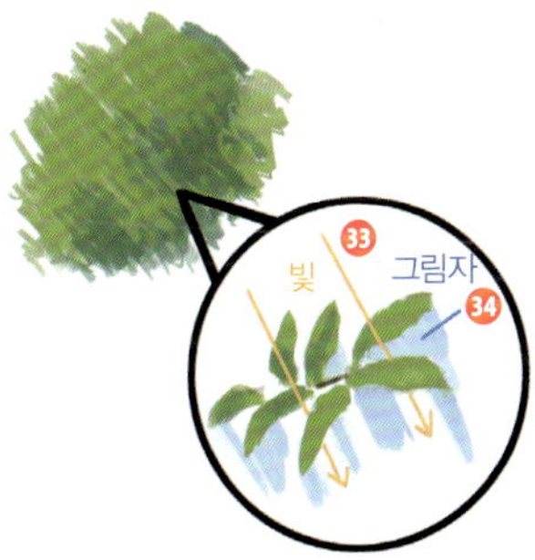

참조 'Technique : 숲 그리기'(p.152)

16 이끼를 묘사하고 완성한다

초크 브러시와 줄기 브러시로 이끼를 묘사합니다. 지형을 그대로 반영한 이끼를 그린다기보다는 녹색의 지형을 묘사한다는 느낌으로 그립니다. 원경의 이끼35는 상세한 터치를 생략하고 녹색의 밝은 부분만 칠합니다.

근경의 이끼도 녹색 지형으로 그립니다. 단, 빛이 닿는 부분은 잎을 생각하면서 세밀한 터치36를 넣어야 리얼리티가 살아납니다. 가까이에서만 볼 수 있는 세밀한 묘사를 무리하게 원경에 넣으면 거리감이 없어질 수도 있습니다.

이렇게 식물의 여러 부분을 묘사하면 완성입니다.

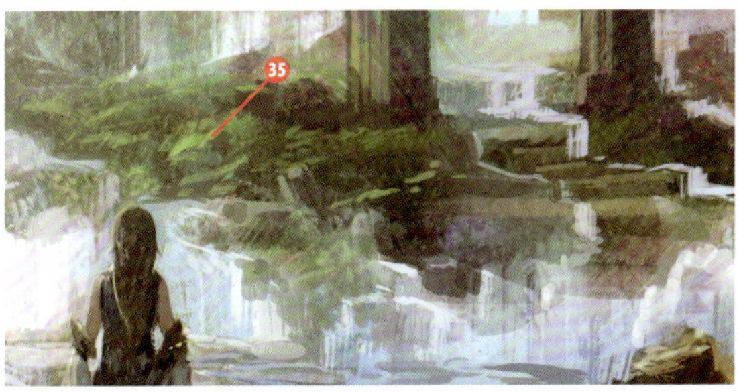

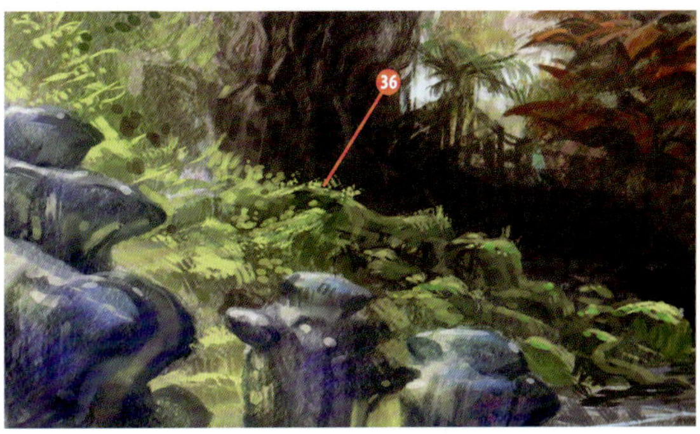

Technique

나무 그리기

나무 그리는 방법을 소개하겠습니다. 기본 형태를 알아두면 응용해서 다양한 형태를 그릴 수 있습니다.

기본 나무 그리기

가장 심플한 나무 그리는 법부터 소개합니다.

01 ● 기본색을 정한다

잎의 기본색을 정합니다. 보통 [색상] 창 중앙 부근의 중간색을 사용합니다❶.

02 ● 실루엣을 그린다

[올가미] 도구로 잎의 실루엣을 그립니다. 의도적으로 윤곽이 불규칙하고 삐죽빼죽한 구의 집합체를 그립니다❷. 여기서도 **중요한 것은 전체의 리듬과 불규칙함의 균형입니다. 리듬을 유지하면서도 변화가 일정하지 않도록 자연스러운 불규칙함을 의식합니다**❸. 이 불규칙한 느낌은 하루아침에 제대로 표현하기 어려우니 계속 노력합시다.

03 ● 그림자를 그라데이션으로 그린다

실루엣 레이어의 [투명 픽셀 잠그기]를 설정하고 에어브러시로 그림자의 그라데이션을 그립니다❹. 그림자색에는 주로 파란색 계열을 많이 씁니다. 왼쪽 위에서 빛이 들어온다면 오른쪽 아래에 그림자를 넣습니다.

04 ● 잎의 터치를 묘사한다

[스포이드] 도구로 기본색을 추출해 초크 브러시 또는 줄기 브러시로 잎의 표면을 묘사합니다❺. 잎이라 해도 한 장씩 일일이 그리는 것이 아니라 잎의 덩어리를 그립니다.

05 ● 줄기를 그린다

초크 브러시로 간단하게 줄기를 그립니다❻. 잎의 그림자색을 줄기에 그대로 써도 됩니다. 줄기가 가는 나무는 나뭇잎 사이로 비치는 햇살을 표현하면 실루엣의 인상이 흐려지므로 키포인트 외에는 표현하지 않습니다.

> **Memo 실루엣으로 표현하는 나무**
>
> 어떤 나무를 그리든 지금 소개한 나무의 기본 표현이 중요합니다. 정보량은 묘사나 사진 합성으로 얼마든지 늘릴 수 있습니다. 단순한 터치와 실루엣으로 '나무'를 표현하는 것을 목표로 합니다.

❶

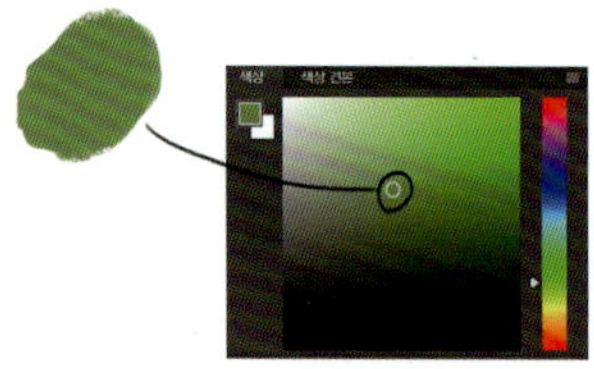

팔레트 중앙 부근

❷

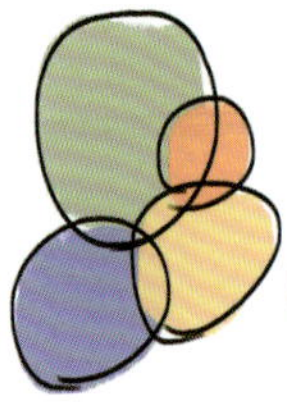

구의 집합체

❸

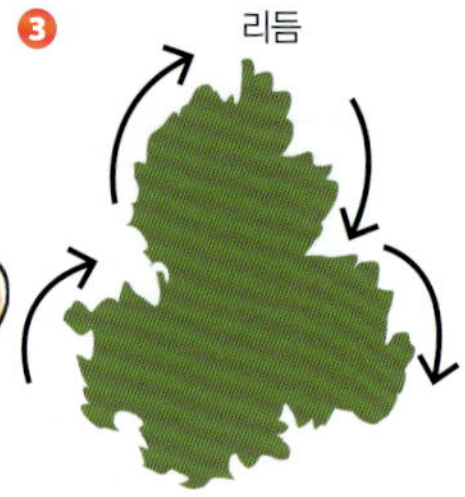

❹

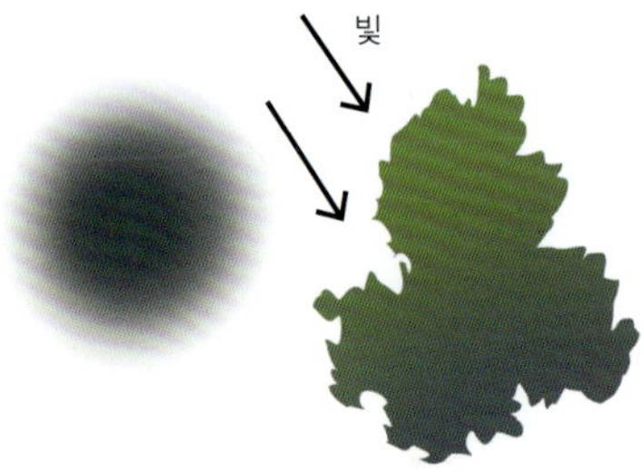

❺

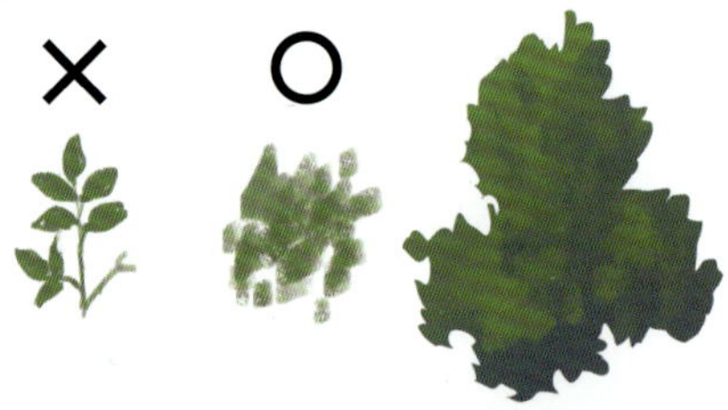

❻

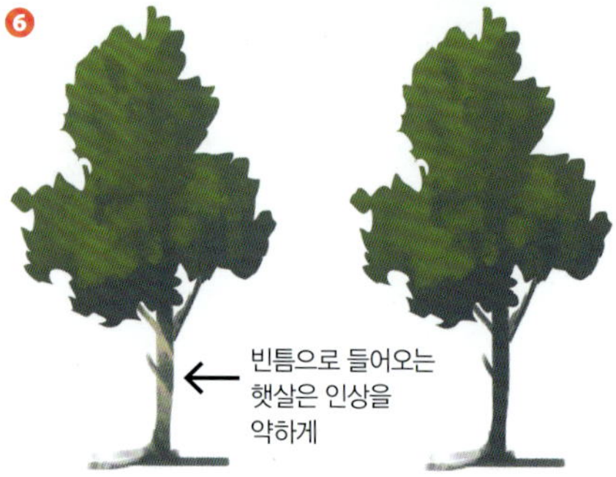

다양한 나무 그리기

다양한 나무의 예를 소개하겠습니다. 148페이지에서 소개한 방법이 가장 기본입니다. '실루엣', '리듬감', '불규칙함'이라는 3가지 요소를 제대로 써서 그리면 어떤 나무든 표현할 수 있습니다.

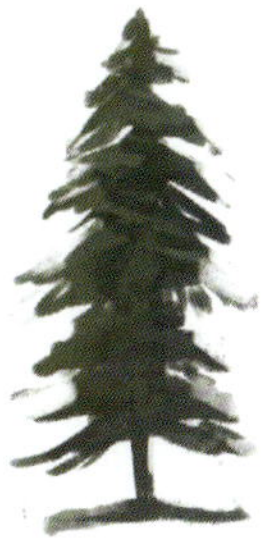

침엽수는 비스듬하게 구불구불한 터치가 포인트

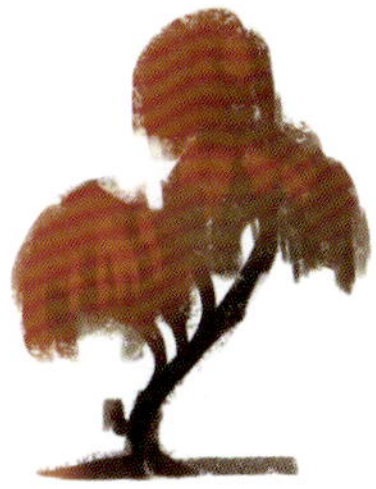

독버섯 같은 색과 리듬감

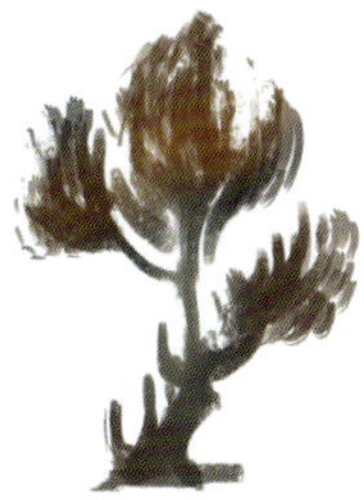

불꽃의 움직임 같은 위로 향하는 터치

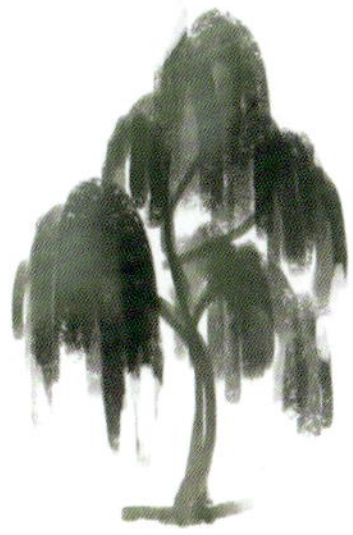

처진 버드나무는 무게가 느껴지도록 아래로 터치

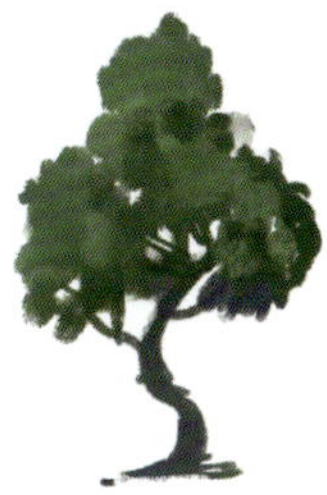

기본 나무는 복슬복슬한 느낌의 원을 그리듯이 터치

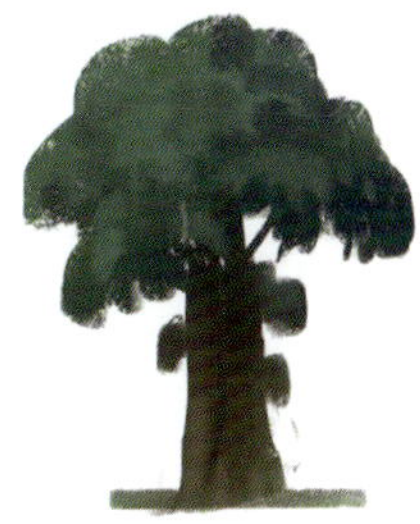

거목은 전체 크기에 비해 줄기가 두꺼운 것이 포인트

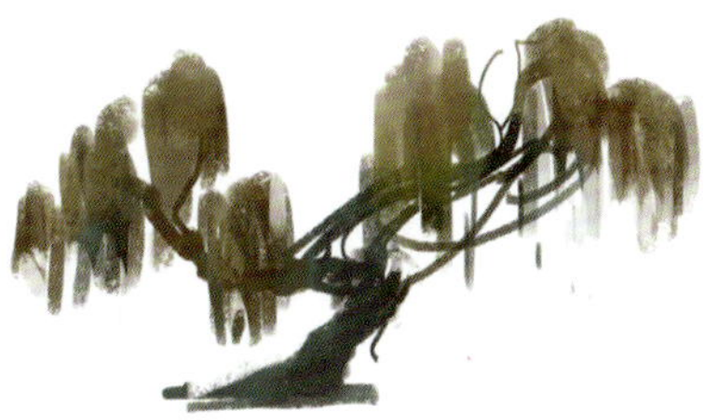

괴물처럼 가지가 옆으로 구불구불 뻗어 있거나 기묘한 느낌의 나무

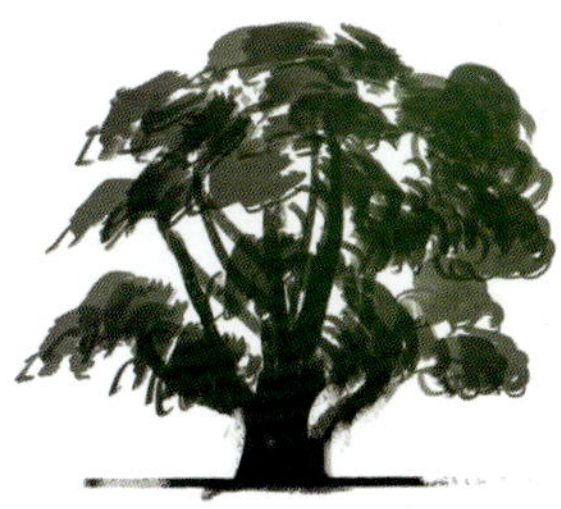

떡갈나무는 뿌리에서 줄기가 넓게 뻗친 역동적인 느낌

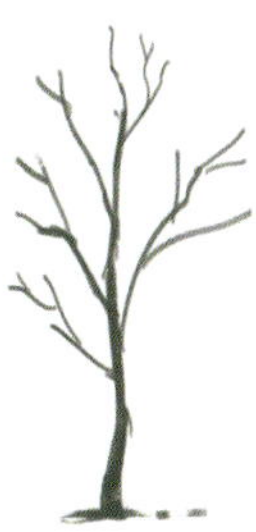

마른나무는 가지를 가늘고 허전하게

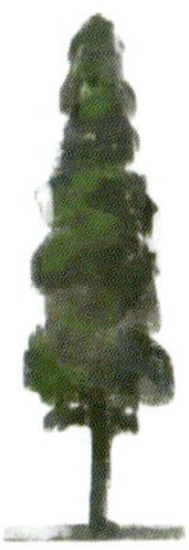

가로수는 좌우대칭을 손질한 분위기로

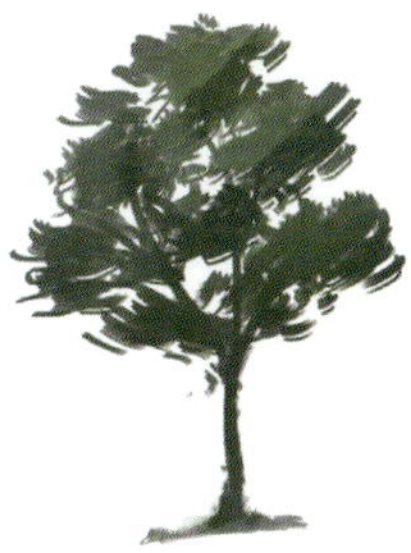

회화나무는 줄기 브러시의 터치를 남긴다

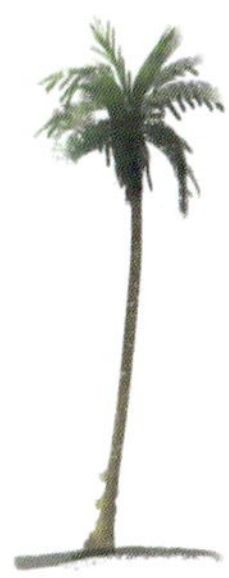

야자나무는 특징적인 잎의 형태를 알아볼 수 있게 변형

Point

그럴듯한 실루엣

실루엣은 '마치 버섯 같은 나무'처럼 한 문장으로 표현할 수 있는 특징이 부각되게 하면 인상이 강해집니다.

Technique

나무줄기 그리기

나무줄기 그리는 법을 소개합니다. 알기 쉽도록 잎에 색을 칠했습니다. 잎 채색법은 '비스듬한 터치'(p.147)를 참고하세요.

01 ● 실루엣을 그린다

실루엣이 가장 중요합니다. [불투명도 : 100%]의 타원 브러시(p.16)를 사용해 나무의 실루엣을 그립니다❶. 세부적인 부분을 생각하지 말고 전체의 흐름과 리듬을 의식합니다. 줄기와 잎의 형태는 구별하지 않아도 됩니다. 잎과 줄기는 일심동체입니다. 바다에 일렁이는 파도처럼 완급을 조절해 자연에 있는 특정 패턴을 적용해도 좋습니다.

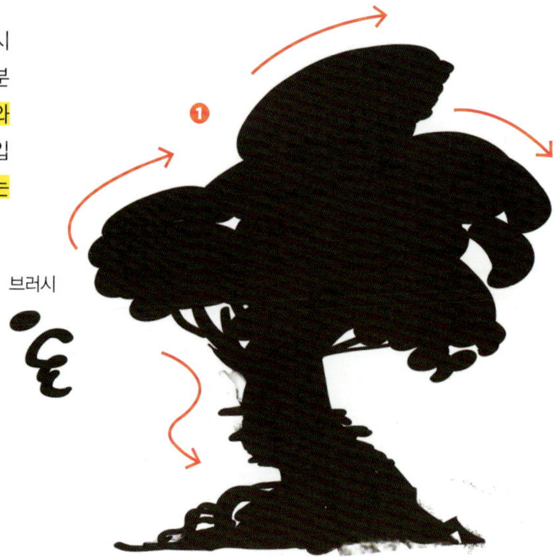

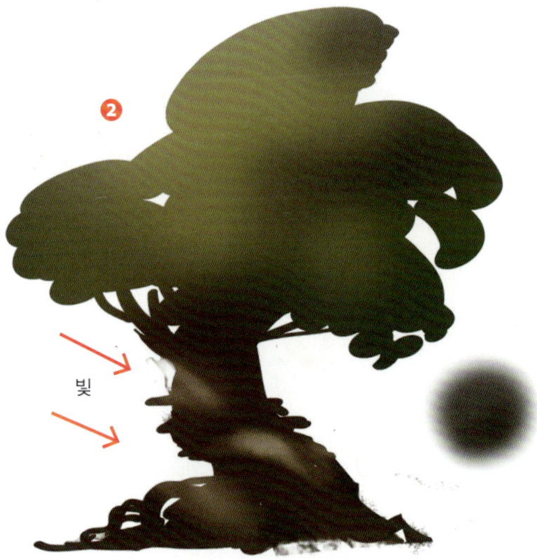

02 ● 그라데이션을 그린다

실루엣 레이어의 [투명 픽셀 잠그기]를 설정하고 빛의 방향을 의식하면서 에어브러시로 채색합니다❷. 줄기에는 비스듬하게 들어오는 빛줄기를 그립니다. 이것이 잎을 통과한 빛입니다. 매끄러운 입체감을 표현하는 것이 중요합니다.

03 ● 선명한 그림자를 그린다

선명한 그림자를 그립니다. 요령은 *02*에서 넣은 빛줄기에 초크 브러시로 선명한 그림자를 넣습니다❸. 흐릿한 빛에 그림자가 들어가면 입체감이 강해지고 그림 전체가 안정적입니다.

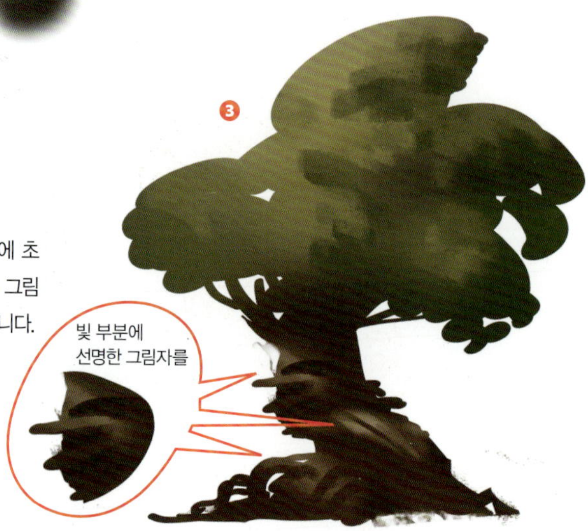

04 ● 선명한 하이라이트를 넣는다

약한 빛이 닿는 줄기 부분에 선명한 하이라이트를 넣습니다. 전체를 선명하게 그리지 말고, 빛이 가장 많이 닿는 부분만 묘사해 단단한 인상을 표현합니다❹. 터치를 작고 선명하게 넣으면 나무 표피의 광택을 표현할 수 있습니다.

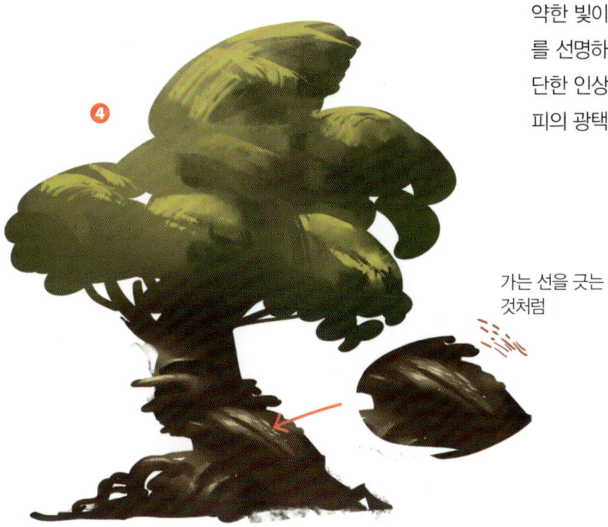

05 ● 줄기의 그림자를 묘사한다

줄기의 그늘진 부분에도 표면의 흐름을 그립니다❺. 사람의 눈은 어두워지면 질감을 파악할 수 없습니다. 이때 묘사가 지나치지 않도록 주의하세요. 여기도 리듬감이 중요합니다. 뒤엉킨 나무뿌리는 뿌리 자체를 그리지 말고 뿌리와 뿌리 사이의 틈을 그려서 간접적으로 표현합니다.

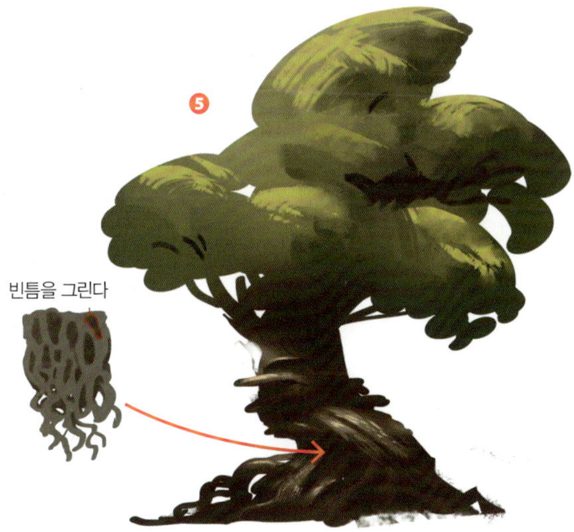

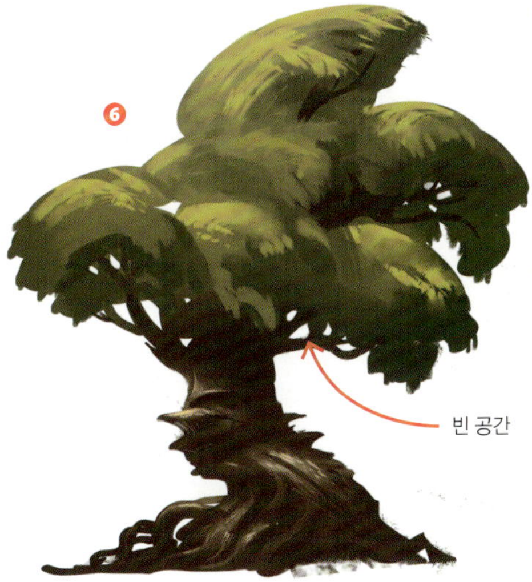

06 ● 실루엣을 다듬는다

[지우개] 도구로 실루엣을 다듬고 전체에 터치를 넣으면 완성입니다❻. 빈 공간을 그려 넣는 것이 나무를 멋지게 그리는 요령입니다. 가지나 나뭇잎 사이의 공간을 잊지 말고 묘사합니다.

Technique

숲 그리기

실제 배경을 그릴 때 나무를 한 그루만 그리는 일은 별로 없습니다. 대개 숲 전체를 그립니다. 숲 그리는 요령을 소개합니다.

알을 상상하면서 숲 그리기

알 이미지를 사용해 간단하게 숲 그리는 방법을 소개합니다.

01 ● 알이 있는 둥지를 그린다

알이 여러 개 뭉쳐 있는 선화를 그립니다❶. 알의 배치나 크기, 곡선에 변화를 더해 리듬감이 느껴지도록 그리는 것이 중요합니다.

❶

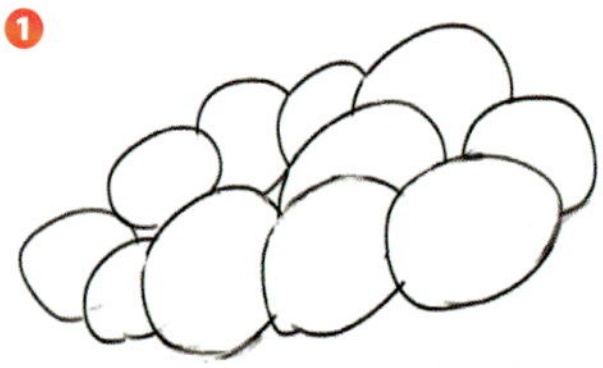

02 ● 실루엣을 그린다

알의 선화 밑에 레이어를 만들고 기본색으로 실루엣을 그립니다❷. 기본색은 '기본 나무'(p.148)와 같은 색을 씁니다. 초크 브러시 또는 [올가미] 도구를 사용하면 좋습니다. 이번 단계에서도 리듬을 만들면서 불규칙한 느낌을 의식하고 다양한 변화를 표현합니다. 선화보다 한층 더 큰 실루엣으로 그리는 것이 포인트입니다.

❷

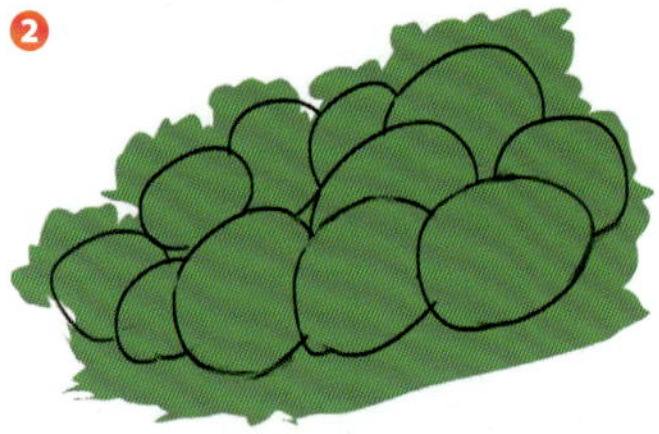

03 ● 그림자를 그라데이션으로

선화의 불투명도를 낮추고 에어브러시로 알에 그림자를 넣으면 입체감이 생깁니다❸. 익숙해질 때까지 숲이라고 생각하지 말고 알에 그림자를 넣듯이 그립니다. 빛의 방향에 주의하세요.

❸

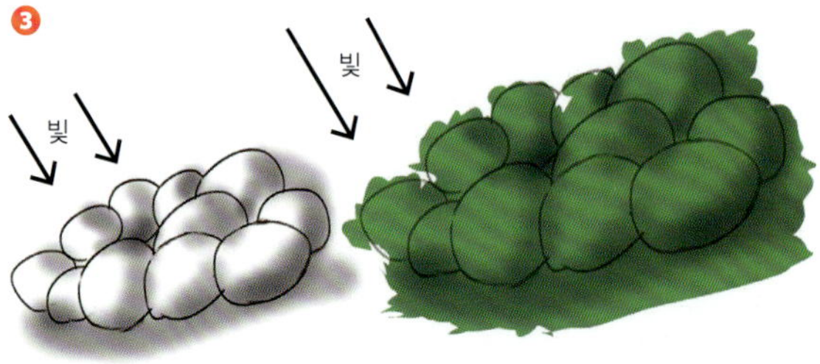

04 ● 알에 곰팡이를 올린다

선화 위에 레이어를 추가하고 초크 브러시로 나무에 터치를 넣습니다. 알에 북슬북슬한 곰팡이를 덮는 느낌이 딱 좋습니다❹. 선화를 곰팡이로 덮어씌우듯이 그립니다.

❹

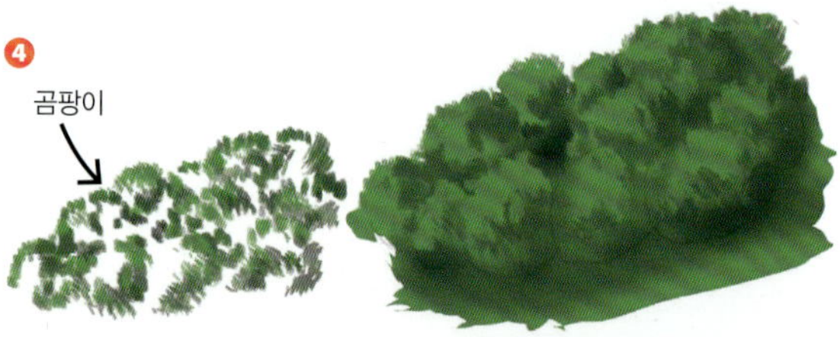

05 ● 숲 가장자리를 그린다

숲의 가장자리에는 진한 그림자를 넣습니다. 군데군데 줄기를 그리면 숲처럼 보입니다❺.

❺

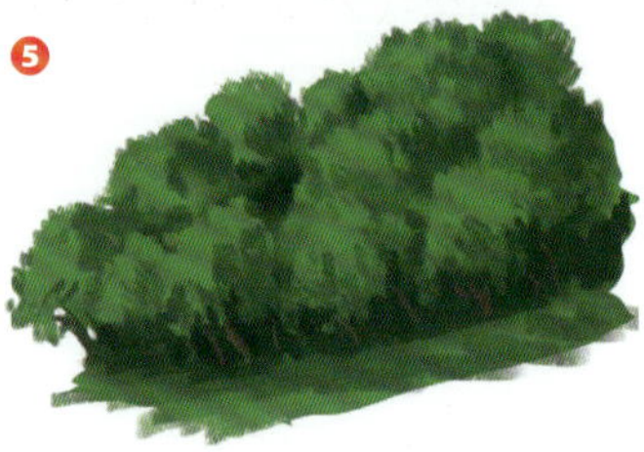

Point

덩어리를 의식한 입체감 표현

나무가 모여 숲이 됩니다. 나무도 똑같은 잎이 모여서 만들어지므로, 152페이지에서 소개한 나무를 알로 변환해 입체감을 더하는 기법은 본질적으로 '기본 나무'와 같습니다. 알을 원뿔형으로 바꾸면 침엽수도 그릴 수 있습니다❻.

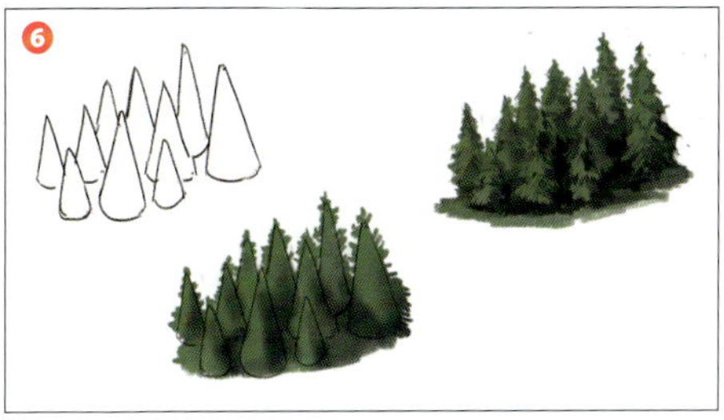

숲의 내부 그리기

01 ● 앞의 나무는 그라데이션으로

맨 앞에 있는 나무부터 그립니다. 그리는 방법은 '기본 나무'를 참고합니다. 다음으로 근경 밑에 레이어를 추가하고 에어브러시로 3단 그라데이션을 만듭니다. 위는 녹색, 중간은 흰색, 아래는 파란색입니다❼.

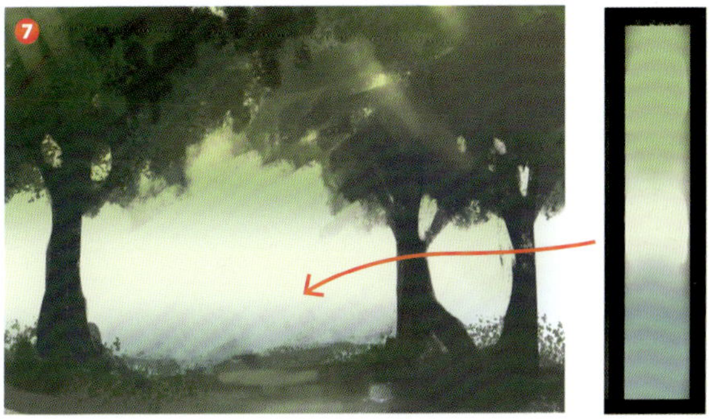

02 ● 비스듬한 터치를 넣는다

잎이나 풀밭 부분을 그립니다. [스포이드] 도구로 그라데이션의 색을 추출해 선이 드러나는 브러시(줄기 브러시)로 비스듬하게 터치를 넣습니다❽. 비스듬한 터치는 숲을 그릴 때 무척 편리하고, 잎과 동시에 빛의 흐름도 표현할 수 있습니다.

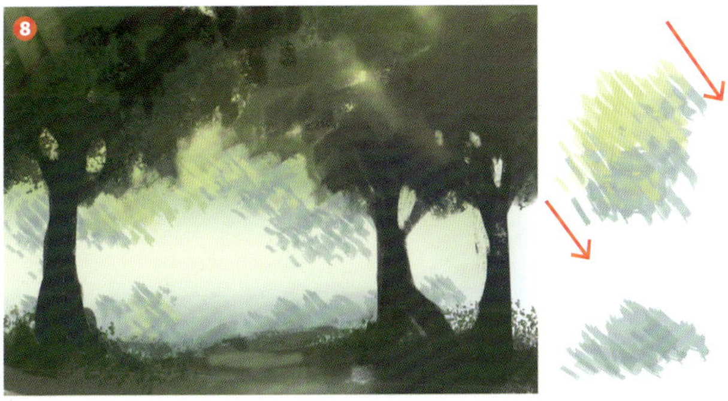

03 ● 줄기를 그린다

리듬감을 의식하면서 줄기를 그립니다❾. 줄기의 색은 그늘 속 잡초의 색을 그대로 써도 무방합니다.

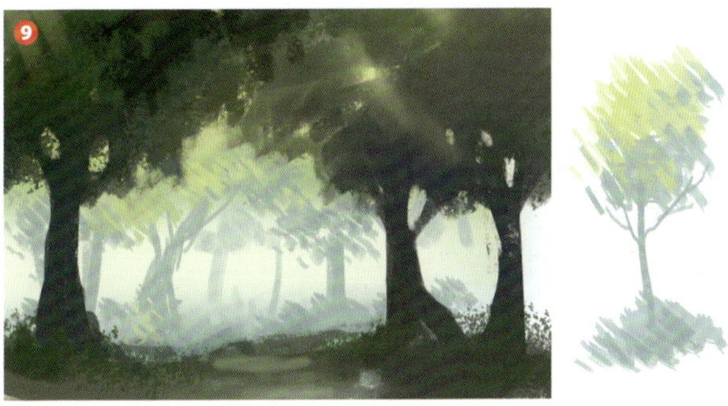

Technique

풍화 묘사하기

역사가 느껴지는 고성, 오래된 폐허 등 판타지에서는 풍화 표현이 꼭 필요한 요소들이 많습니다. 아름다운 풍화는 시간의 흐름이 느껴져 그림에 리듬감을 만듭니다.

기본 풍화 그리기

석재나 목재처럼 다양한 소재에 쓸 수 있는 기본적인 풍화 표현을 소개합니다.

01 ● 원형을 그린다

풍화하기 전의 원형을 먼저 그리면 변화한 모습을 표현하기 쉽습니다❶. 익숙해지면 이 단계를 생략해도 됩니다.

02 ● 모서리는 뭉뚝하게

야외에 있는 것은 비바람에 모서리가 깎여나가 둥그스름해집니다. 도형의 가장자리를 덧그리듯이 면과 면의 모서리를 그립니다❷. 색은 주변의 색보다 약간 밝거나 어두운색을 씁니다.

03 ● 긁히거나 패인 부분을 그린다

어두운색으로 긁힌 부분이나 흠집을 그립니다❸. 사물의 모서리는 특히 흔적이 잘 남습니다. 학교 책상을 떠올려보세요. 아마 모서리에 흠집이 많았을 겁니다.

04 ● 하이라이트를 그린다

흠집에 하이라이트를 추가합니다. 물체에 생기는 흠집은 입체입니다. 입체라고 인식하기 어려울 수도 있지만 달에 있는 크레이터❹를 떠올려 보세요. 솟아오른 흠집의 가장자리가 포인트입니다. 하이라이트는 빛의 방향과 솟아 있는 가장자리에 넣어야 합니다.

❶

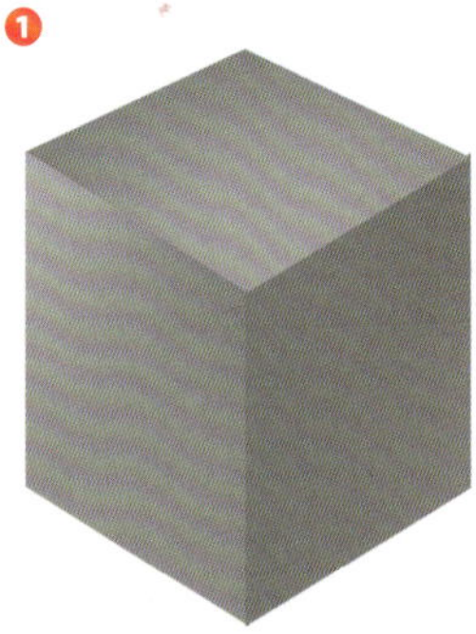

❷

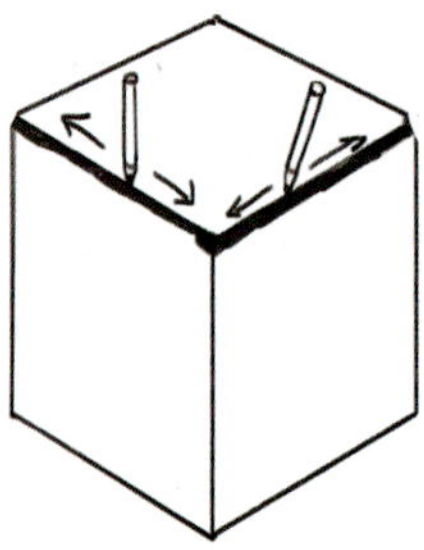

모서리를 덧그린다

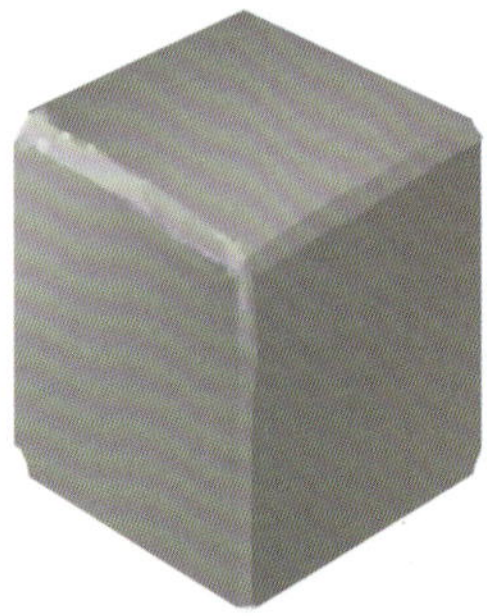

❸

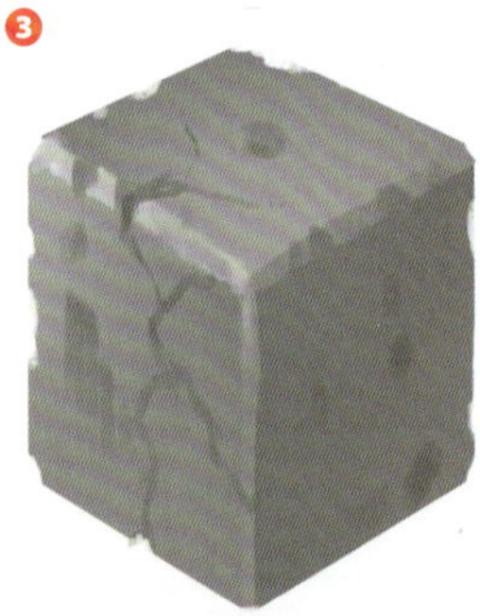

❹

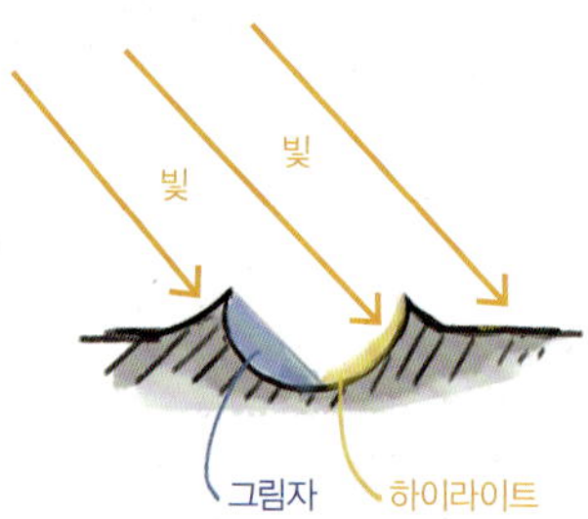

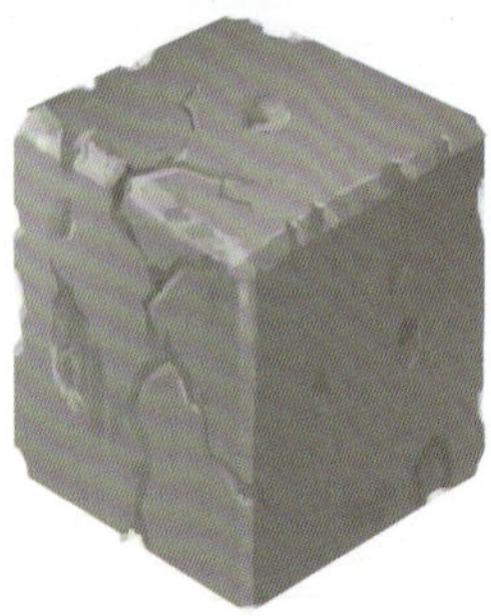

배경의 풍화 그리기

재질과 구조를 생각하고 어떻게 표현할지 정합니다. 2가지 예를 살펴보겠습니다.

● 목조 건물

목조 건물은 시간이 지나면 썩거나 일그러집니다. 풍화는 이 일그러짐을 그림의 매력으로 승화시키기 위한 도구입니다. 수직선은 그리지 않는다는 것을 의식하면서, 실루엣에 리듬감이 있는 보기 좋은 변화를 표현합니다❺. 그림에 필요한 것은 '정확한 풍화'가 아니라 '아름다운 풍화'라는 사실을 잊지 마세요.

❺

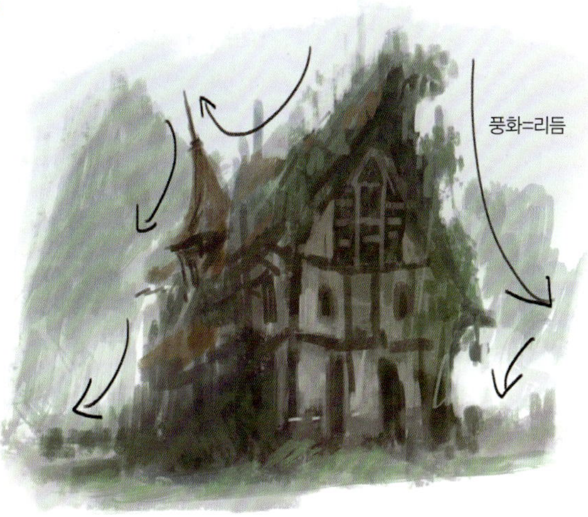

● 석조의 풍화

돌은 썩지 않는 대신 일그러지지 않고 무너지는 것이 특징입니다. 지반침하로 인해 직선을 유지한 상태로 비스듬하게 기울어집니다. 덩어리 자체에 금이 가거나 표면이 떨어져 나가기도 하지만, 배경은 거리가 있어서 실루엣만으로도 '풍화되었다'는 느낌이 전해지도록 해야 합니다. 예를 들어 특징적인 아치나 기둥에 생긴 홈이 드러나게 그리기만 해도 '풍화되었구나, 긴 세월이 흘렀다'는 느낌을 표현할 수 있습니다❻.

❻

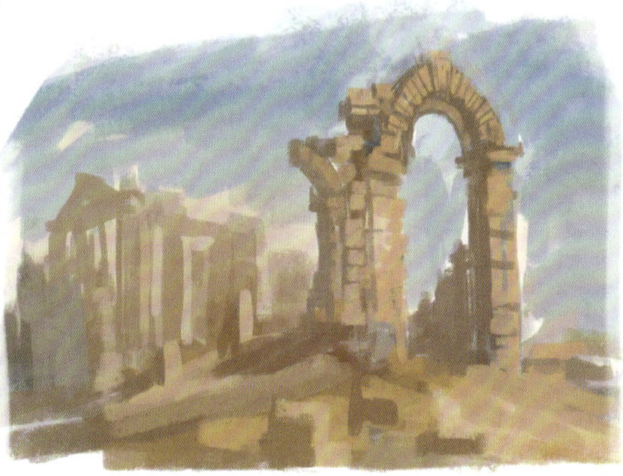

Memo 실루엣으로 표현하는 풍화

'기본 풍화 그리기'(p.154)는 기본이지만, 실제로 배경은 거리가 있어서 질감의 정보가 흐려지기 때문에 재질을 지나치게 의식하지 않아야 합니다. 특히 인물이나 정물 등에 숙련된 사람이 그린 배경은 질감 묘사가 지나쳐서 거리감이 약할 때가 많습니다. 배경에서는 실루엣으로 '풍화되는 느낌'을 감상자가 느낄 수 있게 표현하는 것이 중요합니다.

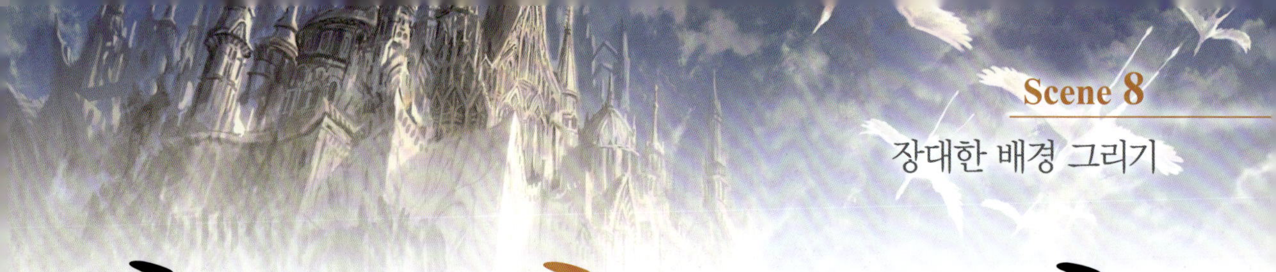

Scene 8

장대한 배경 그리기

천공의 궁전

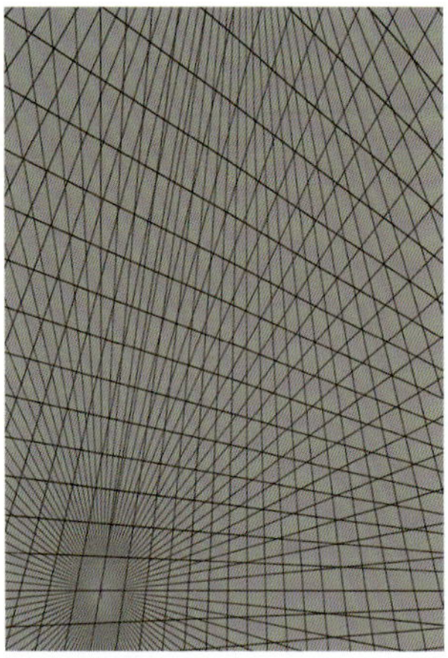

❶ 투시가이드 배치

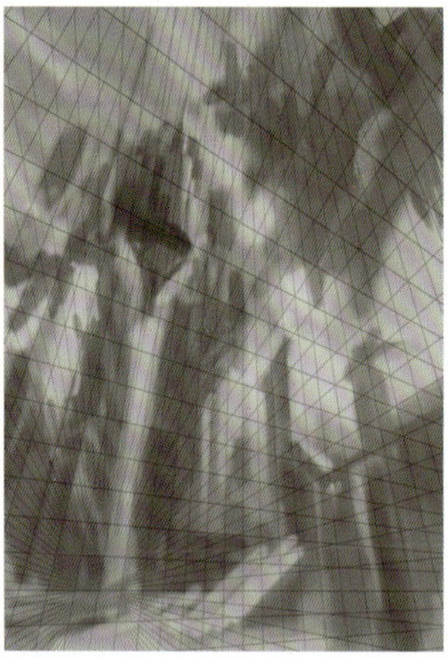

❷ 흑백 러프

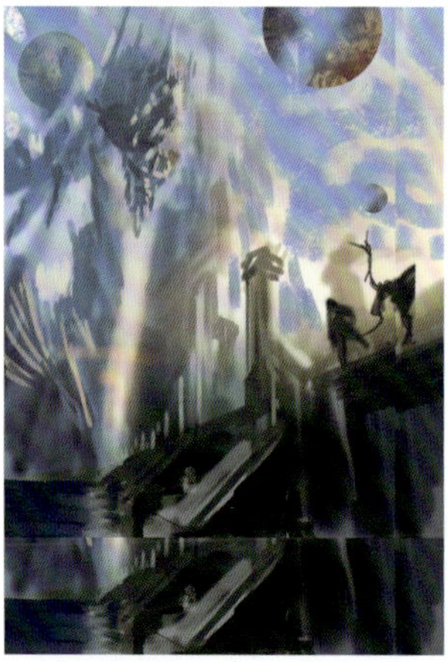

❸ 레이아웃 정리

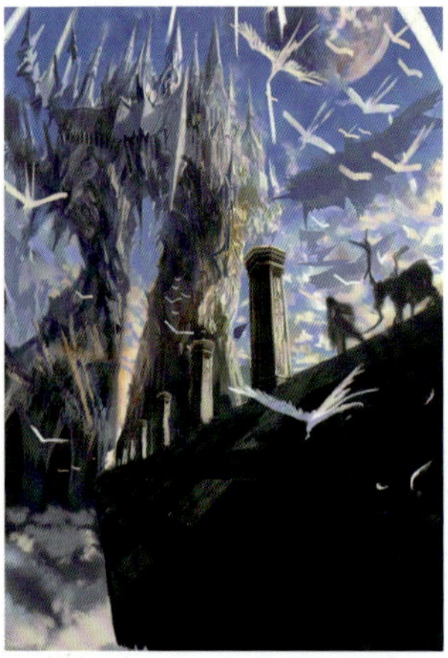

❹ 시행착오

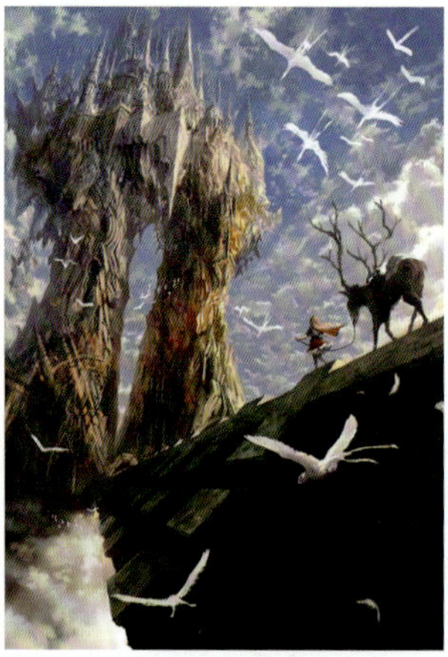

❺ 전체 묘사

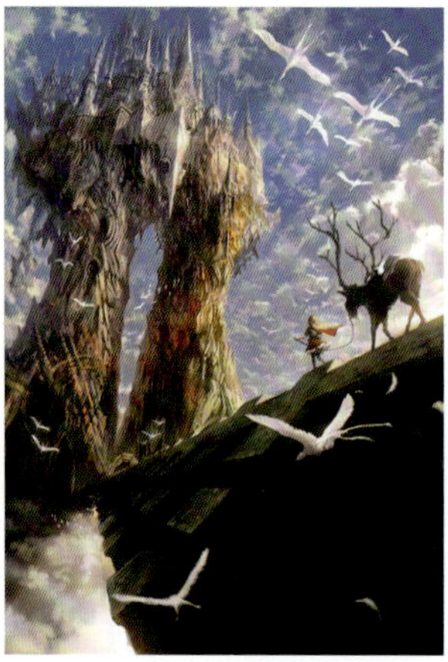

❻ 완성

3점 투시도법을 사용해 장대한 배경 그리는 법을 설명합니다. 이 책의 표지 일러스트가 될 것을 고려해 천공에 우뚝 솟은 거대한 궁전을 그렸습니다. 모든 사람에게 판타지의 분위기와 장대함을 전달하는 작품을 목표로 했습니다. 밑에서 올려다본 구도(로우앵글)는 그림의 기술적인 은유이기도 합니다. 그림은 '뛰는 놈 위에 나는 놈'이 있는 세계이지만, 이 책을 읽고 조금이라도 높은 수준으로 성장할 수 있게 되기를 바랍니다.

직업적으로 그림을 그릴 때의 경험을 소개할 것입니다. 이 책의 표지 제작 과정도 일부 담았습니다. 어디까지나 예시일 뿐 특별히 정해진 방식이 있는 것은 아니니 주의하세요.

2816×4000픽셀

약 12시간

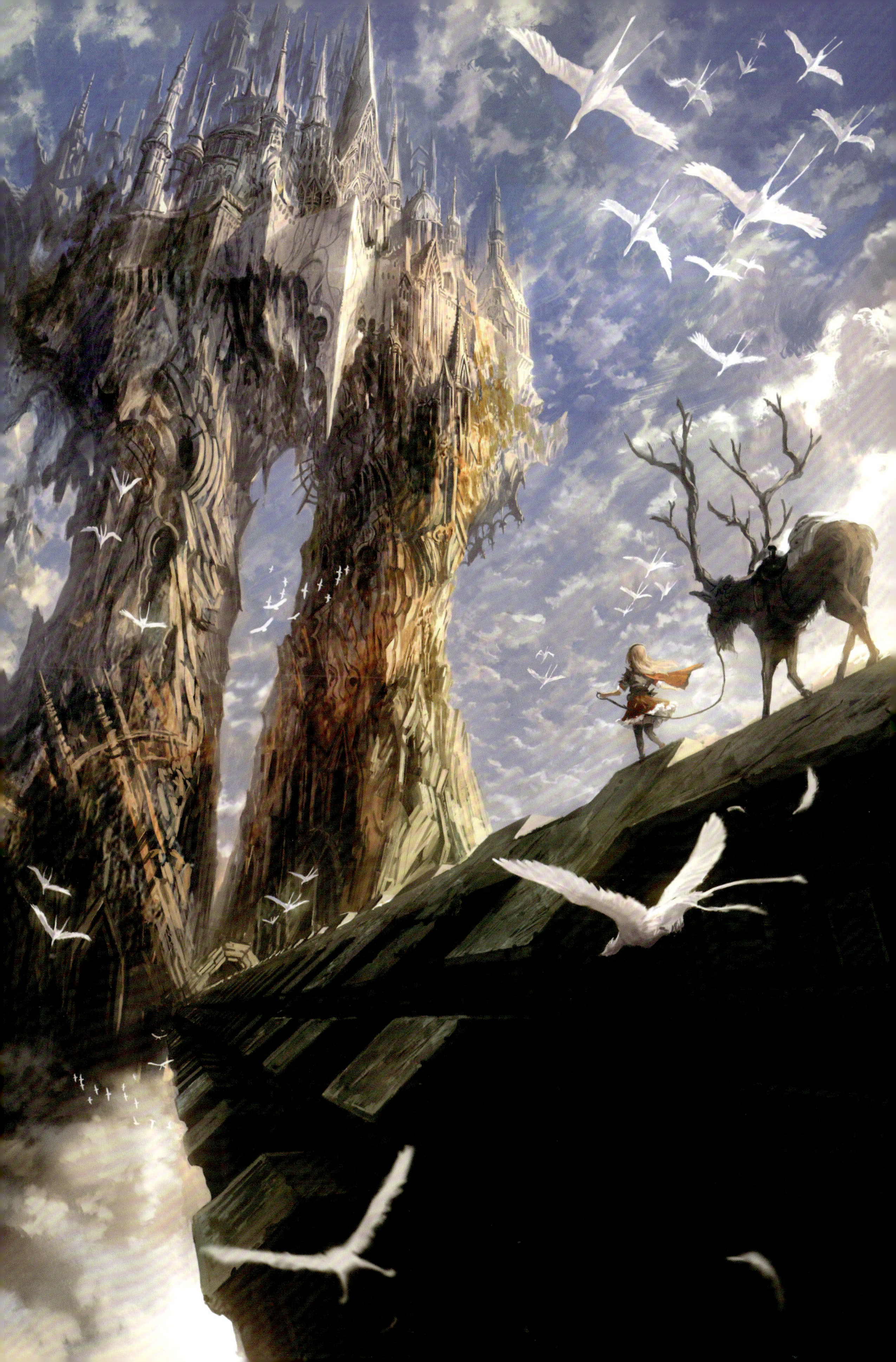

Making

제작 과정

01 투시가이드를 그린다 (메인 소실점)

이번에는 3점 투시도법으로 투시가이드를 배치합니다. 투시 브러시(p.16)로 그린 투시가이드를 자유 변형으로 수정하고, 첫 소실점을 왼쪽 아래에 설치합니다❶. 이 소실점은 화면 안에 있는 구도에 강한 영향을 끼치는 **'메인 소실점'**입니다. 메인 소실점에 시선이 집중되므로 그림의 핵심에 배치할 때가 많습니다. 처음에는 오른쪽 위에 책 제목을 배치할 생각이었으나 왼쪽에 그림의 키포인트를 배치하기로 했습니다.

참조 'Technique : 투시가이드 그리기'(p.116)

Point

장대함=크기

장대한 그림이란 크기가 느껴지는 그림입니다. 이번에는 하늘의 넓이, 건물의 거대함을 표현하기 쉬운 3점 투시도법을 사용합니다. 3점 투시도법은 3번째 소실점이 세로 방향에 있는데, 거대함이나 높이를 표현하기 적합합니다.

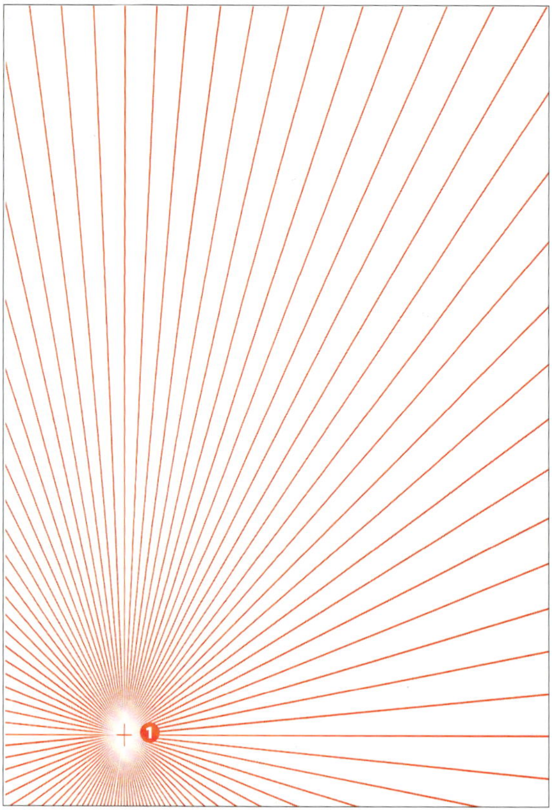

02 투시가이드를 그린다 (가로 방향의 소실점)

파란색으로 가로 방향 소실점의 투시가이드를 설치합니다❷. 화면 밖에 있으니 투시 브러시로 그린 투시가이드를 크게 늘려서 오른쪽으로 이동시킵니다.

Point

투시가이드의 색

3점 투시도법은 소실점이 3개이므로 색을 달리해서 구별합니다. 메인 소실점은 빨간색, 가로 방향은 파란색, 세로 방향은 녹색으로 정했습니다.

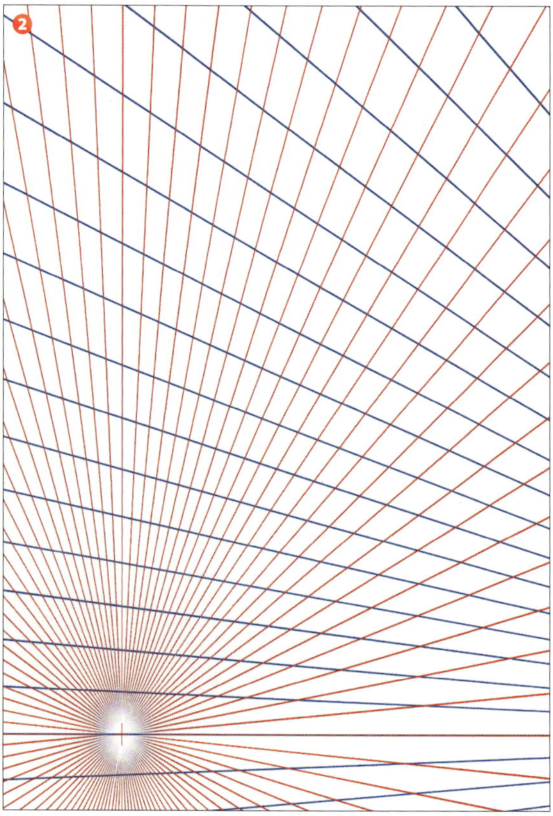

03 투시가이드를 그린다 (세로 방향의 소실점)

3번째 소실점은 화면 밖에 배치합니다❸. 투시 브러시로 그린 투시가이드를 세로 방향으로 늘려서 화면 위로 이동시킵니다.

Memo 레이어 전환으로 정리

이 상태로는 투시가이드가 너무 많아서 정신이 없습니다. 익숙해지면 이대로도 상관없지만 처음에는 레이어의 표시 기능을 사용해 필요한 투시가이드만 표시되도록 설정하고 그립니다.

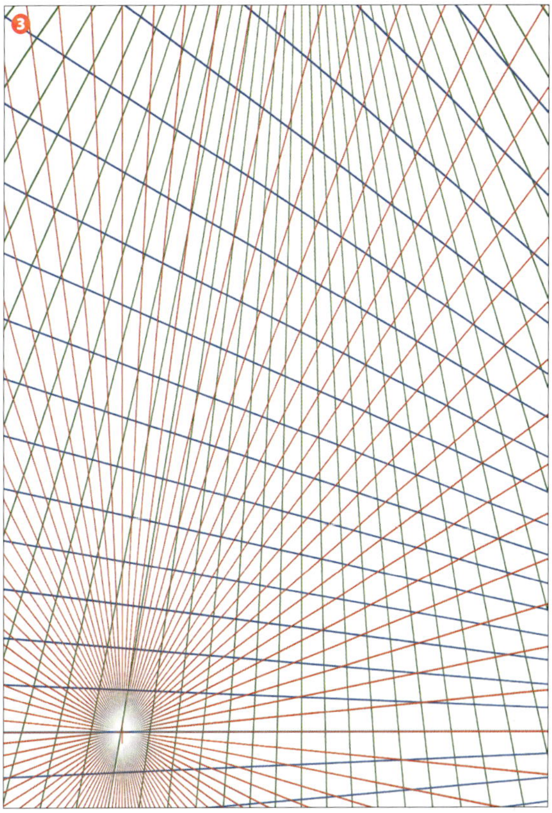

04 흑백 러프를 그린다

투시가이드 밑에 새 레이어를 추가하고 에어브러시(p.16)로 러프를 그립니다❹. 이번 그림은 표지 일러스트라서 평소보다 배치나 구도에 신경 써야 합니다. 나중에 조절할 수 있도록 러프 단계에서 너무 정확하게 그리지 않도록 주의하세요. 이럴 때는 경계가 불명확한 에어브러시가 가장 편리합니다.

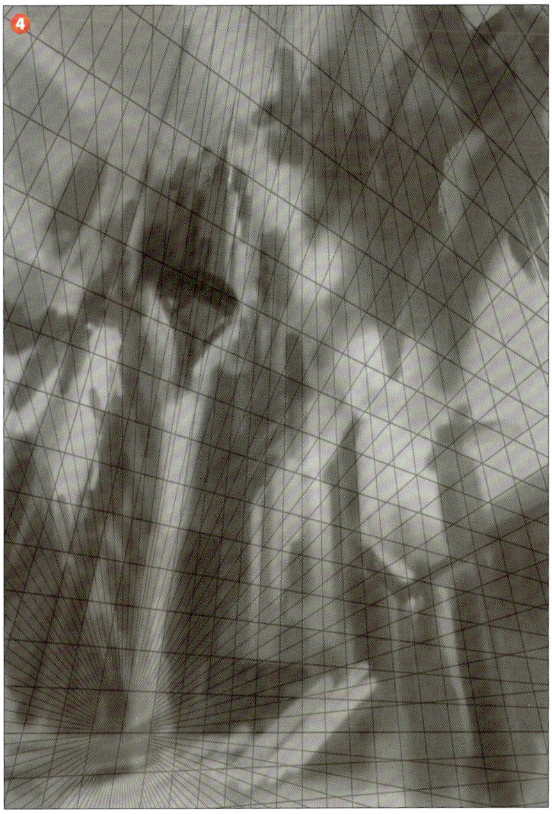

Point

투시도에 맞게 그리기

3점 투시도법으로 그릴 때는 **투시가이드를 따라 그리듯이** 브러시를 움직입니다❺.

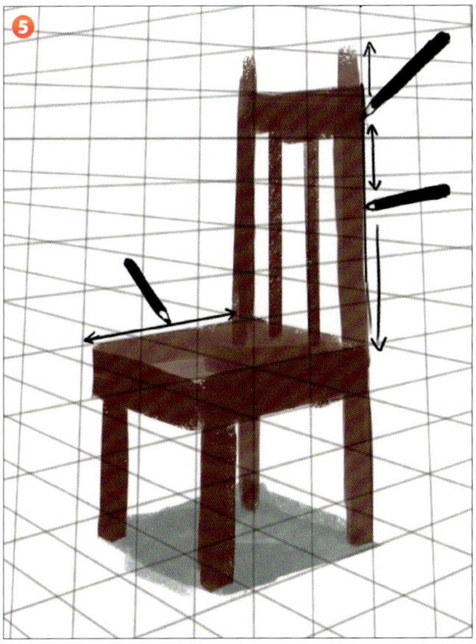

투시가이드 따라 그리기

8 천공의 궁전

05 밑색을 칠한다

[오버레이] 레이어를 만들고 하늘색으로 전체를 칠합니다❻. 화면의 오른쪽 밖에 광원을 설정하고 각 요소의 오른쪽에 그림의 키 라이트인 노란색을 올립니다.

Point

장대한 그림에는 하늘색을

'크기'나 '높이'는 한 변의 거리가 길다고 표현할 수 있습니다. 즉, 장대함이 느껴지도록 거리감을 표현해야 합니다. 거리감 표현은 공기원근법(p.23)이 유용합니다. 높은 탑이나 고층 건물을 올려다보면 꼭대기 부근이 공기원근법의 영향으로 하늘색이 섞인 색으로 보입니다. 이것을 그림에 재현하면 장대함을 표현할 수 있습니다. 장대한 그림에는 공기원근법의 영향으로 하늘색을 많이 씁니다.

❻

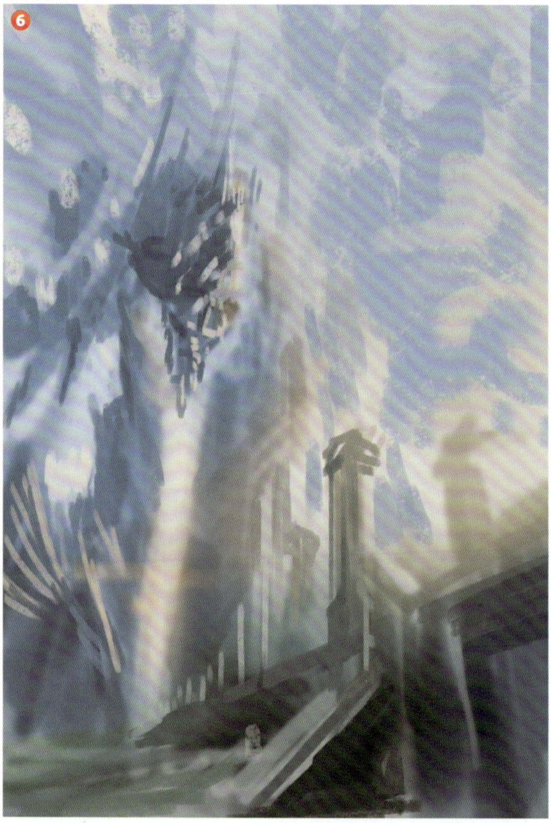

06 인물의 실루엣을 그린다

전체의 대비를 높이고 인물의 실루엣을 그립니다. 오른쪽 위가 허전해 [원형 선택 윤곽] 도구로 달을 추가했습니다❼.
구는 어느 방향에서 보아도 원이므로 [원형 선택 윤곽] 도구로 선택 범위에 색을 채웁니다. [원형 선택 윤곽] 도구는 Shift 키를 누른 상태로 드래그하면 완전히 동그란 원을 그릴 수 있습니다.

Point

장대한 그림에는 인물을

장대한 그림에는 인물 또는 2층 높이의 건물을 그립니다. 인물은 여러 사물의 크기를 측정할 수 있는 기준입니다. 상자 옆에 인물이 있으면 곧바로 크기를 가늠할 수 있습니다❽.

❽

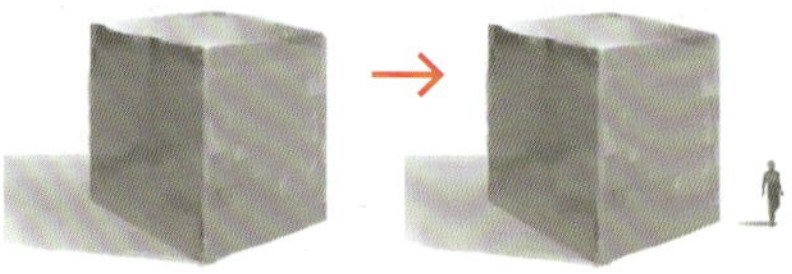

❼

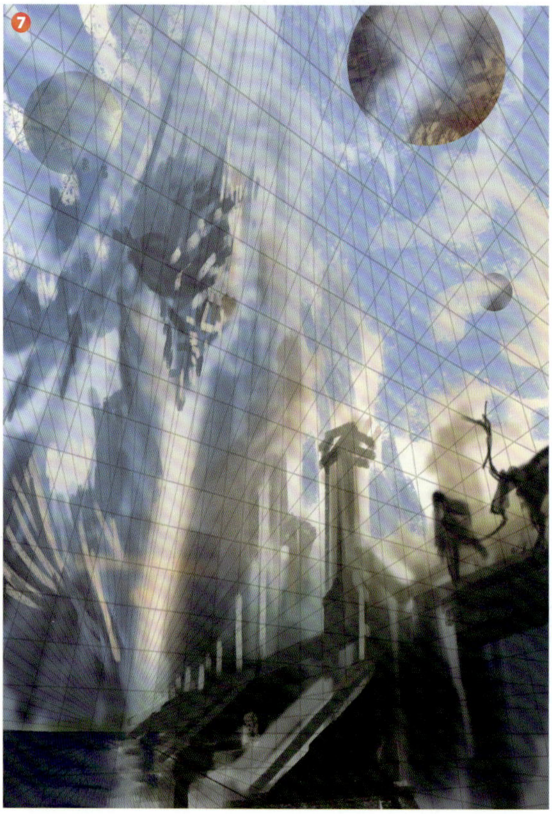

07 레이아웃을 조절한다

이 책은 띠지가 있습니다. 띠지 디자인에 따라서 일러스트가 가려질 수도 있습니다. 테스트삼아 띠지의 크기를 확인합니다⑨.

그 결과 메인 소실점이 거의 보이지 않는다는 점을 알았습니다. 이러면 박력 있는 그림으로 완성할 수 없습니다. 투시가이드를 포함한 모든 레이어를 선택해 자유 변형으로 전체를 과감하게 위로 올리고⑩, 비어버린 아랫부분을 그려 넣습니다⑪.

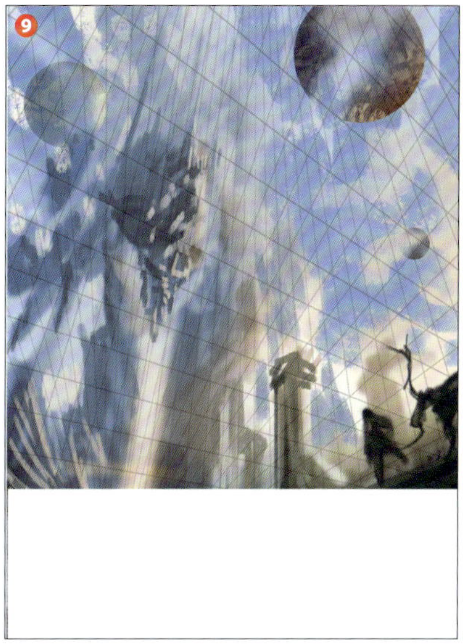

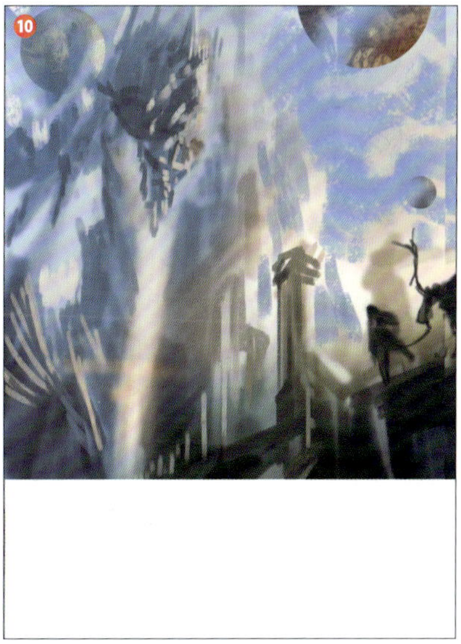

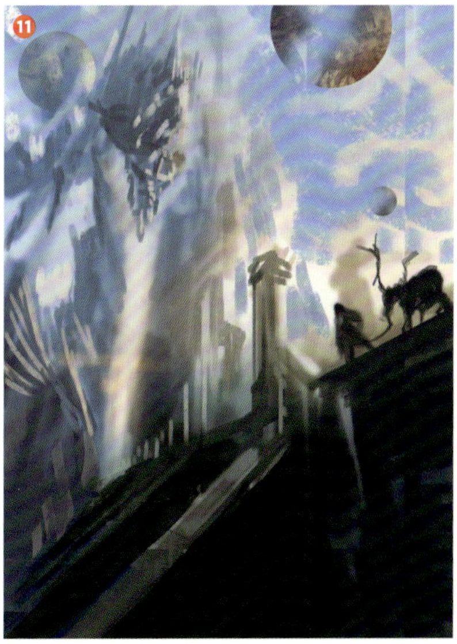

Point

복사해서 빈 공간을 채운다

⑩처럼 캔버스를 움직여서 비어버린 공간은 처음부터 그리지 말고, 근처에 있는 부분을 복사해서 붙여 넣은 다음 그 위에 그리면 편합니다⑫. 복사한 밑그림에 어느 정도 정보량을 보충하면 훨씬 쉽고 빠르게 빈 공간을 채울 수 있습니다.

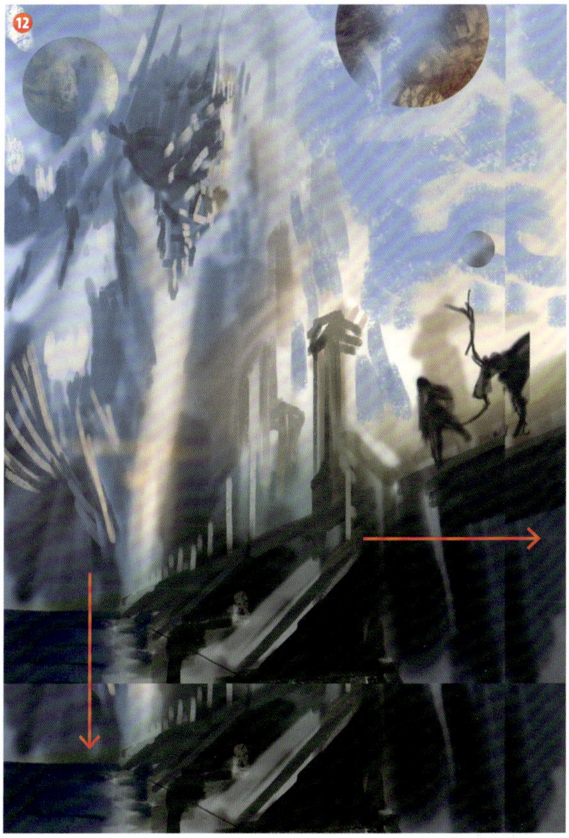

Memo 그림의 목적 설정

직업으로 그림을 그린다면 자신의 그림이 어디에 사용되는지 생각하고 실제로 확인하는 것이 좋습니다. 모바일 게임이라면 그림을 스마트폰 화면으로 확인하고, 책이라면 프린트해서 어떤 느낌인지 확인하세요.

08 원근감이 느껴지게 그린다

3점 투시도법의 원근감을 강조하면 장대한 느낌을 표현할 수 있습니다. 근경의 길에 투시가이드를 따라 장식을 그려 메인 소실점이 느껴지도록 합니다⑬.

> **Memo 장식의 원형**
>
> 길에서 비스듬하게 아래로 뻗은 계단식 장식은 고딕 양식의 플라잉 버트레스를, 길 자체를 파낸 홈은 마야 문명 등의 고대 유적을 참고했습니다. 건축 양식이 고민된다면 세계 문화유산을 검색해보세요.

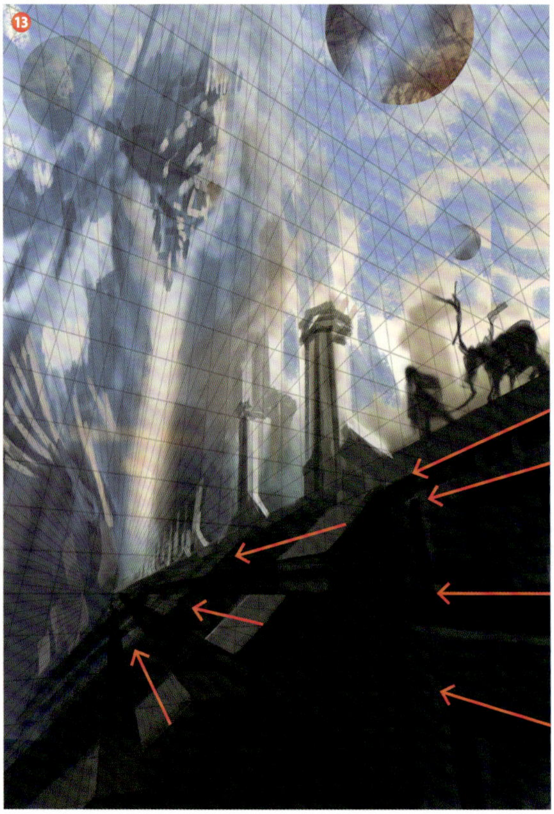

09 사진을 합성한다

신전에는 해안 절벽⑭을, 길에는 암벽 사진⑮을 합성했습니다. 장대한 그림에 쓸 사진은 스케일이 큰 것을 사용합니다. 특히 해안 절벽은 사용 빈도가 높은 소재입니다.

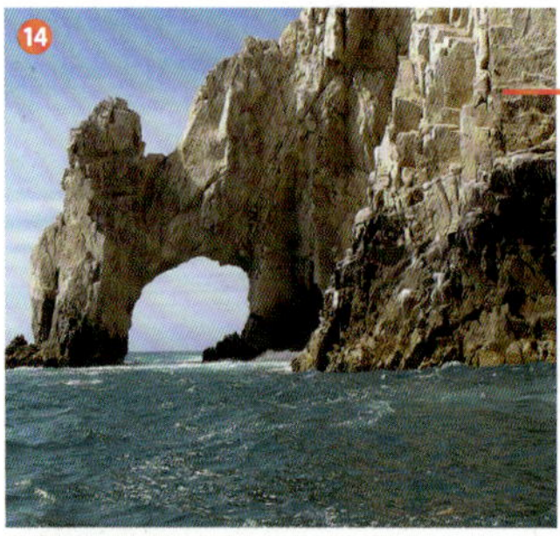

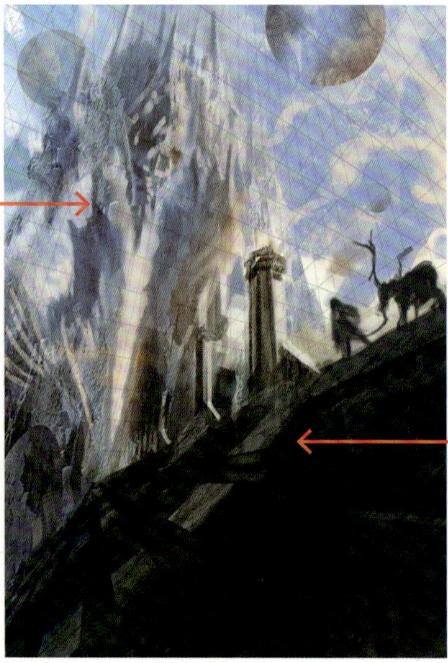

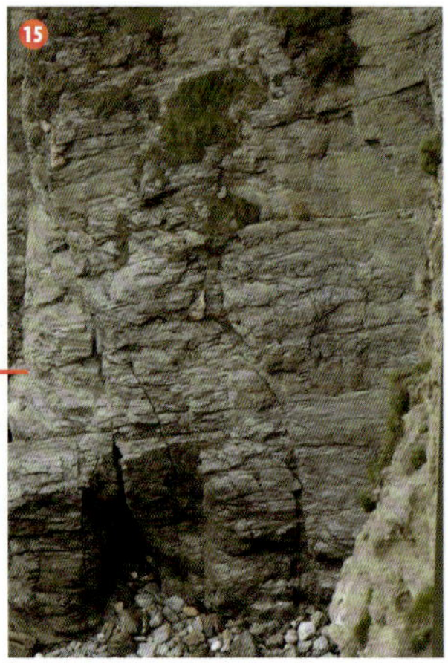

10 타인의 의견을 듣는다

이 책의 편집자에게 그림을 보내고 컨펌을 받았습니다⑯. '화려했으면 좋겠다', '채색을 좀 더 보강했으면 좋겠다', '하늘색이 연해서 빛이 바랜 책처럼 보일 수도 있다', '그림의 중심 요소가 뭔지 모르겠다' 같은 피드백을 받았습니다. 이제부터는 문제점을 어떻게 해결해야 하는지 고민하면서 진행하겠습니다.

Memo 타인에게 보여주는 습관

그림 실력을 향상하는 데 중요한 포인트는 작품을 다른 사람에게 보여주는 습관입니다. 지금은 인터넷에 작품을 공개하면 전 세계 사람들이 볼 수 있는 시대입니다. 그림을 공개하려면 용기가 필요하지만 사람들의 평가를 받으면 그림 그리는 일이 더 재밌어집니다. 다른 사람에게 보여주고 나서 깨닫게 되는 것도 많습니다. 자신의 세계를 그린다고 해서 자신만의 세계에만 갇혀 지내지 마세요.

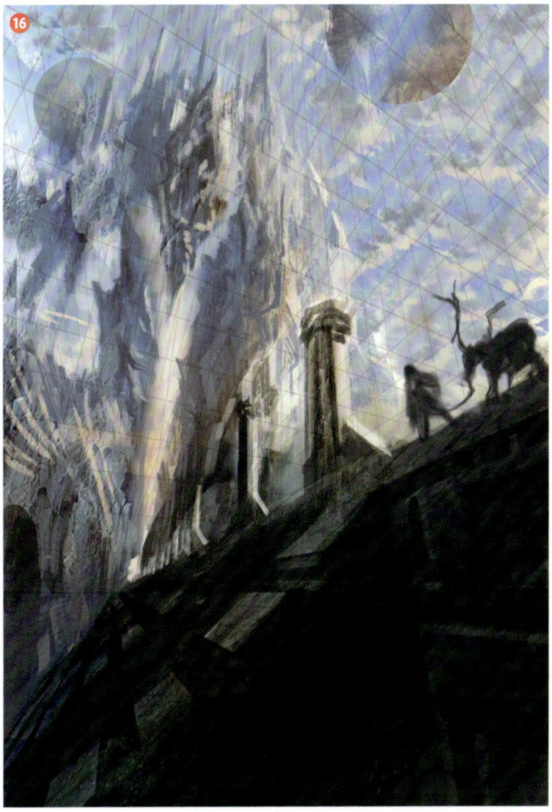

⑯

11 새를 그린다

초크 브러시(p.16)로 메인 소실점을 의식하면서 새를 그립니다⑰. 저는 **화려한 그림, 색채가 풍부한 그림, 다양한 요소가 섞인 그림**을 목표로 했습니다. Scene 2의 꽃은 어울리지 않는 듯해서 새들이 어지럽게 날아다니는 모습을 그렸습니다. 색은 고민하다가 장대함을 강조하려고 흰색으로 통일했습니다.

Memo 인쇄 여백

종이의 가장자리까지 인쇄할 때는 종이 재단의 영향을 방지하려고 3mm 크게 인쇄합니다. 종이 크기에 딱 맞게 인쇄하면 재단이 약간만 어긋나도 인쇄 여백의 흰 부분이 드러나기 때문입니다.
이번 표지 일러스트는 종이 전면에 게재했습니다. 종이의 바깥 부분인 여백 3mm는 ⑰처럼 검은색 테두리로 만들어 인쇄한 뒤의 상황을 재현해보고 문제가 없는지 확인해야 합니다.

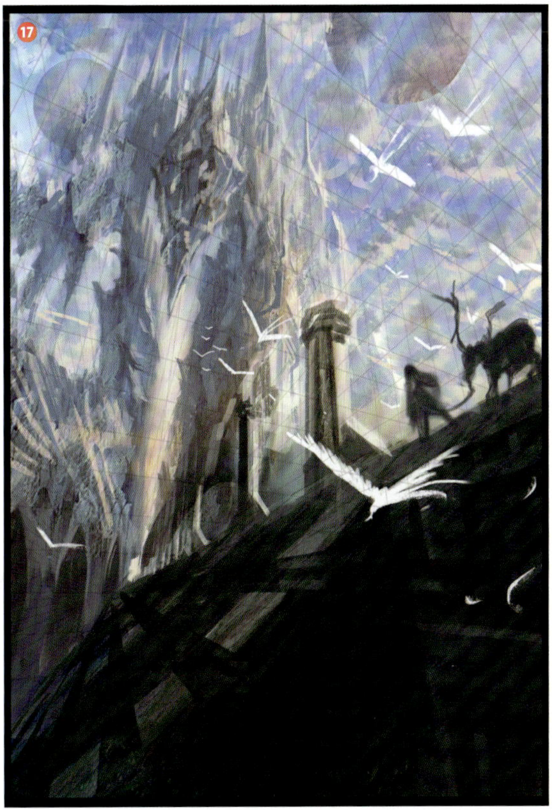

⑰

12 하늘색을 진하게 한다

[오버레이] 레이어를 추가하고 에어브러시를 사용해 하늘의 파란색 계열의 색으로 진하게 칠합니다⑱. 그다음 [레벨] 조정 레이어를 만들고 하늘색에 알맞게 메인 요소와 길의 색을 진하게 만듭니다. 이때 [레이어 마스크] 기능을 설정해 하늘에 [레벨]의 보정 효과가 적용되지 않게 합니다.

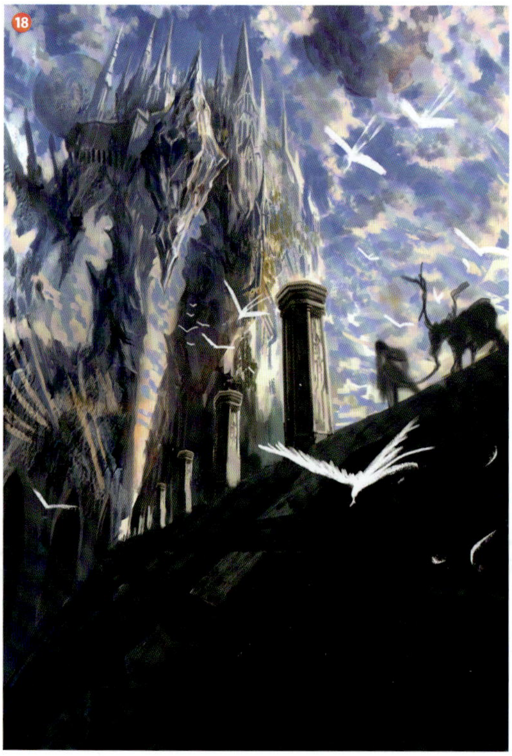

Point
하늘과 그림자의 싱크로

하늘과 그림자의 색은 이어져 있습니다. **그림자는 하늘색이 진하면 어두워지고, 하늘색이 연하면 밝아집니다.** 하늘색을 변경할 때는 그림자도 조절해야 일체감이 강해집니다.

Point
레이어 마스크로 조정 레이어의 효과 범위 정하기

예시로 하늘색만 빨갛게 바꾸는 방법을 소개하겠습니다.

1. 조정 레이어를 만든다

메뉴에서 [레이어]→[새 조정 레이어]→[색조/채도]를 선택해, [색조/채도] 조정 레이어⑲를 만듭니다.

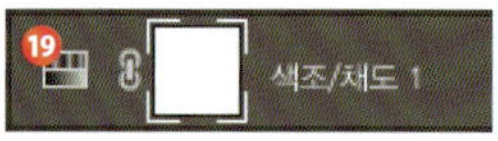

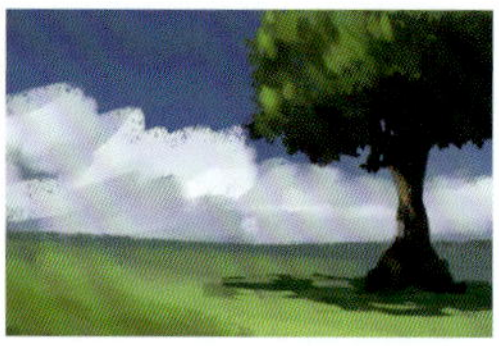

2. 색감을 변경한다

[색조] 슬라이더⑳를 오른쪽으로 '+134' 위치로 옮기면 빨갛게 됩니다. 단, 이 상태라면 그림 전체의 색감이 달라집니다.

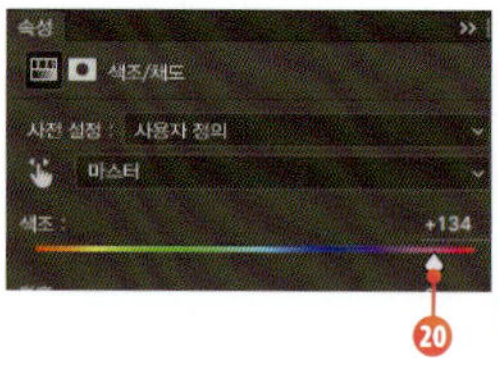

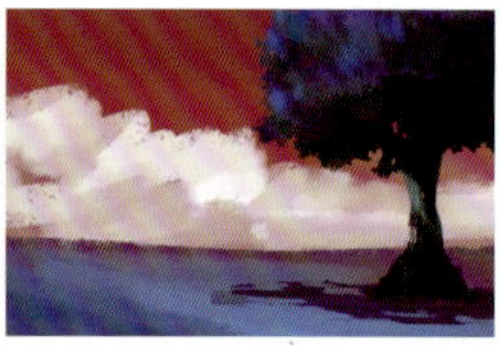

3. 레이어 마스크를 적용한다

레이어 마스크의 섬네일㉑을 클릭하고 [불투명도 : 100%]인 에어브러시를 사용해 나무와 구름, 초원을 검은색으로 덧칠합니다. 이제 하늘을 제외한 나머지 부분을 본래의 색으로 되돌립니다.

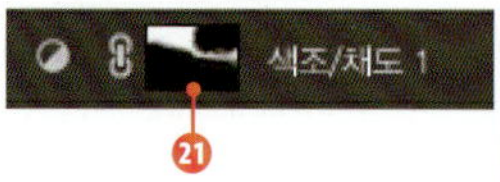

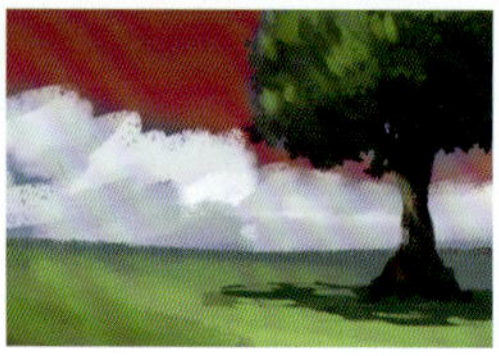

> **Tips** 흰색과 검은색으로 마스크 관리하기
>
> 레이어 마스크 섬네일㉑의 검은 부분이 마스크가 덮인 부분입니다. 이 검은 부분에는 [색조/채도]의 효과를 적용할 수 없습니다. 레이어 마스크의 검은색 부분은 완전히 가려지고, 흰색 부분은 마스크가 없는 상태입니다. 중간색인 회색으로 칠하면 [색조/채도]의 효과를 절반만 적용되게 할 수도 있습니다.

13 시행착오를 거친다

구름이 번잡하고 메인 요소가 눈에 띄지 않아서 초크 브러시로 파란색을 칠해 구름을 지웁니다㉒.
그런데 이번에는 뭔가 부족해 보입니다. 성 주위를 불가사의한 바위가 순회하는 패턴㉓, 새 떼가 날아가는 패턴㉔ 등 레이어를 따로 만들어 실제로 테스트해봅니다. 아무리 머릿속에 좋은 아이디어가 있어도 실제로 해보면 영 아닐 때가 대부분입니다.
편집자의 의견을 듣고 ㉔로 결정했습니다.

Memo 패턴을 컨펌 받는다

실무에서 패턴이 고민될 때는 관계자에게 한 번쯤 컨펌 받으면 좋습니다. 러프의 구도도 패턴을 4가지 정도 만들어 의견을 들어보세요.

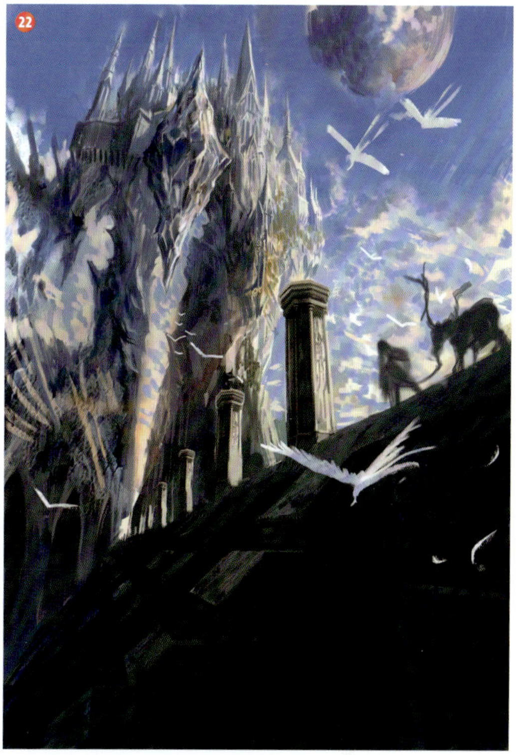

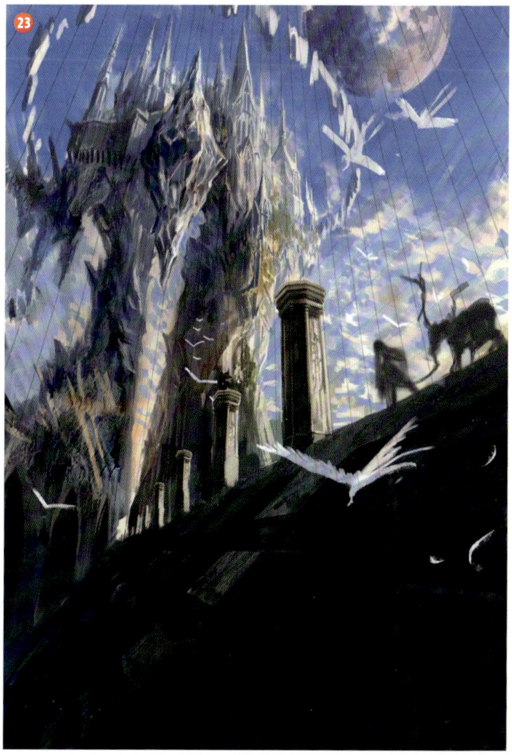

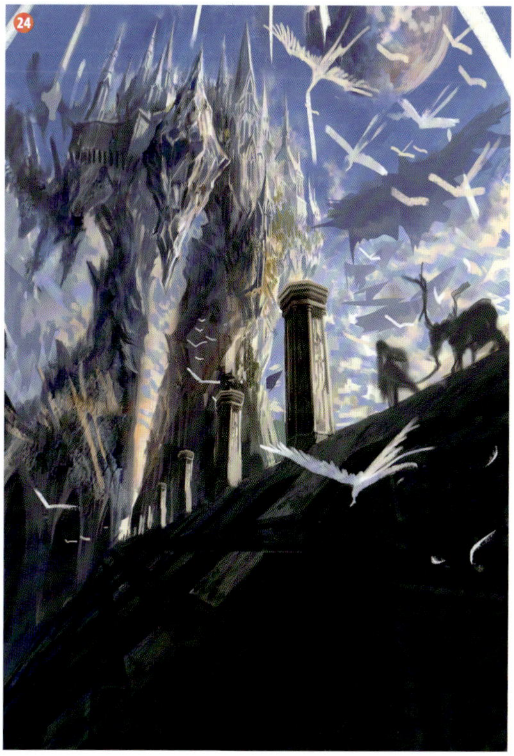

14 궁전 디자인을 정한다

거대한 크리스털을 삭제하고 성벽을 그린 다음 디자인 방향을 정합니다(25). 표지 일러스트이므로 누가 봐도 알기 쉽고 시선을 끄는 외견을 우선했습니다. 이 책을 처음 봤을 때 '이런 그림을 그리고 싶다'라는 마음이 생기도록 하는 것이 그 다음입니다. 개인적인 설정은 전부 버렸습니다.
실무에서는 **'가장 전달하고 싶은 것이 무엇인지'를 생각합니다. '멋있다', '아름답다', '무시무시하다'처럼 감각적으로 한 단어나 한 문장으로 표현할 수 있도록 그려야 합니다.** 표현하고 싶은 것이 너무 많은 그림은 결국 아무것도 표현할 수 없습니다. 이 작품에서 가장 표현하고 싶은 것은 '많은 독자들이 그려보고 싶다는 마음이 생길 정도의 장대함'입니다.

Point
장대한 디자인은 복잡하다

장대함이 느껴지는 디자인의 핵심은 복잡함입니다.
표면의 장식만이 아니라 실루엣도 복잡하게 만들어야 합니다. 참고한다면 고딕 양식을 추천합니다. 고딕 양식의 건축물은 본래 글자를 읽을 수 없는 민중에게 신의 위대함을 전하기 위한 도구였습니다.

Point
디자인의 강약 조절

복잡함과 평이함이 공존하는 디자인이 매력적입니다. 예를 들면 (26)은 복잡한 장식 부분, (27)은 성벽의 '면'이 느껴지는 평이한 부분입니다. 정보량이 많은 부분과 적은 부분의 조합이야말로 디자인의 핵심입니다.
그림의 진수는 '강약의 조절'이라고 생각합니다. 디자인, 시선 유도, 요소 배치, 보기 좋은 구도, 묘사 포인트, 리듬, 완급 등 그림의 중요한 기술에는 전부 '강약'이 들어 있습니다.

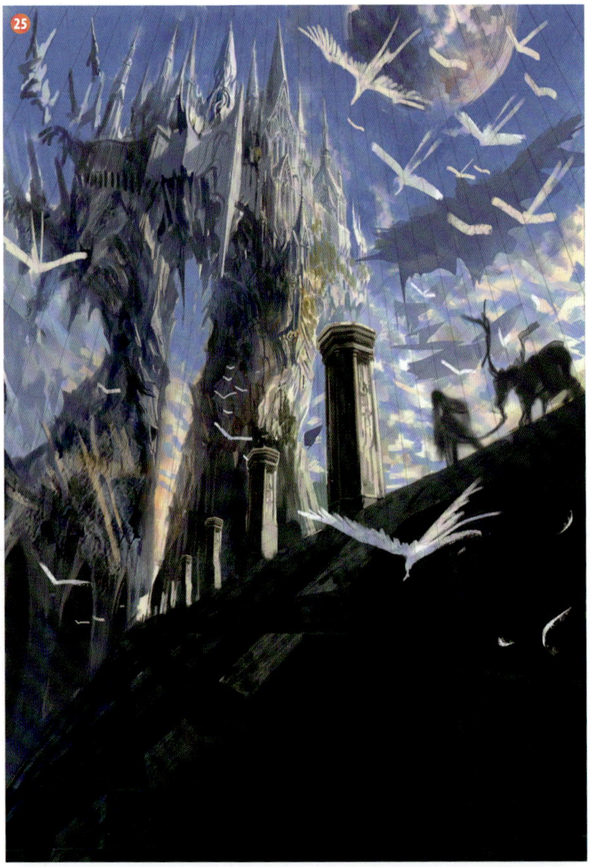

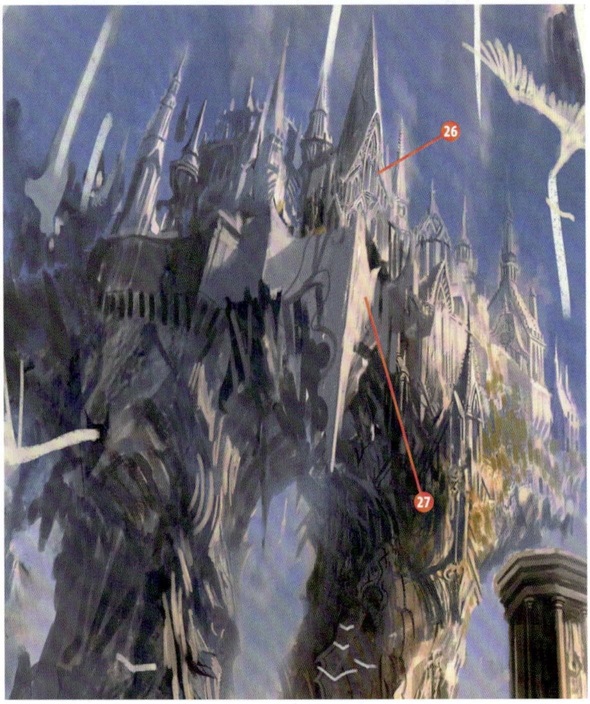

15 하늘의 색감을 다듬고 구름을 그린다

파란색이 전체적으로 강하므로 [색상 균형] 조정 레이어를 만들고 하이라이트인 빨간색을 강하게 합니다㉘. 차가운 인상이 사라지고 전체적으로 따뜻한 분위기로 변했습니다.
화면 하단㉙이 너무 어둡고 허전해서 투시가이드를 기준으로 지우고 운해처럼 보이도록 했습니다. ㉚의 선 위를 에어브러시로 부드럽게 그립니다. 구름을 메인 소실점을 향해서 흐르듯이 그리면 시선 유도의 역할도 합니다.

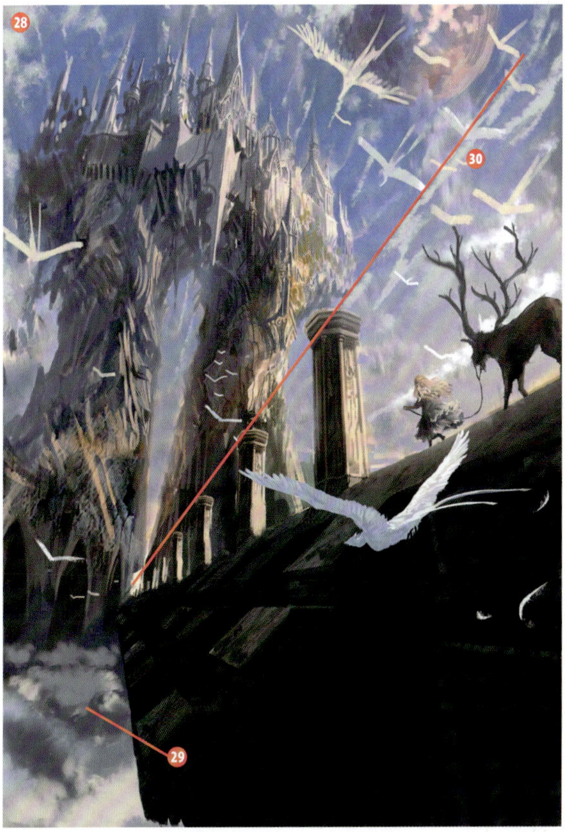

16 일러스트를 합성한다

전체적으로 색을 좀 더 추가하려고 ㉛의 일러스트를 [오버레이] 모드 레이어로 합성합니다㉜. 이 일러스트를 사용하는 이유는 난색이 많고 색감이 다양하기 때문입니다. 합성하면 인상이 화사해집니다.

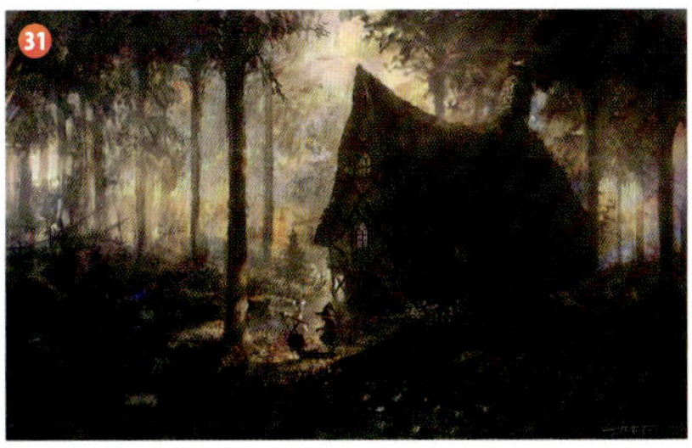

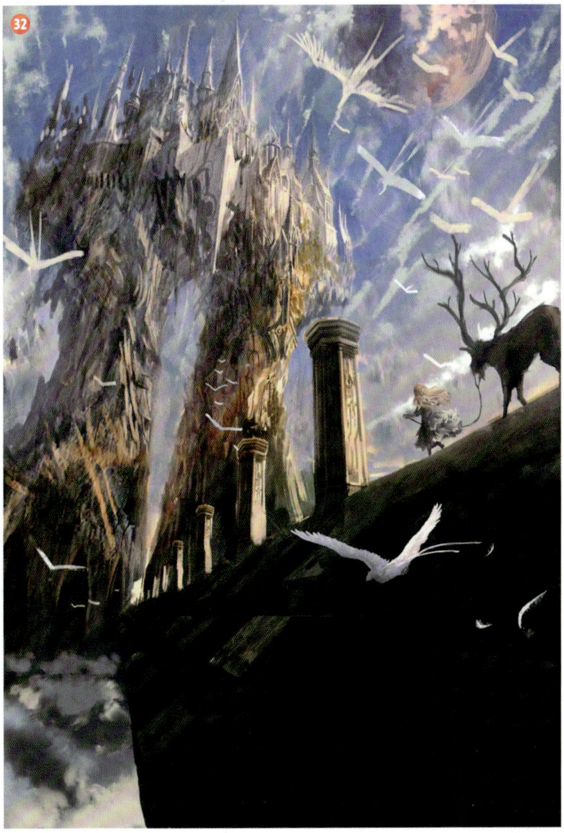

17 궁전을 묘사한다

궁전 부분을 수채 브러시(p.16)와 에어브러시로 최대한 묘사합니다. 주로 에어브러시로 그림자의 입체감을 표현하고, 수채 브러시로 하이라이트를 그립니다. 시선이 100% 집중되는 곳이므로 꼭 멋있게 표현합니다. 고딕 양식의 자료를 참고해 흰색을 기본으로 그립니다.

Point

장대함을 표현해야 하는 부분에는 하이라이트를

멀리 떨어져 있어서 공기원근법이 강해지고 그림자의 내부는 잘 드러나지 않으므로, 장대함을 표현할 부분에는 하이라이트33를 중점적으로 넣습니다. 그림자34는 부드럽게 너무 도드라지지 않을 정도로 정리합니다. 그림자의 평이함과 하이라이트 부분의 깔끔함의 조화가 가장 중요합니다. 이 방법은 이번처럼 밝은 작품은 물론이고 어두운 작품에서도 중요한 포인트입니다.

Point

장식 부분에는 세세한 그림자를

세부 장식이 밀집된 35 같은 부분은 하이라이트만 그리면 흰색이 너무 눈에 띄어 애써 묘사한 보람이 없어집니다. [불투명도 : 90%]의 수채 브러시로 하이라이트 옆에 작은 그림자를 검은색으로 칠하고, 대비를 만들어 흰색을 잡아줍니다.

Point

멀리 보이는 거대한 건축물 그리기

약간 어두운 하늘색으로 실루엣을 그리고, 약간 밝은 하늘색으로 하이라이트를 넣으면 공기에 녹아드는 듯한 표현36을 할 수 있습니다. 멀리 보이는 거대한 건축물에 사용하면 편리한 기법입니다.

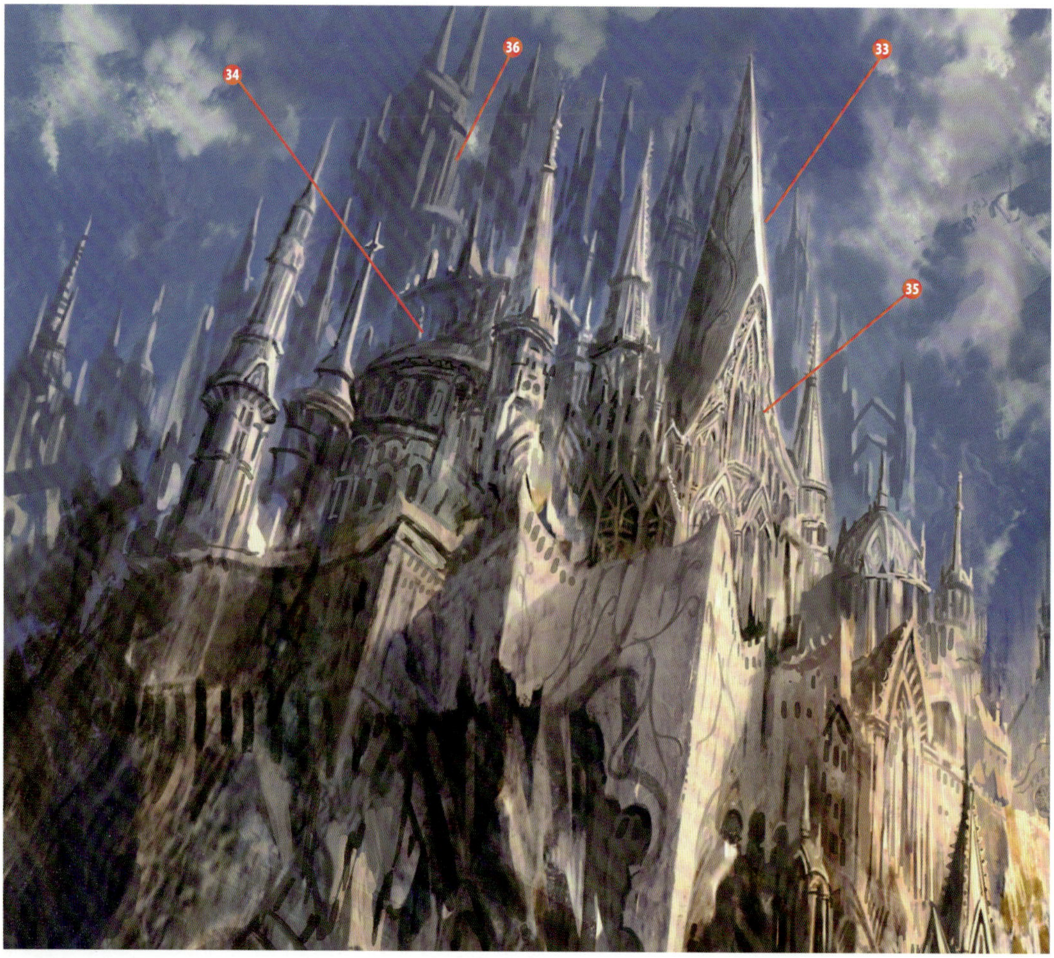

18 바위를 묘사한다

수채 브러시, 수평 브러시(p.17), 에어브러시로 바위를 묘사합니다. [색상] 창에서 색을 찍는 것이 아니라 이미 그림에 있는 색을 [스포이드] 도구로 추출해서 사용합니다. 묘사는 수채 브러시와 수평 브러시로 하이라이트를 선명하게 그리고37, 에어브러시와 수평 브러시로 그림자를 부드럽게 다듬습니다38. 요령은 17과 같습니다.

Point

고대 문명의 SF 디자인

바위는 SF 느낌이 나는 고대 문명을 모티브로 디자인했습니다. 바위 부분을 고대의 초문명이 만들고 멸망한 흔적 위에 궁전을 세웠다는 설정입니다. 고대 문명의 SF 디자인으로 자주 사용되는 것이 39와 같은 규칙적인 곡선과 직선의 조합입니다. 이 조합은 **Scene 7**의 디자인에도 등장합니다.

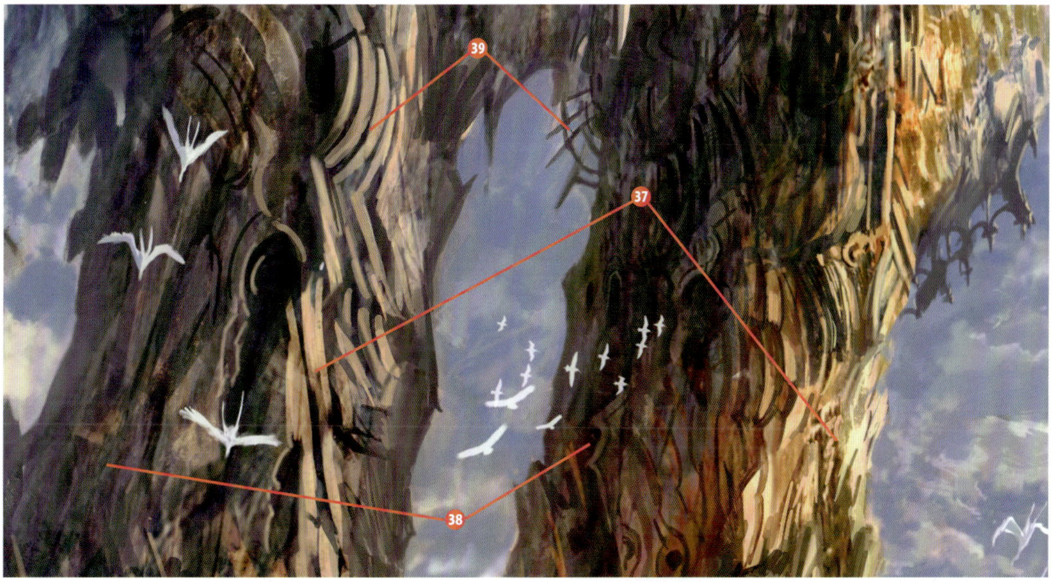

19 인물과 동물을 그린다

타원 브러시(p.16)를 [불투명도 : 90~100%]로 설정하고 인물을 그립니다. 인물은 선명함보다는 매끄러운 분위기를 내야 하므로 수채 브러시는 쓰지 않습니다. 인물이 눈에 잘 띄도록 지금까지 거의 쓰지 않았던 빨간색으로 망토와 스커트를 그립니다. 인물의 포인트는 스커트에 달린 흰색 프릴과 머리카락의 반사입니다. 머리카락과 스커트의 빛이 닿는 부분에 아주 약간만 100%의 흰색을 칠합니다40.

순록같이 생긴 동물은 주로 줄기 브러시(p.17)를 사용해 털을 묘사합니다. 뿔은 입체적으로 뻗어 있으니 투시가이드를 표시한 상태로 그리면 편합니다.

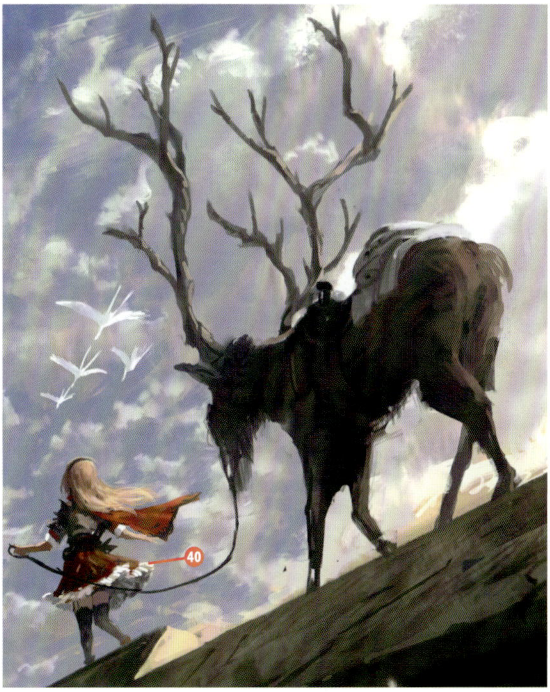

20 작업을 잠시 중단한다

이 정도면 거의 완성이라서 일단 편집자에게 제출했습니다. 표지 디자이너가 임시로 타이틀을 올려본 시안이 41입니다. 저는 타이틀 위치가 오른쪽 위라고 생각했기 때문에 지금 상태라면 그림의 흐름을 망칠 염려가 없습니다. 이렇게 다른 사람의 멋진 작업을 보는 것도 즐거움 중에 하나입니다. 시선 유도와 전체 균형 등을 확인한 다음 일주일간 그림을 보지 않고 방치합니다.

완성하기 직전에 **작업을 잠시 중단하면 객관적으로 작품을 볼 수 있게 됩니다.** 집중해서 그린 그림을 다음날 아침에 보면 엉망이었던 적은 없습니까? 잠시 시간을 두면 그림을 객관적으로 바라볼 수 있습니다. 특히 완성도가 높은 작품을 제작할 때는 작업을 잠시 중단하는 과정도 꼭 필요합니다.

> **Memo 감상자와 제작자의 차이**
>
> 그림을 보는 사람과 **그림을 그리는 사람의 가장 큰 차이는 '작품을 접하는 시간'**입니다. 제작자는 작품을 보는 시간이 길어서 그림의 좋지 않은 부분이 눈에 잘 들어오지 않습니다. 이 차이를 잊지 말고 항상 객관적인 시선으로 제작해야 합니다.

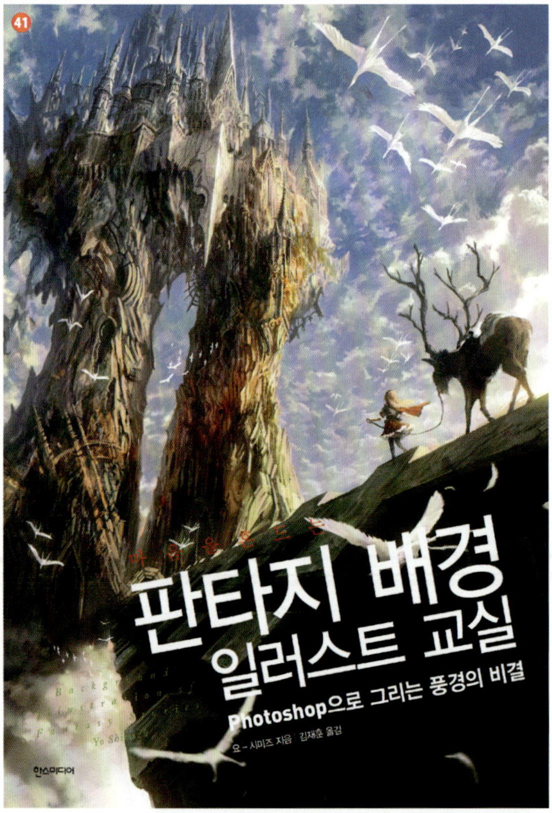

21 모션블러 효과를 그린다

[손가락] 도구로 새의 움직임을 표현합니다. [강도 : 30%]로 설정하고 에어브러시를 선택합니다. 메인 소실점을 의식하면서 새 전체를 화살표 방향으로 움직입니다42. 새를 흐릿하게 처리하면 속도감이 느껴집니다43.

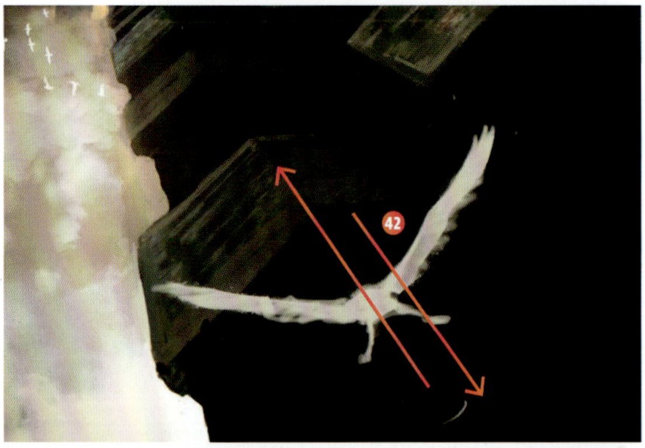

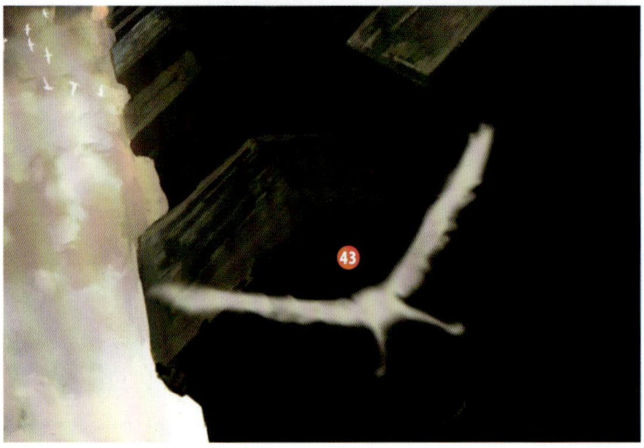

> **Memo 모션블러**
>
> 재빠르게 움직이는 사물을 찍을 때 대상이 흐릿하게 보이는 것. 스마트폰 카메라를 켜고 손을 좌우로 흔들면서 사진을 찍어보면 바로 알 수 있습니다. 이 효과는 **근경에 사용하면 속도감과 현장감을 표현**할 수 있습니다.

22 새를 묘사한다

초크 브러시와 타원 브러시로 새를 묘사하고 완성합니다. 44의 새는 입체감이 너무 도드라지지 않게 주의하세요. 그렇다고 그림자를 어둡게 하면 하늘에 묻힐 수도 있습니다. 지금의 배치에서 중요한 것은 입체감보다 실루엣입니다. '새가 날고 있다'는 느낌을 전달하는 것이 우선입니다.

Point

적절한 위치에 새 그리기

새의 위치를 잘 판단해서 배치합니다. 대충 그리면 오히려 구도가 이상해질 수도 있습니다. 레이어의 표시 기능이나 자유 변형을 사용해 적절한 배치를 찾습니다.

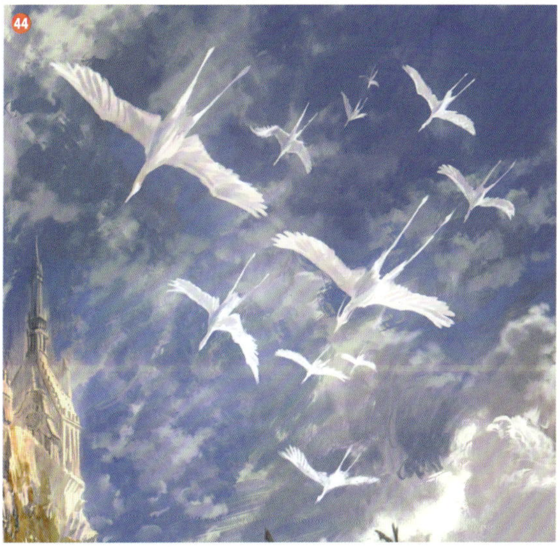

23 렌즈 플레어와 글레어를 넣고 완성한다

[선형 닷지(추가)] 모드 레이어에 [불투명도 : 70%]의 에어브러시로 렌즈 플레어45와 글레어46를 그립니다. 렌즈 플레어는 그림에서 가장 도드라지는 포인트에 넣으면 멋있습니다. 이것으로 완성입니다.

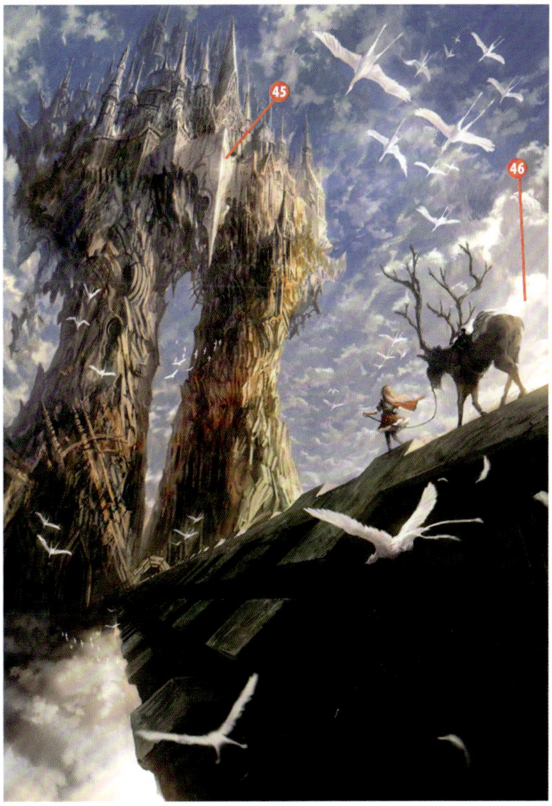

Point

렌즈 플레어 그리기

1. [선형 닷지(추가)] 모드 레이어에 에어브러시로 점을 찍습니다.

2. Shift 키를 누른 상태에서 브러시를 좌우로 움직여 선을 그리고, [지우개] 도구를 이용해 부분적으로 지웁니다.

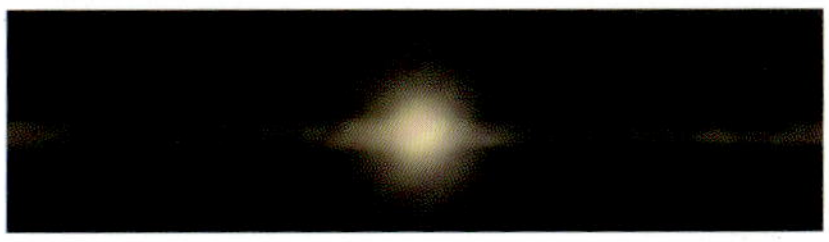

3. 화면의 가장자리에 에어브러시로 진보라색이나 파란색을 연하게 올립니다.

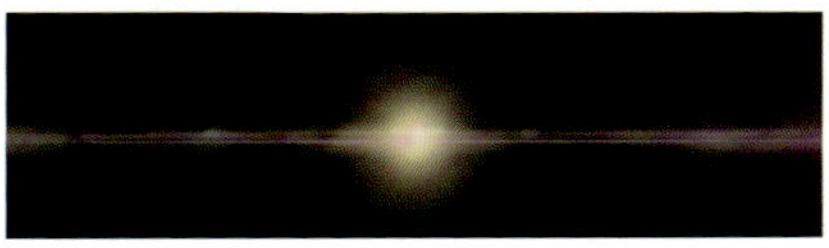

4. [지우개] 도구의 브러시 모양을 초크 브러시로 바꾸고 선과 그라데이션을 지웁니다.

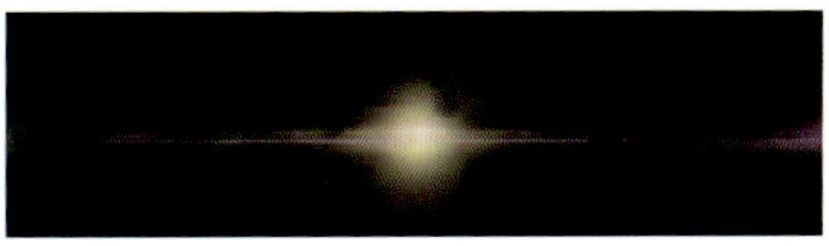

Scene 9

작열하는 폐허 도시

암울한 디자인과
용암 표현

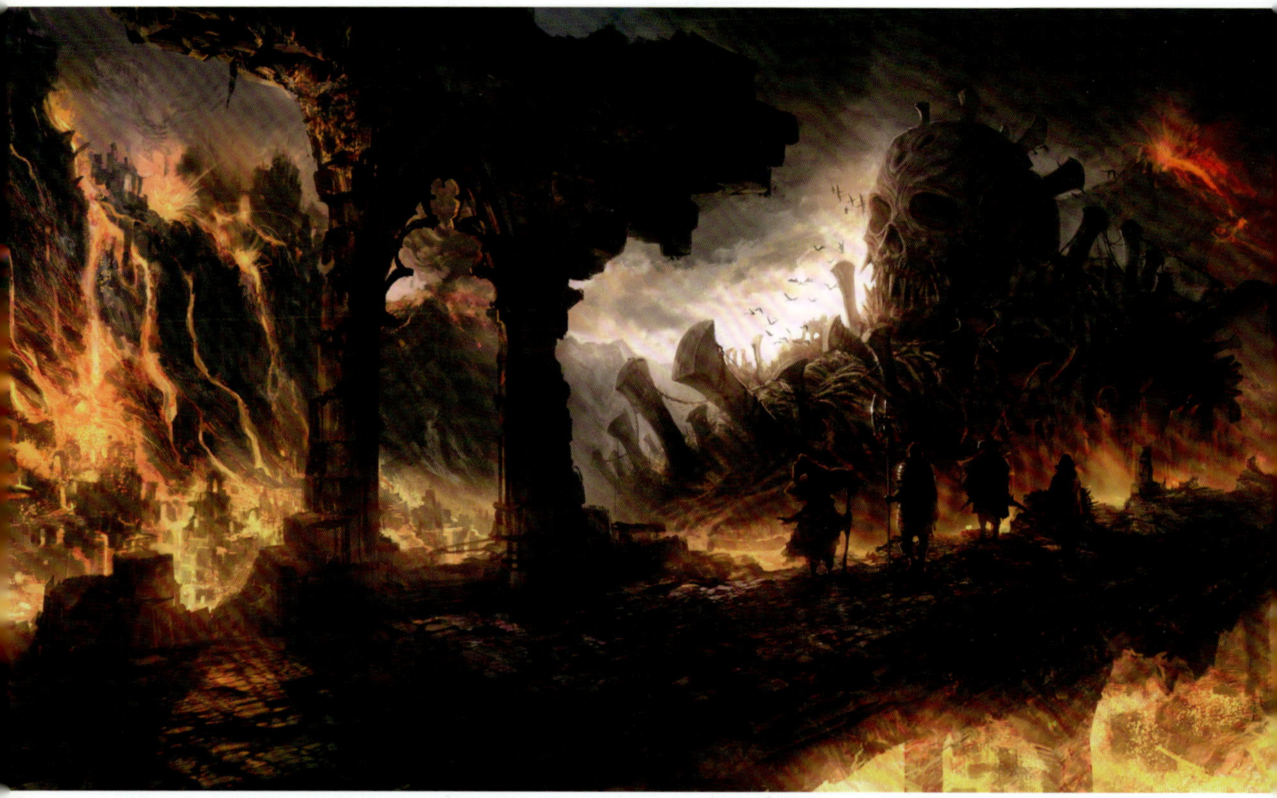

2점 투시도법을 사용해서 그리는 방법과 부정적인 감정을 느끼게 하는 다크한 디자인, 공포의 디자인, 기분 나쁜 디자인, 용암 표현에 대해서 설명합니다. 번영의 정점에 이르렀던 도시가 마(魔)에게 잠식당해 붕괴한 이미지를 그렸습니다. 정신 나간 왕이 무언가를 불러들인 것이 분명합니다. 하늘은 어둡고, 땅은 황량하며, 화산에서 분출한 뜨거운 용암이 모든 것을 집어삼켰습니다.

4000×2250픽셀

약 10시간

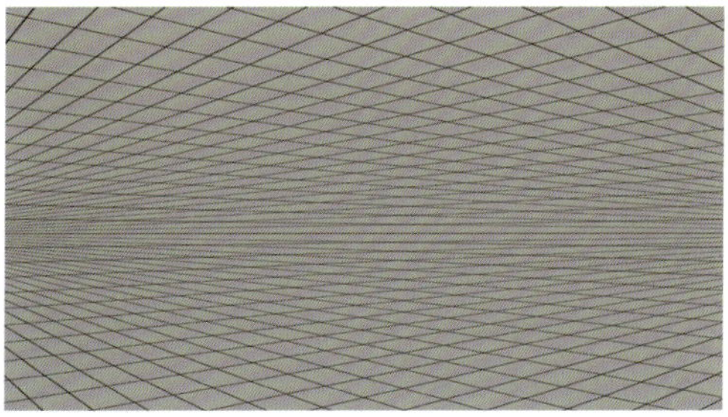

❶ 2점 투시도법

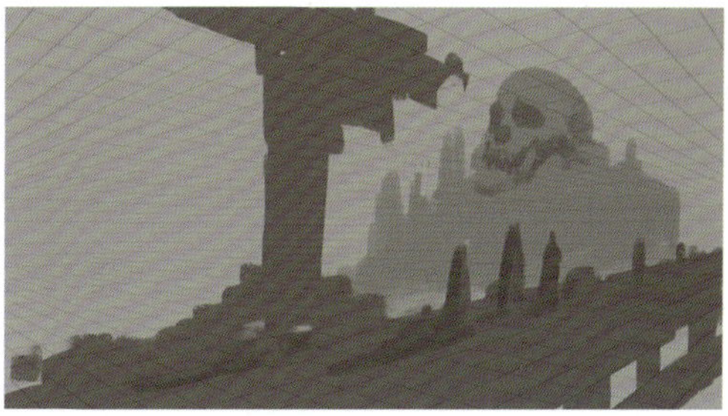

❷ 선명한 러프

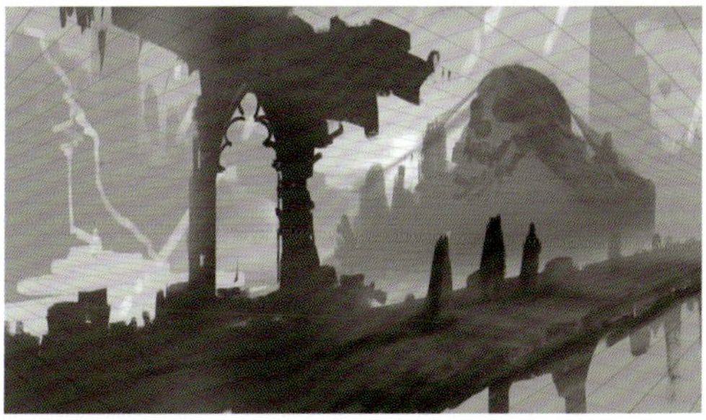

❸ 광원 설정과 명암 표현

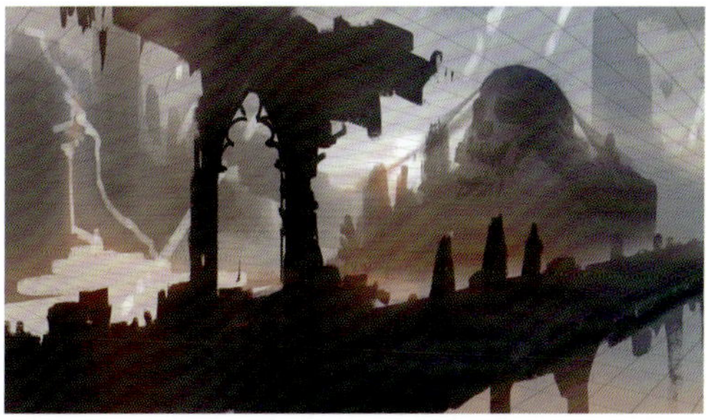

❹ 밑색

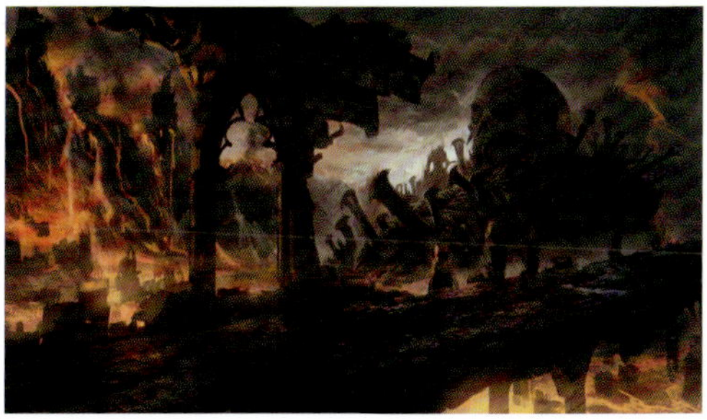

❺ 사진 합성

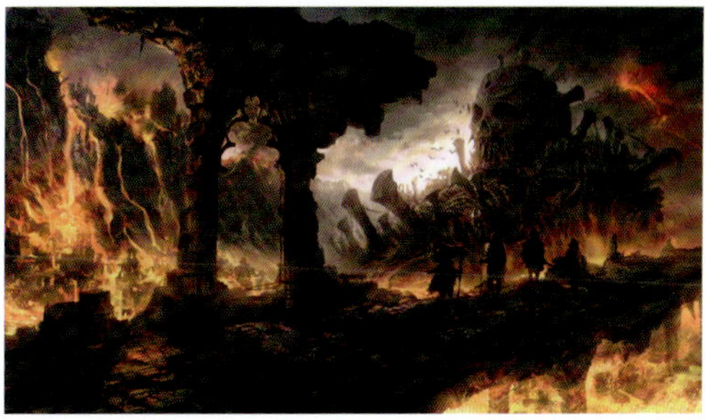

❻ 묘사

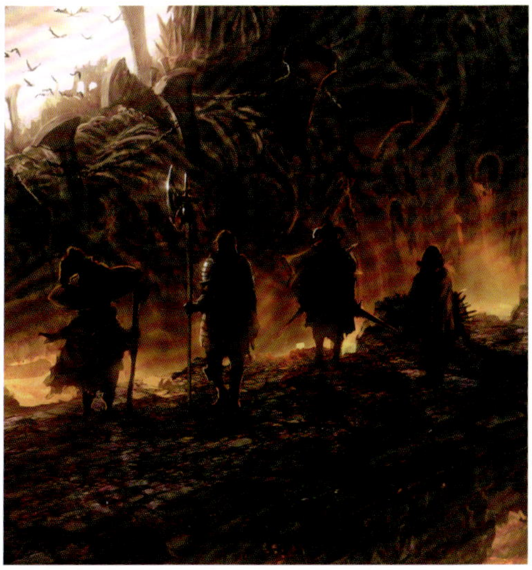

모험자들

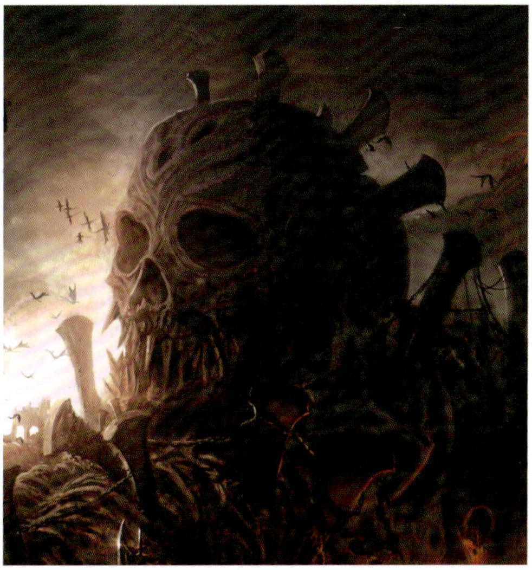

거대한 해골

Making

제작 과정

01 1번째 소실점을 배치한다

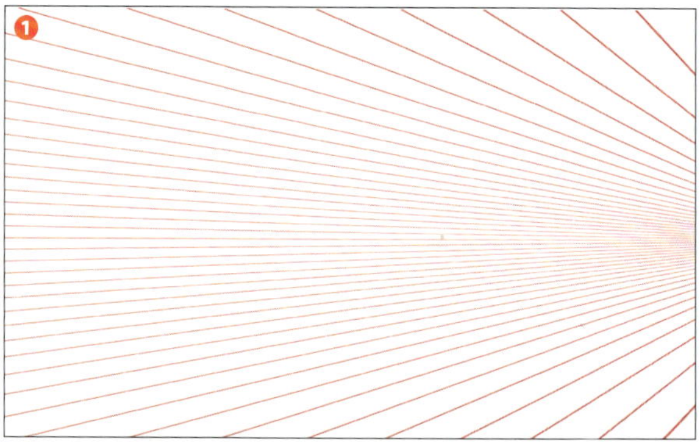

이번에는 2점 투시도법을 사용해서 그립니다. 화면 하단을 비스듬하게 가로지르는 통로와 무너진 기둥의 이미지가 떠올랐습니다. **인공물을 입체적으로 그릴 때는 2점 투시도법이 편리**합니다. 투시 브러시(p.16)를 자유 변형으로 옆으로 늘리고, 1번째 소실점에서 시작되는 투시가이드를 만듭니다 ❶. 근경(화면 하단)에 통로가 있다고 가정하고 소실점의 위치를 정합니다.

참조 'Technique : 투시가이드 그리기'(p.116)

02 2번째 소실점을 배치한다

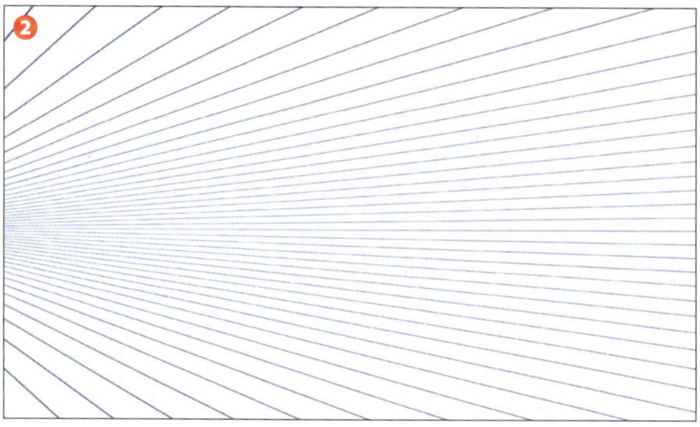

❶의 레이어를 복사하고 투시가이드를 왼쪽으로 옮깁니다❷. 2번째 소실점은 **❸의 마름모가 일그러지지 않을 정도**의 위치가 적당합니다. 이것으로 투시가이드는 완성입니다.

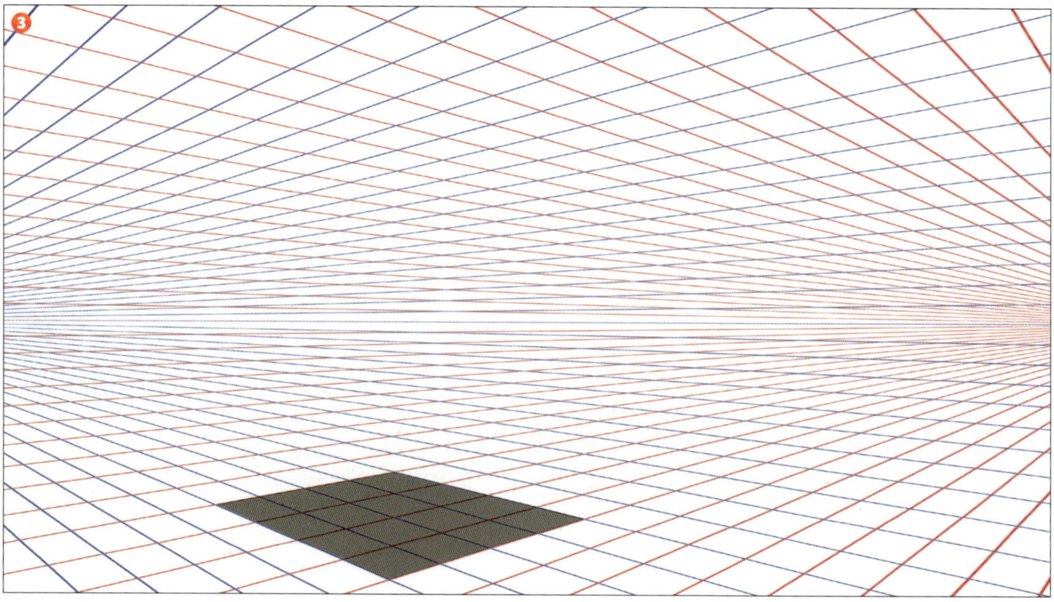

03 투시가이드의 색을 검은색으로 변경한다

투시가이드 레이어의 [투명 픽셀 잠그기]를 설정하고, [채우기](Alt+Delete) 기능을 이용해 검은색으로 채웁니다❹. 투시가이드는 색으로 구분하면 보기 편하지만 [스포이드]를 많이 쓰면서 그릴 때는 오히려 방해가 됩니다. 특히 회색으로 그리기 시작했다면 투시가이드의 색은 검은색이 좋습니다.

❹
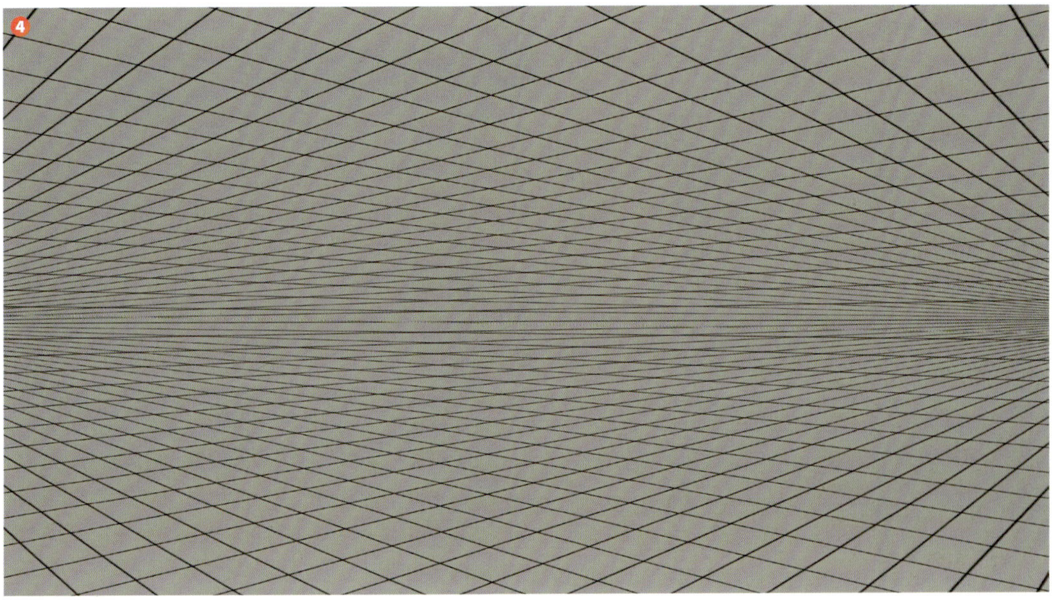

04 근경의 러프를 그린다

투시가이드에 맞춰서 근경의 러프부터 그립니다❺. 초크 브러시(p.16)를 [불투명도 : 100%]로 설정하고 진회색을 칠합니다. 근경의 실루엣이 포인트이므로 근경의 러프부터 그립니다. 만약 근경의 실루엣이 그림에 영향을 강하게 끼친다면 처음부터 레이어로 구분합니다.

❺
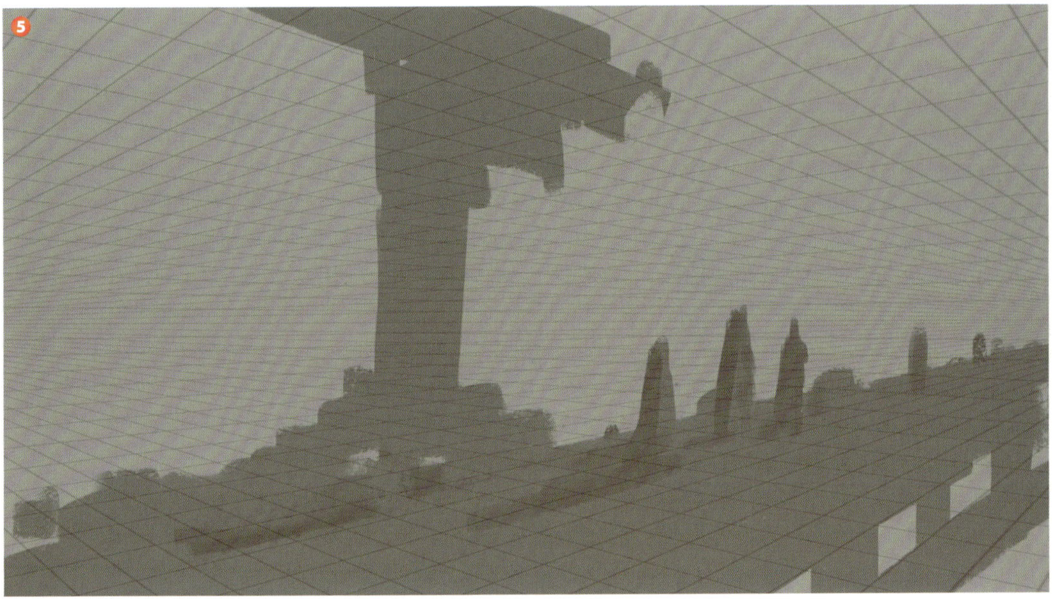

9 작열하는 폐허 도시

05 중경의 러프를 그린다

이대로는 인상이 약한 듯해 중경에 거대한 해골을 그렸습니다❻. 이 그림은 중앙에 있는 기둥의 오른쪽이 키포인트입니다. 다크한 세계관을 전달하려면 이 부분에 감상자의 눈을 만족시킬 만한 강한 요소를 배치해야 합니다. 마찬가지로 [불투명도 : 100%]의 초크 브러시로 근경보다 연한 회색을 칠합니다.

죽음의 상징이기도 한 해골은 다크한 디자인의 단골손님입니다. 사람의 얼굴에 가까워 무척 눈에 띕니다. 크기만으로도 공포를 느낄 수 있도록 이번에는 큰 해골을 묘사합니다.

❻

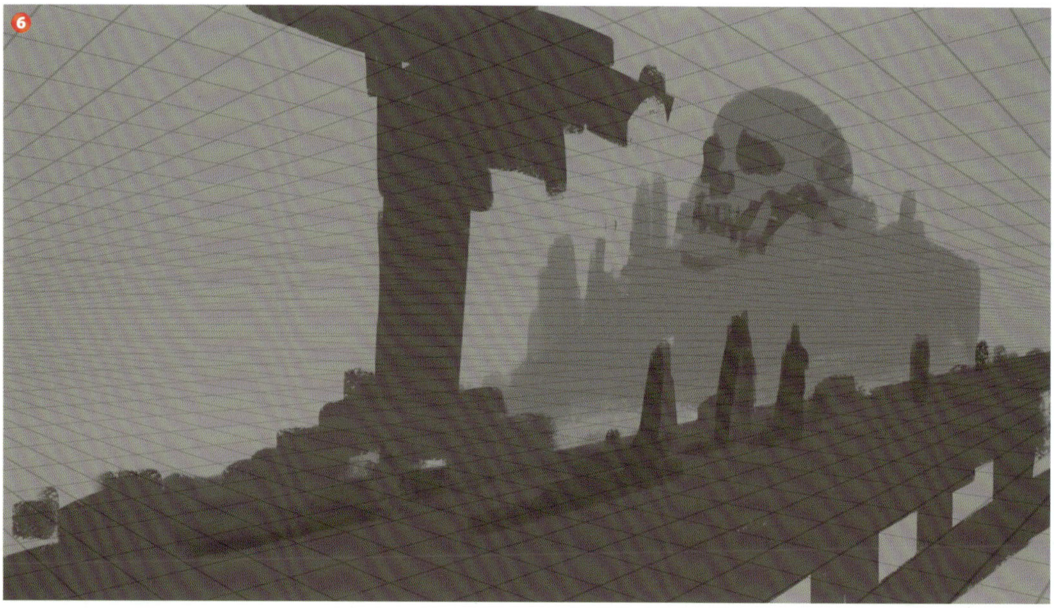

Point

얼굴은 무섭다

엉뚱한 곳에 사람의 얼굴이 있으면 무섭게 보입니다. 심령사진을 보았을 때와 비슷한 느낌입니다.

사람의 얼굴은 눈, 코, 입 3개의 그림자를 생각하면 쉽게 그릴 수 있습니다. 이 그림자를 에어브러시(p.16)로 흐릿하게 그리는데 삼각형으로 배치하는 것이 요령입니다. 인간의 눈은 삼각형으로 자리 잡은 3개의 점을 사람의 얼굴로 인식합니다. 이것을 시뮬라크르 현상이라고 합니다. 평범한 얼굴도 좋지만 한탄이나 괴로움 등의 감정을 담은 표정을 표현하는 것도 괜찮은 방법입니다. 얼굴 균형에 변화를 주어도 효과적입니다❼.

얼굴로 보이는 것에는 감정을 흔드는 힘이 있습니다. 심지어 아무것도 없는 벽에 그리기만 해도 상당히 무섭습니다❽.

❼

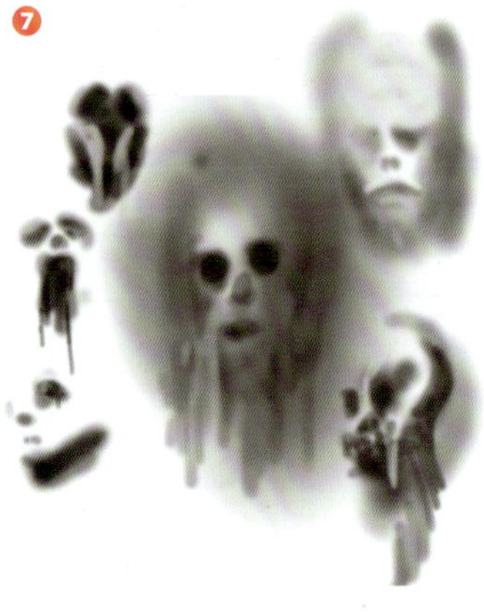

❽

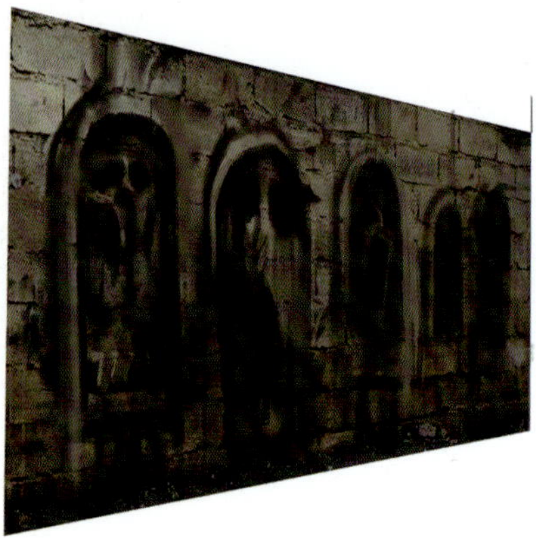

06 원경을 그린다

초크 브러시를 사용해 원경을 대략 그립니다❾. 왼쪽에는 화산과 흘러내리는 용암을, 오른쪽에는 수상한 건물을 배치합니다. 임시 배치하는 것이니 깊이 생각하지 않아도 됩니다.
원경의 포인트는 근경과의 명도 차입니다. 공기원근법을 표현하기 위해 근경의 통로와 중경의 해골에 좀 더 밝은색을 사용합니다. 이번 그림의 시간대는 낮이므로 앞쪽은 어둡게 하고 안쪽으로 갈수록 밝아지지만, 밤이라면 반대로 안쪽을 어둡게 하고 앞쪽으로 올수록 밝아지는 패턴을 사용합니다. 어떤 장면이든 **거리별로 밝기의 차이가 나도록 하는 것**이 포인트입니다.

9
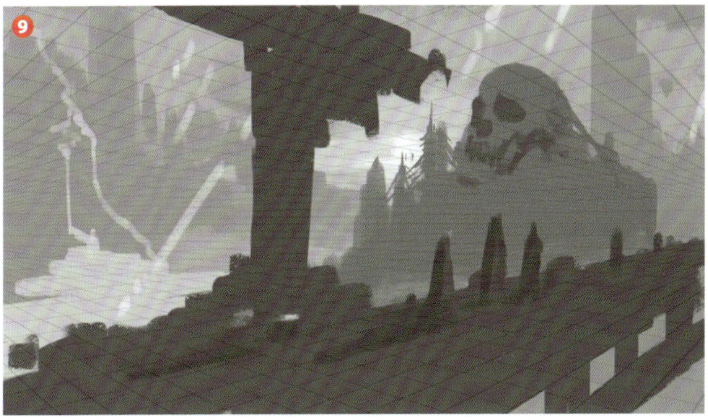

07 명암을 넣는다

원경을 그리고 나서 원경, 중경, 근경 레이어의 [투명 픽셀 잠그기]를 설정하고 에어브러시로 그림자를 그립니다❿. 키 라이트는 아래에 있는 용암의 빛입니다. 단, 이 단계에서 용암의 빛을 지나치게 의식하면 명암을 제대로 잡기 어려우니 각 요소의 입체감을 잡듯이 그립니다. 근경은 실루엣을 명확하게 하기 위해 기둥을 추가하고 아치의 일부분만 남은 형태로 변경했습니다.

10
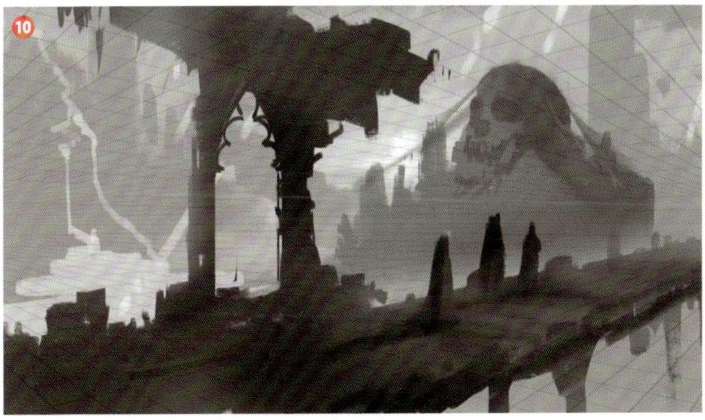

08 밑색을 칠한다

[오버레이] 모드로 새 레이어를 추가하고 에어브러시로 밑색을 칠합니다⓫. 주로 키 라이트인 용암색(빨간색~오렌지색)과 하늘의 색인 연한 파란색을 사용합니다. 다음 단계에서 사진을 대량으로 합성할 예정이므로 너무 강한 색은 쓰지 않습니다.

11
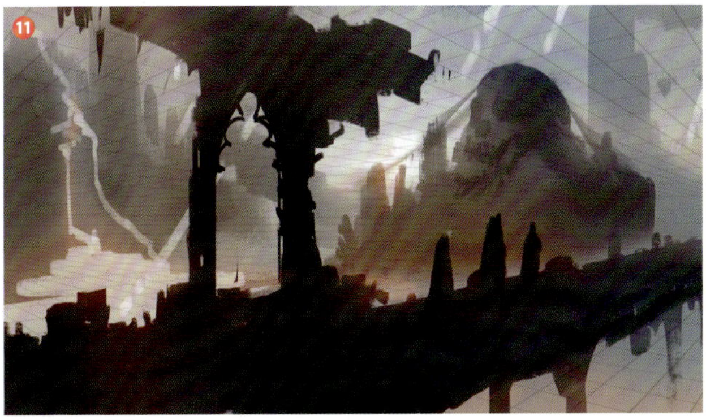

09 사진을 합성한다

원경, 중경, 근경에 각각 사진을 합성합니다⑫. 앞쪽의 통로는 너덜너덜한 이미지에 알맞게 거친 사진을 선택했습니다. 중경의 해골은 질감보다 거리감을 표현하기 위해 바위산 사진을 사용합니다.

참조 'Technique : 사진 합성'(p.38)

⑫

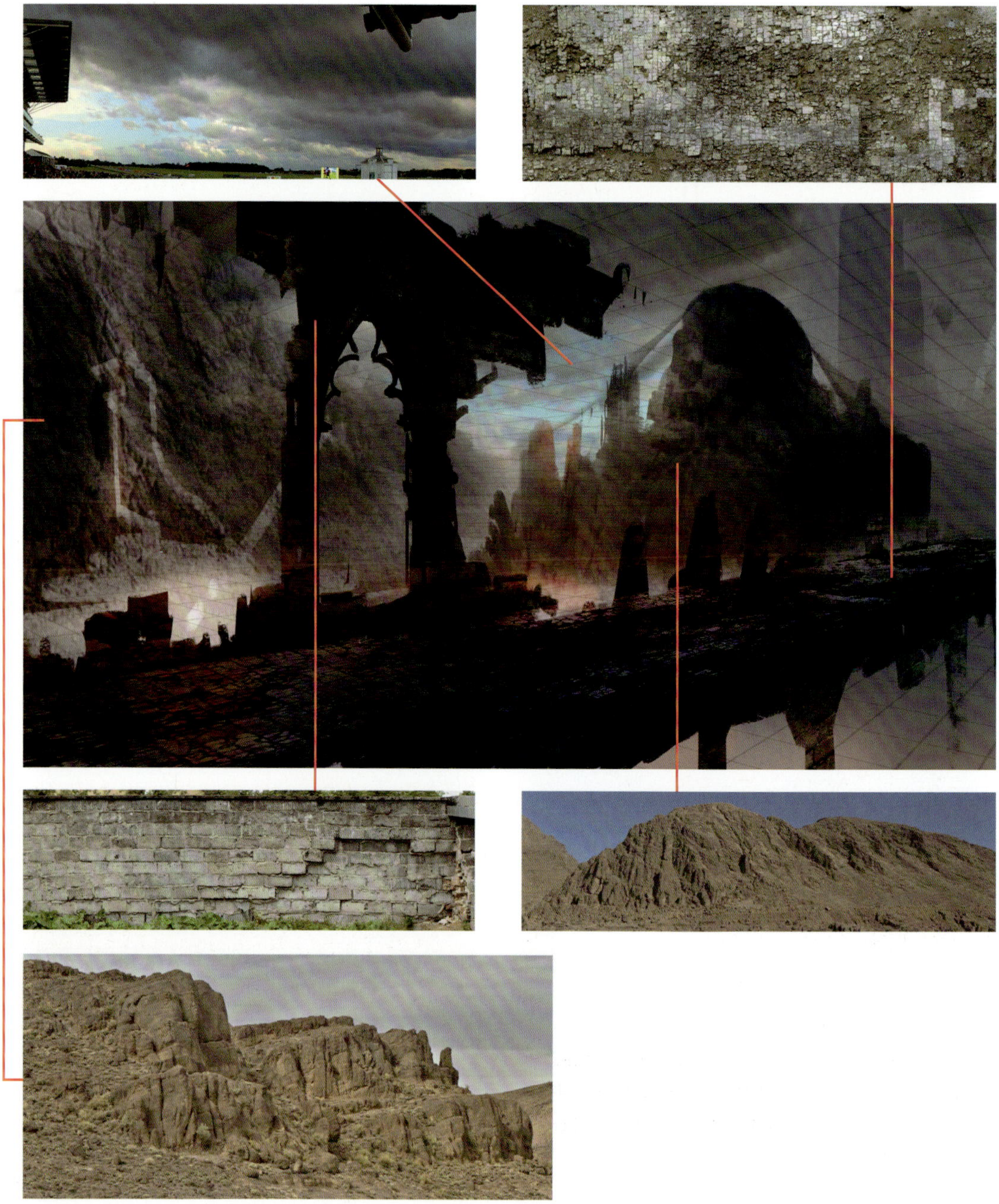

10 용암의 형태를 그린다

[선형 닷지(추가)] 모드 레이어를 만들고 에어브러시로 용암의 형태를 그립니다⑬. [색상] 창에서 ⑭ 부근의 색을 사용합니다. 용암은 지형을 따라서 흐르는 특성이 있으니 산 표면의 지형을 의식하면서 그립니다. 용암은 샴푸처럼 끈적끈적한 액체를 생각하면 그리기 쉽습니다. 아니면 묽은 밀가루 반죽이 흐르는 모습을 관찰해보세요.

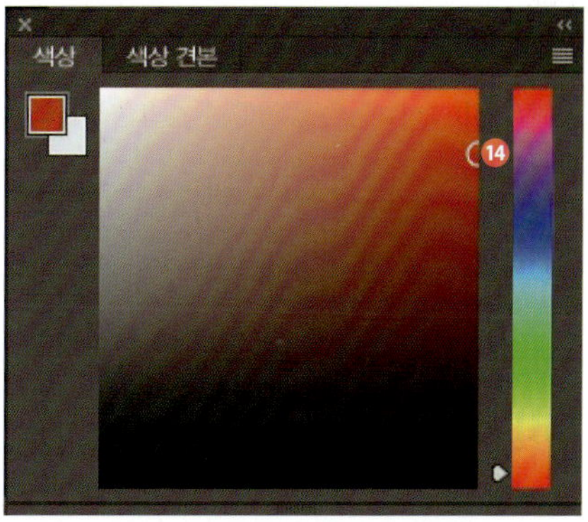

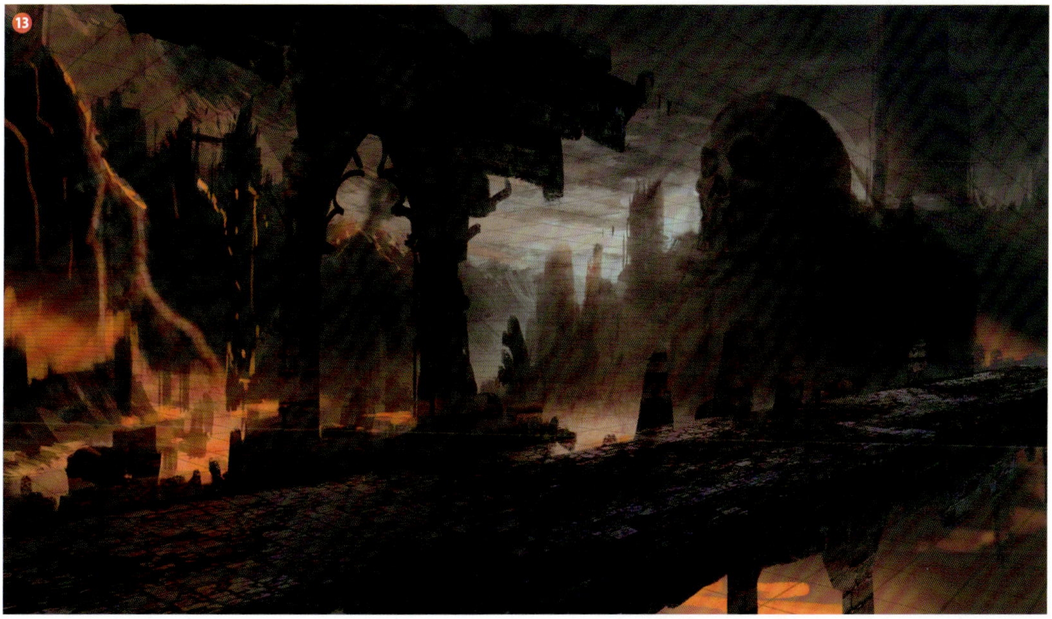

Point

용암색의 구름

용암은 밝아서 대기가 빛을 반사해 구름이 용암색으로 물듭니다. 용암의 형태를 그리면서 동시에 에어브러시로 하늘에 엷게 용암색을 올리면 리얼리티가 강해집니다⑮.

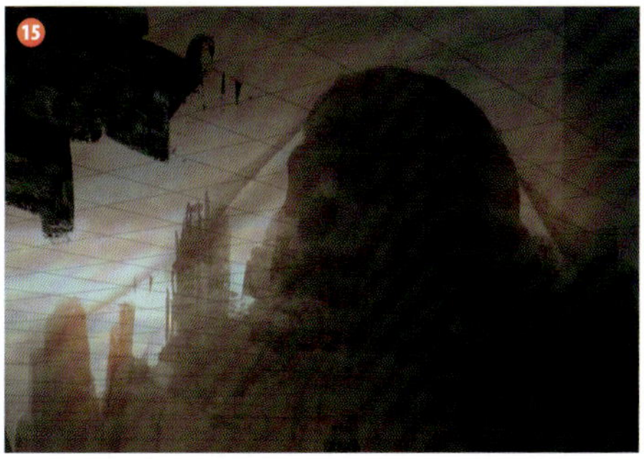

Point

용암이 돋보이도록 화면을 어둡게

용암이 돋보이도록 형태를 그리기 전 단계에서 전체의 명도를 떨어뜨립니다. 용암이 흘러내릴 정도의 화산이라면 연기가 빛을 가려서 어두워지는 현실적인 이유도 있지만 무엇보다도 어둠 속에서 용암이 선명한 빛을 띠면 멋있습니다.

11 용암에 정보량을 더한다

용암 브러시⑯(p.17)를 사용해 용암 전체에 정보량을 추가합니다⑰. 용암을 제대로 그리려면 시간이 무척 많이 걸리는데, 용암 브러시로 빠르게 정보량을 더하고 인식 그리기(p.40)로 정리합니다.

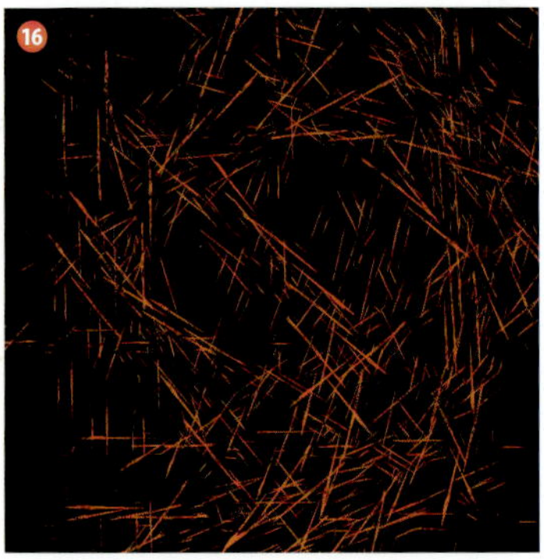

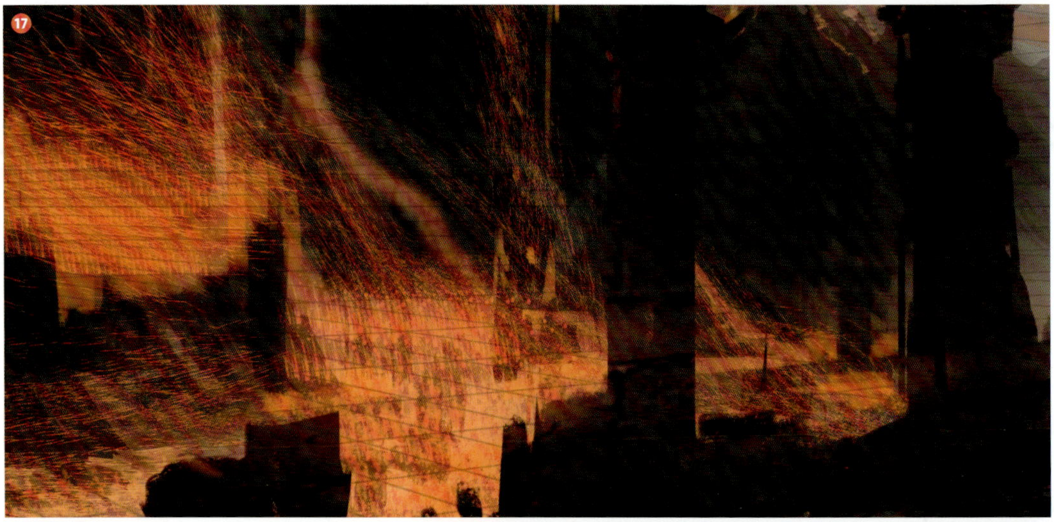

Point

경계 그리기

용암의 특징이 가장 쉽게 드러나는 부분은 용암 주변에 있는 돌과의 경계⑱입니다. 이 부분에 식어서 단단해진 용암을 그리는 것이 핵심입니다. 용암은 표면부터 굳고 내면은 오랫동안 뜨거운 상태를 유지합니다. 그래서 갈라진 틈으로 내부의 빛이 보이게⑲ 됩니다. 이 반짝이는 틈의 정보를 간단히 표현할 수 있는 것이 ⑯의 용암 브러시입니다.

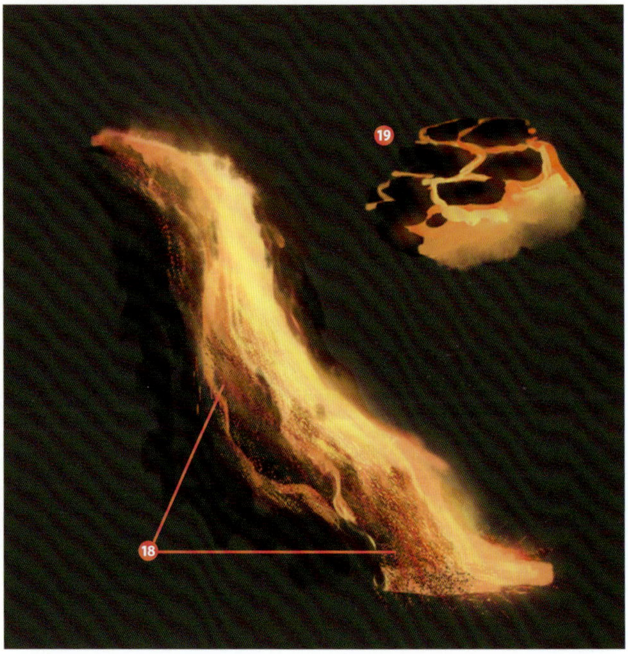

12 화산을 그린다

원경에 화산을 그립니다⑳. 화산에서 분출된 화산재의 영향으로 공기원근법의 작용이 강해져 디테일은 잘 보이지 않으므로 용암을 제대로 표현했다면 산의 세부 디자인은 생략해도 됩니다.

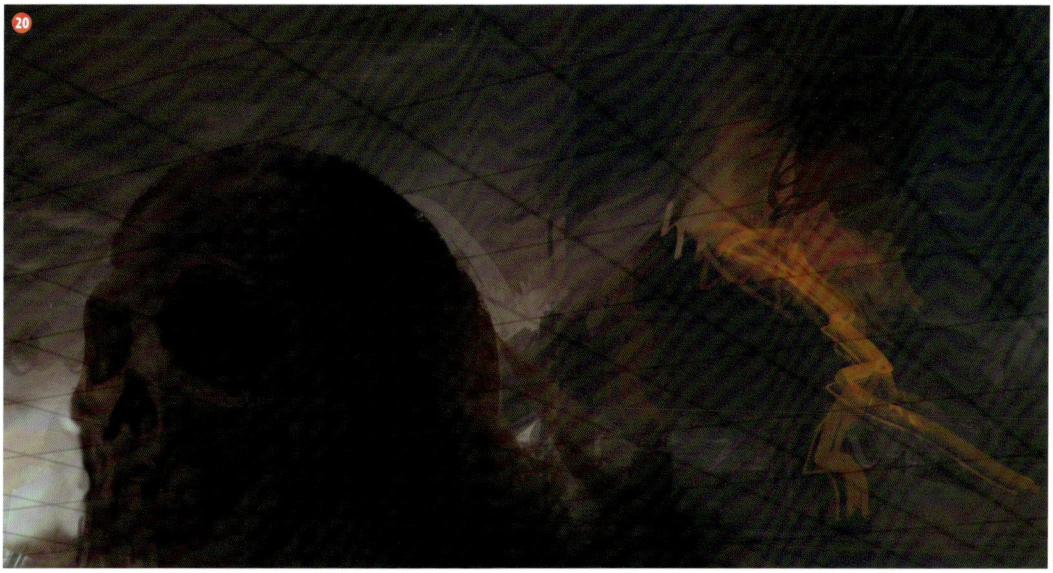

Point
화산 그리기

1. 화산재가 가득한 하늘을 그립니다. 일부러 명암에 얼룩을 더해도 좋습니다.

2. 산의 실루엣을 초크 브러시로 그리고, 작은 터치를 넣어서 산 표면의 거친 느낌을 묘사합니다.

3. 용암이 산 표면을 따라 흐르도록, 분출된 용암을 작은 줄기를 의식하면서 묘사합니다.

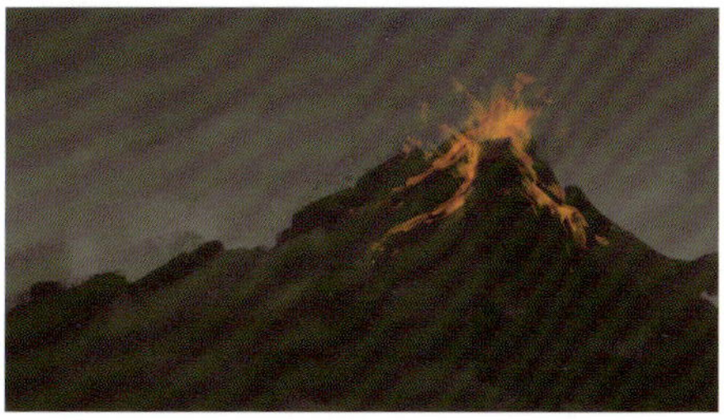

4. 초크 브러시로 화산재를 그리고, 원을 그리는 터치를 생각하면서 연기에는 용암의 반사광을 그립니다.

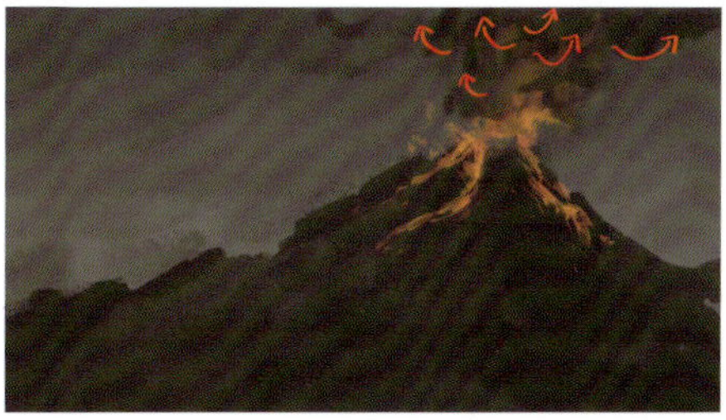

13 색을 합성한다

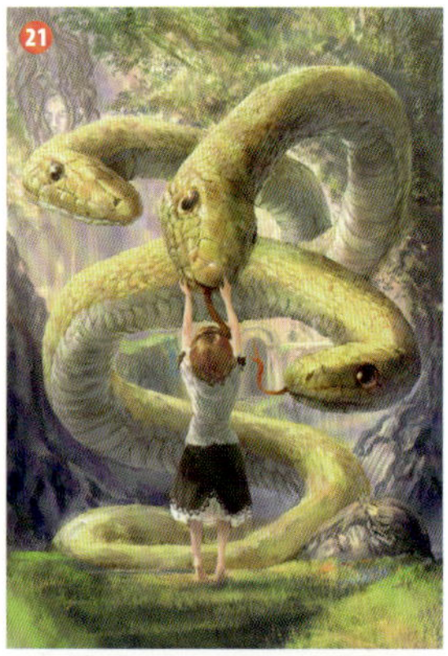

소재 일러스트㉑에 [파형] 필터를 적용한 다음 [오버레이] 모드에서 [불투명도 : 90%]로 설정하고 합성합니다㉒㉓. 이 일러스트를 합성하는 데 쓰는 이유는 꿈틀거리는 뱀의 실루엣과 [파형] 필터를 조합해 원경의 파도 무늬㉔를 묘사하기 위해서입니다. 출렁이는 파도 무늬는 기분 나쁜 느낌을 표현하는 요소이기도 한데 다크한 분위기와 궁합이 좋습니다. 다음 단계에서는 이 파도 무늬를 바탕으로 사용해 묘사를 더합니다.

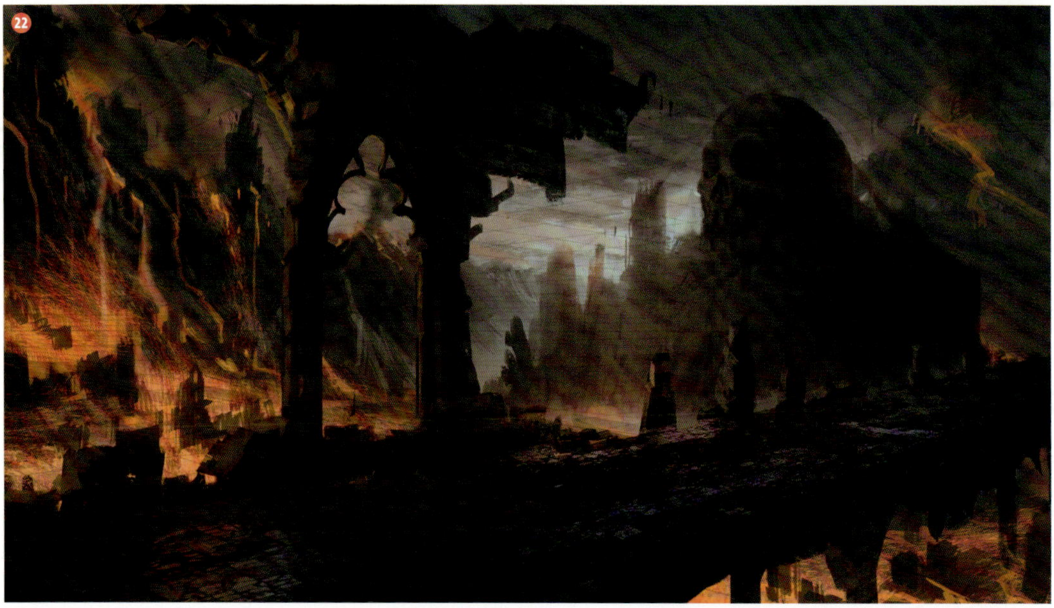

합성 전

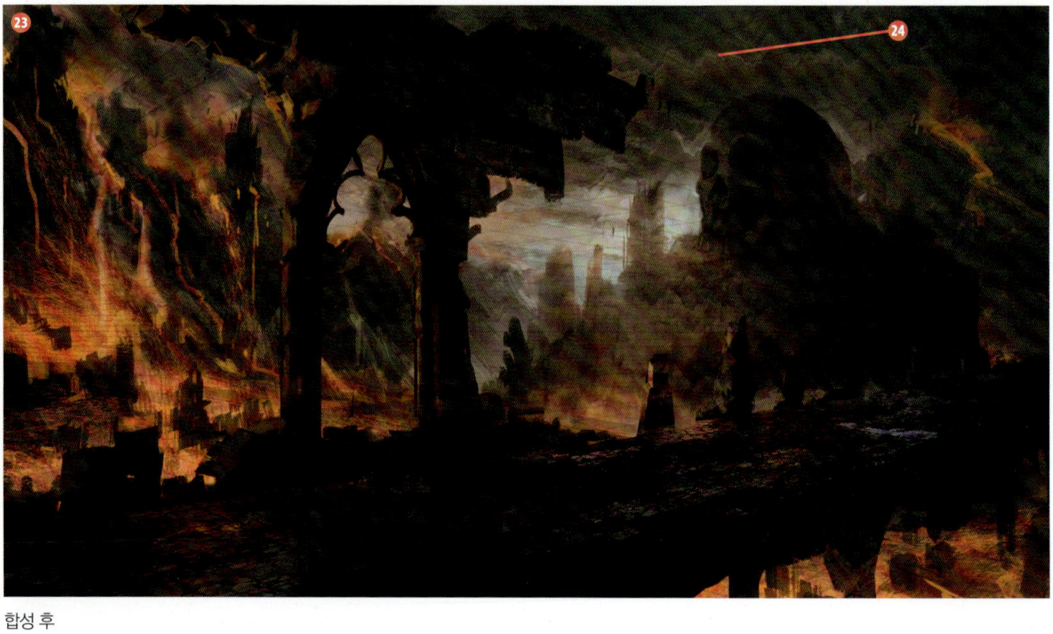

합성 후

14 글레어를 그린다

[선형 닷지(추가)] 모드 레이어를 추가하고 에어브러시로 글레어를 그립니다㉕. 글레어는 앞쪽의 용암과 중앙의 하늘에 넣습니다. 용암은 특히 글레어와 상성이 좋습니다. 용암의 글레어는 단순한 눈부심뿐 아니라 발산하는 열기도 표현할 수 있습니다.

참조 'Technique : 빛 그리기'(p.56)

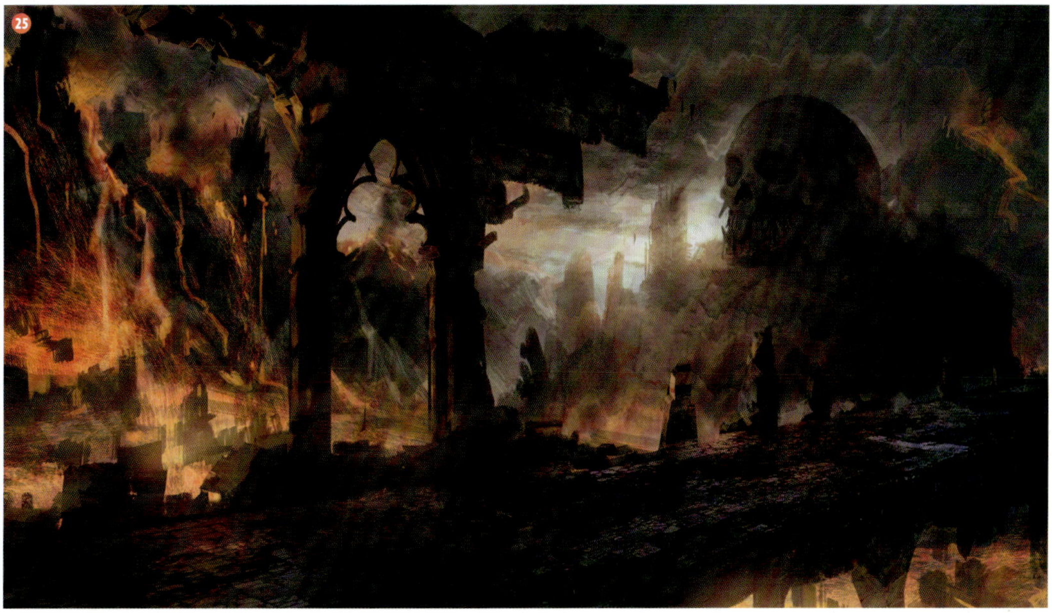

15 쐐기를 그린다

초크 브러시를 사용해 해골 주위에 쐐기를 그립니다㉖.

솔직히 거대한 해골을 그린다고만 생각했습니다. 해골 주위에 언덕을 배치하려고 했지만 해골만 덩그러니 있으면 세계관이 깊어질 수 없습니다. 그래서 해골 주위의 분위기를 표현하기 위해 설정을 추가했습니다. '이 해골은 미친 왕이 다른 세계에서 불러온 마물. 사람들이 어떻게든 봉인했지만 도시는 멸망했다'는 내용입니다. 이 '봉인'을 표현하려고 쐐기를 많이 그려 넣었습니다.

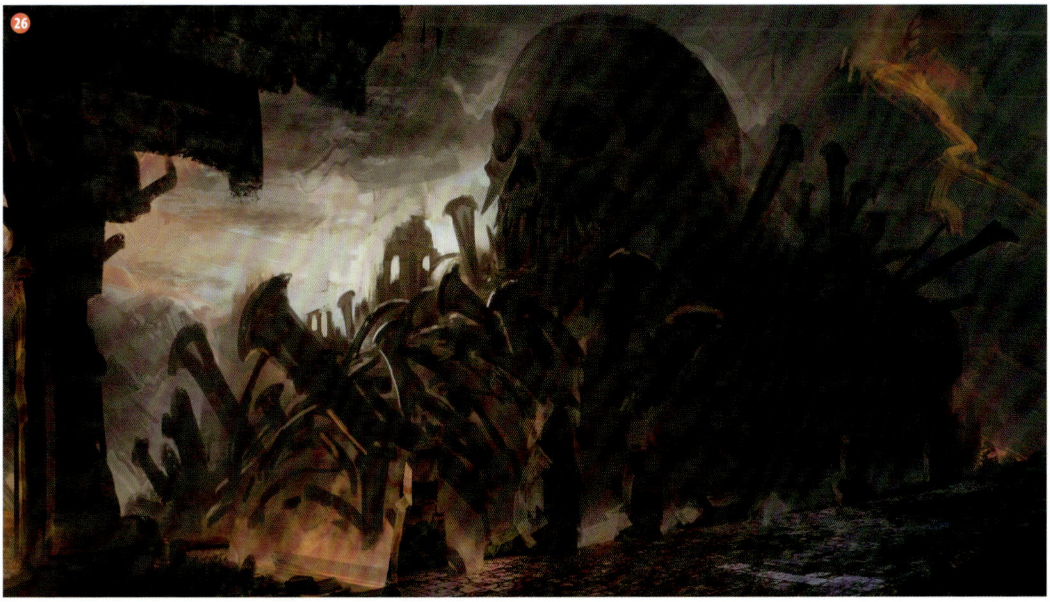

16 몸을 그린다

쐐기가 언덕 가득 꽂혀 있지만 설득력을 강화하기 위해 이쪽 세계로 소환되어 몸을 재구성하는 도중에 봉인되었다는 설정입니다. 이 언덕은 보통의 언덕이 아니라 마물(魔物)의 몸 일부입니다.

언덕에 규칙적으로 근육을 그리고 갈비뼈를 표현합니다㉗. 완전한 뼈라기보다는 극단적으로 말라서 뼈가 도드라진 것처럼 보입니다.
뼈는 죽음의 이미지가 강하지만 생명력은 부족해서 피부나 살이 들러붙어 있으면 강한 불쾌감을 줍니다.

㉗

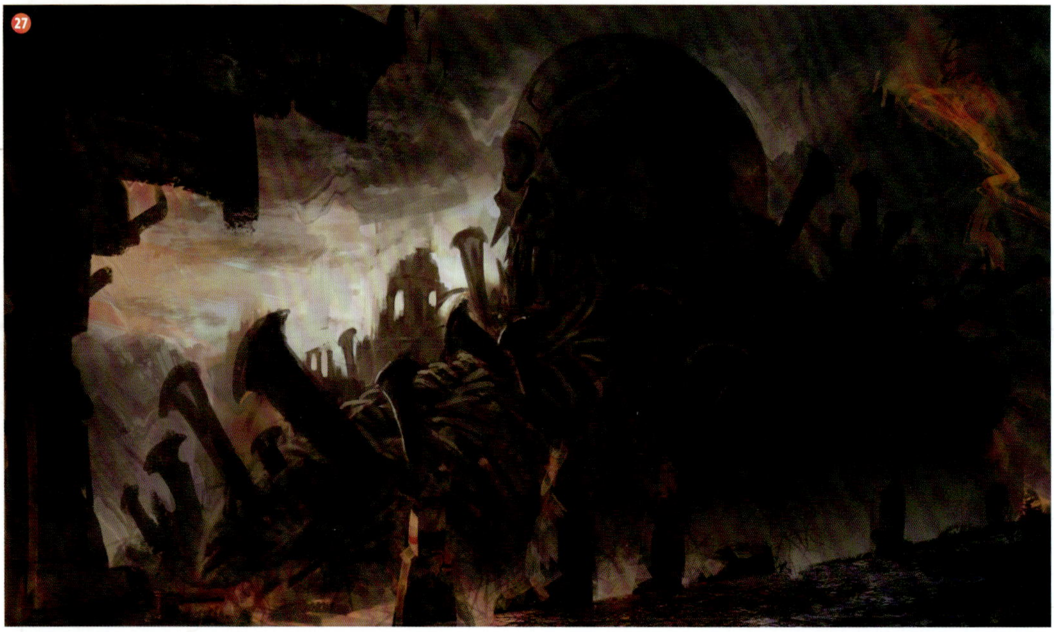

Point

곡선 패턴

곡선을 나열한 패턴은 갈비뼈나 등뼈, 곤충의 다리 등 생물을 연상시킵니다㉘. 처음부터 생물 느낌의 디자인을 생각하고 사용하는 것은 상관없지만, 무작정 패턴을 쓰면 의도하지 않게 기분 나쁜 인상을 줄 수도 있습니다. 장면을 잘 골라서 써야 합니다.

㉘

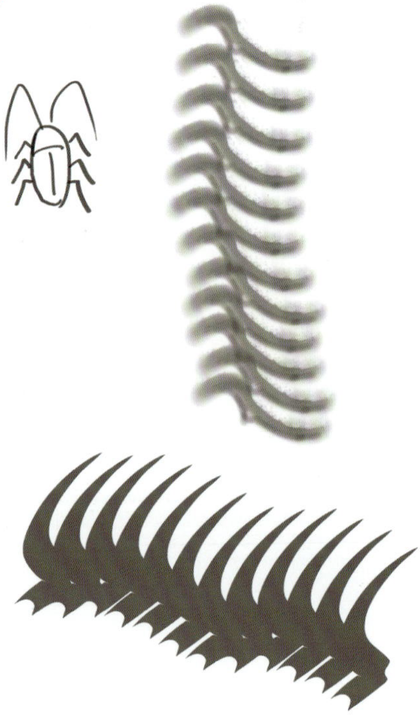

17 해골을 디자인한다

에어브러시와 수채 브러시(p.16)로 해골 표면에 점토를 만지는 느낌으로 요철을 그립니다29. 에어브러시로 형태를 그리고 수채 브러시로 정리합니다30.

30

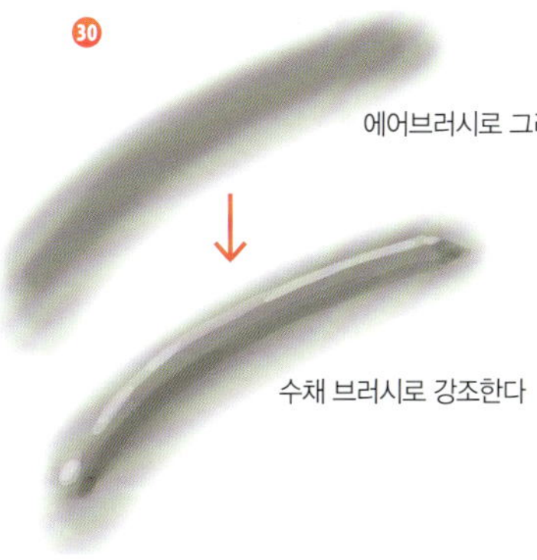

표면의 요철은 노인의 주름, 혈관, 근육을 생각하면서 디자인했습니다. 이런 줄기는 분노나 고통으로 일그러진 표정에도 나타나며 위협적인 느낌이 강해집니다. 실루엣이 여전히 부족해 보여 후두부에 쐐기를 추가했습니다31.

Point

수채 브러시로 정보량 더하기

수채 브러시란 [젖은 가장자리] 옵션을 설정한 브러시입니다. 젖은 가장자리는 수채화의 경계를 뜻하며 브러시의 가장자리가 선명해집니다32. 저는 이 브러시를 수채가 아니라 묘사의 정보량을 늘리는 데 사용합니다.

32

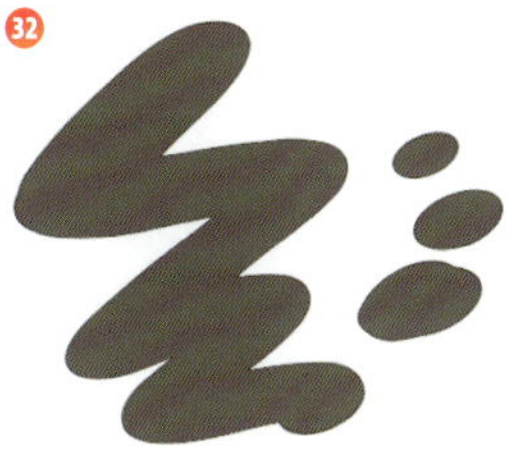

수채 브러시

29

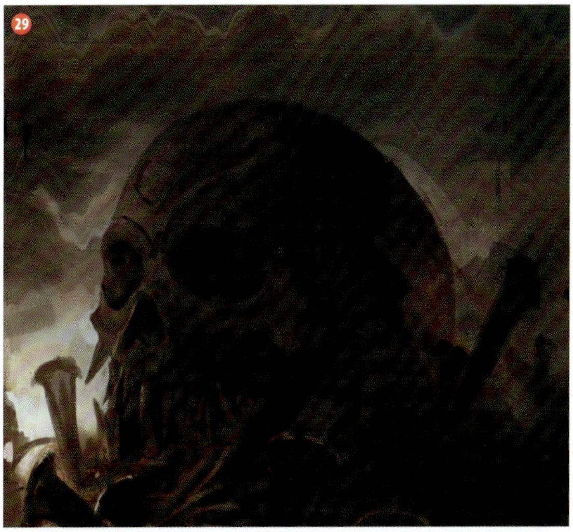

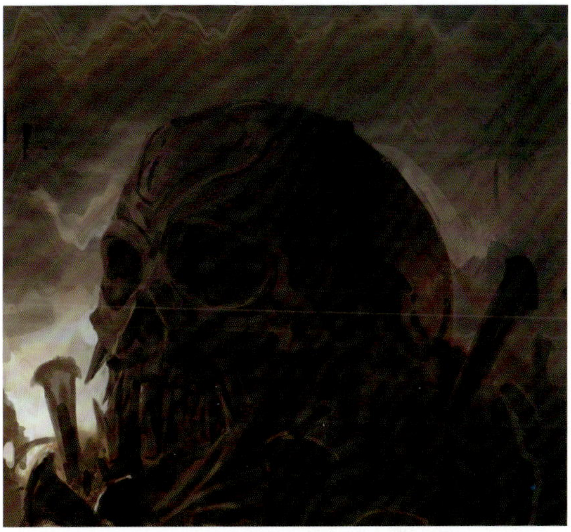

31

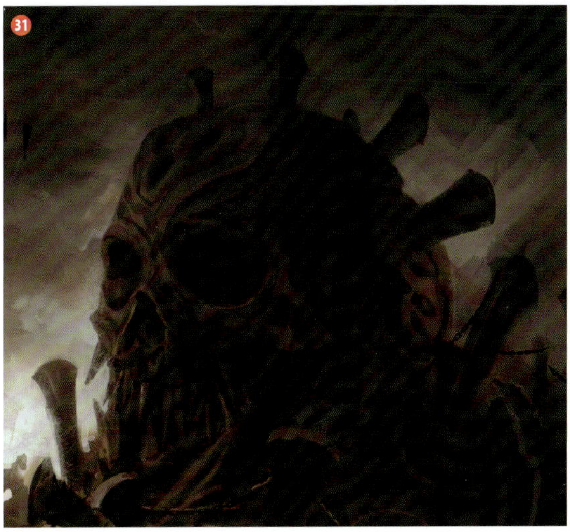

9 작열하는 폐허 도시

18 인물을 그린다

근경의 기둥 크기가 애매해서 통로에 인물을 그립니다. 4인 파티의 모험자들로 왼쪽부터 마법사, 핼버드 전사, 검사, 도둑입니다. 검은색 실루엣부터 그리고33, 인물 너머로 보이는 용암을 강조한 다음 실루엣에 반사를 표현합니다34.

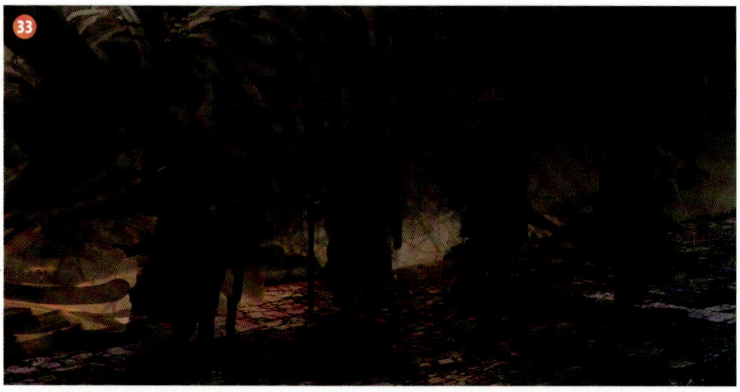

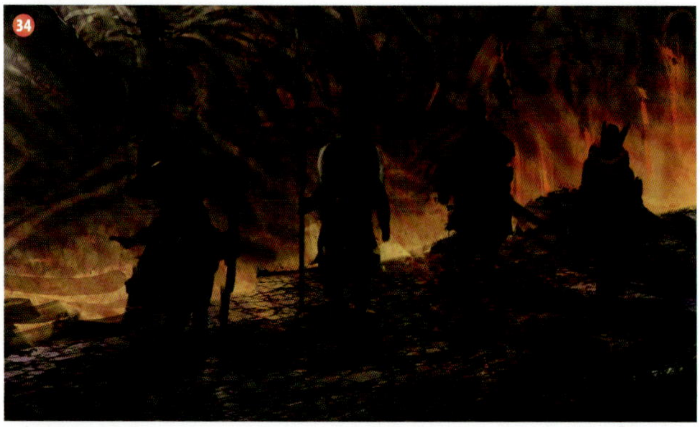

Point

한 사람 강조하기

인물이 배경의 구성 요소에 해당한다면, 여러 명이 등장할 때는 전원을 강조하기보다는 한 명만 돋보이도록 해야 인상에 남습니다. 이번에는 핼버드 전사를 유난히 눈에 띄도록 묘사했습니다. 구체적으로 갑옷과 무기의 금속 부분에 하이라이트를 넣었더니35 빛을 강하게 반사해 반짝이는 모습입니다.

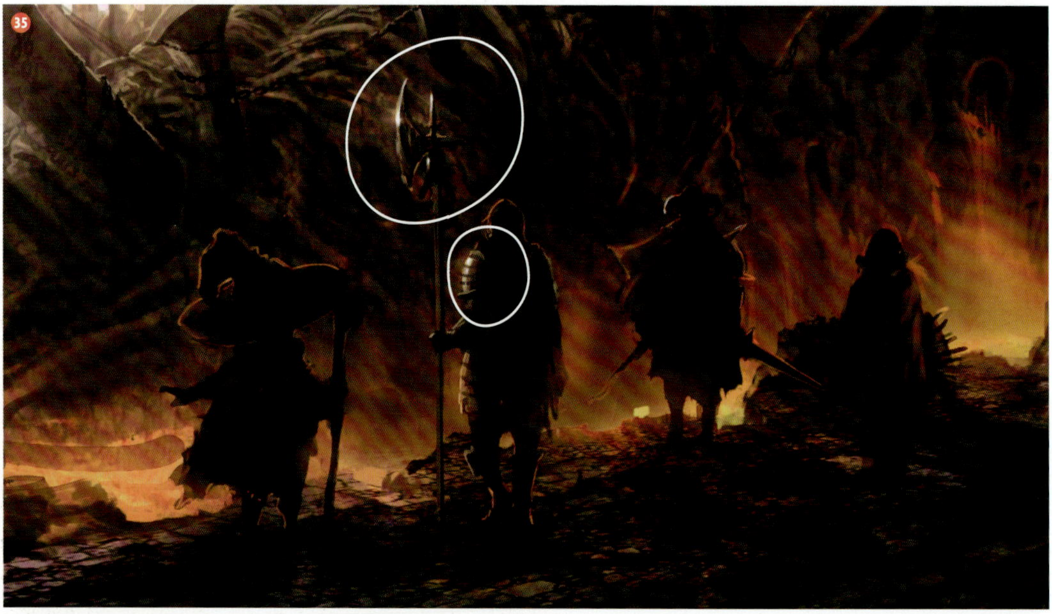

19 새를 그린다

해골 주위에 새를 그립니다(36). 세계관에 어울리도록 날개에 마디를 넣고 몸통을 길게 해 몬스터처럼 그렸습니다(37). 빛의 중심에 있는 새의 실루엣은 글레어의 영향으로 선명하지 않으므로 흐릿하게 그려야 빛을 표현하기 쉽습니다.

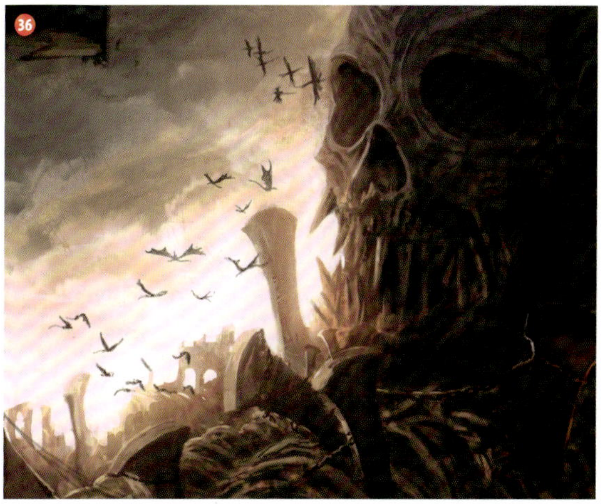
36

Point
새의 역할

Scene 9에서는 세계관을 표현하고 음침한 인상을 더하여 그림의 악센트가 되도록 해골 주위에 새의 실루엣을 그렸습니다. **Scene 8**의 새(p.163)는 시선을 유도하고 그림에 화려함을 더하는 요소로 그렸습니다. 이처럼 새를 이용하는 방법은 다양합니다. 목적에 알맞게 배치합니다.

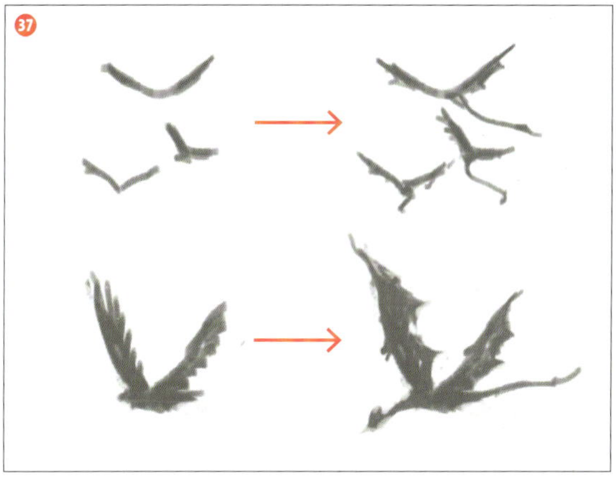
37

20 용암과 원경에 글레어를 그리고 완성한다

에어브러시로 글레어를 그리고 완성합니다. 색은 [스포이드] 도구로 추출해서 사용하고 (38)의 해골과 용암처럼 눈에 띄는 부분에 터치를 약간 넣으면 포인트가 됩니다. 맨 앞쪽의 용암에는 강한 터치를 넣어 열기가 느껴지도록 합니다.

다시 전체를 확인한 다음 거친 부분을 정리하고 부족한 부분에는 묘사를 더해 마무리합니다(39).

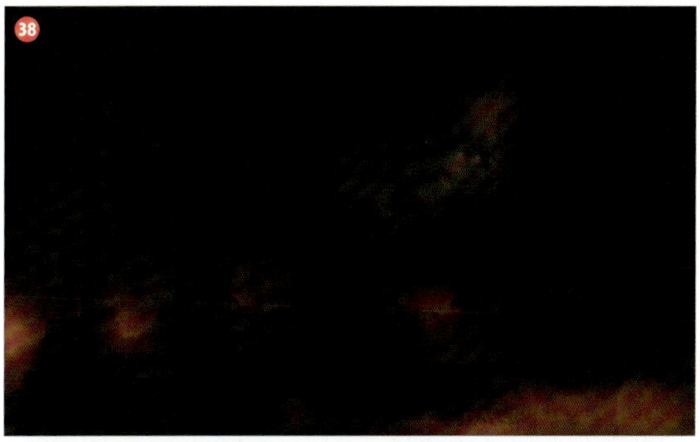
38

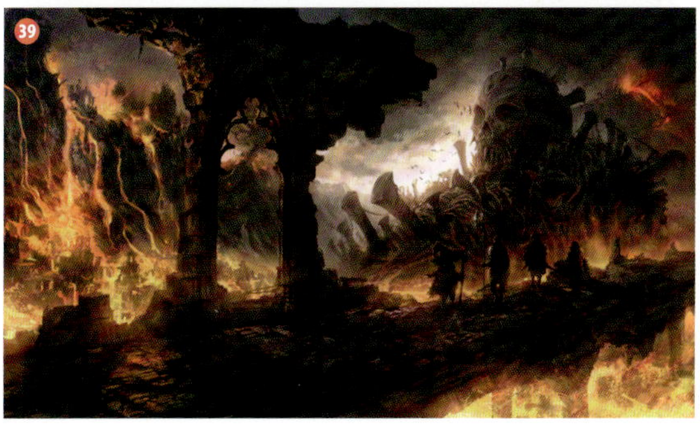
39

Technique

산 그리기

원경의 산을 빠르게 그리는 방법을 소개합니다. 그림자를 어떻게 그리느냐가 핵심입니다.

간단하게 산 그리기

01 ● 하늘을 그린다

구름을 그려서 산의 실루엣이 잘 드러나도록 하고, 초크 브러시로 하늘을 그립니다❶❷. 산등성이가 겹치는 부분에 구름을 많이 배치합니다.

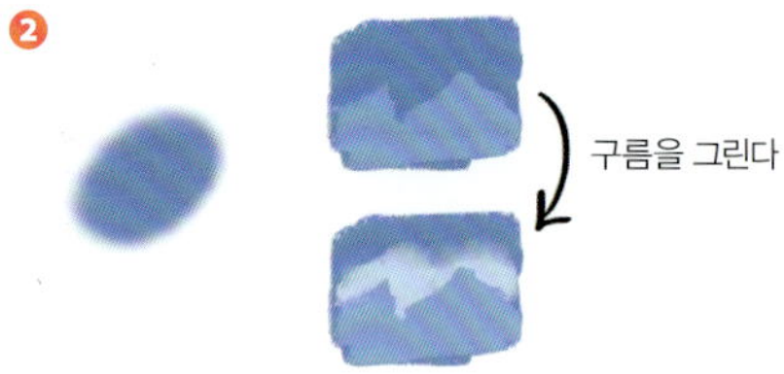

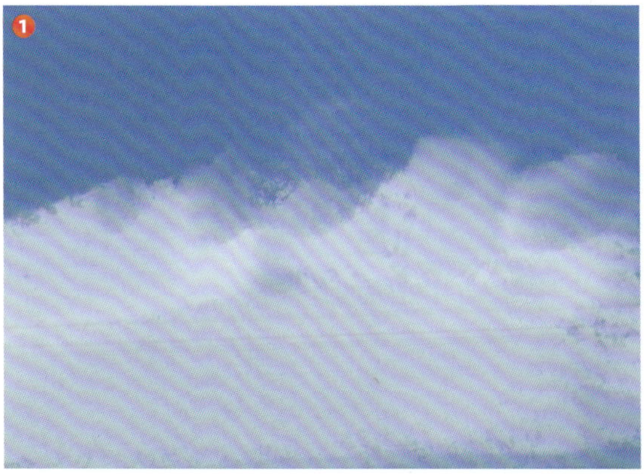

02 ● 실루엣을 그린다

[올가미] 도구를 사용해 실루엣의 형태를 선택 범위로 지정하고 [페인트 통] 도구로 회색을 채웁니다❸. 회색은 하늘색과 비교해 위화감이 없을 정도의 밝기가 좋습니다. 산의 실루엣에서 중요한 것은 산의 크기를 달리해서 나열하는 것입니다❹. 반드시 크기에 변화가 있어야 합니다.

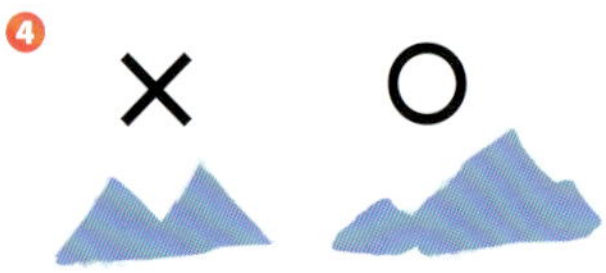

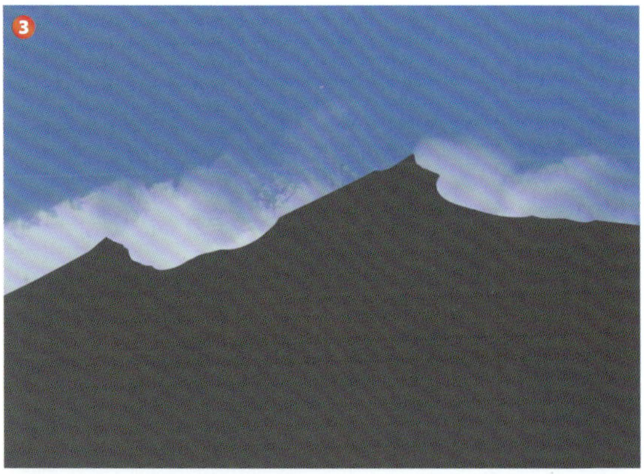

03 ● 그림자를 그린다

가장 중요한 단계입니다. 초크 브러시로 그림자를 그립니다❺. 왼쪽 위에 있는 광원의 영향을 받거나 산이 햇빛을 가로막아 이어진 선에 그늘이 지기도 합니다❻. 요령은 '〈' 형태로 붓을 움직이는 것입니다.

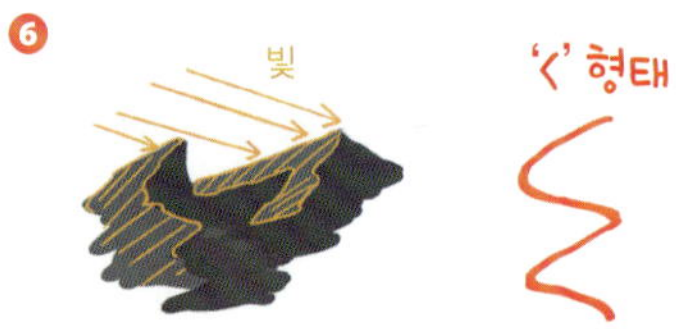

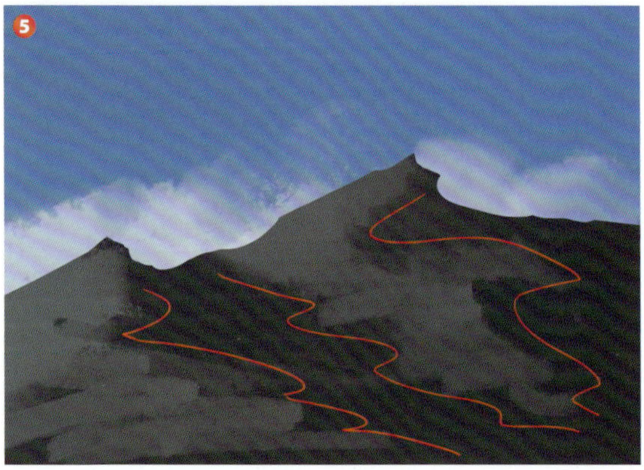

04 ● 그림자를 상세하게 묘사한다

*03*에서 그린 그림자를 상세하게 묘사합니다❼. 그림자 속의 그림자나 하이라이트를 그리고 정보량을 늘립니다❽. 산 표면의 작은 요철을 떠올려보세요.

❽

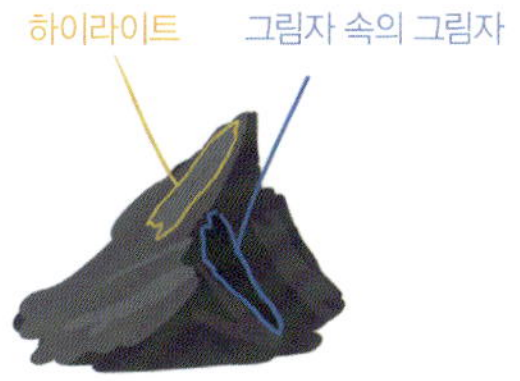

❼

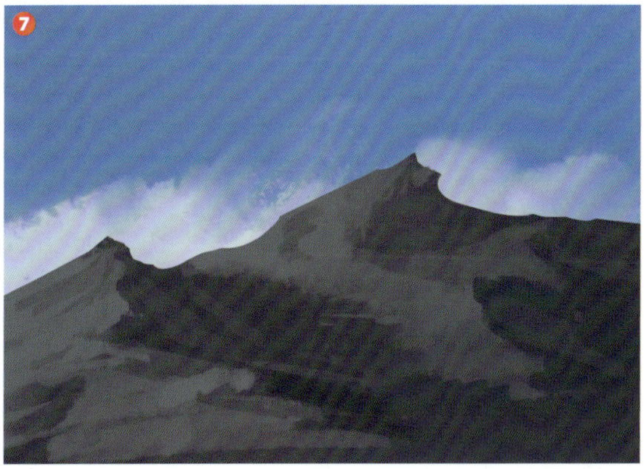

05 ● 색을 올린다

[오버레이] 모드 레이어를 추가하고 색을 칠합니다❾. 이번에는 녹색이 기본이지만 색은 상황에 맞게 변경합니다. 그림자에는 반드시 하늘색을 약간 올립니다❿.

❾

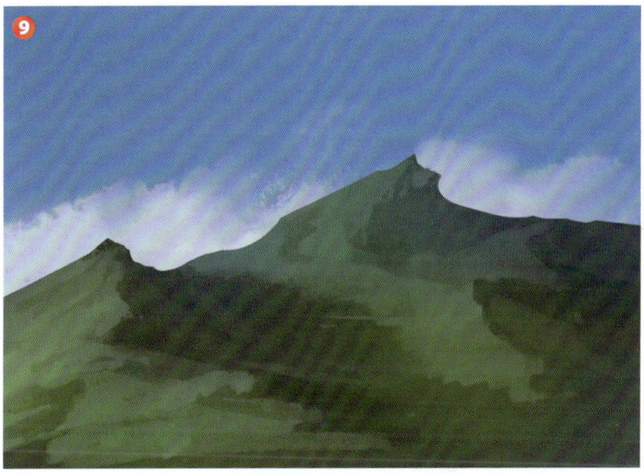

❿

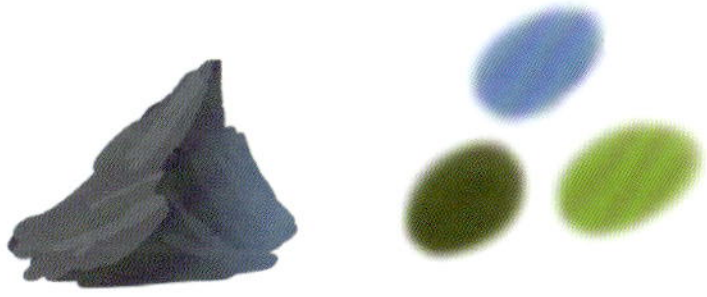

06 ● 터치를 넣는다

초크 브러시를 사용해 산 표면을 따라서 터치를 넣습니다⓫. 그림자의 경계와 산 정상 부근에 터치를 넣으면 가장 효과적입니다⓬.

⓫

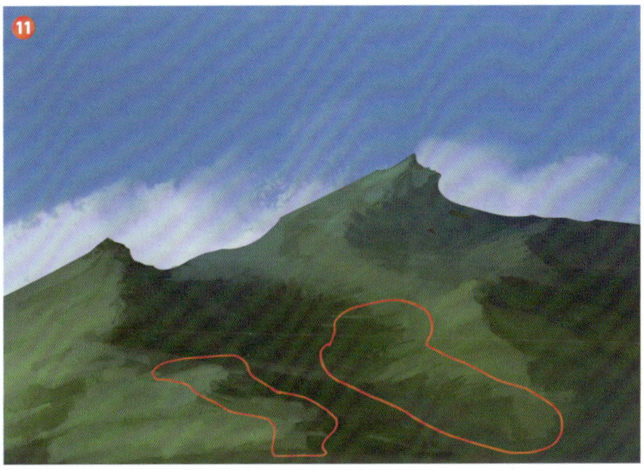

⓬

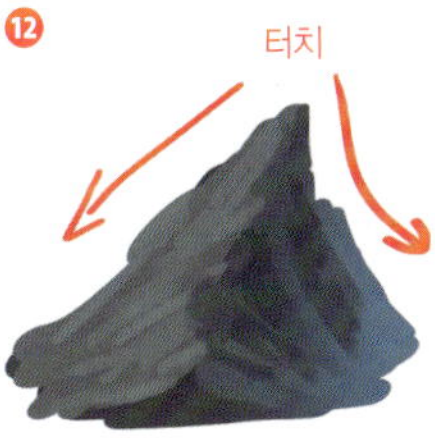

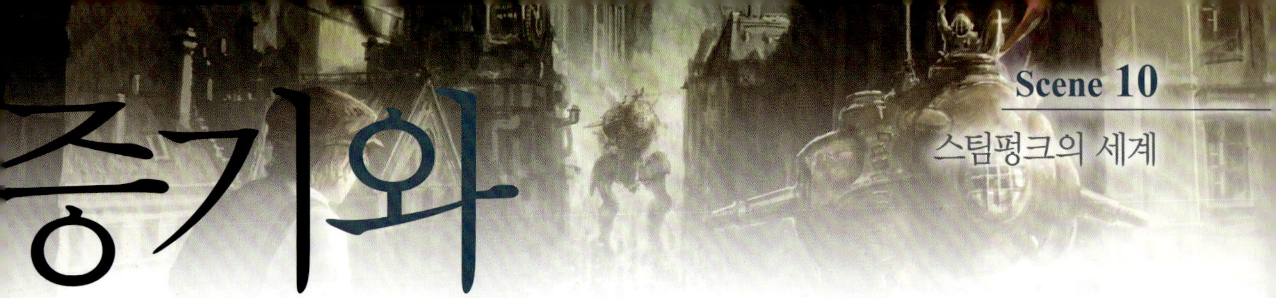

Scene 10

스팀펑크의 세계

증기와 기계의 도시

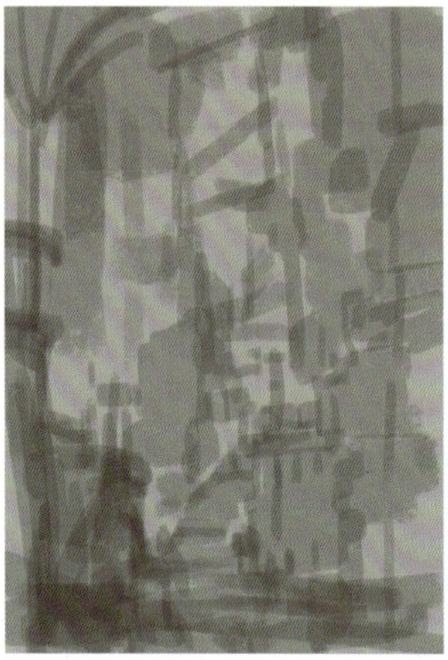

❶ 러프

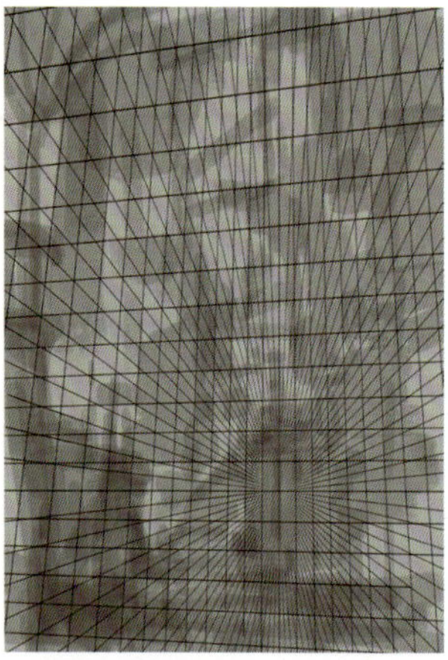

❷ 투시가이드 배치

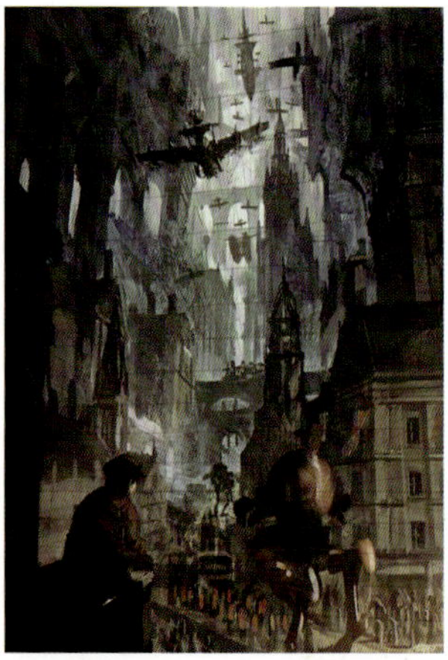

❸ 언샵 마스크

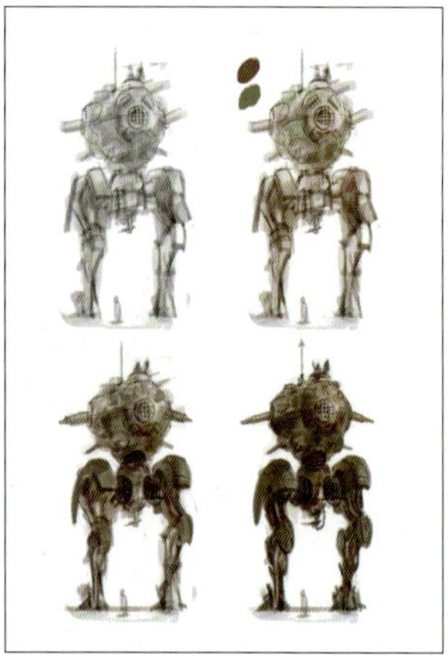

❹ 메카닉 디자인

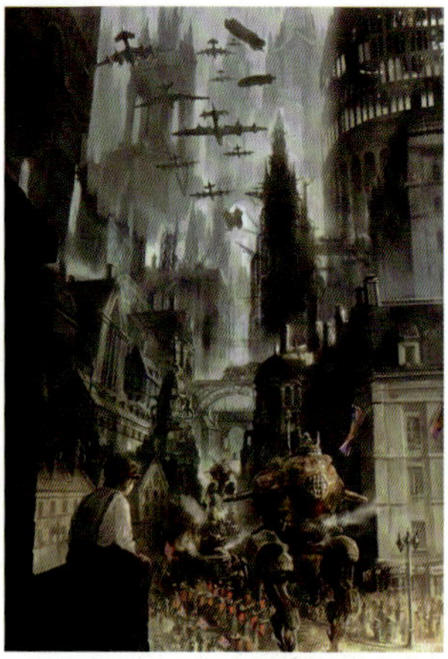

❺ 원경 그리기

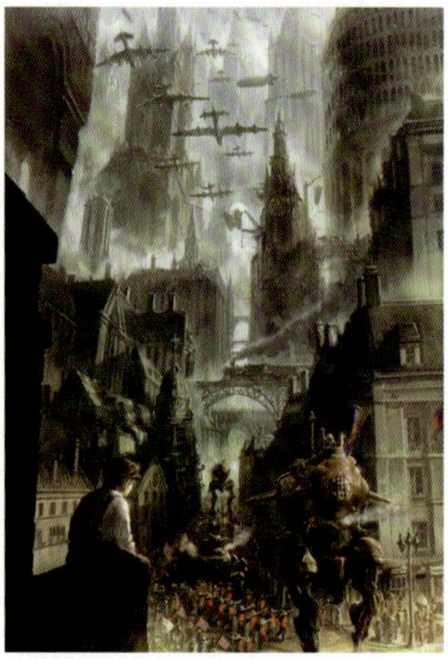

❻ 빛 그리기

이번에는 스팀펑크의 세계관 설정과 표현법, 특유의 디자인을 설명합니다. 스팀펑크는 기계 세계라고도 할 수 있습니다. '판타지인데 기계?'라고 생각할 분이 많겠지만 검이나 마법뿐 아니라 기계 문명과 섞인 독특한 세계관이 인기가 많습니다. 그림에서도 검이나 마법만 있는 것보다 기계가 있으면 조합이 다양해집니다. 지금까지 자연물, 건물을 설명했지만 나중에 기계까지 그릴 수 있으면 어떤 판타지 세계도 표현할 수 있습니다.

2425×3445픽셀

약 8시간

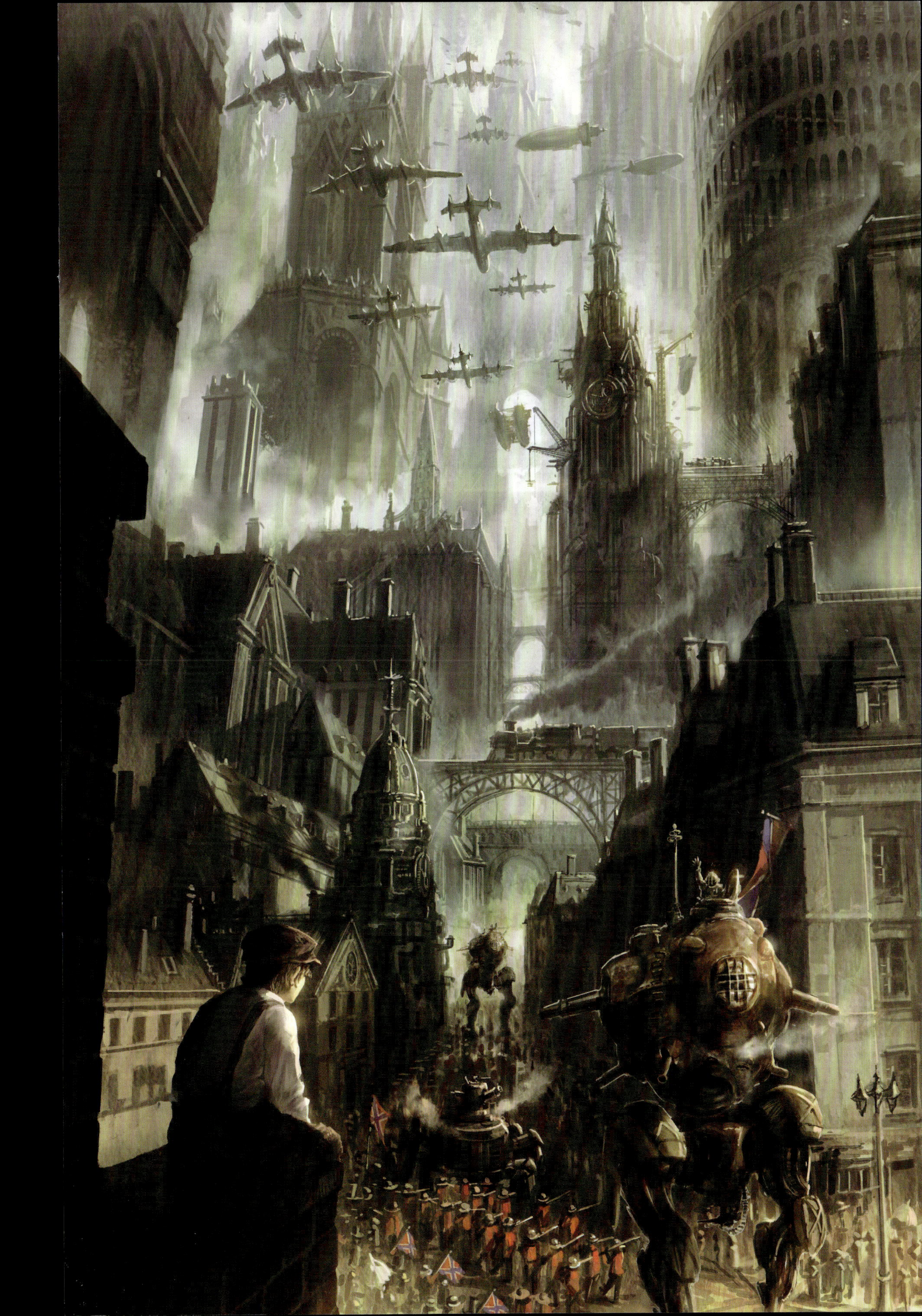

Making

제작 과정

01 러프를 그린다

초크 브러시(p.16)를 [불투명도 : 30%]로 설정하고 러프를 그립니다❶. 스팀펑크는 어수선한 배치가 많아 불투명도가 낮은 브러시로 덧칠하는 방식의 러프와 상성이 좋습니다. 세로 방향의 캔버스를 전부 활용하려고 높은 건물이 들어선 장면을 그리기로 했습니다.

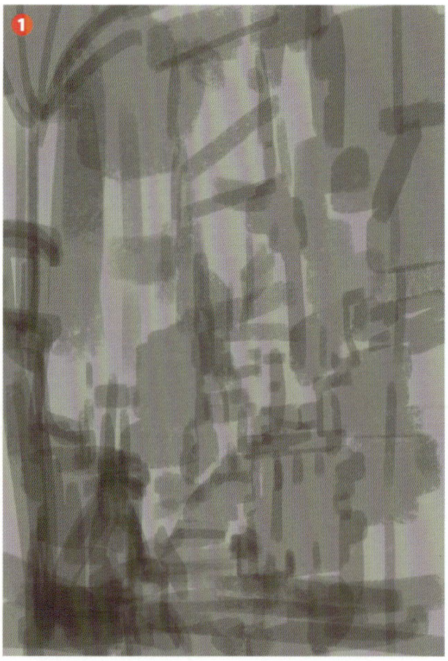

02 투시가이드를 그린다

세로 방향의 깊이감을 표현하기 위해 3점 투시도법을 씁니다. 투시 브러시(p.16)로 3개의 투시가이드를 만들고 변형합니다❷. 그림을 보는 사람이 등장인물에게 감정을 이입하기 쉽도록 인물의 시선이 향하는 지점에 메인 소실점을 설정합니다❸.

참조 'Technique : 투시가이드 그리기'(p.116)

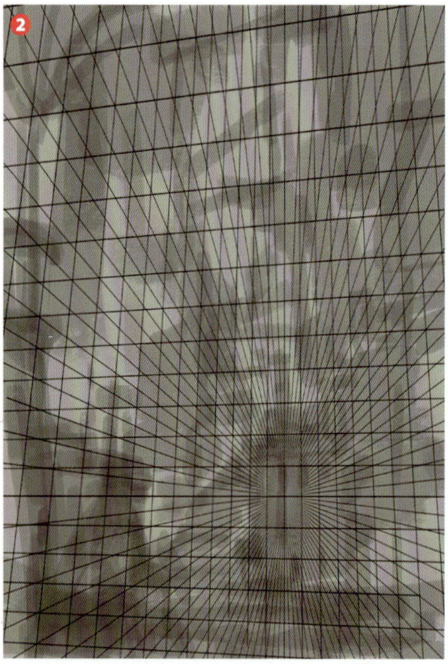

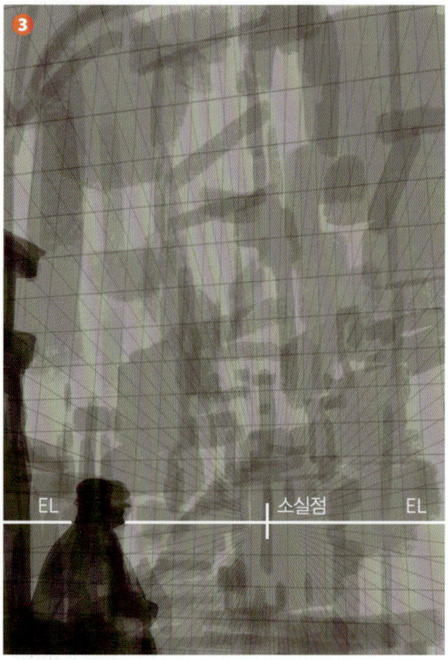

Point
시선에 일치시키기

그림의 눈높이(EL)를 인물의 시선에 일치시키면 보는 사람이 감정을 이입하기 쉽습니다. ❹처럼 인물 바로 뒤에서 카메라로 촬영한다는 느낌입니다. 인물의 시선과 그림의 눈높이가 같은 그림은, 등장인물의 '시선'을 느낄 수 있어서 그림 속의 등장인물이 된 듯한 착각을 불러일으킵니다.

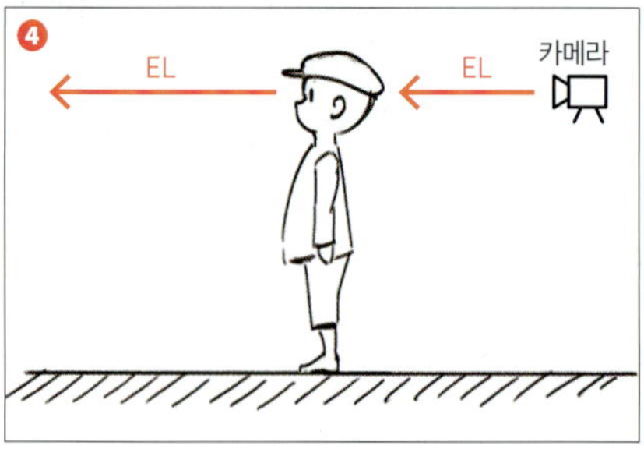

03 기계의 실루엣을 그린다

새 레이어를 만들고 초크 브러시를 사용해 비행기와 보행 전차의 실루엣을 그립니다❺. 나중에 별도로 디자인 작업을 해야 하니 정밀하게 그리지 않아도 됩니다. 보행 전차, 비행기를 근경과 원경에 배치해 크기 차이를 비교할 수 있도록 합니다.

Memo 스팀펑크와 산업혁명

스팀펑크에서는 증기 기관이 핵심 아이템이지만 단순한 증기 기관뿐 아니라 산업혁명에서 2차 세계대전에 이르는 과정에 나타난 복고풍 병기가 원형일 때가 많습니다. 특히 산업혁명 시기 영국의 길거리나 분위기 등에 영향을 강하게 받았으므로 이 시기의 자료를 참고합니다. 기계 관련 자료는 시험 제작 병기나 독특한 곡선을 사용한 소련제 병기 등이 참고할 만합니다.

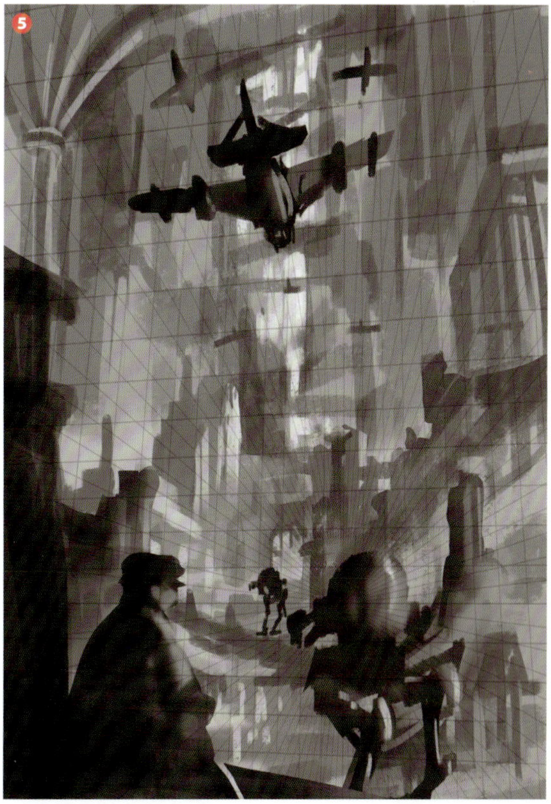

04 밑색을 칠한다

고철 사진❻을 [오버레이] 모드로 설정하고 그림 전체에 합성합니다.

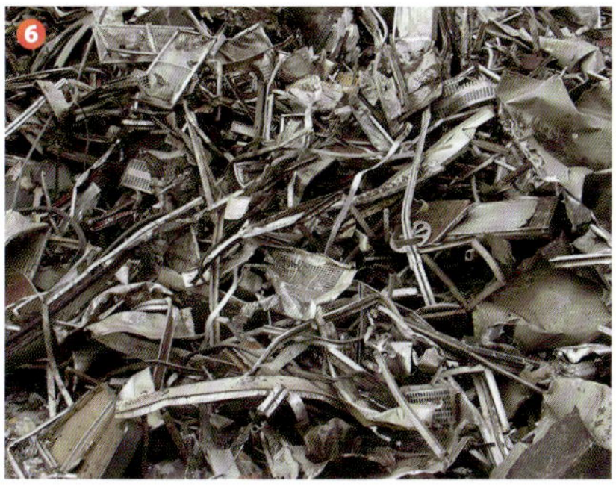

[오버레이] 모드 레이어를 하나 더 만들고 에어브러시(p.16)로 색을 칠합니다. 근경은 석양의 이미지가 강한 오렌지색, 중경과 원경의 그림자는 파란색, 원경의 증기는 녹색을 씁니다❼. 스팀펑크에서는 노란색과 갈색을 많이 쓰지만, 채도가 낮은 파란색이나 녹색을 섞으면 색감이 다양해집니다. 파란색은 쓸쓸함과 퇴폐적인 분위기를, 녹색은 대기의 오염 등을 표현합니다.

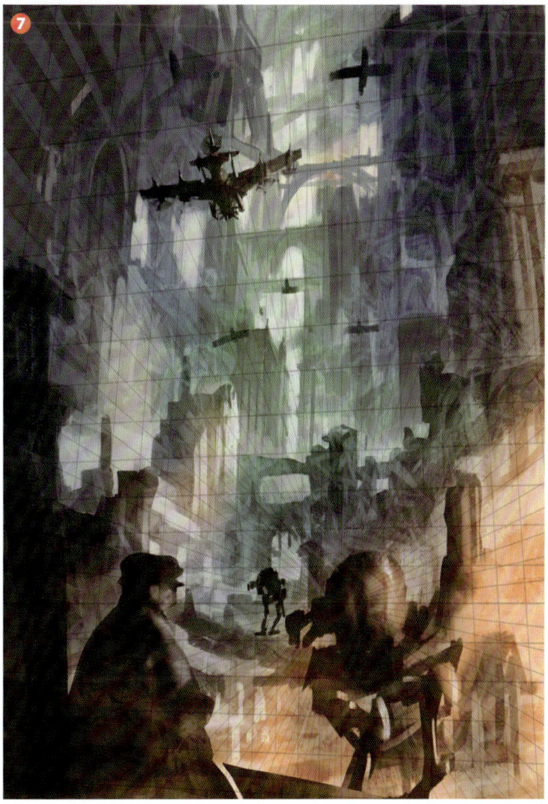

05 근경을 그린다

초크 브러시를 [불투명도 : 80%]로 설정하고 근경부터 이미지를 잡아나갑니다❽. [스포이드] 도구로 캔버스에서 추출한 색을 사용해, 주로 영국의 오래된 건물을 참고로 디자인했습니다. 여기서도 중요한 것은 밝음과 어둠이 겹치는 부분입니다. 밝은 부분 앞에는 어두운 사물을, 어두운 사물 앞에는 밝은 사물을 배치해 대비의 차이를 표현하면 거리감이 생깁니다.

06 군중을 그린다

근경의 도로에 군중과 군대를 추가합니다❾. 처음에는 스팀펑크 병기를 그리고 싶었지만 그것만으로는 설득력이 부족하다고 생각했습니다. 그래서 참전을 앞두고 퍼레이드를 한다는 설정을 추가했습니다. 군중을 추가하면 병기의 크기가 더 확실하게 전달됩니다.

Point

군중 그리기

브러시의 터치로 군중 그리는 방법을 소개합니다❿.

1. 어두운색을 선택하고 초크 브러시를 세로 방향으로 움직여서 브러시의 터치로 사람의 그림자를 그립니다.
2. 사람의 머리나 어깨는 빛에 노출된 상태를 생각하면서 짧은 터치로 강한 하이라이트를 넣습니다.
3. 목, 등, 다리에 생기는 그늘을 그리고, 각각의 입체감을 잡아줍니다.
4. 목의 그림자, 모자의 그늘 등에 어두운 터치를 강하게 넣고, 대비를 강조합니다. 모자나 다리, 지팡이, 우산 등의 실루엣이 보이도록 합니다.

❿

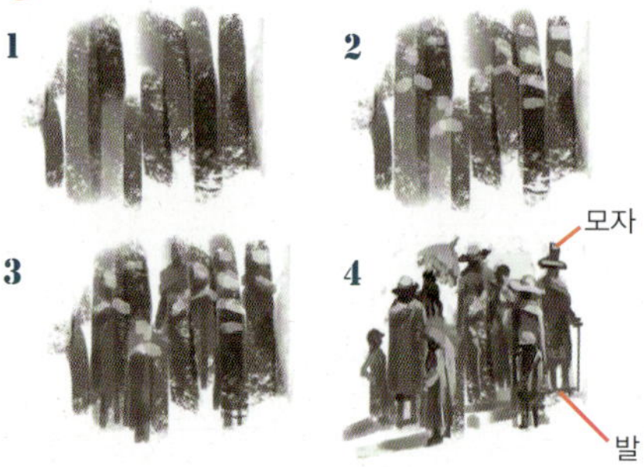

❽

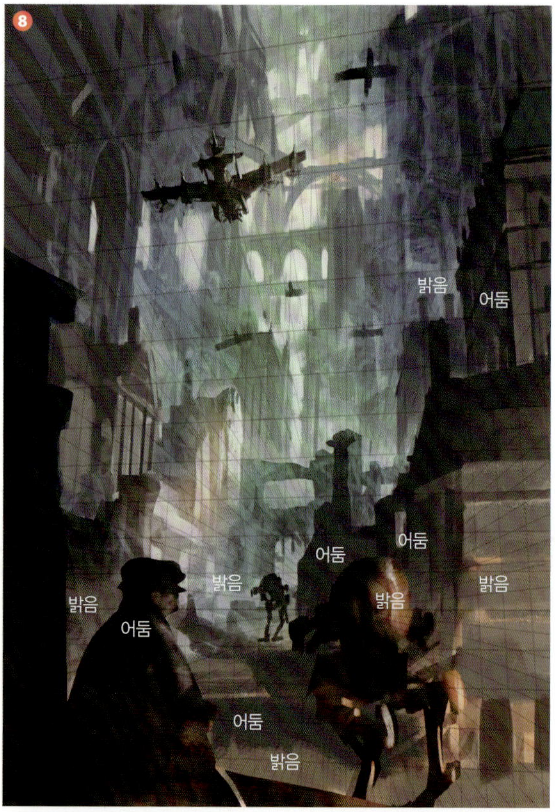

❾

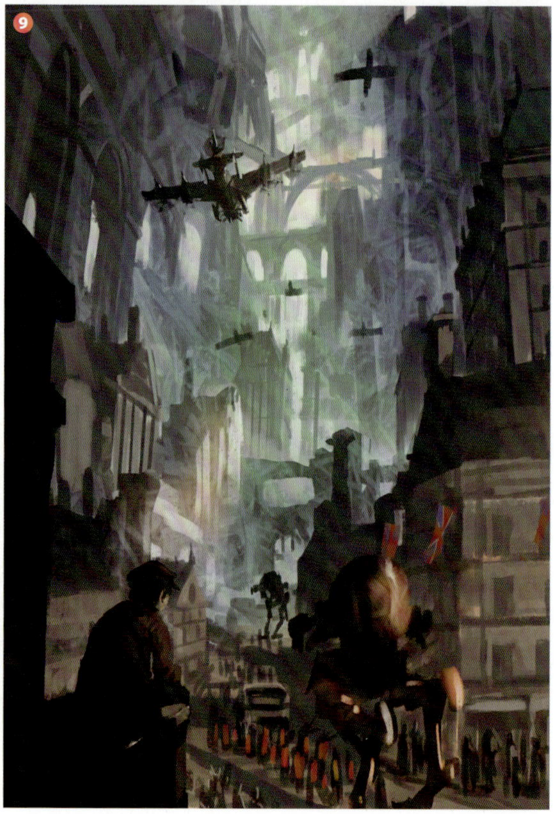

07 [언샵 마스크] 필터를 적용한다

메뉴에서 [필터]→[선명 효과]→[언샵 마스크]를 선택하고 전체적으로 선명하게 합니다⑪. ⑫는 필터의 강도, ⑬은 윤곽의 강조 정도, ⑭는 필터의 적용 범위를 설정할 수 있습니다. 미리 보기에 체크⑮를 하면 그림을 확인하면서 조절할 수 있어 편리합니다. [언샵 마스크] 필터를 너무 강하게 적용하면 이미지가 거칠어지지만, 적절하게 조절하면 **유화처럼 독특한 질감과 밀도 있는 그림**을 표현할 수 있습니다. 필터를 사용하고 나서 너무 강하게 적용된 부분은 에어브러시로 중화시킵니다⑯.

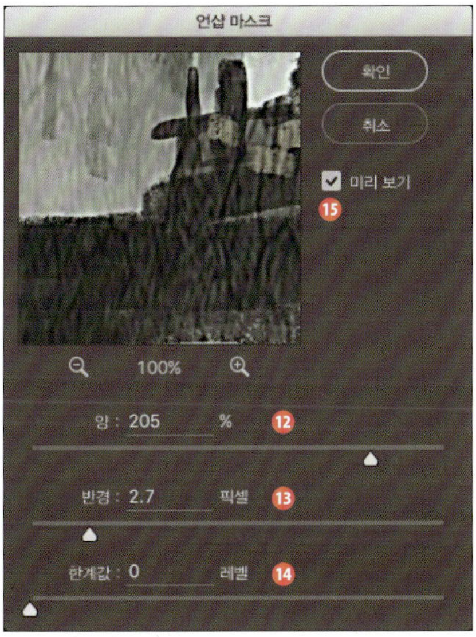

Memo 언샵 마스크

물체의 윤곽을 선명하고 깔끔한 인상이 되게 하는 필터. **큰 크기로 제작한 작품을 축소하고 공개할 때도 있지만 축소하고 나서 언샵 마스크 필터를 적용하면 인상이 선명해져서 보기 좋습니다.**

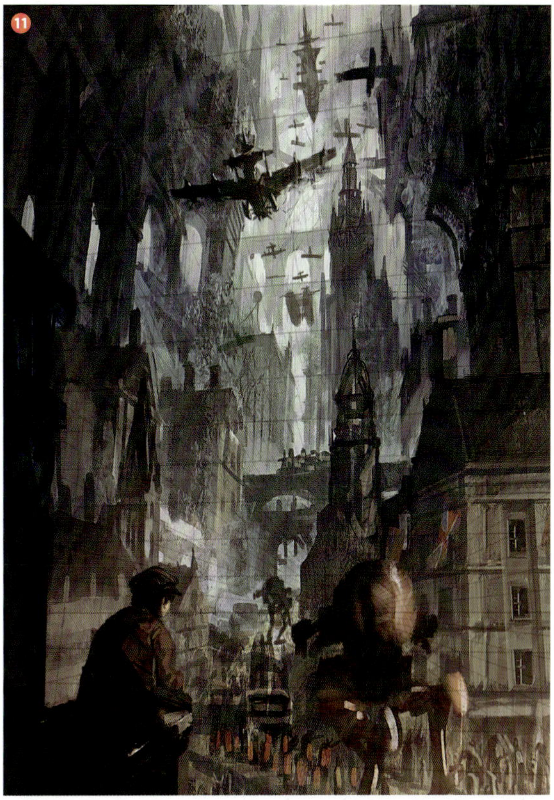

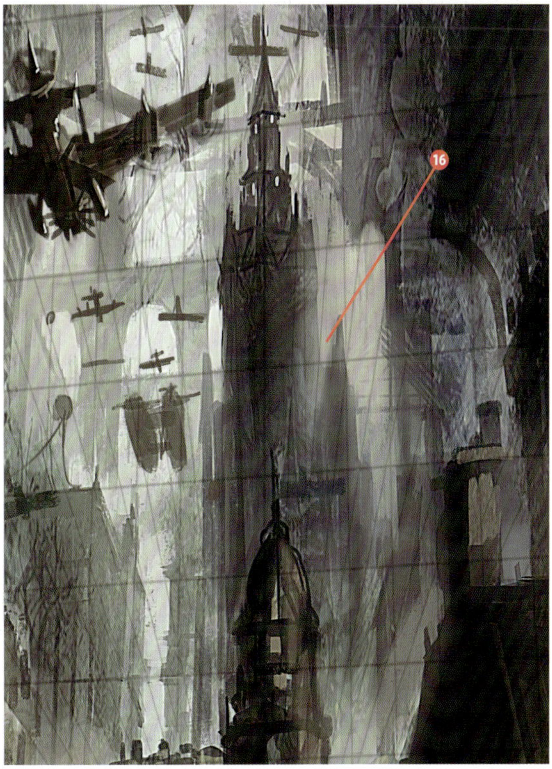

08 스팀펑크 요소를 추가한다

전체적으로 스팀펑크 특유의 요소가 부족해 보여서 4가지 요소를 추가합니다. 요소를 추가할 때는 반드시 새 레이어를 만들고 초크 브러시나 에어브러시 등으로 실루엣을 그리는 방식으로 표현합니다.

Point

스팀펑크 특유의 요소

• 파이프⑰

파이프는 스팀펑크에서는 반드시라고 할 만큼 꼭 등장하는 요소입니다. 평범한 건물 외벽에 파이프를 그리기만 해도 분위기가 살아납니다. 공장 사진을 참고해보세요.

• 철골⑱

철골을 곡선과 조합한 아치형의 다리 같은 요소가 특히 인상에 남습니다. 철골은 트러스 구조라고 불리는 삼각형⑲을 표현하면 리얼리티가 살아납니다.

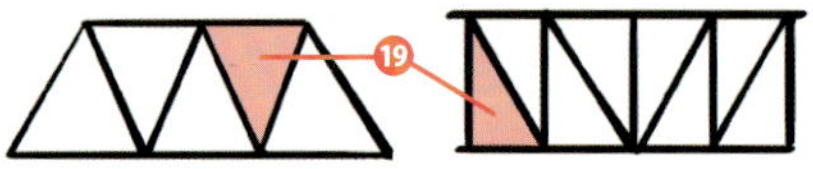

• 비행선⑳

비행선도 자주 등장합니다. 1973년에 힌덴브르크호의 폭발 사고가 일어나기 전까지 실제로 병기나 여객선으로 비행선을 이용했습니다. 보통의 비행선 실루엣을 바탕으로 날개나 프로펠러를 여러 개 붙이자 약간 판타지한 느낌이 강해졌습니다.

• 증기기관차㉑

증기기관차는 스팀펑크의 이미지에 가장 가까운 탈것입니다. 인상적인 바퀴나 피스톤의 연결부, 탱크 주위 등은 스팀펑크 디자인의 모티브로 자주 사용됩니다. 증기기관차가 내뿜는 연기는 석탄이 완전 연소되면 흰색, 불완전 연소되면 검은색을 띱니다. 그림에서는 기관차의 뒤가 밝으면 검은색 연기를, 어두우면 흰색 연기를 그리는 식으로 대비의 차이를 표현합니다.

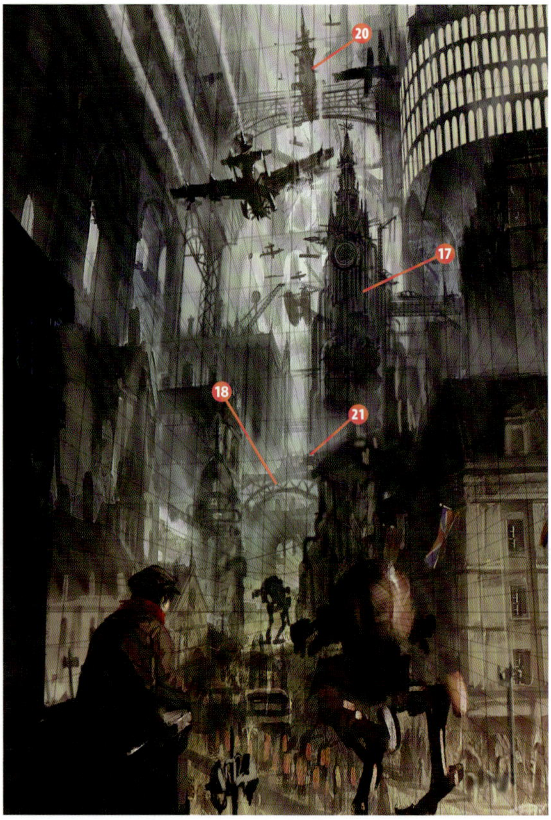

Point

직선과 곡선, 투박함과 우아함

스팀펑크의 4가지 요소가 갖는 공통점은 직선과 곡선의 조합입니다. 이 조합은 거칠음과 우아함을 동시에 느낄 수 있는 스팀펑크의 특징입니다. 실루엣만이 아니라 장식에도 유용합니다. ㉒처럼 직선적인 사물에 곡선적인 장식을 추가해보세요. 스팀펑크 세계관에 어울리지 않는다고 느껴지면 그림 전체를 잘 관찰한 다음 직선이 많다면 곡선을, 곡선이 많다면 직선을 더해 느낌을 살립니다.

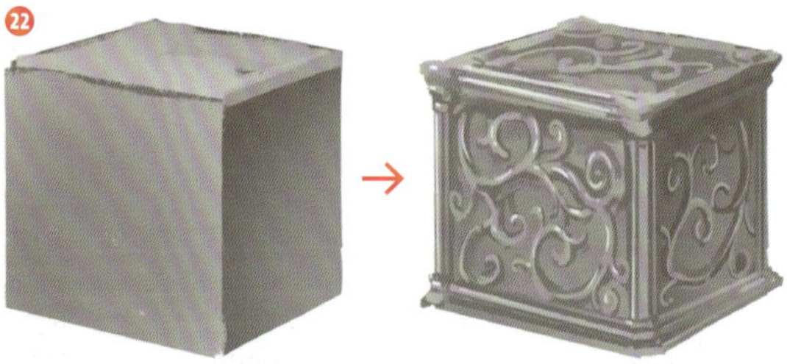

09 뒤틀기 변형을 사용한다

뒤틀기 변형을 사용하면 평면을 곡면으로 변형할 수 있습니다. 복사&붙여 넣기로 창문을 만들고㉓, 뒤틀기 변형으로 곡선의 건물을 만듭니다㉔.

㉓

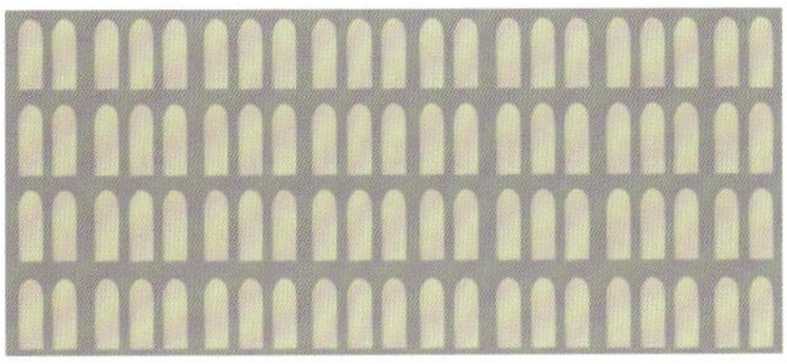

㉔

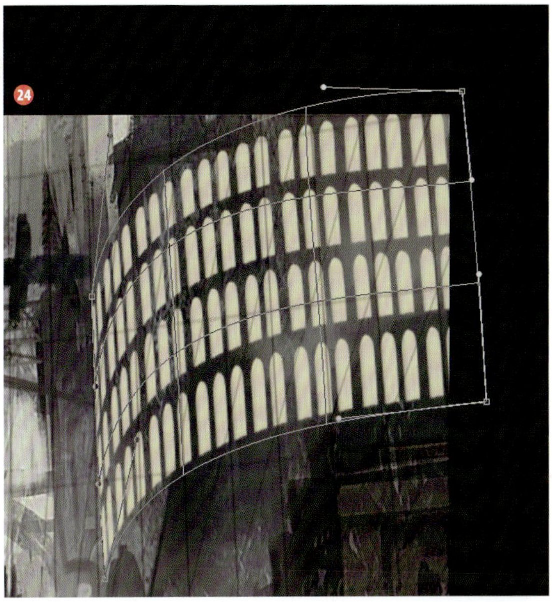

Point

뒤틀기 변형 사용법

변형할 레이어를 선택하고 메뉴에서 [편집]→[변형]→[뒤틀기]를 실행하면 ㉕와 같은 가이드가 표시됩니다. 가이드를 드래그해 ㉖처럼 자유롭게 변형합니다. 뒤틀기 변형은 도형의 위치를 옮길 수 없으므로 자유 변형 등에서 위치를 미리 이동하고 나서 사용합니다.

㉕

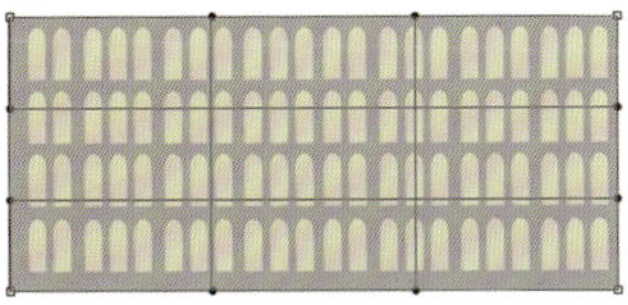

㉖

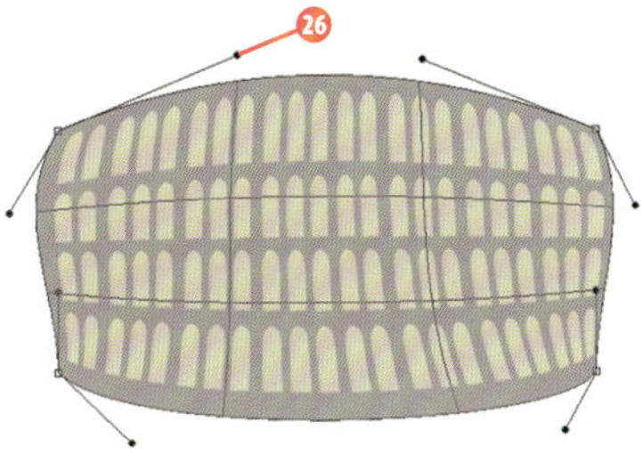

10 야경을 합성한다

창문 레이어에 야경 사진㉗을 합성하고 건물 내부의 정보를 더합니다㉘. 외벽이 유리인 건물은 실내조명을 표현해야 합니다. 일일이 손으로 그리기는 어려우니 야경 사진처럼 광원이 흩어져 있는 소재를 합성해 실내조명을 표현합니다.

㉗

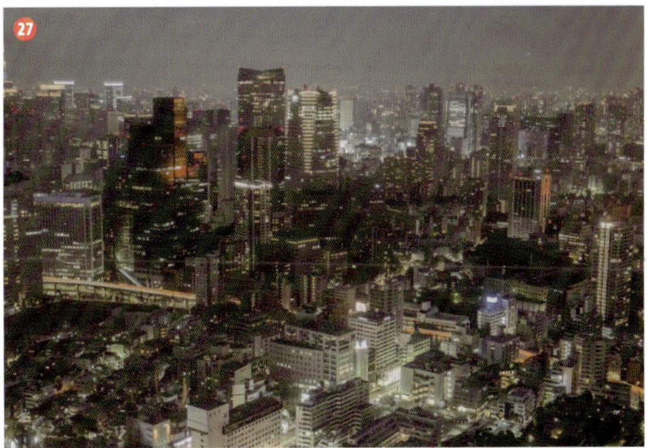

㉘

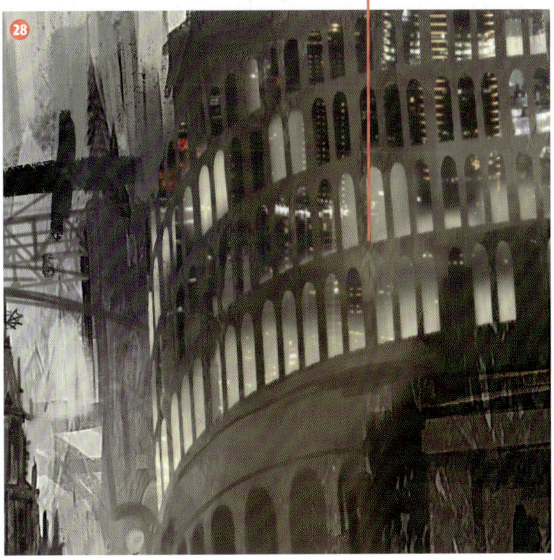

11 보행 전차의 디자인 러프를 그린다

근경의 보행 전차를 디자인합니다. [불투명도 : 30%]로 설정한 초크 브러시를 사용해 실루엣의 러프를 그립니다. 이번에는 '이족 보행', '뒷면이 보기 좋을 것'이 조건인데 그다지 깊이 고민하지 않았습니다. 많다고 무조건 좋은 것은 아니지만 최소한 4가지 패턴 정도는 준비합니다. 이 중에서 '(c)기묘한 형태에 살아 있는 느낌'을 적용하기로 했습니다. 이 러프는 해파리에 다리가 달린 듯한 신기한 실루엣이 인상적입니다.

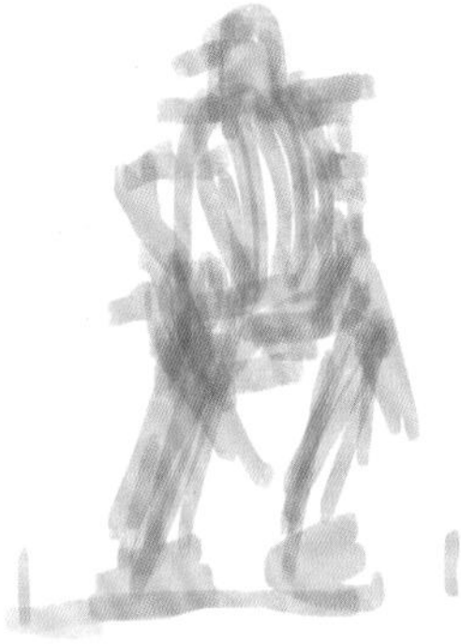

(a) 동체가 타원형

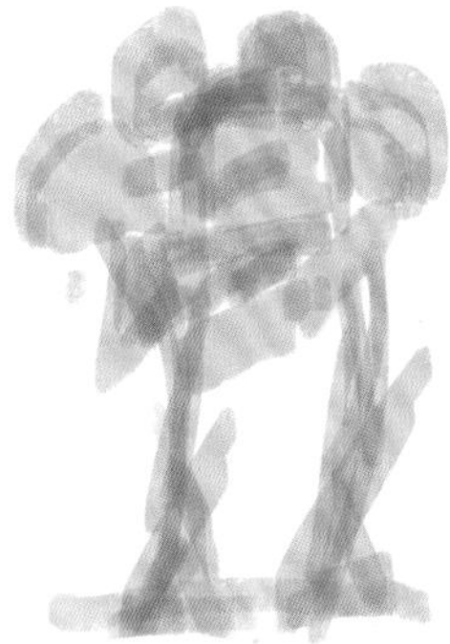

(b) 탱크가 여러 대 붙은 모습

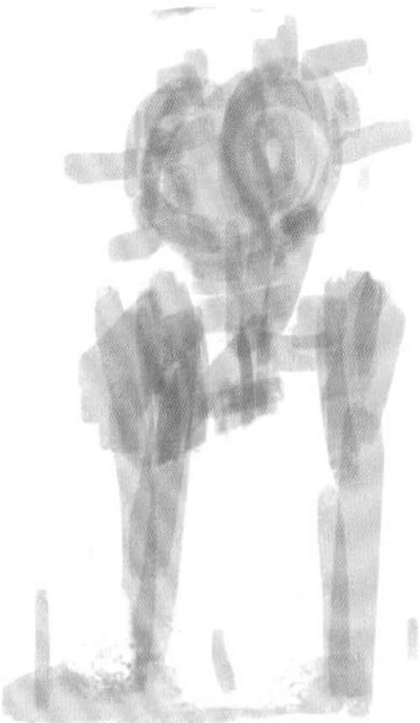

(c) 기묘한 형태에 살아 있는 느낌

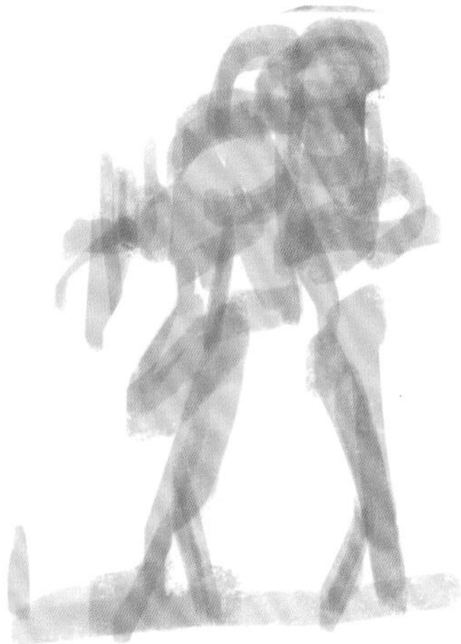

(d) SF 느낌이 강하고, 스타일리시

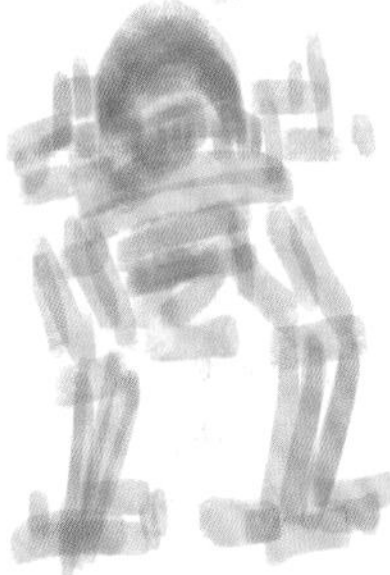

(e) 둥글고 거대한 포대

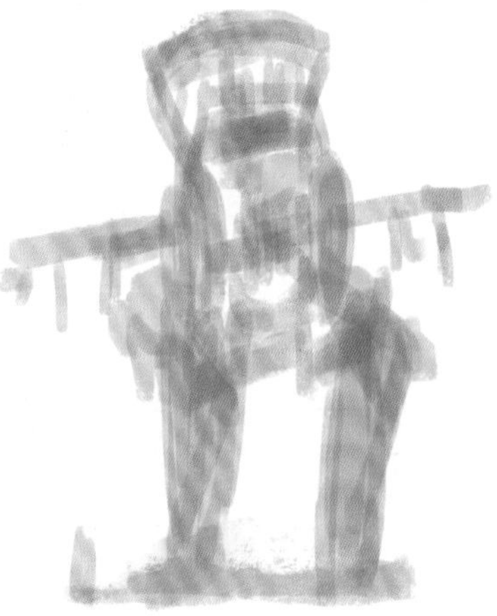

(f) 위에 장막을 친 지붕이 인상적이며
코끼리에 올라탄 이미지

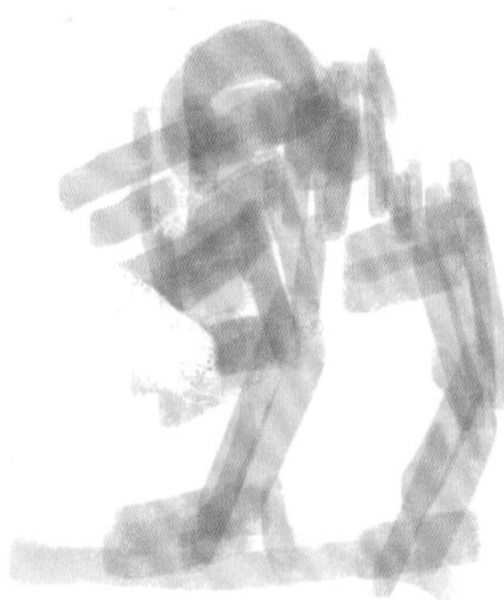

(g) 크고 작은 포대

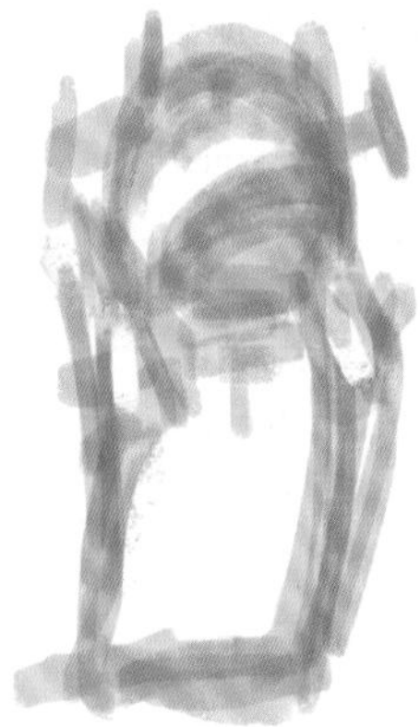

(h) 내부 공간이 넓어 보이는 운송형 타입

12 보행 전차의 디자인을 정한다

여기서는 다양한 병기나 자료를 참고해서 설득력을 더합니다.

1. 선화를 그린다

러프에서 잡은 실루엣을 확대하고, 새 레이어를 만들어 선화로 디자인합니다. 러프 실루엣의 거친 터치에서 어떤 이미지가 떠오르는지 잘 관찰합니다. 예를 들어 중앙의 원이 창문처럼 '보였기 때문에' 잠수복을 참고해 창문을 그렸습니다. 동체에서 튀어나온 선은 포신으로 '보였기 때문에' 포탑을 그렸습니다. 포신이 많이 붙은 외관의 특징은 1차 세계대전에 투입된 영국의 다포탑 전차를 참고했습니다.

2. 색을 칠한다

[오버레이] 모드 레이어에 색을 칠합니다. 스팀펑크다운 분위기뿐 아니라 실제로 존재하는 병기라는 느낌이 들어야 하므로 카키색과 낡은 금색의 질감을 띠는 적갈색을 조합합니다. 동체에 달린 조종석이나 기관부의 장갑은 카키색으로, 창문 주위와 포신은 적갈색으로 통일합니다.

3. 대비를 강하게 한다

[조정]의 [레벨]로 대비를 높이고 초크 브러시를 사용해 관절의 가장 어두운 부분을 그려서 세부 형태도 잡아줍니다. 움직이는 부분이므로 접촉하지 않도록 의식하면서 디테일을 그려나갑니다.

4. 묘사한다

금속의 하이라이트나 장갑의 연결부 등을 묘사합니다. 관절부의 가동 부분을 그려야 할지 망설였는데 수륙양용을 가정하고 주름 호스로 그렸습니다. 본래는 좀 더 디테일하게 그려야 하지만 그림에 배치하고 나서 추가로 묘사할 예정이므로 여기까지만 그립니다.

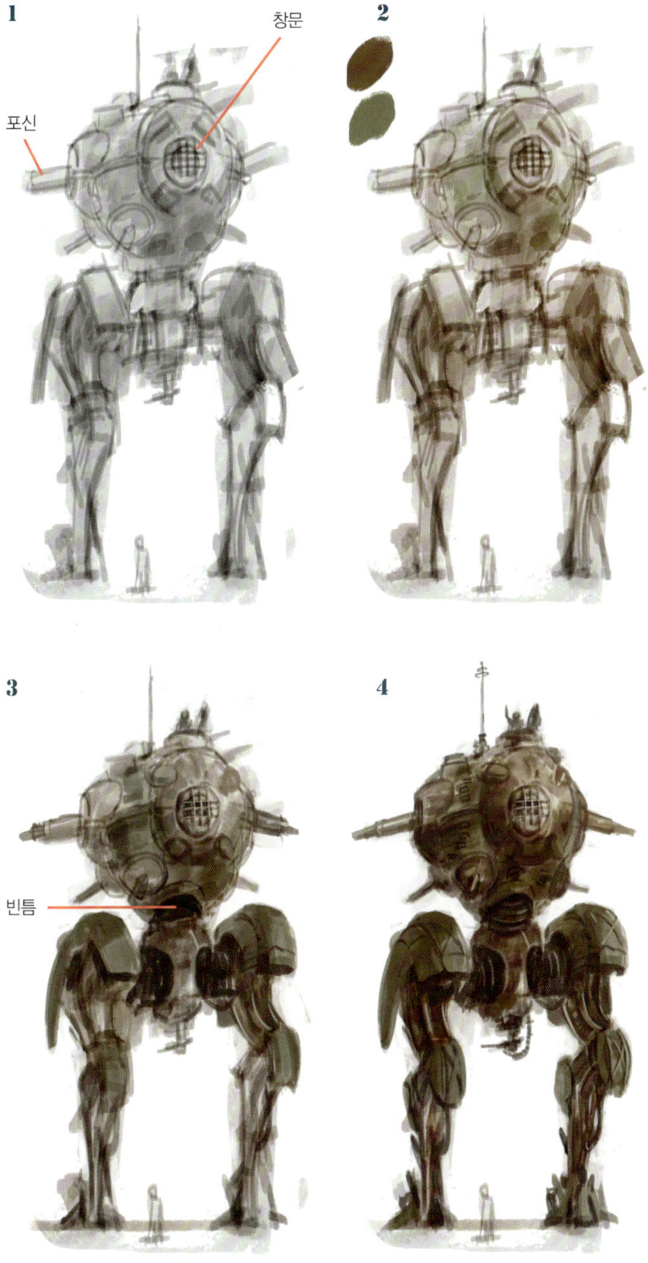

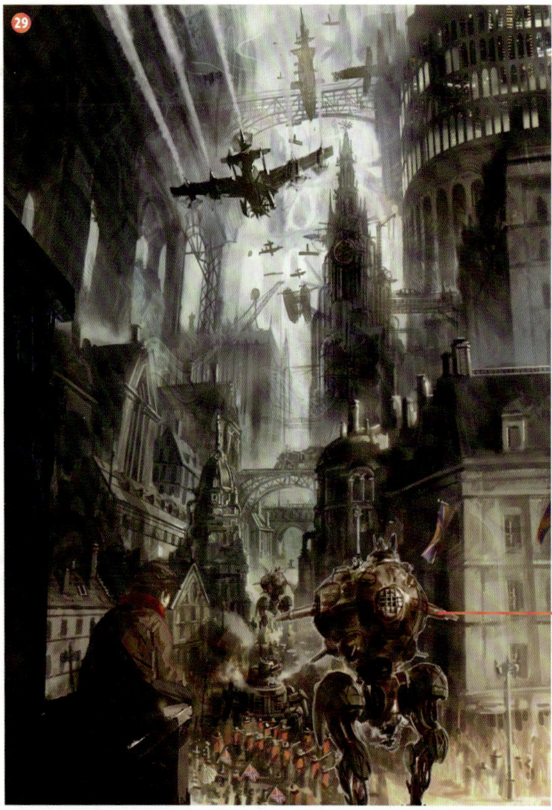

13 보행 전차를 배치한다

제작한 보행 전차를 그림에 배치합니다29. 배치하기 전에 [조정]의 [레벨]로 대비를 높여 그림에서 튀지 않도록 합니다. 추가로 각 부분을 복사&붙여 넣기로 분할하고, 안쪽 다리를 어긋나게 배치해 원근의 위화감을 지웁니다30. 여전히 위화감은 있지만 묘사 단계에서 수정합니다.

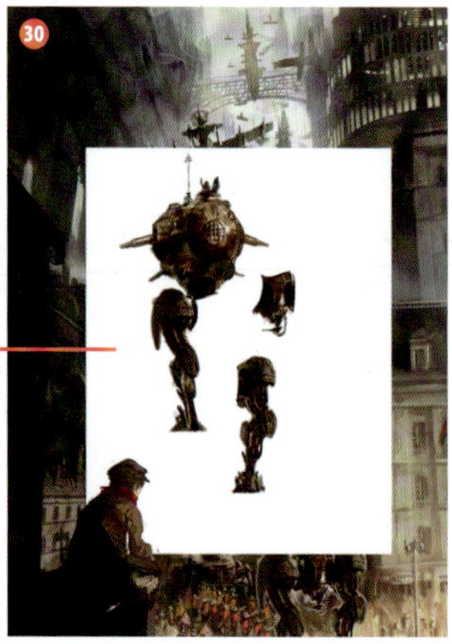

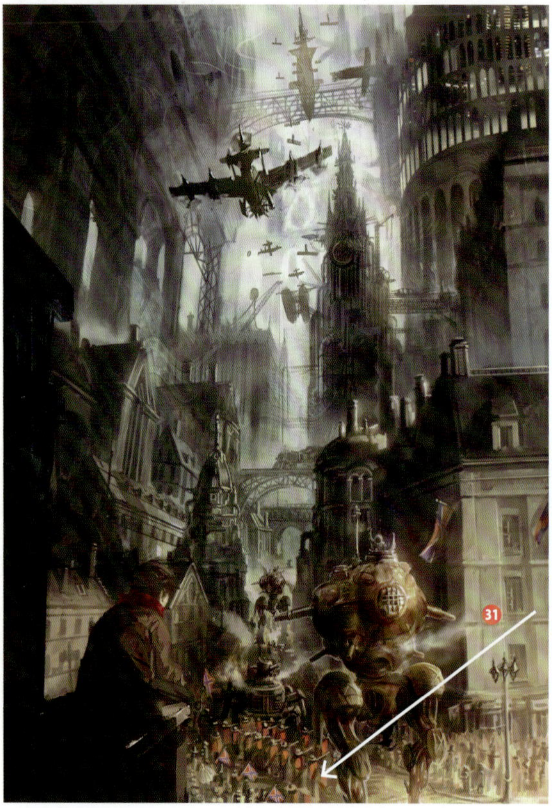

14 석양을 그린다

보행 전차 레이어 위에 [선형 닷지(추가)] 레이어를 만들고 에어브러시로 오른쪽에서 들어오는 석양을 표현합니다31. 색은 오렌지색을 사용합니다. 배경과 보행 전차에 동일한 석양 효과를 그리면 전차가 자연스럽게 그림에 녹아듭니다.

Point

금속의 광택 강조하기

기계의 멋은 금속의 광택입니다. 금속에 빛이 닿아 반사되는 상태32를 평소보다 강조합니다.

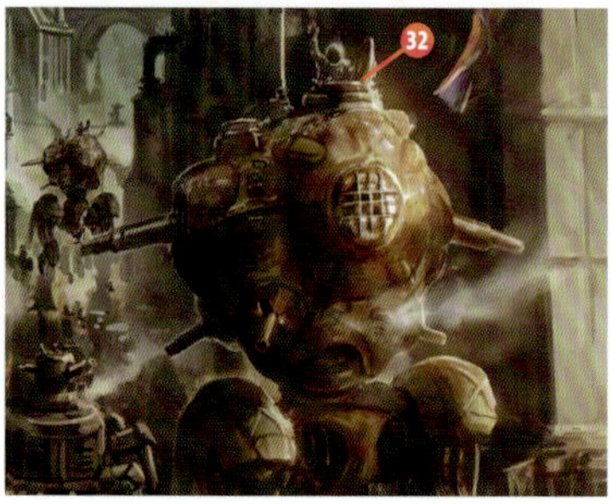

15 인물을 묘사한다

[불투명도 : 70%]로 설정한 타원 브러시(p.16)와 [불투명도 : 80%]로 설정한 에어브러시로 인물을 묘사합니다. 인물의 복장은 산업혁명기의 소년 노동자가 모델입니다. 33 정도의 완성도까지 묘사했다면 [곱하기] 모드 레이어와 [선형 닷지(추가)] 모드 레이어를 각각 만듭니다. 인물 레이어에 [클리핑 마스크]를 적용하고, 34의 선을 중심으로 왼쪽은 [곱하기] 레이어로 어둡게, 오른쪽을 [선형 닷지(추가)] 레이어로 밝게 합니다. 이 빛과 그림자의 선명한 경계가 매력으로 이어집니다.

33

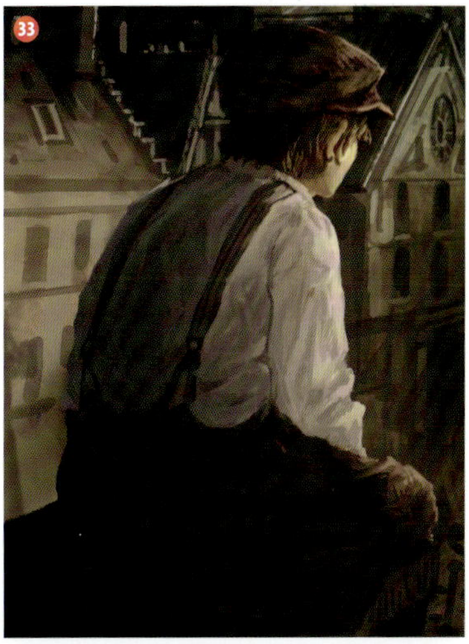

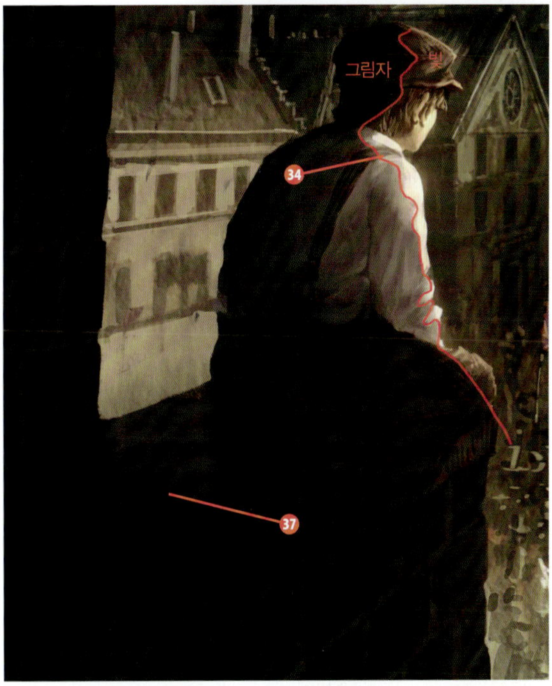

Point
옷 주름 그리기

브러시 터치를 활용해 옷 주름 그리는 방법을 소개하겠습니다35.

1. 실루엣을 그린다

타원 브러시를 사용해 실루엣을 그립니다. 상의나 바지 등 옷은 몸을 감싸는 봉투 형태로 되어 있습니다. 팔은 원통형 봉투를 구부린 이미지입니다36.

2. 주름의 그림자를 그린다

에어브러시를 사용해 주름의 그림자를 그립니다. 여기에서도 봉투를 구부린 이미지가 유용하지만, 비슷한 옷이나 포즈 사진 자료를 보면서 그리는 것이 가장 확실합니다. 자료를 참조하는 것이 완성도를 높이는 가장 가까운 길입니다.

3. 선명한 그림자와 하이라이트를 그린다

타원 브러시를 사용해 에어브러시로 만든 부드러운 그림자에 선명한 터치를 넣고 그림의 디테일을 잡습니다. 빛이 닿은 장소, 주름의 빈틈 등을 중심으로 선명하게 만듭니다.

35

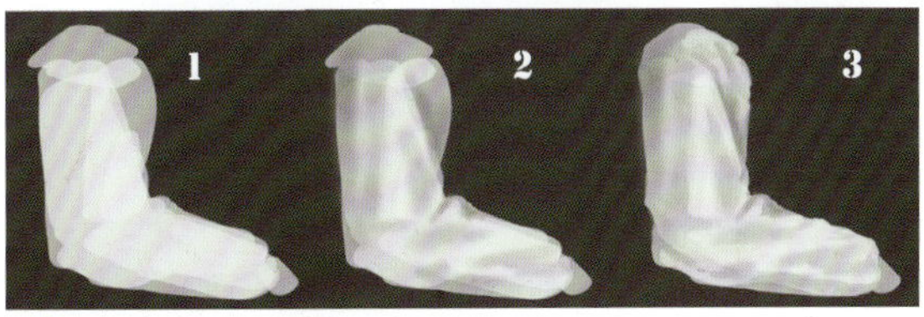

36

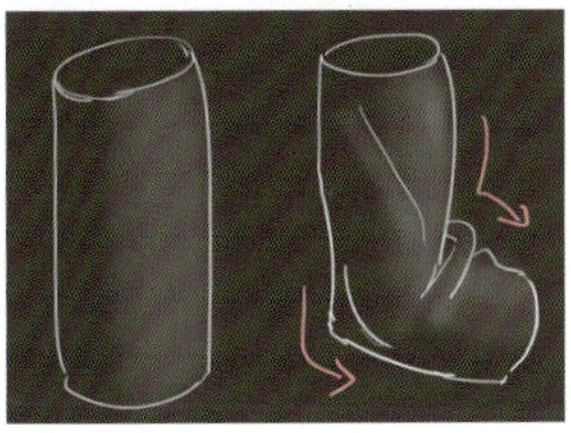

Point
대비의 반사

무척 사소하지만 37처럼 대비 차를 만드는 반사(p.103)는 그리기만 해도 완성도가 단숨에 높아집니다. 이런 포인트는 놓치지 맙시다.

10 증기와 기계의 도시

16 개방감을 표현한다

왼쪽 건물에 원경이 가려져 갑갑해 보입니다38. [스포이드] 도구로 원경의 색을 추출해 에어브러시로 건물의 절반 정도를 색으로 덮고 원경이 넓어 보이게 합니다. 추가로 키포인트가 될 건물39을 배치하고 원경으로 시선을 유도합니다.

17 비행기의 실루엣을 다듬는다

[지우개] 도구를 선택하고 초크 브러시와 에어브러시로 비행기의 실루엣을 정리합니다40. 모두 한 방향을 향하고 있어 단조로운 느낌이 드니 방향이 다른 비행선의 실루엣을 추가합니다. 비행기 디자인은 B-29 폭격기를 모티브로 한 대형 폭격기입니다. 스팀펑크다운 분위기를 더 강조해야 하는지 고민했는데 특징적인 실루엣이 원경에 너무 많으면 시선이 분산되므로 한눈에 폭격기라고 알아볼 수 있을 정도로만 묘사합니다.

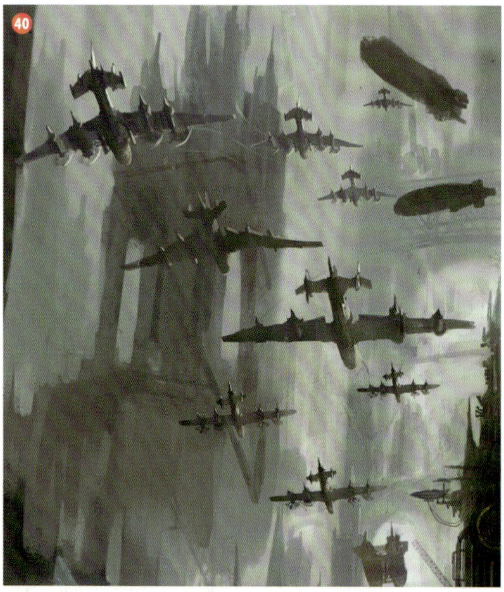

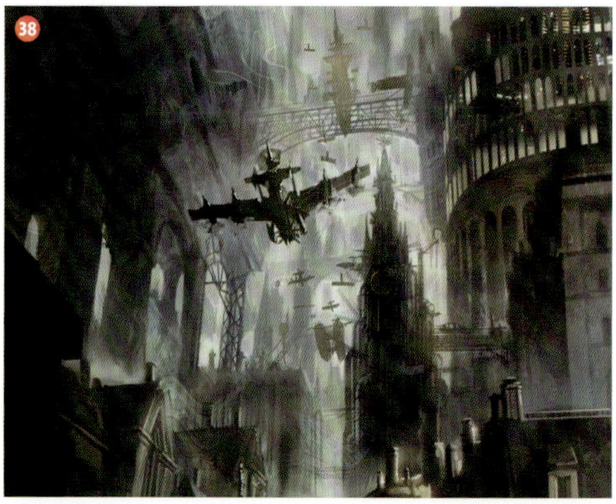

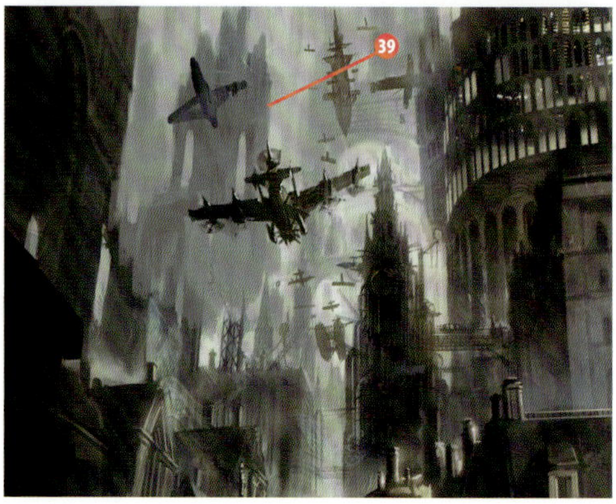

18 흑백으로 확인한다

[흑백] 조정 레이어를 만들고 흑백인 상태로 그림을 체크합니다41. 이 상태에서 '원경의 명도는 낮고, 대비가 약하다', '시선을 끄는 요소를 나란히 배치했다'는 2가지 문제점을 발견했습니다. 지금부터 이 문제점을 해결하겠습니다.

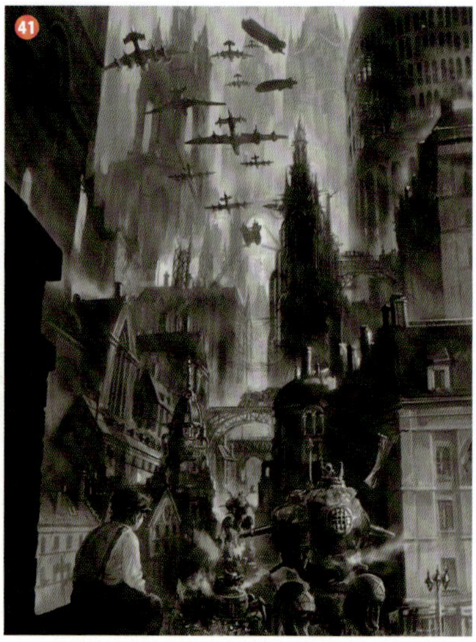

19 원경에 빛을 그린다

원경의 대비를 강조하기 위해 부드러운 빛을 추가했습니다 42. [선형 닷지(추가)] 모드 레이어를 만들고 [불투명도 : 30%]의 에어브러시로 묘사합니다. 색은 연노랑~빨간색을 씁니다. 원경이 가장 밝으므로 빛이 가득한 반사 효과도 표현합니다. 원경의 초고층 건물은 천계를 이미지로 했습니다. 화면 앞에 앉아 있는 소년의 관점에서 보면 부유층만 살 수 있는 낙원 같은 장소라는 느낌입니다.

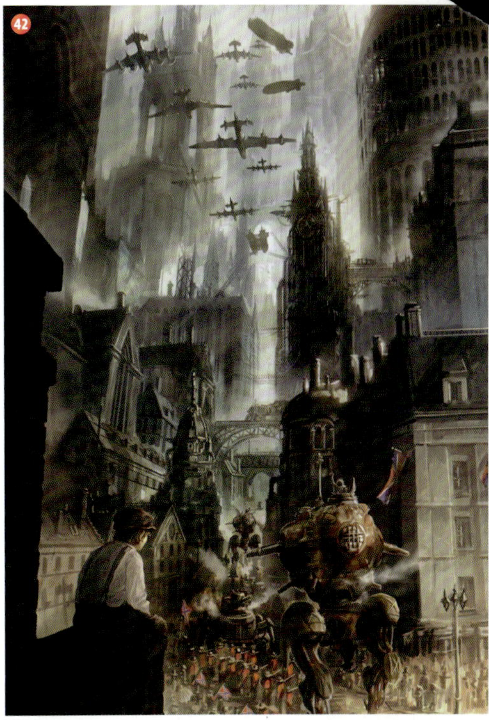

20 레이아웃을 수정한다

중경의 탑, 근경의 돔, 보행 전차가 일직선으로 나열되어 있습니다 43. 이렇게 **시선을 끄는 요소가 일직선으로 나열되어 있으면 시선을 효과적으로 유도할 수 없습니다.** 그래서 중경의 돔은 지우고 보행 전차는 오른쪽으로 옮깁니다 44. 이 작업으로 키포인트가 교차로 분산되어 리듬감이 생겼습니다.

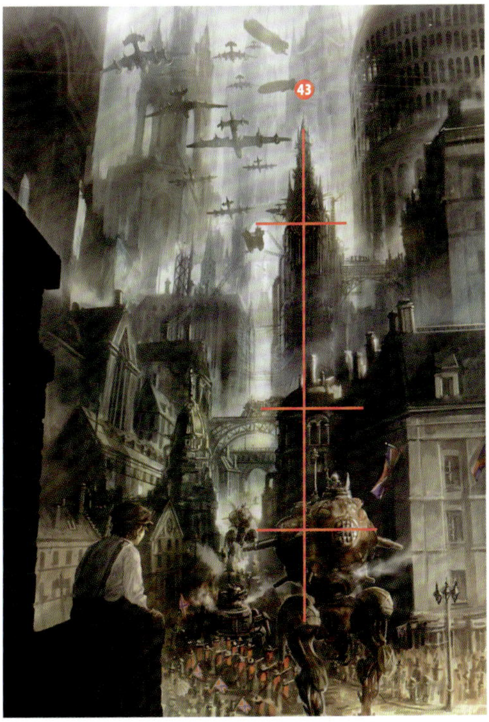

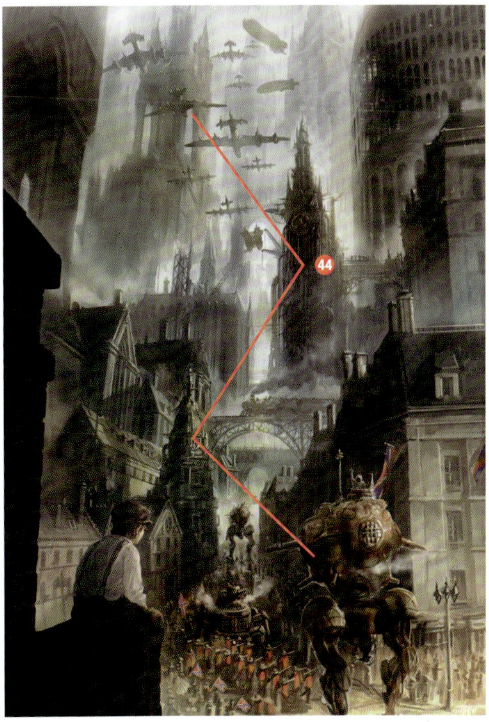

10 증기와 기계의 도시

Point
배경의 만능 테크닉 '〈' 형태

배경의 다양한 장소에 '〈' 형태를 사용하는데 구성 요소를 배치할 때도 마찬가지입니다. '〈' 형태는 깊이감, 리듬감을 만드는 배경의 만능 테크닉입니다. **고민될 때는 '〈' 형태, 어딘가 이상하다면 일단 '〈' 형태라고 알아두세요.**

…을 높이고, …감을 지운다

… 사진45을 합성하고 거리감을 지웁니다. 합… 종이의 정보량이 더해져서 그림의 밀도가 높아지지만 전체에 동일한 정보가 더해져 거리감이 약화됩니다. 깊이감을 일단 약화시키는 것이 완성도를 높이는 비결입니다. 이 상태에서 빛이 닿는 부분을 집중해서 묘사하면 지금보다 더 강한 깊이감을 표현할 수 있습니다.

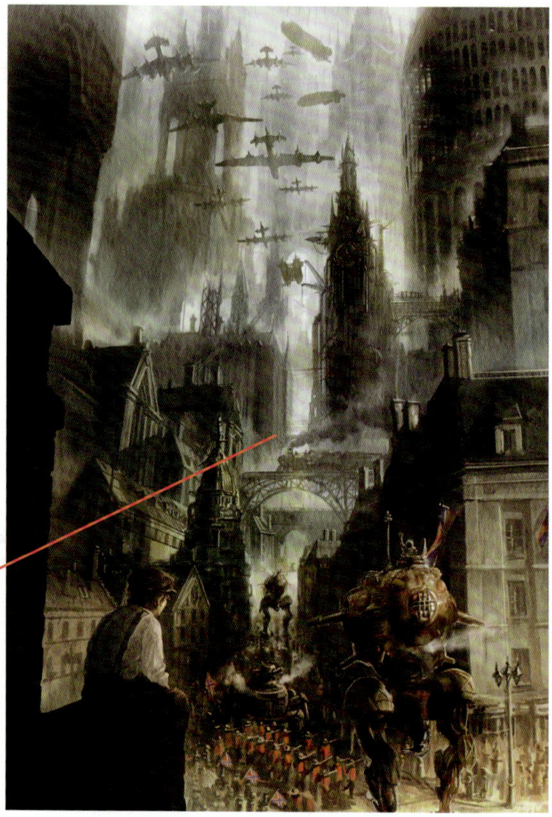

22 빛에 노출되는 부분을 그린다

비행기의 윗면이나 건물의 옆면 등 빛이 닿는 부분을 [불투명도 : 70%]의 초크 브러시(p.16)와 [불투명도 : 100%]의 수채브러시(p.16)로 그립니다. 색은 캔버스의 밝은 부분에서 [스포이드] 도구로 추출해 사용합니다. 비행기 등 금속 재질은 주로 수채 브러시를 사용해 금속의 광택을 강한 하이라이트로 묘사합니다46. 석조 건물 등 광택이 없는 소재 부분은 초크 브러시를 사용해 평평하게 그립니다47.
이 작업은 완성도에 직결되므로 집중해서 그립니다.

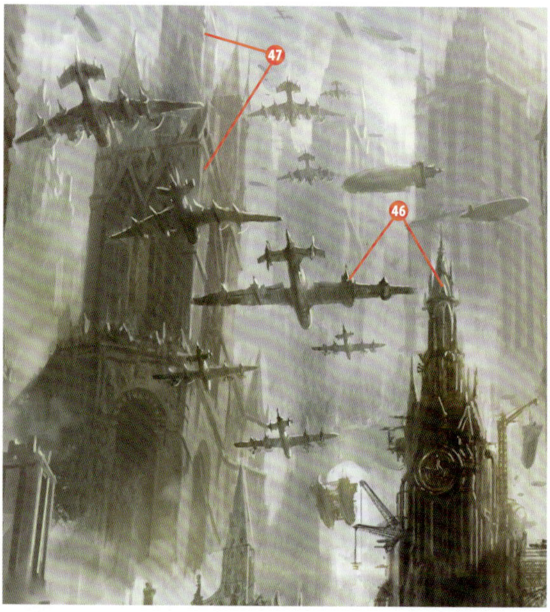

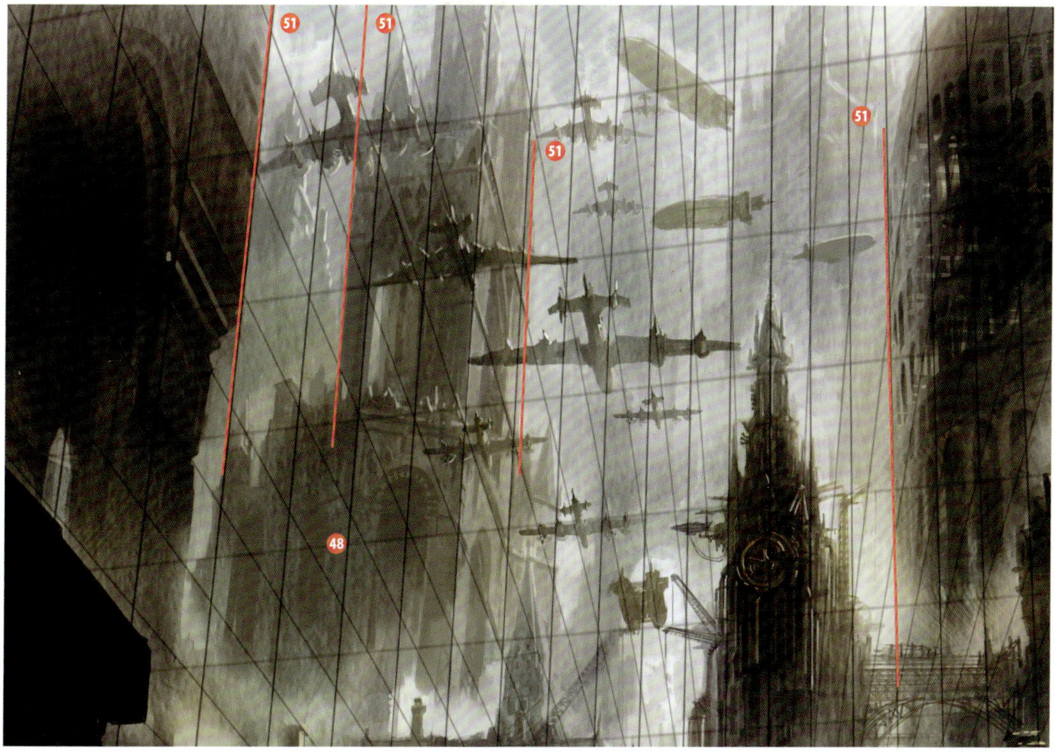

23 실루엣을 정리하고 완성한다

[불투명도 : 70%]의 초크 브러시와 [불투명도 : 50%]의 타원 브러시를 사용해 각 요소의 실루엣을 정리합니다. 특히 원경의 그림자 부분48에는 꼼꼼한 터치를 더해 21에서 합성한 종이의 정보량을 약화시킵니다. 이제 제대로 된 원경이 돌아왔습니다. 멀리 떨어진 그림자 부분은 질감이 거의 드러나지 않기 때문입니다. 중경과 근경도 하이라이트 부분의 실루엣을 다듬고 묘사를 반복해 전체의 거리감을 다시 한 번 잡아주면 완성입니다.

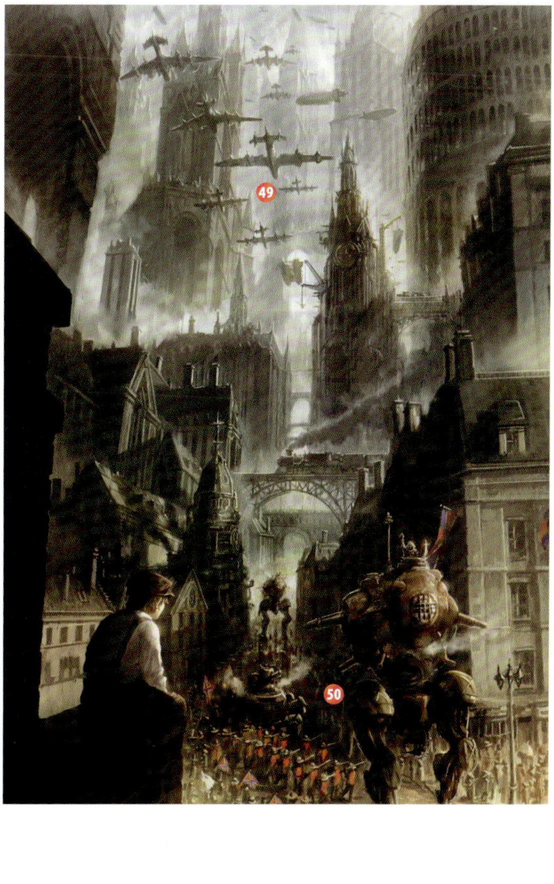

Point

장대한 부분의 원근감을 지켜라

원근감은 무시해도 되는 부분과 엄격하게 지켜야 하는 부분이 있습니다. 기본적으로 49처럼 장대한 원경 부분의 원근은 반드시 지켜야 합니다. 50처럼 일반적인 근경의 원근은 무시해도 위화감이 들지 않습니다. 공간의 넓이로 장대함을 표현하는 부분은 조금만 틀어져도 위화감이 강해집니다. 특히 수직 방향의 투시가이드51는 한 치의 오차도 허용하지 않습니다. 최종 단계에서도 투시가이드를 표시해 묘사하세요.

맺음말

끝까지 읽어주신 독자 여러분 정말 감사합니다. 요-시미즈입니다.

본격적인 작법서 집필은 이번이 처음인데, 책 내용은 어떠셨습니까?

초보자 분들은 '그림을 그리는 데 이렇게 많은 생각이 필요한가!?'라며 놀랐을지도 모르겠습니다. 저는 생각하면서 그리는 타입이지만, 썩 뛰어나다고 생각하지는 않습니다. 물론 감각으로 그려도 작품이 매력적이라면 전혀 문제없습니다.
본문에도 여러 번 언급했습니다만 그림에서 이론이나 패턴은 전부 도구에 불과합니다. 가위나 자와 같습니다. 쓸지 말지 선택권은 여러분에게 있습니다. 더 간단히 말씀드리면 결과적으로 그림이 좋으면 그것으로 충분합니다. 이 책의 내용은 얼마든지 무시해도 상관없습니다.
진짜 멋진 작품은 이론 따위는 가볍게 뛰어넘고 스트레이트로 마음에 꽂힙니다. 그래서 여러 번 말씀드리지만 정해진 방법이나 이론에 얽매이지 마십시오. '이거다!'라는 판단이 섰다면 이론 따위는 무시하세요. 가위나 자가 하는 말은 들을 필요도 없습니다.

단, 이론을 바탕으로 그림을 그리면 좋은 점이 2가지 있습니다. 첫 번째는 그림을 그리는 속도가 빨라집니다.

이론은 편합니다. A라면 B라고 빠르게 판단할 수 있습니다. 이론을 사용하면 명확한 답이 있어서 고민하는 시간을 최대한 줄일 수 있습니다. '이건 어떻게 해야 될까'라는 고민으로 손이 멈추는 시간을 줄일 수 있습니다. 남는 시간에 완성도를 높여도 되고, 게임을 해도 좋으며, 충분한 휴식을 취하면 더 좋습니다. 그리는 속도는 정말 중요합니다. 특히 프로가 되고 싶다면 속도는 최강의 무기입니다.

'초보자는 일단 충분히 시간을 들여서 그려야 해'라고 생각하는 분도 있을 것입니다. 틀린 것은 아니나 목적과 수단을 구분해야 합니다. 완성도가 높은 작품을 만들기 위해서 시간을 소모하는 것은 괜찮지만, 그림에 시간을 소모하는 것을 목적으로 해서는 안 됩니다. 이 점을 잘 구별하지 않으면 정신이 점점 피폐해집니다. 개인적인 생각입니다만, 고민으로 손이 멈추는 것은 습관입니다. 초보자일 때부터 고민하는 습관이 생기면 기술은 있지만 손이 느린 상태가 되기 쉽습니다. 실제로 프로 중에도 손이 느려 고민인 사람은 많습니다. 배경은 캐릭터와 달리 경력이 있어도 그림 한 장의 가치는 그렇게 높지 않아서 손이 느린 것은 치명적입니다. 배경은 일의 양이 많아서 생산성이 높은 사람일수록 안정적입니다.

첫 번째 이유는 이쯤에서 마치겠습니다. 두 번째 좋은 점은 사람에게 설명할 수 있다는 것입니다. 이 책처럼 상대방에게 왜 이렇게 그렸는지, 왜 이렇게 그리는 것이 좋은지 같은 정보를 말로 표현할 수 있습니다. 말의 힘을 가볍게 생각해서는 안 됩니다. 가게의 점원을 생각해봅시다. '그냥 이쪽이 좋아요'라고 추천하는 사람과 '이러이러한 이유로 이쪽이 좋아요'라고 이유를 말로 설명하는 사람, 어느 쪽에 더 믿음이 가십니까?
사람에게 이론을 설명하는 것은 신용과 직결됩니다. 말로 설명할 수 있다면 문자로도 설명할 수 있습니다. 기술을 문자로 간략하게 정리해, 효율적으로 전할 수 있기 때문입니다. 실제로 이 책에 쓰인 많은 기술을 개량해왔습니다.

이론으로 그림을 그리는 장점을 이해하셨습니까? 무엇보다도 즐기는 것이 중요합니다. 즐기지 않으면 능숙해질 수 없습니다. 자신 있게 말할 수 있습니다. '무엇보다도 즐길 것!' 즐겁게 그린 그림은 보는 사람에게도 그 즐거움이 전해진다고 생각합니다.

이 책에 저의 짧은 경력에서 배운 지식을 전부 담았습니다. 지금부터 그림을 그릴 사람, 그림을 좀 더 잘 그리고 싶은 사람에게 조금이라도 도움이 되었으면 합니다.

끝으로 이 책의 편집자인 스기야마 씨, SB크리에이티브㈜ 여러분, 출판, 판매에 도움을 주신 많은 분들, 그리고 끝까지 읽어주신 독자님, 정말 감사합니다.

요-시미즈 

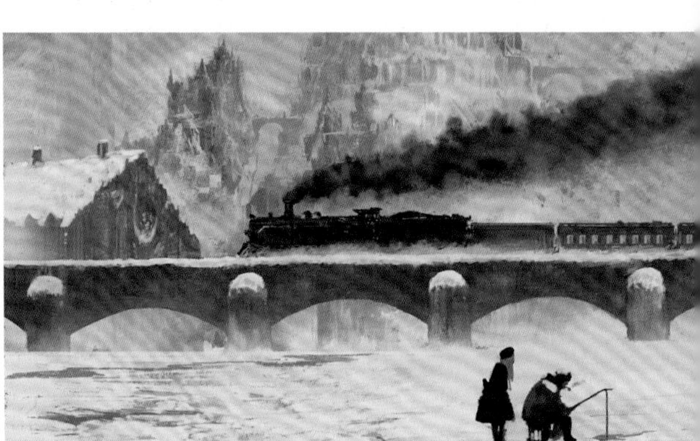

Index

마 음 을 흔 드 는

판타지 배경
일러스트 교실

1판 1쇄 인쇄 | 2017년 6월 19일
1판 1쇄 발행 | 2017년 6월 26일

지은이 요-시미즈
옮긴이 김재훈
펴낸이 김기옥

실용본부장 박재성
편집 류인경, 이나리
영업 김선주
커뮤니케이션 플래너 손혜인
지원 고광현, 김형식, 임민진, 김주현

디자인 제이알컴
인쇄·제본 (주)상지사P&B

펴낸곳 한스미디어(한즈미디어(주))
주소 121-839 서울시 마포구 양화로 11길 13(서교동, 강원빌딩 5층)
전화 02-707-0337 | **팩스** 02-707-0198 | **홈페이지** www.hansmedia.com
출판신고번호 제 313-2003-227호 | **신고일자** 2003년 6월 25일

ISBN 979-11-6007-157-3 13650

책값은 뒤표지에 있습니다.
잘못 만들어진 책은 구입하신 서점에서 교환해 드립니다.